民族社会学导论(第二版)

Introduction to Sociology of Ethnicity

马戎 编著

图书在版编目（CIP）数据

民族社会学导论 / 马戎编著. —2 版. —北京：北京大学出版社，2019.8
21 世纪社会学规划教材. 社会学系列
ISBN 978-7-301-30631-4

Ⅰ. ①民… Ⅱ. ①马… Ⅲ. ①民族社会学—高等学校—教材 Ⅳ. ①C95

中国版本图书馆 CIP 数据核字(2019)第 162541 号

书　　　名	民族社会学导论（第二版）
	MINZU SHEHUIXUE DAOLUN(DI-ER BAN)
著作责任者	马　戎　编著
责 任 编 辑	陈相宜
标 准 书 号	ISBN 978-7-301-30631-4
出 版 发 行	北京大学出版社
地　　　址	北京市海淀区成府路 205 号　100871
网　　　址	http://www.pup.cn
新 浪 微 博	@北京大学出版社　　@未名社科-北大图书
微信公众号	北京大学出版社　　北大出版社社科图书
电 子 邮 箱	编辑部 ss@pup.cn　　总编室 zpup@pup.cn
电　　　话	邮购部 010-62752015　发行部 010-62750672
	编辑部 010-62753121
印 刷 者	三河市北燕印装有限公司
经 销 者	新华书店
	730 毫米×980 毫米　16 开本　21.75 印张　347 千字
	2005 年 8 月第 1 版
	2019 年 8 月第 2 版　2024 年 8 月第 4 次印刷
定　　　价	50.00 元

未经许可，不得以任何方式复制或抄袭本书之部分或全部内容。
版权所有，侵权必究
举报电话: 010-62752024　电子邮箱: fd@pup.cn
图书如有印装质量问题，请与出版部联系，电话: 010-62756370

第二版前言

中国有史以来就是一个多族群国家,几千年来朝代更替、分分合合,但中国人的历史与文化传统绵延至今,始终保持了作为一个统一政治实体的存在。

记得1982年我刚到美国留学的时候,在宿舍遇到一个完全是中国面孔的学生,我以为他或他的父母来自中国台湾或香港地区,就很自然地问他是从哪里来的("Where did you come from?")。他很严肃地看着我,睁大了眼睛说"我是个美国人!"("I am an American!"),随即走开。之后偶尔相遇时,他总是显得比其他美国人和留学生都更加冷淡和刻意回避。这个人的认同意识是怎么形成的?他为什么要在社交场合中如此表现?他内心究竟认同什么身份?他希望自己是哪个群体的成员?人们为什么有这种认同?这些问题在我的心中始终萦绕不去。

美国是个移民国家,在校园里和街道上到处都可以看到肤色不同、体形各异、口音奇特的路人。我们知道美国曾长期实行种族隔离与歧视政策,黑人一度是奴隶,此外,直至20世纪40年代才废除《排华法案》。看到美国人存在这样巨大的体质和文化差异,了解到种族冲突的历史背景,我感到非常惊异的是,我所遇到的美国人,不管是什么肤色和使用什么语言,都具有对"美利坚民族"和国家的高度认同,"不爱国"在美国社会是最严重的指控,这将使一个人和他的家庭在任何场景中都无地自容。那么,使来自不同国度、出身于不同种族的美国公民得以克服所有障碍而建立起对国家的高度认同意识的基础和机制是什么？我随即想到的问题是：假如一个在中国旅行的外国人询问当地少数民族青年"你是谁"，他们是否都会不假思索和自豪地回答"我是中国人"？什么时候"我是中国人"能够成为具有不同"民族成份"的中国公民心目中最重要的身份认同？

对我的另一个巨大冲击是苏联解体。少年时代我读过很多描写苏联各族民众在内战时期、建设时期以及卫国战争时期如何团结互助的小说，《钢铁是怎样炼成的》是当年对中国青年人影响最大的书。即使在德军几乎占领苏联欧洲部分大半领土、苏维埃政权最艰难的时候，苏联各族人民依然能够奋勇抗击而没有解体，并赢得最终胜利，我觉得这充分证明苏联已经形成了各族之间的牢固团结。我无论如何没有想到的是，经历过那么多艰苦岁月的考验，这个共产主义民族理论与实践的楷模，列宁的故乡，一度不可一世的超级大国却在一夜之间分崩离析！我们随后看到的是苏联原有经济体系的崩溃、独立后各国对领土与资源的争夺、各族人口的跨境大迁移，以及一些族群争取独立的流血战争和恐怖袭击。南斯拉夫的解体与内战则是苏联民族关系体制流于失败的另一个注脚。对于认真阅读过马克思主义民族理论的人来说，这是无法解读甚至长期不愿相信的噩梦。

在21世纪，中国可能面临的最严重挑战有两个：一个是意识形态和政治体制的权威性被削弱，人们对"民主"的错误认识可能导致社会混乱失序；另一个是在内外力量推动下出现的少数民族分离主义运动，有可能导致社会动荡。西方国家会尽可能地促成这两种情况在中国出现。在苏联和南斯拉夫发生的事态，以及近期格鲁吉亚、乌克兰和吉尔吉斯斯坦的最新变化，都应当引起中国人足够的警惕。

正是出于对中国民族问题发展前景的关切，我在美国学习时选修了族群社会学的课程，我的博士论文题目是《内蒙古的人口迁移与族群交往》。1987年回国后，我即在北京大学社会学系开设"民族社会学"研究生课程，指导这一方向的研究生，这些年培养了一批藏、蒙古、维吾尔、回、满等族学生，同时在内蒙古、西藏、新疆、甘肃、青海等地从事与民族问题有关的实地调查。所有这一切都是希望能够深入了解我国各民族地区的实际情况，尽可能地借鉴西方和苏联在民族问题上的经验与教训，从基本思路、理论和制度上把中国的民族关系逐步厘清，为中华民族在21世纪的发展奠定一个坚实的基础。

第二版前言

仔细想一想，自邓小平同志推动中国改革开放以来，我国的经济学、政治学、法学等学科与20世纪80年代初期的状况相比，已经发生重大变化，在新形势下这些学科的发展也推动了我国的经济和政治体制改革，推动了经济发展、政权建设和法治建设。相比之下，我国的民族理论和民族研究，从基本概念、主要观点到研究方法，还大致停留在50年代和60年代，应当说已经跟不上中国近三十年来国情发展变化的新形势了。

今天我们必须正视的一个社会现实，就是新疆和西藏地区近年来多次发生震惊世界的大规模暴力恐怖事件，最突出的是2008年拉萨的"3·14"事件和2009年乌鲁木齐的"7·5"事件。现在这些地区"维护社会稳定"已经超越经济建设而成为当地政府的首要任务。这些最新事态引发了国内学术界对中国民族问题的热烈讨论。2014年9月召开的中央民族工作会议对这些争议作出回应，指明今后中国民族工作的大方向。我国的民族理论、制度和政策已经成为全社会热议的主题之一，这是中华人民共和国成立近七十年来从未出现的现象。

可以说，今天中国的民族问题已经成为最需要开展实地调查、最需要从理论和实践中系统反思的研究专题。中华人民共和国成立直至"文化大革命"结束，我国的民族关系一度很好，那么为什么在改革开放和民众生活水平普遍提高之后，在民族关系方面反而会出现如此严峻的局面？在对中国共产党的民族理论的演变，对中华人民共和国成立后在民族制度、政策方面的实践进行反思的过程中，我认为最重要的一点，就是坚持邓小平同志"解放思想"和"实事求是"的精神，与时俱进，以"实践是检验真理的唯一标准"的科学态度，脚踏实地来从事调查研究，借鉴其他国家在处理种族/族群关系方面的成功经验和失败教训，以此推动我国民族理论和民族研究的创新发展。同时，在学术研究和理论探讨的过程中，我们既要坚持以马列主义为指导思想，又要坚持"百花齐放、百家争鸣"的方针，鼓励大家在分析与争论中共同探讨真理，逐步达成共识。我们身处一个全新的时代，面对的是马列主义经典作家不曾遇到过的问题，我们从事的也是前人所没有做过的事业。

作为一名教师，课程建设是一项基础性本职工作。在这些年阅读文献、实地调查和教学工作的基础上，我把历年的讲义整理后编成一本教材《民族社会学——社会学的族群关系研究》，由北京大学出版社在2004年出版。出版后，有些老师反映这本书作为研究生教材大致适宜，但用作本科生教材则篇幅过大（80万字），当时的定价也偏高（49元），开设这门课程的主要是民族院校和西部地区综合大学，选修这门课的主要是少数民族学生，他们的经济能力有限，所以大家建议我再编一本缩写的本科生教材。我觉得这个建议很好，一本书49元对于西部地区的本科生来说，不是个小数目，而且该书讨论的部分内容，对于本科生来说也深了一点，一个以本科生为对象的简写本，可能更有助于普及。所以我在2004年研究生教材的基础上压缩编成《民族社会学导论》，在2005年出版。

《民族社会学导论》与《民族社会学》相比，保留了后者的结构和基本内容，删去的主要是引证文献、数据案例及全部脚注，附录则保留"课程大纲"。考虑到本科生的专业基础和阅读能力，对"课程大纲"也做了修订。本书章节结构与"大纲"有一点不同，就是"族群关系的社会目标"在大纲中作为一讲，但在教材中分为两章。"课程大纲"中的第17讲是"族群关系研究实例"，建议授课教师结合自身做过的研究课题讲授，所以本书与"大纲"相比，多了一章"社会目标"，少了一章"研究实例"。这本教材共分18章，在授课时可作为18讲，任课教师可根据本校具体学制进行调整。

由于本书各章节的文献引证和分析论述都做了大量删减，砍掉了原书约2/3的篇幅，所以许多专题讨论显得有些单薄，也无法对大量新出版的文献和数据进行系统分析，有兴趣进一步了解相关文献和论述的同学可以参考研究生教材。民族问题是中国的大问题，需要加强调查与研究，而社会学在民族和族群研究的理论和方法等方面确有特色和一定的优势，民族社会学这一专业方向的教学与研究都亟待加强，希望这两本教材互相配合，从不同层面进一步推动我国高校民族社会学的教学与研究工作。

这本教材的第一版在2005年出版后，成为一些学校开设相关课程的本科教材，先后三次印刷。2003年美英联军推翻了伊拉克的萨达姆政权，自2005年以来，这个世界一直很不太平：2006年伊拉克出现"伊斯兰国"；2008年8月格鲁吉亚和俄罗斯的战争导致南奥塞梯和阿布哈兹脱离格鲁吉亚；2010年"阿拉伯之春"引发中东和北非多国政治动乱；2011年利比亚政府倒台，同年爆发的叙利亚内战导致几百万难民涌进欧洲各国，改变了德、法等国人口的民族宗教构成；涉及伊拉克、叙利亚、土耳其和伊朗四国的库尔德民族主义运动成为中东不可忽视的"火药桶";2014年乌克兰政治变局导致克里米亚并入俄罗斯、乌克兰东部两共和国处于自治状态。这些政治、文化版图的演变都与民族主义和宗教冲突密切相关。在中国国内,"3·14"事件和"7·5"事件是影响最大的两起群体性恶性暴力事件,吸引了全世界的目光,也使民族问题成为全国民众最为关心的主题之一。因此,修订并出版《民族社会学导论》的第二版,也提上了日程。

第二版在第一版的基础上进行了全面修订,补充了近些年国内学术界对我国民族理论研究的新发展,更新了人口普查数据,增加了介绍2014年中央民族工作会议精神的内容,有助于学生了解我国民族问题的最新动态和研究思路。在国内外普遍高度关注民族问题的氛围下,我相信将有更多的学校把社会学的族群—民族研究吸收进本校的课程体系,这无疑会推高对相关教材的需求。因此,《民族社会学导论》第二版的出版是十分及时的。

马　戎

2019年5月于北京茉莉园

目 录

第一章 导 言 ··· 1
　一、族群社会学在社会学学科中的位置 ·· 2
　二、当今世界与中国都需要发展族群社会学 ····································· 3
　三、西方族群社会学的主要内容与方法论特点 ································· 4
　四、国外族群社会学有哪些方面可供我们借鉴 ································· 6
　五、"族群社会学"这个专业方向的内容及其特点 ····························· 7
　六、中国族群社会学目前的研究工作 ·· 8
　七、我国族群社会学专业的发展前景 ·· 15

第二章 关于"民族"和"族群"的定义 ··· 16
　一、"民族"的定义是族群社会学基本理论的重要组成部分 ··············· 16
　二、近代我国学术界对于"民族"定义的认识 ································ 19
　三、斯大林对于"民族"的定义及其对中国的影响 ··························· 21
　四、当前西方社会科学研究中的"民族"定义 ································ 25
　五、"族群"概念在我国民族研究中的引入 ···································· 27

第三章 族群意识 ·· 30
　一、"族群"是人类社会群体层次划分的种类之一 ··························· 31
　二、族群意识的产生 ··· 35
　三、族群识别 ·· 37
　四、族群身份与实际利益 ··· 42

第四章 理解中国族群关系的理论框架 ... 45
一、费孝通教授的"中华民族多元一体格局"理论 ... 45
二、关于中国民族史的其他研究 ... 48
三、中华民族作为一个多族群统一体的多层次性 ... 52
四、中华民族多元一体格局发展的三个历史阶段 ... 55
五、重建中华民族多元一体格局所面临的新的历史条件 ... 57
六、在现代化进程中,中华民族大家庭内部的团结与协作 ... 59
七、"文化多元"与"政治一体" ... 62

第五章 族群关系的社会目标(1) ... 64
一、中国传统的族群观和族群关系理论 ... 65
二、苏联的民族理论与制度 ... 69
三、中国共产党的民族问题纲领 ... 74

第六章 族群关系的社会目标(2) ... 78
一、欧洲社会发展历史中形成的族群观 ... 78
二、美国族群关系发展的"三阶段理论" ... 82
三、"内部殖民主义"理论 ... 85
四、西方学者对族群关系理论的其他探求 ... 88

第七章 如何衡量与分析现实社会中的族群关系 ... 91
一、戈登1964年提出的变量体系 ... 92
二、戈登1975年提出的理论模型 ... 92
三、对族群关系进行实际调查时可操作的变量指标 ... 95
四、对衡量族群关系变量指标的讨论 ... 102

第八章 族群集团之间的结构性差异 ... 105
一、美国社会中的"族群分层" ... 107
二、人口普查资料反映的中国各族群结构性差异 ... 113
三、20世纪90年代社会学调查中反映的我国"族群分层"现象 ... 120
四、"族群分层"研究的总结 ... 123

第九章　族群集团在人口结构方面的差异 ………………… 125
一、人口的数量与素质 …………………………………… 126
二、人口的年龄结构 ……………………………………… 127
三、人口性别比例 ………………………………………… 129
四、生育率水平 …………………………………………… 130
五、死亡率水平 …………………………………………… 132
六、婚姻类型和家庭结构 ………………………………… 133
七、中国少数族群人口的特点 …………………………… 136

第十章　人口迁移与族群关系 …………………………………… 142
一、人口迁移对族群形成和族群关系的影响 …………… 142
二、结合迁移来研究族群关系时需要考虑的因素 ……… 145
三、我国三个少数族群地区的汉族人口迁移 …………… 151
四、我国藏族与维吾尔族人口的跨地域流动 …………… 159

第十一章　语言使用与族群关系 ………………………………… 165
一、语言具有文化象征和交流工具的双重性 …………… 165
二、列宁和斯大林关于"民族语言"的观点 …………… 168
三、各国的语言政策 ……………………………………… 169
四、从语言使用角度分析族群关系的演变 ……………… 174
五、近年来我国族群语言使用情况的调查 ……………… 175
六、族群语言与少数族群教育 …………………………… 179

第十二章　族群居住格局与族群关系 …………………………… 184
一、族群居住格局的三个层面 …………………………… 185
二、多族群社区族群交往的几个主要方面 ……………… 186
三、族群居住格局研究与"分离指数" ………………… 188
四、个案分析：拉萨市族群居住格局研究 ……………… 191
五、中国其他地区城乡族群居住模式研究 ……………… 194
六、学校中的族群格局 …………………………………… 197

第十三章 族际通婚 ··· 200
一、婚姻与族际通婚 ·· 200
二、族群关系与族际通婚 ·· 202
三、国外的族际通婚研究 ·· 203
四、我国传统的族际通婚观 ······································ 207
五、中华人民共和国成立初期少数族群调查所了解到的
　　族际通婚情况 ·· 208
六、我国人口普查结果中反映出来的族际通婚 ······················ 209
七、个案分析：赤峰农村蒙汉通婚研究 ···························· 219

第十四章 影响族群关系变迁的因素分析 ······························· 224
一、分析族群关系变迁时需要注意的研究视角 ······················ 224
二、显示族群关系状况的连续统 ·································· 225
三、英格尔提出的影响族群成员身份认同的变量体系 ················ 227
四、影响民族关系的各种因素 ···································· 230
五、族群之间社会距离的排序 ···································· 234

第十五章 族群平等和影响族群关系的政策因素 ························· 239
一、族群关系的政治制度性安排 ·································· 240
二、族群关系框架背后的意识形态因素 ···························· 244
三、族群平等 ·· 249
四、政府处理族群问题中的"制度化" ······························ 253
五、政府制定的以族群为对象的制度 ······························ 255
六、针对少数族群的优惠政策 ···································· 258
七、优惠政策的实际效果 ·· 260

第十六章 现代化进程中族群关系的演变 ······························· 263
一、什么是"现代化" ·· 264
二、现代化发展道路与发展模式 ·································· 265
三、在社会与经济发展过程中如何保存与发展族群文化 ·············· 267
四、少数族群地区发展中的自然资源利用 ·························· 270

五、观念转变是少数族群实现现代化的重要条件 …………… 272

第十七章　族群关系与"民族主义" ………………………… 274
　　一、"民族主义"和"民族国家" ……………………………… 275
　　二、语言与"民族国家"的建立 ……………………………… 280
　　三、西方政治家在"民族主义"问题上的双重标准 ………… 283
　　四、"民族分裂主义运动"在当代的破坏性作用 …………… 284

第十八章　族群关系发展前景的展望 ……………………… 289
　　一、族群—文明之间的冲突 ………………………………… 289
　　二、族群问题的"政治化"与"文化化" ……………………… 290
　　三、族群与国家 ……………………………………………… 294
　　四、族群与地域 ……………………………………………… 297
　　五、族群交往的发展前景 …………………………………… 300
　　六、中国需要发展社会学的族群研究 ……………………… 303

附录1　"族群与社会"(民族社会学)课程大纲 ……………… 307

附录2　中国各族人口规模变迁数据 ………………………… 315

参考文献 ………………………………………………………… 319

图目录

图6-1 族群互动的五种结果 …… 90
图8-1 国内各族群职业结构模型 …… 107
图8-2 1980—2000年美国黑人与白人家庭收入中位数 …… 111
图8-3 1980—2000年美国白人和黑人家庭收入在贫困线以下比例 …… 112
图9-1a 2000年西藏自治区藏族人口的年龄结构 …… 127
图9-1b 2000年西藏自治区汉族人口的年龄结构 …… 128
图9-2 多数族群与少数族群在不同社会经济发展水平上的生育率差异 …… 131
图13-1 影响同族通婚中个人择偶决定的因素 …… 201
图13-2 影响族际通婚中个人择偶决定的因素 …… 202
图13-3a 内蒙古赤峰牧业区蒙汉通婚中的"上嫁"模型 …… 222
图13-3b 内蒙古赤峰农业区蒙汉通婚中的"上嫁"模型 …… 222
图14-1 影响族群关系因素作用分析 …… 226
图14-2 族群的相互融合与单向同化 …… 226
图14-3 英格尔衡量城市社会族群力量的三个维度 …… 229

表 目 录

表 6-1　族群融合与族群分裂的进程 …………………………………… 89
表 7-1　戈登 1975 年提出的衡量族群关系的变量体系 ………………… 95
表 8-1　1970 年、1996 年美国各族群分性别就业率(%) ……………… 109
表 8-2　1980—1992 年美国分种族的失业率(%) ……………………… 109
表 8-3　美国各族群就业人员的职业构成(1990 年)(%) ……………… 110
表 8-4　1950—1995 年美国各族群家庭平均收入变化 ………………… 111
表 8-5　美国按族群和年龄分类的自认为是上层或中层阶级者的比例(%) …… 113
表 8-6　中国主要族群"文盲率"的变化(1982—2010 年) ……………… 114
表 8-7　中国主要族群 6 岁以上人口获得"大学及以上"学历的
　　　　比例(1990—2010 年) ……………………………………… 115
表 8-8　我国主要族群就业人口的产业结构变迁(1990—2010 年) …… 116
表 8-9　中国主要族群就业人口的职业结构(2010 年) ………………… 117
表 8-10　中国主要族群的城市化水平(2000 年和 2010 年) …………… 119
表 8-11　1985 年赤峰市农村牧区户访调查对象中蒙汉家庭的比较 …… 120
表 8-12　1992—1993 年北京大学课题组所调查少数族群地区被调查户基本情况 …… 122
表 9-1　美国 35—44 岁年龄组每 1 000 名妇女平均所生孩子数(1970 年) …… 130
表 9-2　美国有色人种死亡率与白人死亡率之比 ………………………… 132
表 9-3　1979 年美国黑人与白人 12 种主要死因死亡率之比 …………… 133
表 9-4　美国西南五州 25—64 岁已婚妇女的族群比较(1970 年) ……… 134
表 9-5　美国不同族群家庭结构比较(1970 年) ………………………… 135
表 9-6　中国各主要族群的总和生育率 …………………………………… 136

表 9-7	中国各主要族群的死亡率比较(1990年和2010年)	137
表 9-8	中国各主要族群人口的性别比(1990年、2000年、2010年)	138
表 9-9	中国各主要族群15岁及以上人口的婚姻状况(2010年)	139
表 9-10	中国各族群女性的平均初婚年龄(1990年)	141
表 10-1	美国几个移民族群出生于国外者受教育程度比较(%)(1994—1997年)	149
表 10-2	在墨西哥、中国出生后移居美国者在一些方面的差距(1994—1997年)	150
表 10-3	内蒙古自治区汉族人口数(1947—2016年)	152
表 10-4	新疆维吾尔自治区汉族人口数(1949—2016年)	154
表 10-5	西藏自治区汉族人口数(1956—2010年)	155
表 10-6	西藏自治区汉族、藏族、回族就业人口的职业结构(2010年)	156
表 10-7	藏族人口分布变迁(1982—2010年)	159
表 10-8	中国维吾尔族人口的地理分布(1990—2010年)	162
表 11-1	美国在家里讲不同语言人数的变化(1970—1980年)	169
表 11-2	苏联时期非俄罗斯人语言使用情况	171
表 11-3	内蒙古赤峰农牧区被调查户主的语言能力(1985年)	176
表 11-4	西藏自治区被访城乡居民户主的语言能力(1988年)	177
表 11-5	西藏自治区被访户主关于汉语、藏语学习方面的看法(1988年)	178
表 11-6	少数族群语言文字的交流与学习功能分析	180
表 12-1	研究族群交往情况的几个主要方面	186
表 12-2	美国10个主要城市的种族居住"分离指数"(1940—1970年)	189
表 12-3	拉萨市城关区居民构成及其组织体制	192
表 12-4	拉萨市城关区各办事处、乡所属单位集体户的族群"分离指数"	193
表 12-5	内蒙古赤峰地区被调查户主的蒙汉混居、交友情况(1985年)	195
表 12-6	喀什地区一市四县乡镇、单位族群构成(1982—1990年)	196
表 12-7	西藏自治区中学教师情况(1988年)	198
表 12-8	拉萨城关区两所汉藏同校小学的分班情况(1988年)	198
表 13-1	美国种族通婚情况(1970年和1980年)	204
表 13-2	苏联各加盟共和国族际通婚在婚姻总数中的比例(%)(1959年和1970年)	206
表 13-3	中国20世纪50年代社会调查反映的族际通婚状况	208
表 13-4	中国各省、自治区、直辖市族群混合户情况(1990年和2000年)	211
表 13-5	中国家庭户民族构成类别及所占比例(2000年和2010年)	213

表 13-6	2000年、2010年人口普查族际通婚数据比较	214
表 13-7	"相对族际通婚率"的国际比较	218
表 13-8	内蒙古赤峰地区被调查已婚户户主的婚姻情况（1985年）	219
表 13-9	内蒙古赤峰地区41村与族际通婚有关变量的相关系数（1985年）	221
表 14-1	影响族群成员身份认同的变量	227
表 14-2	影响族群关系各个因素的比较分析	235
表 14-3	美国人与其他族群的社会距离排序（1926—1966年）	236
表 17-1	产生"民族主义"运动的社会条件和政策条件	287

第一章

导 言

  人类是地球生物进化的最高层次,在人类起源、进化和演变的过程中,世界各地的人类群体在当地自然环境中演化出多样性的经济模式、社会组织与行政制度。我们每天从身边接触的人中、从电视节目图像声音中很容易发现人与人之间存在显著差别。人与人之间不但有年龄、性别差异,而且在肤色、体型、毛发、语言、习俗、性情、价值观念、行为规范等许多方面存在明显差异,由于居住在一起的群体成员通常分享许多共同特征,所以有些差异会以群体差异的形式表现出来。

  各地人群当然也意识到以上差异的存在。因此当不同人群的相互接触不断增加时,人们自然会分析自己所属群体与其他群体之间存在的共性和差别,考虑个人对所属群体的"身份认同"问题,从而在不同场景中把本群体与其他群体区分开来。早在人类社会开始出现语言的初期,居住在各地的群体便在本群体语言里创造出一些名称来称呼身边那些不同的人群,学者们在此基础上使相关术语统一化、标准化,进而形成共同接受的规范使用习惯,并在不同语言互译中吸收借鉴其他群体的称谓,最后逐渐演化出目前人类各种语言词汇中出现的群体称呼,如中文的"部落""××人""种族""民族"等,又如英文的 race, tribe, nation, nationality, ethnic group, ethnicity 等,德文的 volk, völkerschaft, nation 等,以及俄文、法文、西班牙文等其他语言中的类似词汇。这些词汇反映了不同群体的地方性身份认同观念以及这些观念层次的逻辑体系。当不同群体相互交流时,各方都试图把另外一方划分群体的概念术语翻译成自己的词汇,并在这些外来概念术语与本群体长期习惯使用的概念术语之间建立起相互对应的关系,以理解各地区的群体关系。

种族与族群问题是当今最敏感的世界性社会问题和政治问题之一。随着历史上的多次族群大迁徙、近代殖民主义时期的人口迁移、大大小小各种形式的战争导致的政治版图变化,以及劳动力市场的国际化进程和大批难民的跨境流动,今天在地球上已经没有哪一个国家或地区还能保持对外封闭和与世隔绝的状态,也没有哪一个国家的人口中没有外来移民并由单一族群组成。

人类进入21世纪之后,随着全球性贸易市场的发展和国际人口流动的增加,不论是发达国家、发展中国家还是原苏联东欧各国,它们的种族冲突和族群问题非但没有弱化,还有不断升级的趋势,特别是在国内外政治、宗教势力的共同作用下,许多国家的社会稳定、国家统一受到严重威胁,甚至发生了武装冲突和区域性战争。

在以人类社会为研究对象的各学科中,社会学是一门关注社会变迁、研究社会现实问题的具有很强应用性的学科。当今人类社会种族、族群关系发展的客观形势,也必然使得社会学家越来越重视种族和族群问题研究,并使种族和族群问题逐渐发展成为社会学的一个核心研究领域。

一、族群社会学在社会学学科中的位置

早在"社会学"这个名称出现之前,许多著名学者就开始讨论种族、族群问题,并在一些大学开设专门讲授族群问题的课程。到了20世纪50年代和60年代,随着西方社会种族、族群问题日益突出,种族和族群研究(racial and ethnic studies)进一步发展成为欧美各大学社会学系的一个专业方向,形成以社会学视角和方法来研究种族和族群问题的特殊领域。经过半个多世纪的发展,西方国家的族群社会学研究已渐趋成熟,在基础理论和方法上都形成了自己的特点,提炼出一些特有的研究范式和研究专题,发表了不少族群社会学的经典研究成果。

由于历史原因,中国社会学的学科发展自20世纪50年代初曾一度停顿,直至70年代后期才恢复重建。在50年代之前已有一定基础的社会学传统研究领域,如社会发展理论、家庭与婚姻、人口研究、社会分层、越轨与犯罪、社会组织、企业与经济活动、社会福利与保障、文化与宗教、社会心理学等,在学科重建后都得到一定程度的恢复和发展。与西方社会学界相比,我国的社会学者对族群问题的研究相对有限。虽然1949年以前一些有社会学背景的学者(如李安宅、吴

泽霖、费孝通、林耀华等)曾经从事少数族群的调查研究,但他们的研究与当时的民族学、人类学、边政研究等学科与领域相互交叉,在理论和方法方面尚未形成一个系统的独立研究领域。

中国少数族群总人口已超过1亿,2010年占全国总人口的8.42%,政府设置的民族自治地方约占全国陆地领土面积的64%。由于历史原因和社会变动,我国一些边疆地区的族群关系仍然呈现一定的复杂性,并以文化冲突和社会矛盾的形式表现出来。无论是纵观我国几千年的演变历史,还是总结当代苏联解体和东欧各国的经验,人们已经认识到,族群关系处理得如何将直接关系到我国的族群团结、国家统一、社会稳定、经济发展乃至文化创新等一系列重大问题。由于20世纪50年代后的一个时期,我国从事族群研究的学者缺乏与国外学术界的交流,所以非常有必要将国外族群研究的相关理论和方法介绍到国内来,同时积极总结国内学者在我国族群关系研究方面的最新成果,开展跨国族群比较研究。在此基础上,使中国的族群社会学成为一个在理论、方法和应用等方面都有很大发展潜力的专业研究方向。

考虑到在我国的话语体系中,少数族群通常被习惯性称为"民族",所以,以族群关系为研究对象的社会学分支也称为"民族社会学"。北京大学社会学系自1988年春季开始为研究生开设"民族社会学"课程,90年代"民族社会学"被列为北京大学社会学硕士和博士招生专业方向之一。考虑到与国际学术界的对话和交流,"民族社会学"这门课程被称为"族群关系的社会学研究"或"社会学的族群关系研究"更为适宜。本书的定位是"民族社会学"本科课程基础教材,这门课程主要运用社会学(也借鉴其他学科如人类学、经济学、人口学、政治学、历史学、心理学等)的研究视角和研究方法来分析、研究当代的族群现象和族群关系,培养从事族群问题研究的新一代中国年轻学者。

二、当今世界与中国都需要发展族群社会学

19世纪的资本主义工业革命在西欧造就了第一批"民族国家",之后在美洲殖民地出现了第二批"民族国家";20世纪初的第一次世界大战造就了第三批"民族国家";第二次世界大战后殖民地的独立运动造就了第四批"民族国家";到了20世纪80年代,社会主义国家的"体制改革"又使得苏联、南斯拉夫等在政治上解体,从而造就了第五批"民族国家"。在这些政治独立和国家分裂运动

中,"民族自决"始终是得到国际社会和学术界认可的一面政治旗帜。在苏联、南斯拉夫和捷克斯洛伐克相继解体之后,中国能不能在坚持"改革开放"和发展经济的同时,努力克服族群关系方面出现的种种困难,成功维护多族群国家的统一? 这是21世纪每个中国人不得不考虑的大问题,是涉及中华民族国家统一、社会稳定、经济繁荣和改革事业能否成功的大问题。

在这种形势下,应当梳理和研究我国族群关系的演变历史,调查各地区的族群关系现状和存在问题,借鉴其他国家处理族群问题的经验与教训,总结分析中华人民共和国成立后我国政府所制定的处理民族关系的各种制度与政策的实际效果,从而在此基础上研究今后进一步改善我国族群关系的具体途径和措施,探讨中华民族如何能够顺利地度过政治体制变革、经济利益调整、民族主义回潮的过渡时期,思考如何坚持中华民族几千年来形成的"多元一体"传统。当西方学者为未来世界政治格局提出"文明冲突"的框架并认为中华文明与基督教文明的冲突不可避免时,我们应当思考如何推动以"多元—中庸""和而不同"的中华文明传统为基础的"文化创新"思路,以之引导不同文明体系和平相处。以上这些问题都是关系到中华民族和国家兴亡的迫在眉睫的重大问题。围绕这些核心课题而开展研究工作,族群社会学是可以大有作为的,对于它在这方面所发挥作用的重要意义,如何评价都不会过分。

三、西方族群社会学的主要内容与方法论特点

种族与族群研究在西方社会学界已经发展了几十年,当我们建立和发展中国族群社会学研究时,在许多方面可以借鉴国外的研究成果和学科发展经验。下面简略介绍一下西方族群社会学研究的四个主要方面。

(一)某国或某地区族群关系演变的宏观理论

每个多族群国家的发展历史和形成过程都具有自身的一些特点。对于每个多族群国家而言,根据其自身历史与实际国情,应当如何认识其演变规律并在此基础上设想一个理想的族群关系模式? 在设定这个国家族群关系的发展目标时,所依据的基本思路与评价标准是什么? 在这一目标经过论证并被正式确定后,政府应当如何通过制度建设和相应政策来引导社会和民众朝这个方向发展? 这些问题始终是族群社会学探讨的主要专题。

(二) 社会中的族群分层及其演变的宏观分析

开展族群分层的结构比较研究,其理论背景即是把社会学的"社会分层"理论应用于研究种族、族群关系。许多西方社会学家认为,族群矛盾实质上反映的是社会阶层间的利益冲突,即"富裕族群"和"贫困族群"之间的矛盾。由于同族群成员之间存在体质相似性与文化认同,社会阶层之间的利益冲突有时以族群矛盾的形式表现出来,因此族群很容易成为社会动员的单位。如果族群间没有明显的社会结构差异,即各族群都有相似比例的富人和穷人,各族群拥有相同的向上流动机会,那么,族群矛盾就有可能被控制在文化领域而不会危及整体社会结构。

(三) 族群认同及其演变的微观分析

在拥有大量移民的美国和其他国家,移民及其后裔的文化认同及政治认同的演变也成为社会学的研究专题。其核心问题包括迁入国政府对待移民的政策导向,移民迁入后的族群认同意识变化,移民在迁入国社会的语言文化适应、参与的社会网络及他们在重大问题上的政治态度,研究的主要目的是探讨如何使移民及其后裔建立起对迁入国的身份认同及政治忠诚,逐步融入迁入国社会。这些研究专题与思路也可被应用到历史进程中形成的多族群国家内部各族群的政治与文化认同演变及影响因素研究。近年出现的国际难民潮已经改变了欧洲多国的人口民族和宗教结构,成为新的研究焦点。

(四) 某国或某地区的族群关系专题或个案的实证研究

常见的研究专题包括:(1)居住地迁移模式;(2)家庭与公共场合语言使用;(3)族群居住格局;(4)教育体制(教学语言与教材);(5)族际通婚;(6)族群意识演变;(7)影响族群关系的各种因素的分析;等等。关于这些专题的大量实证研究始终是西方族群社会学研究文献的主体,而且学者经常进行跨区域比较研究、多族群比较研究、族群关系历史演变追踪研究等。

从方法论的角度看,西方族群社会学的研究绝大多数以实证研究为核心。不论是以人口普查或抽样调查数据为基础而开展的"族群分层"研究,或是以个案访谈记录为基础的"族群意识演变"口述史研究,还是从宏观演变角度来分析族群关系发展趋势,所依据的或者是研究者亲自调查的第一手资料,或者是在他人实证研究成果的基础上进行的宏观理论归纳。所有这些研究工作都必须遵循实证研究的基本原则,即以事实为依据,研究者提出的理论假设必须经受社会事实的检验。

四、国外族群社会学有哪些方面可供我们借鉴

1952年我国大专院校进行院系调整,社会学、人类学这两个学科被取消,同时在新建的民族学院系统里形成了"(少数)民族研究"领域。这个研究领域在80年代恢复学科设置后被称为"民族学"。从目前国内教学和研究工作的状况来看,我国的族群研究者可以在以下几方面借鉴国外的经验。

(1) 现在国内的族群研究往往以一个族群为对象,注重研究某个族群的发展历史、历史人物、风俗习惯、语言文化、宗教信仰、亲属制度、社会组织等,选择调查地点时往往选族群成分单一且受外部影响较少的"原汁原味""纯"社区,对该族群与其他群体的交往及这些交往给各族带来的变化不够重视,这是受到人类学研究视角的影响。西方社会学的学术传统注重研究社会现实问题,研究族群问题的重点放在考察多族群社会族际交往的现状及变化规律上,这一研究取向值得国内研究者借鉴。

(2) 自1949年以来国内学术界与国际同行的学术交流隔绝了几十年,所以直至20世纪80年代,国内学者对西方学术界关于民族主义的研究,对现代族群关系研究的基本理论、研究方法、分析手段等比较生疏。目前国内研究民族问题的学者基本上还是沿袭传统的研究方法,一些人习惯于从马列主义经典理论概念出发来进行讨论,对社会学研究中使用的实证性的定量方法、结构分析、比较方法等吸收运用不够。

(3) 国内的族群理论比较单一,而现实社会中的族群社会形态和文化模式是多样化的,因而分析族群衍生变化的理论也必然是多样化的。在国内传统民族研究中,常把"原始社会—奴隶社会—封建社会—资本主义社会—社会主义社会"这种单一社会进化模式当作唯一的社会进步轨迹,对于"民族"定义的讨论往往脱离不开苏联传统理论的框架。因此我们应当解放思想、实事求是,根据现实国情逐步开拓出新的研究专题和提出新的理论观点。

五、"族群社会学"这个专业方向的内容及其特点

（一）族群社会学研究的主要特点

涉及族群问题研究的学科很多,如民族学、人类学（体质与文化差异）、人口学（各族人口特征、迁移和通婚）、历史学（族群演变与族群交往史）、政治学（各族群在政治结构中的地位）、民俗学（族群习俗差异）、经济学（族群经济交往的类型及发展方向）、语言学（语言差异与演变）、心理学（族群认同的心理模式）等。在研究对象与研究方法上,社会学的族群研究与上述学科有所不同,主要具有10个特点。

（1）注重对社会现实的研究而不是族群历史的考证,主要关注社会中某个族群集团的现状以及其与其他族群集团的互动关系。

（2）研究对象主要是族群集团的相互关系而不是某族群集团本身。人类学注重对单个族群的研究,开展实地调查时尽可能选择单一族群社区。族群社会学往往选择多族群混杂居住的社区,以调查研究族群的互动过程与社会后果。

（3）在研究中注意个体与集团两个层面的结合。人类学研究比较关注小规模自然社区或个体家庭,注重文化因素的影响。人口学注重宏观人口结构,较少关注个体或小群体的特质及文化因素。社会学的族群研究注重结合宏观与微观、集团与个体两个层面的系统分析。

（4）比较注重各种影响因素的综合研究。政治学重视权力结构,经济学重视利益分配,民俗学重视文化变迁,历史学侧重史实考证,而社会学则尽量结合各种因素综合地加以考察分析。

（5）社会学研究在尽可能综合和客观描述社会现象的基础上,力图解释族群关系方面种种现象的形成逻辑与发展轨迹,分析影响和制约族群关系的各类因素。不仅做到知其然,还要知其所以然。

（6）注意汲取、借鉴现代社会科学的研究方法与手段。既分析人口普查宏观数据,也采用大规模抽样问卷调查方法收集专题信息数据,还注重通过口述史方法和深度访谈来获得生动、详尽和可靠的个案信息,努力在研究中把定性分析与定量分析方法结合起来。

（7）注重实证研究。从现实的社会现象入手进行专题调查。社会学的学术

传统是解放思想、实事求是和科学理性。尊重权威但力求创新,没有积极的创新意识和研究创新能力就不可能推动学术的发展。社会学在这方面与自然科学的实证方法和创新导向是一致的。

(8) 把国家制度、政策的指导作用和实施效果作为研究对象。社会学不是"象牙塔"中的学问,它应当是密切关注社会发展的实际进程、社会主要矛盾和现实问题,并力求通过自身的研究成果和社会影响来增进社会和谐与社会发展的一门学科。

(9) 结合区域发展进行研究。一些族群有传统聚居地,族群发展与所在地区整体性社会、经济、文化发展分不开,和国内其他地区的发展也分不开。各族群在当地社会中发展,必然需要与其他族群进行合作,各族群存在广泛错综的共同利益。因而研究一个地区族群关系的发展,必须结合该地区整体性社会发展现状与存在问题、区域交流合作进行综合研究。

(10) 关注现代化进程中各国内部族群关系的协调发展。一个国家的现代化过程必然导致经济工业化和人口城镇化,这是国内各族群加强交流、实现政治经济一体化和推动文化整合的过程。在这一过程中,传统的文化差异会影响族际交流交往交融,各族群的发展程度和发展速度可能不平衡,族群关系难免受到这种不平衡及其后果的影响,这是当代族群研究的重要视角。

以上10个方面大致体现了族群社会学的研究侧重点和研究方法的特点。

(二) 族群社会学研究的主要内容

从学科建设特别是课程教学的角度来看,"族群社会学"专业的主要内容可大致归纳为8个方面:(1)研究对象与研究方法;(2)族群及族群观念形成与演变的理论;(3)多族群社会的族群关系发展目标;(4)族群集团之间的结构性差异;(5)衡量族群关系的主要变量;(6)族群关系现状的专题研究;(7)现代化进程中族群关系的演变;(8)国家制度、政策对族群关系的影响。以上这些方面兼顾了基础理论、研究方法、研究专题和应用性的政策分析。

六、中国族群社会学目前的研究工作

由于中国社会学的族群关系研究起步较晚,在许多方面需要加强与拓展。

第一章 导言

(一) 社会学关于族群、族群关系的理论

族群理论涵盖"族群(民族)"定义、族群意识的产生与传递以及族群关系演变理论等内容。具有现代内涵的"民族"(nation)概念直到 1840 年鸦片战争后才从欧洲引入中国,晚清、民国知识精英的"民族"定义受到欧洲和日本的深刻影响,中国共产党建立后的"民族"定义、民族理论和制度政策主要受斯大林和苏联民族理论的影响,尚未形成既根植于中国本土又能进行国际对话的具有一定独立性的系统民族理论。要想真正创建和发展以中国社会史、族群关系史和当前国情为基础,同时也能与国际学术界接轨的"民族"与族群理论,我们需要分别对同中国族群问题密切相关的三个理论与实践的来源进行深入和系统的分析,在此基础上汲取符合当今中国国情和国际发展趋势的概念、视角与研究范式,逐步创立中国的族群社会学理论体系。

这三个重要的理论与实践来源是:

1. 中国历史传统上处理族群关系的理论和方法

中国文化传统的儒、道、释学说关于"人""族类"有一套说法和看法。关于世界秩序、如何看待中原人群与边缘地区群体的社会差异等,有一套传统的称谓和观点(如"天下"观、"夷夏之辨"等)。虽然持有"华夏"文化优越感,不能同等看待尚未接受"中原教化"的"化外之民",但也有平等与包容的一面(主张"和而不同""己所不欲,勿施于人"),认为边缘群体可接受中原文化("有教无类")。由于中国特殊的地理格局,在东亚地区中长江、黄河流域的经济与文化发展较早,中原王朝对周边各族各国所持的态度是与这种地理文化结构分不开的,基本上是采用以同化为目的、以安抚为手段的"教化"方略,归顺的异族即被视为"天朝"子民。这与欧洲人以占领土地和掠夺财富为目标的殖民政策是不同的,与欧美殖民政府对待海外殖民地土著居民的态度也完全不同。费孝通教授把我国几千年发展进程中出现的族群关系从理论上总结为"中华民族的多元一体格局"。我国历史上关于群体差异的观念及处理族群关系的传统做法对今天的中国仍有影响,其中有些方略可能仍然符合中国实际国情,需要进行系统的研究与借鉴。

2. 欧美各国关于族群和族群关系的理论

欧美社会学界关于族群关系的宏观理论,主要集中于分析多族群国家处理内部族群关系的历史进程与社会目标,如戈登(Milton M. Gordon)关于美国族群关系发展的"三阶段理论"、赫克特(Michael Hechter)的《内部殖民主义》、霍洛维茨(Donald L. Horowitz)的《族群冲突》,都是在宏观层面进行相关的理论总结。欧洲学者们在研究来自前殖民地异族人口和外籍劳工发展状况的同时,也努力探讨欧洲各国在移民背景下族群关系的社会目标和政策。如霍布斯鲍姆(Eric Hobsbawm)和安东尼·史密斯(Anthony Smith)结合欧洲国家的发展历程来讨论"民族国家"(nation-state)建构和"民族主义"(nationalism)运动,安德森(Benedict Anderson)系统分析前殖民地独立后的"民族构建"(nation-building)进程,格莱泽(Nathan Glazer)和莫伊尼汉(Daniel Moynihan)则梳理了现代社会中的"族群"(ethnicity)问题。各类国家"民族"意识的形成、国家建构和内部族群问题等,都与社会现代化中产业结构、社会组织、政治制度、文化模式的演变密切相关,西方学者有关"民族""民族主义""族群"的理论探讨对于我们今后理解和分析中国族群关系具有重要借鉴意义。但是,西方工业化国家特别是移民国家(如美国)的族群理论并不具有普遍性,主要反映的是西方国家的国情。

3. 苏联的民族和民族关系理论

斯大林民族理论的出现与20世纪初欧洲的历史发展阶段有着密切关系。苏联成立后,苏共意识形态体系中关于民族问题有三个关键理论:一是坚持斯大林在1913年提出的"民族"定义,依此对全体苏联国民进行"民族识别",划清民族边界;二是强调"民族自决权",以各"民族"自治区域(加盟共和国、自治共和国、自治州等形式)构成联邦制;三是提出在族际相互关系方面应从"形式上的平等"过渡到"事实上的平等"。由于历史原因,1917年"十月革命"后,苏联有关"民族"问题的基础理论和政策实践对中国共产党有很大影响。苏联民族理论与实践也影响了二战后的南斯拉夫。因此,梳理有关文献特别是斯大林著述,对于研究中华人民共和国成立前后中国共产党民族政策的形成及中华人民共和国成立后我国政府制定的有关"民族"问题的制度政策极为重要。总的来说,苏联的民族理论和民族政策基本上体现的是横跨亚欧大陆的俄国的族群关系格局和发展历史,再加上马克思主义关于民族解放、族群平等的意识形态。应当说,也是属于局部的而非全球性的族群理论。

与此同时,亚非拉其他发展中国家(如印度)民族/族群的历史演变、独立后在原殖民地行政区划内进行"民族构建"(nation-building)的理论讨论与社会实

第一章 导言

践也需要关注和借鉴。

（二）族群分层及其演变的宏观分析

我国各级政府以往公布的正式统计资料中，缺乏以"民族"为单位的经济数据和社会统计。在1990年之后的全国人口普查数据中，国家统计局公布了以"民族"为单位的年龄、性别、产业、职业、受教育水平、婚姻状况、居住地等方面的基本数据。目前全国和各省份年度统计资料都以行政区划（省、市、县）进行统计，没有提供可对各地区族群分层情况进行分析的资料。

当前在西方国家，政府和各种基金会每年提供大量经费资助大学和研究机构开展与种族、族群相关的社会调查，这些调查项目在研究领域和专题方面各有不同侧重，如各族人口结构变迁、各族就业与收入比较研究、各族受教育结构演变、族群居住隔离情况变化，以及政府具体政策给族群分层和社会流动带来的影响等。这些由大学和科研机构开展的专题社会调查，往往为政府和民众提供了许多系统翔实的调查资料和深入分析的研究报告，对现实社会的族群关系产生一定引导作用，为政府了解民情、制定调整相关政策提供科学依据。目前我国一些大学和研究机构已经开始在抽样调查问卷中增加少数民族家庭状况的调查内容。

（三）人们的族群认同及其演变的微观分析

要进行这个领域的研究工作，可从三方面入手。

1. 通过历史文献解读中国历代不同人群对"族类"群体划分的定义、观念和应用

我们需要利用历史文献来分析中国历史上及近代对称为"族"（"族类""民族""国族"）的群体进行划分的定义、观念和应用。这些历史文献出当时的政治家、学者、文人撰写，虽然直接反映的是作者个人的观念和思想，但也间接反映了当时社会流行的观念和思想。除直接涉及"族""民族"这些词的文献外，涉及族群分野、群体认同方面观念的文献（如"华夷之辨"的论述、对于历史上各少数族群的论述），特别是以少数民族文字（满文、藏文、蒙古文、维吾尔文等）形式流传下来的历史文献，都应当在我们的考察范围之内。

2. 调查社会中人们"民族"概念和族群认同意识的形成与演变

我们需要通过访谈调查了解,生活在不同社会文化环境和发展条件中的人的"民族"概念和族群认同意识是如何形成及演变的。调查对象包括:长期在汉族地区生活和工作的少数族群成员;长期在少数族群地区生活和工作的汉族成员;与少数族群没有接触的汉族成员;与汉族没有接触的少数族群成员;曾经属于某个大群体,但在20世纪50年代的"民族识别"过程中被"识别"为独立"民族"的成员;与其他族群通婚的男性或女性成员;等等。这些处于不同环境、具有不同经历的人对于如何看待"民族"及对所属群体的认同,可能会有十分不同的观点和想法,而且这些观点可能会随着其经历的变化而有所转变。这些调查将有助于我们从个案和微观层面理解人们的"族群"观念和群体认同的动态变化,以及相关的影响因素。

3. 对长期生活在国外的华人、留学生进行访谈调查

海外华人、留学生处在与我国不同的另一种社会制度里,当地占主导地位的社会文化在很多方面不同于中华传统文化,其社会主流意识形态也与中国很不相同。由于这些留学生大多在国内出生成长,因此或多或少保留了中华文化的"根",了解他们自身"族群认同"观念的产生及演变,倾听他们对两个国家、两种不同社会制度下"族群"观念、族群政策的比较与评议,可以帮助我们从不同侧面理解国内人群的"族群"观和认同观念。

这种访谈调查与美国学者对外来移民进行的访谈在方法上相似。来自不同文化传统的移民对迁入国主导文化的接受速度和抗拒心理各不相同。在美国,来自西欧的移民肯定比华人移民适应得更快,来自中国的少数族群移民与汉族移民在适应美国文化方面的表现可能也有所不同。从这些不同角度进行比较,可以帮助我们认识和确定,在中华民族的族群观念和认同方面,哪些是更为基本的观念,哪些是汉族具有而我国其他族群所不具有的观念。

(四)某国或某地区族群关系的专题或个案实证研究

这应当是我国社会学当前最需要开展的研究工作,因为容易积累基础资料,最可能出学术成果。在专题或个案的实证调查研究中,涉及的地域或人口范围可大可小,涉及的研究议题可宽可窄,涉及的历史时期可长可短,采用的调查研究方法可以多种多样,使用的定量统计方法也可深可浅,这些都视研究者的学术

第一章 导 言

背景、专业训练、知识积累、研究兴趣、具体选题和研究条件等实际情况而定,具有很大的自由度。以下6个专题反映了族群关系的主要方面,可供研究者优先选择。

1. 语言使用

有关语言使用的实地调查可以帮助我们了解:(1)该调查地区各族成员使用本族语言及他族语言的情况;(2)人们学习他族语言的主要途径;(3)人们使用各种语言的具体场合;(4)政府的公共语言政策、学校教学语言政策及其在人们生活中的实际影响;(5)在语言学习和使用方面的代际差异;(6)少数族群语言的演变及其对现代化社会的适应(词汇和语法变化);(7)随着全国性劳动力市场和知识市场的发展,国家通用语言在各级学校、公共场所和就业职场的使用状况。

2. 人口迁移

迁移直接导致一个地区内各族人口比例的改变,增加对迁入地区自然资源和就业的压力,促进族群间生存与发展机会的竞争。经济利益的竞争往往与群族间政治权力的竞争以及文化冲突相互交织。可从几方面入手调查人口迁移对族群关系的影响:(1)移民数量、迁入时间和迁移形式;(2)移民的受教育水平、行业、职业结构及与本地居民的比较;(3)移民的社会、经济组织形式;(4)移民整体收入、内部分层结构及与当地居民的比较;(5)移民对当地经济、社会、文化发展的影响(地区产值、居民人均收入、失业率,以及对学校、医院、对外贸易的影响);(6)移民与本地居民的日常社会交往和组织嵌入程度。

3. 居住格局

分属不同族群的成员进行社会交往的主要场所类型可简单归纳为:(1)居住场所;(2)学习场所;(3)工作场所;(4)娱乐场所;(5)宗教场所;(6)公共活动与消费场所;(7)私人个体交往等。其中最重要且容易测度的指标是居住场所中各族群的居住格局,即各族群在一个城市、一个居住社区的空间分布模式,西方学者常用"分离指数"加以度量和比较。

4. 族际通婚

人们在研究时把个体通婚和规模通婚作为两个不同的层次,相互区别又彼此相关。可调查的方面有:(1)族际通婚的绝对数量和相对规模;(2)通婚发生的时间和社会背景;(3)通婚中是否有性别选择或事实上的性别倾斜;(4)通婚者群体与非通婚者群体各方面特征(年龄、受教育程度、行业、职业、家庭社会地位和经济水平、是否移民)的结构性比较;(5)在两个以上族群混合居住的地区,在族际通婚中有无族群选择;(6)通婚所生子女在族群身份认同方面的选择;(7)政府对于族际通婚的政策;(8)家庭或社区对族际通婚的态度;(9)在个人发展机会方面,混血子女与各族群非混血子女的比较;(10)鼓励或阻碍族际通婚的各项因素(宗教、语言、习俗、族群偏见、交往机会、政策法规等)。

5. 族群意识

族群意识是人们后天生成的,也是个体社会化过程中的重要内容。在不同环境、不同场合,人们的认同意识会在不同层次上强化或弱化。这一专题的研究与前面提到的第三个方面(微观层次的族群意识调查)是相通的。我们可以有计划地选择有代表性的调查地点和调查对象,特别是对当前社会中处于不同状况、具有不同背景的成员进行关于"民族"概念和对本族群认同的访谈调查。在进行访谈调查时,需要结合场景的变化和人们的社会经历来确定人们族群意识的内容与程度,并分析这种意识产生的根源及影响因素。

6. 影响族群关系的综合因素分析

这些因素可大致划分为15类:(1)各族群在体质肤色方面的差异(体质因素);(2)各族群人口的相对规模(人口因素);(3)人文生态环境因素(族群的相互隔绝程度,即族群交往的环境限制);(4)历史上的族群关系对现今关系的影响(历史因素);(5)各自传统社会制度的异同(社会制度因素);(6)经济活动类型的异同(经济结构因素);(7)各族群在社会分层结构(行业、职业等)中的相对位置差异(族群分层因素);(8)文化、语言、习俗等方面的差异(文化因素);(9)各族群在宗教信仰上的异同对族群相互认同的影响(宗教因素);(10)各族群由各种因素造成的偏见和心理距离(心理因素);(11)政府各项政策(优惠或歧视)对族群关系的影响(政策因素);(12)个别事件对族群关系的影响(偶发因素);(13)大众传媒对精英—民众族群意识和族群关系变化的影响(媒体因素);(14)境外政治、宗教势力对国内族群关系的影响(外部因素);(15)主流族群对待少数族群的宽容度(主导族群因素)。

七、我国族群社会学专业的发展前景

目前在我国社会学界,包括大学社会学系和社会学研究机构中,以族群社会学为主要研究方向的专业人员数量很少。而在综合性大学社会学系开设"民族社会学(族群社会学)"课程的,只有少数几所学校,力量非常薄弱。中国社会学会下属的"民族社会学专业委员会"秘书处设在北京大学,自1995年以来定期编印《民族社会学研究通讯》,至2019年5月已编发280期,可在北京大学社会学系图书分馆网站下载,目的是促进各地从事族群社会学教学与研究的人员进行学术交流。

在我国,长期从事族群问题研究,并且近年来对族群社会学表现出强烈兴趣的,主要是位于各民族地区的综合性大学、民族院校和研究机构,其中有些院校正在筹建社会学专业。

在少数族群聚居区发展族群社会学,具有三方面有利条件:(1)少数族群地区的社会经济发展、族群文化保护、族群团结是当地的大事,地方政府非常关心少数族群的发展和族群关系的妥善处理,设立这一专业和开展研究工作会在许多方面得到当地政府的大力支持;(2)这些地区院校的学生和教师中不少人出身于少数族群,关心族群问题研究,熟悉民族聚居区并有在这些地区进行调研的经历,所以在这些院校开设族群社会学课程、组织有关研究课题并发展专业学术队伍,在人力资源上具有很好的条件;(3)由于这些院校位于少数族群地区,教师和学生在日常生活中可接触到多族群文化交流现象,到基层社区开展调查活动比较便利,这就为族群社会学的实地调查工作和长远发展提供了肥沃的土壤。由于有这三个有利条件,今后在各少数族群地区的综合性大学和民族院校建立的社会学专业设置中,族群社会学有可能会成为一个重要的教学与研究领域。

无论是在基础理论的地域涵盖面、基础理论的核心命题的拓展,还是在研究方法的多学科交叉渗透以及理论与研究方法的创新潜力方面,我们正在进行的"民族(族群)社会学"学科建设都有特殊的重要价值。无论是与国外的族群社会学比较,还是与国内已有的从事族群研究的其他学科比较,它的特点十分鲜明。族群社会学这个专业方向在中国这个多族群国家将有光明的前景。

关于"民族"和"族群"的定义

国外社会学所说的"ethnic groups"(族群)或"ethnicity"(族群性),与目前汉语里常说的"民族"相比,两者在内涵上是否吻合?又存在哪些差别?长期以来,人们对这些基本概念有许多不同的理解,在使用这些词语时也存在不同程度的混乱。本章将对有关概念的定义进行阐释,分析其理论内涵。为了理解我国的族群现象和开展民族问题研究,我们首先应当讨论如何理解和使用这些核心概念或词语,澄清一些容易引起思维混乱的概念,同时对一些词语的现行使用方法进行必要的修订。

一、"民族"的定义是族群社会学基本理论的重要组成部分

1. "民族"和"族群"的定义

目前汉语的"民族"一词在日常生活中同时在两个层次上使用。第一个层次为 55 个"少数民族",以及与"少数民族"相关的"民族团结""民族自治""民族政策""民族干部""少数民族文化""少数民族传统艺术""民族教育""地方民族主义"等;第二个层次以全体中国公民为对象,如"中华民族""中国人的民族主义""中国人的民族感情""中华民族文化""中华民族传统"等。

在称呼国外群体时,汉语的"民族"一词在使用中存在三类情况。第一类是用于历史上一些外国群体的传统译名,如"日耳曼民族""条顿民族""阿拉伯民族",这些群体的成员可能由于历史上的战争或其他原因今天已分别居住在不同国家,这些族称也不再出现于这些国家的正式官方名称中;第二类同样是用于

第二章 关于"民族"和"族群"的定义

群体的历史传统译名,如"爱尔兰民族""法兰西民族",这些群体现在或者是多族群国家的组成部分之一,或者作为主体族群建立了"民族国家",他们的族名(爱尔兰、法兰西)已正式成为政治实体的名称,相当于汉语中的"国族";第三类是在近代殖民地基础上,依据原殖民地行政边界(或有所扩展),通过独立运动建立的新生"民族国家",如"美利坚民族""印度民族""印度尼西亚民族"等,多以传统地域名称作为族称,实质上也可称为"国族"。

除此之外,还有一些群体被人们习惯地冠以"人"而不称为"民族",如历史上西班牙的"摩尔人"、巴尔干半岛的"色雷斯人",以及法国的"科西嘉人";也有些群体被称为"族"而不是"民族",如波斯尼亚的"波什尼亚克族"(前"穆斯林族");还有些群体同时被译为汉语中的"族"或"人",如中东的"库尔德族"也被称为"库尔德人",阿富汗的"普什图族"也被称为"普什图人"。20世纪上半叶,西方文学和史学作品被翻译到中国,那时的译者对这些族群称谓采用的译法在社会上流行之后,逐步形成对这些群体的习惯称谓。

我们可以提问:汉语的"民族"在这几类用法中是否属于同一个概念?是否具有同样的内涵?在西方文献中,"nation"(民族)通常表示政治实体,"ethnic groups"(族群)则更强调具有其他非政治性差异(如语言、宗教、血缘、习俗等)的群体,目前中国人常说的"民族"一词到底是属于前者还是属于后者?还是根据不同场合,有时属于前者有时属于后者?根据中国历史以及现实国情,中国目前的56个"民族"应该被称为与"nation"相对应的"民族",还是应当被称为与"ethnic groups"相对应的"族群"?

我们还可以继续提问:今天我国的56个"民族"在历史上是如何形成的?人们是从什么时候开始用"民族"来称呼这些群体的?这里需要指出:第一,当时也许并没有使用"民族"这个词,而是使用古代文献记载下来但今人已不再用的一些称呼;第二,可能当时在不同地区曾经出现过不同称呼,其内涵有可能相互重合,也可能存在某些差异。既然在历史上中国的不同地区、不同群体曾经一度采用过不同的群体称呼,那么又是在哪个历史时期,中国各地区(至少是中原王朝)开始逐步把对这些群体的称呼统一起来?在历史发展进程中,这些群体称谓的内涵和界定都经历了哪些演变?我们今天又依据什么标准或准则来判定或识别中国各个不同的"民族"或"族群"?

2. 族群意识或民族意识如何产生和传递

每个人出生时会遗传父母所属群体的体质特征,在出生后向父母、家人学习语言和社会规范。但是每个人心目中有关自身"族群"或"民族"身份的意识,绝不可能通过先天遗传获得。那么,人们的"族群"或"民族"意识是在什么条件下,通过哪些途径获得并得以固化的?这种意识一旦产生并固化,是如何在家庭成员中、在人们的社会交往中、在与各种文化媒介接触的过程中传递、延续和变化的?是否存在某些文化和历史的族群"象征"(有形或无形)激发人们的族群意识并增强族群凝聚力?在什么条件下这种意识会强化并成为影响人们行为的决定性因素?又在什么条件下这种意识会弱化甚至会基本消失?

此外,人们对于自己所属"群体"的认知程度与群体意识的强弱程度,是否可以被划分为不同层面并形成一个认同体系?例如,一个来自内蒙古乌珠穆沁草原的蒙古族牧民,当他与南部农区的蒙古族农民接触时,由于生活习惯差异他首先感到自己是个牧人,此时农民与牧人之间的区别是一个重要的认同层面;当他来到北京与汉人接触时,由于语言差异他感觉到自己是个蒙古人,这时族群成为重要的认同层面;当他访问美国时,由于公民身份的差异他感到自己是个中国人,所属国家成为关键的认同层面。在调查这些与认同意识相关的现象时,我们需要分析在不同客观条件下,受到哪些因素影响,人们头脑中会萌生不同的群体认同意识;同时在什么样的社会场景下,受到哪种心理提示,人们头脑里某一层面的群体认同意识会在某个特定时刻凸显出来,并在其情感中占据主导地位。

3. 族群或民族群体之间的关系

不同的族群或"民族"群体一旦开始相互接触和交往,便会出现"民族关系"的问题。当分属两个"民族"的大多数成员在居住地域上相互隔绝时,接触和交往可能仅仅出现在少数上层领导者或特定职业集团(商人、军队)之间,两族普通民众之间并没有真正的个体交往,这种现象是族群交往模式的一个极端。族群交往的另一个极端状况是,两个"民族"的交往广泛和普遍,他们在同一个城镇或村庄里混杂居住,孩子们在同一所学校学习,长大后又在相同的机构就业,并且存在普遍的族际通婚。在目前现实社会中,各地区的族群关系一般都是介于两种极端状况之间的某种中间状态。

无论我们是进行宏观(群体)层面还是微观(个体)层面的研究,以上三个方面是社会学的族群研究特别予以关注的。

二、近代我国学术界对于"民族"定义的认识

1. 汉语的"民族"一词何时出现并被我国学者和民众接受和使用

中国自古以来是一个幅员广阔的国家。远古时代,在黄河流域及周边地区就生活着许许多多的群体和部落,这些部落相互征战、交往与贸易,他们既有不同的文化传统,同时也存在许多共同之处。我国史书对这些部落的最早记载是简单地冠之以具体的群体名称,如"黑蛮""犬戎""九夷""赤狄"等,后来在族名之后又加上"人",以此表示族群的称谓,如"汉人""胡人""夷人""藏人""满人"等。而史书中用到"族"字时,最早是指家族。如《左传》共出现121个"族",除了4个有"类群"的泛指之外,其他都表示"家族"或"氏族"。《左传·成公四年》中的"非我族类,其心必异",最早是特指姓氏集团,后来被人们引申为泛指族群。

梁启超是最早把我国各族称为"民族"的学者(1901年)。最早将中华各族冠以"汉族""藏族""蒙古族"等称谓并与境外民族并列的可能是黄遵宪,他在《驳革命书》(1903年)中称"倡类族者不愿汉族、鲜卑族、蒙古族之杂居共治,转不免受治于条顿民族、斯拉夫民族、拉丁民族之下也"(韩锦春、李毅夫编,1985:33)。黄遵宪曾长期出使日本,在"民族"概念和用语上受到日本用词的影响。经过晚清学者和政治家的介绍,到20世纪20年代,汉语"民族"一词便开始被国人普遍用于称呼当时中国境内各个族群。

与此同时,"中华民族"这个词也开始流行。孙中山先生早期曾把"中国人"称为"一个民族",称"中国人的本性就是一个勤劳的、和平的、守法的民族"(孙中山,[1904]1981:67)。随后他提出,"合汉、满、蒙、回、藏诸地为一国,即合汉、满、蒙、回、藏诸族为一人。是曰民族之统一"(孙中山,[1912]1982:2),这即是当时流行的"五族共和"的提法。孙中山先生在这段话中把中国各族群均称为"族",将合在一起的国家政治共同体称为"民族"。

以上的简略介绍表明,近代汉语里有关"民族"的各种提法和相关概念并非产生于中国社会的历史发展之中,而是自国外引进。由于引进时国人对"民族"一词的理解与诠释受外部影响而有很大差异,所以用法上具有"多元"的性质。在此之后,"民族"一词及相关概念又不断受到境外因素的影响,其内涵也在不

断变化,早期学者使用这些词时始终未能达成统一共识。

2. 有关汉语"国族"的提法

这一提法最早见于孙中山先生1924年的《民族主义第一讲》,他把英文中的"nation"表述为"国族",称"民族主义就是国族主义"(孙中山,[1924]2000:2),称中国人反对帝国主义的"民族主义"(nationalism)就是中华民族的"国族主义"。

20世纪90年代,宁骚教授提出与国家概念密切相连的"国族"(nation)和作为国族组成部分的"民族"(nationality,ethnic group)这两个相互区别的概念,建议保留对中国56个"民族"的称呼,把"中华民族"改称为"中华国族"(宁骚,1995:5)。

英国学者吉登斯(Anthony Giddens)认为,"nation"(现通常译作"民族")是"指居于拥有明确边界的领土上的集体,此集体隶属于统一的行政机构","nation"(民族)和"nationalism"(通常译作"民族主义")"均是现代国家的特有属性"(吉登斯,1998:141)。据此来看,把"nation"译作"民族",这与我国目前对"民族"一词的通常理解存在着明显差异。由于在西欧一些主要"民族国家"(nation-state)里,"国族"与"民族"两者在相当程度上重合,所以把西欧的概念应用于中国这样历史悠久的多族群国家很容易引起概念上的混乱。

在我国目前把"民族"一词同时用于"中华民族"和56个"民族"这两个层次的状况下,提出"国族"与"民族"这两个对应不同层次的概念并确定其各自的相应用法,这一观点打开了理解和应用"民族"概念的新思路。提出重新起用"中华国族"一词来代替目前使用的"中华民族",虽然可以把具有政治实体含义的整体(国族)和局部族体(民族)区别开,但是与前者密切相关的另一常用词"民族主义"在使用中仍然容易引起概念上的混乱。

"民族主义"(nationalism)一词在西方读者心目中往往与建立独立政治实体的社会思潮和运动相联系,如果我们谈到中国一些地区存在少数族群的"地方民族主义"并将其译成"regional nationalism",就会被西方读者和媒体解读为当地存在带有政治分裂倾向的独立运动。假如我们把西方政治文化中的"nation"一词译为"国族",那么"nationalism"也应被翻译成"国族主义"。在这一前提下,现在国内常讲的"地方民族主义"就不能翻译为"regional nationalism",但也无法被译成某个新造的英文单词(如"ethnolism"),因为"ethnic group"一词在西方国

第二章 关于"民族"和"族群"的定义

家主要指文化群体,不与具有政治含义的"主义"相联系。所以,给我国各地一些族群成员中存在的利益或权利诉求贴上"主义"的标签未必恰当。

相比之下,把"nation"和"nationalism"仍译成"民族"和"民族主义",以此来与"中华民族"(Chinese nation)和"中国人的民族主义"(Chinese nationalism)相对应;而把原来称作56个"民族"的群体改称为"族群",这样就可以与英文的"ethnic group"相对应,同时不再使用"大汉族主义""地方民族主义"这些容易引起西方读者误解的词语。进行这样的称谓调整后,在东西方沟通和交流中可能产生的歧义和引起的误解最少,与目前世界各国的民族—族群格局也比较契合,从长远看可以避免出现内政、外交上的许多政治问题。如国家民族事务委员会的英文译法,就已经从"State Nationalities Affairs Commission"正式改为"National Ethnic Affairs Commission"。

以上这种术语调整,与把中华民族称为"中华国族"的同时保持56个"民族"的思路,实质上是相同的。这两种提法都注意到了在56个"民族"和"中华民族"这两个层次上,需要使用不同称谓来相互区别,后者必须具备政治统一体和固有领土的属性。

应当说,今天我们使用的"民族"一词,并不是一个简单的自然科学概念,其内涵十分复杂,既具有社会、文化、政治、经济等各方面含义,又具有地方多元色彩,是一个"复合型"概念。当我们在实际应用中涉及某个具体族群时,头脑中固有的对这些概念的定义,可能还掺杂了当年对群体进行人为"识别"的过程中所留下的某种历史"烙印"。

三、斯大林对于"民族"的定义及其对中国的影响

1. 斯大林提出的"民族"定义

斯大林提出的"民族"定义是中华人民共和国成立以来在政府部门与学术界最流行、最具权威性的定义。虽然马克思、恩格斯在著作中曾多次谈及民族问题,但是他们从来没有专门讨论过"民族"的确切定义。苏联和我国学术界长期以来奉为经典的"民族"定义,是斯大林于1913年在《马克思主义和民族问题》一文中提出的,即"民族是人们在历史上形成的一个有共同语言、共同地域、共同经济生活以及表现于共同文化上的共同心理素质的稳定的共同体"(斯大林,[1913]1953:294)。

斯大林把"民族"区别于"种族"和"部落",强调"民族不是普通的历史范畴,而是一定时代即资本主义上升时代的历史范畴"(斯大林,[1913]1953:300)。他坚持认为,要成为或被"定义"为一个"民族",这四个标准缺一不可,"只有一切特征都具备时才算是一个民族"。斯大林在举例具体说明他的"民族"定义时,称"英吉利人、北美利坚人和爱尔兰人……是三个不同的民族"(斯大林,[1913]1953:294),即是说他把"北美利坚人"算为一个民族。因为犹太人"在经济上彼此隔离,生活在不同的地域,操着不同的语言等等",所以斯大林不承认犹太人是一个民族,同时"波罗的海沿岸边区的日耳曼人和拉脱维亚人"也不算是民族(斯大林,[1913]1953:295)。基于同一理由,他坚持说中国的回族因为没有自己独立的语言,不是民族而只能算是一个宗教群体。

从以上论述可以看出,处于特定的历史时期,斯大林提出作为一般规律的"民族"定义时,多少带有与当时俄国形势有关的政治性考虑。在20世纪初处于革命前夜的俄国,布尔什维克所面临的是"民族文化自治"和企图以民族划分来分裂无产阶级政党的各种民族主义思潮,斯大林提出的"民族"定义在一定程度上是为了适应当时政治形势的需要。苏联正式建立后,这些问题依然存在。苏联境内的日耳曼人算不算一个民族?是否需要在日耳曼人聚居的"东普鲁士"成立"日耳曼自治(加盟)共和国"?斯大林当时还面对"崩得"(犹太社会民主主义工人组织)分子提出的犹太人"民族自治"的政治要求。出于担心革命力量内部因"民族主义"而分裂的政治考虑,斯大林在界定"民族"时特别强调"共同地域"这一特征。由于提出"四个特征缺一不可"作为界定"民族"的原则,斯大林在强调语言因素和地域因素时,实际上淡化了文化因素(包括语言、宗教)和心理意识因素在民族形成和延续过程中的重要作用。

另外,斯大林使用的"民族"一词明显带有政治实体的含义。如他称"北美利坚人"是一个民族,又称"现今的意大利民族是由罗马人、日耳曼人、伊特剌斯坎人、希腊人、阿拉伯人等等组成的。法兰西民族是由高卢人、罗马人、不列颠人、日耳曼人等等组成的。英吉利民族、德意志民族等也是如此,都是由不同的种族和部落的人们组成的"(斯大林,[1913]1953:291)。他在这段话中所列举的"民族"都是以国家形式出现的政治实体,而且这些不同"民族"都是由不同群体彼此交叉组合而成,如罗马人和日耳曼人既是"意大利民族"又是"法兰西民族"的组成部分。这些被他称为"种族和部落"的"民族"组成部分在今天的西方

第二章 关于"民族"和"族群"的定义

学术界被称作"族群"(ethnic group)。

斯大林之所以倾向于把"民族"看作政治实体,这与苏联当时对各民族在政治体制上所做的安排(加盟共和国、自治共和国、自治州)相吻合。苏联政府承认"民族有分离乃至建立独立国家的权利"。由于犹太人、吉卜赛人是族群,就没有"自决权",而乌克兰人、格鲁吉亚人是"民族",可以建立自己的共和国。假如按照这个思路来理解斯大林的"民族"定义,很显然,我国散居的回族、满族、彝族、苗族等族群(ethnic groups)不包括在他的"民族"定义范围内,只有具有政治实体意义的群体才能称为"民族"(nation)。

关于民族的演变过程,斯大林把历史上人们共同体的发展程序表述为:氏族—部落—部族—民族。他表述中的"部族"指的是奴隶社会、封建社会的人们共同体,"民族"则是资本主义上升时代形成的人们共同体。1949年后我国把这一程序表述为:氏族—部落—古代民族—现代民族。由于世界各地社会经济发展的多样化和复杂性,这种对人类社会形态演变进程的划分多少带有单线进化论的公式化色彩。

2. 国内学术界对斯大林"民族"定义的看法

国内有一种观点完全赞成斯大林的定义,认为"不论在哪一个历史发展阶段,要形成一个民族,必须具备斯大林讲的那四个条件(也叫四个特征),缺少任何一个条件,都是不可能形成一个民族的"(牙含章,1982:1)。

需要具备哪些特征,一个群体才可以被认定为一个"民族"?宁骚教授认为斯大林的论述应当归纳为六个特征,而不是四个。这六个特征为:(1)有一个历史形成过程;(2)共同语言;(3)共同地域;(4)共同的经济生活;(5)共同的心理素质;(6)具有一定的稳定性。宁骚教授增加的两个特征强调了历史过程与稳定性,他同时指出民族具有"原生形态""次生形态""再次生形态"等,一个民族的"原生形态"具有这六个必需的特征,而"次生形态""再次生形态"可能只具备其中部分特征(宁骚,1995:16—20)。

我们认为,应当对斯大林提出的"民族"定义中四个条件的普遍适用性从根本上提出质疑。任何概念都产生于一个特定的社会历史环境,都是提出这一概念的人对自身生活的社会环境特点所进行的抽象性概括。斯大林对"民族"所做的定义,很可能是从20世纪初俄罗斯民族、周边族群和沙皇俄国政治实体的实际情况中总结归纳出来的,因此,这个定义不一定完全适用于有几千年文化传统和族群交往历史的国家,如中国和印度,也不一定适用于新兴的移民国家,如美国和澳大利亚。

3. 为什么长期以来我国把少数族群都统称为"民族"?

中华人民共和国成立后,我国政府把识别出来的56个群体都称作"民族",其理论根据是斯大林的"民族"定义和民族产生的历史阶段。认为中国这些"很弱小和经济十分不发达的民族,他们之中有许多停滞在资本主义以前的阶段,没有具备民族的四个特征,但是他们的历史环境已经改变为资产阶级时代了",由于这些族群已经在不同程度上"被卷入资本主义旋涡中,已经不同于古代民族,而是又一种类型的现代民族"(马寅,1995:160),所以把他们都称为"民族"。

这里坚持了斯大林关于"民族形成于资本主义时代"的这一观点,但又在他的"四个特征缺一不可"原则上打了折扣。使用这样的逻辑推理,可以解释为什么把我国各少数族群称为"民族"。这个逻辑就是:如果认定中国处于无产阶级革命的历史阶段,就不能不把处于这一革命中的汉族定义为"民族";而既然把汉族定义为一个"民族",那么也就不得不把同时居住在中国境内的其他族群也定义为"民族"。

如果我们要真正实事求是地进行思考,就应当更进一步突破被思维定式和历史范畴所束缚的这些"经典著作"提出的"民族"概念和"社会发展形态"模式。事实上,20世纪居住在中国各地区的不同族群,其社会发展阶段并不同步。他们确实在不同程度上都受到资本主义的影响,同时共同面临反抗帝国主义侵略的任务,但是并不能以此证明他们都已进入或接近资本主义社会。另外,在"社会发展形态"上也不必有明确的阶段划分。在一个社会中,往往有些组成部分有时是处于两种形态混合的状态,或者是处在从一种形态向另一种形态演变的过程中。所以不同地区的社会发展类型很可能是多元化的,现实中的人类社会在不断演变和发展,族群或民族的群体特征也在不断演变和发展。正因为如此,我们不必把"部族"和"民族"之间的界限划分得那么明确,而是可以把各族群分为不同类型和层次,并把他们放到动态变迁过程中来分析。我们应当尊重政府的制度、政策设计所形塑的社会格局,但是这并不妨碍我们在学术层面进行思考。

四、当前西方社会科学研究中的"民族"定义

1. 西方社会科学研究文献中与"民族"相关的词

在英文文献中,与中文"民族"相关而又常用的词有4个。

(1)"race"。该词可简单译作"种族",强调人种体征上的明显区别。美国的《哥伦比亚百科全书》关于"Race"的词条是这样解释的:"组成人类的一种群体,种族之间的差异纯粹属于生理上的不同并且通过遗传的体质特征表现出来。……大多数人类学者认为(世界上)存在3个种族:白色人种(the Caucasoid)、蒙古人种(the Mongoloid)和黑色人种(the Negroid)。"贝里(Brewton Berry)讨论过不同文献提出的关于"种族"的8种定义,发现使用不同定义的学者对当今世界上存在多少种族的观点也不同,大多数学者认为世界上的种族总数在3个到7个之间(Berry,1965:39—41)。

(2)"ethnicity"。该词最早出现在《牛津英语字典》1972年版的"补遗"(Supplement)和《美国传统英语字典》(*American Heritage Dictionary of the English Language*)1973年版中。据说第一个使用这个词的是大卫·理斯曼(David Riesman),时间是1953年。"ethnicity"虽然并不用来指某个具体的族群,但通常被译作"族群"或"族群性",相关词语是"ethnic group",中文译作"族群"。

从社会学的理论传统来定义"ethnicity"及群体认同,通常把族群与另外两类群体进行比较:一是阶级(class),即以生产资料占有情况来确定的经济利益集团;二是社会"身份群体"(status group)。我们可以把"族群"看作是三部分群体认同因素的具体组合:首先是文化认同,即语言、宗教、习俗方面的认同;其次是经济利益的认同,同族成员可能有相同的生产模式(如畜牧业),在社会的经济结构中具有相似地位和共同的经济利益;最后是社会和政治认同,即同族成员在社会结构中可能具有"共同身份",以及由此带来的特权或被歧视的身份。在一些有外来移民的国家,族群差异有时包含体质因素。

(3)"nationality"。把该词译作"民族"或"民族性",多见于20世纪50年代以前的著作,在60年代后的英文文献中很少见。但是60年代以来美国出版的有关马列主义经典著作的英译本中仍在使用,原因是苏联学者把俄文"民族"一词译成英文时都统一译作"nationality"。有些印度学者在论及印度国内族群时也使用"nationalities",可能是受到苏联的影响。中华人民共和国成立后,中共中

央编译局组织的英文译著,承袭苏联译法把"民族"一词译为"nationality",把"少数民族"译为"minority nationalities"。由于目前"nationality"一词经常出现在各国护照和移民局要求入境人员填写的"入境登记表"中,"nationality"一项通常指"国籍",因此国内对于"nationality"的使用开始慎重起来。

(4)"nation"。这一英文单词与中文"民族"一词最相对应,正如"nationalism"与中文的"民族主义"一词最相对应一样。在绝大多数文献中,"nation-state"一词通常被译成"民族国家"。

一些外国学者把对"民族"(nation)进行界定的理论在三个层面上进行了梳理:(1)关于民族的本质,有"原始主义"(primordialism)与"境界主义"(boundary approach);(2)关于民族的社会功能,有"表现主义"(expressivism)和"手段主义"(instrumentalism);(3)关于民族主义现象的解释,有"历史主义"(historicism)和"现代主义"(modernism)(吉野耕作,2004:25)。

2. 安东尼·史密斯对"nation"(民族)的论述

英国学者安东尼·史密斯认为"nation"(民族)是除了性别、空间和阶级之外,在人类社会发展过程中新出现的一类群体和身份认同。由于"nationalism"(民族主义)的兴起,人类群体在一个新的政治基础上构建了新的统一共同体,所以出现了"nation"(民族)概念。这个概念是基于西方国家近代政治变革的经验,这种状况对今天世界各国对"nation"概念的运用有着主导性影响。这个新观念(理性国家,the rational state)和新共同体(领土民族,the territorial nation)首先出现在西欧,两者之间密切相关(Smith,1991:9)。

由于与文化因素(价值观、象征、神话、传统习俗与仪式)相关联的"族群"在人类历史上早已存在,所以史密斯提出的"族群"(ethnic group)概念与中国历史上"族"的观念有相似之处。而史密斯讨论的"nation"(民族)概念则是在一个新的历史发展时期出现的,这与列宁关于"民族是社会发展的资产阶级时代的必然产物和必然形式"(列宁,[1914a]1959:53)的观点相一致,"nation"(民族)是在新的社会经济形态以及帝国主义、殖民主义时期的国际关系大环境下产生和得以传播的。

让我们把史密斯提出的"nation"(民族)的特征与斯大林"民族"定义明确的特征进行比较。在对"nation"的论述中,史密斯强调的是"nation"(民族)"所有成员所具有的法律权利和义务"这一具有政治、法律和行政组织含义的特征,而把"ethnicity"(族群)只作为"nation"的诸特征之一,这体现了近代西欧社会的特点。斯大林认为,"民族是人们在历史上形成的一个有共同语言、共同地域、共同经济生活以及表现于共同文化上的共同心理素质的稳定的共同体"(斯大林,[1913]1953:294)。斯大林强调了文化、语言和心理素质,但同时他又特别强调领土因素,这使得他的"民族"定义具有一定的政治实体特征。

在一定程度上,"民族"(nation)可以涵盖"族群"(ethnicity),一个"民族"可以是若干"族群"的组合体。由于世界各国界定本国"族群"(ethnic group)时偏重于他们的文化传统与血缘联系,所以在"族群"定义的内容和词汇翻译方面比较接近和相通。与此同时,由于各国文化与政治传统在对国内群体进行界定时有不同侧重,所以不同地区的"民族"(nation)和"族群"(ethnic group)的界定表现为不同模式。总而言之,我们在翻译和理解"nation"(民族)这个词时,需要特别慎重和仔细。

五、"族群"概念在我国民族研究中的引入

1. "族群"概念的产生及其被介绍到中国

"ethnicity"这个词流行于美国仅仅是 20 世纪 50 年代之后的事情。美国是个容纳世界各大洲移民的多种族、多族群国家,如果用具有政治实体和固定领土含义的"nation"一词来表示那些移民群体,无疑很不妥当,因为只有美利坚合众国才能被称为"nation"(American nation,即"美利坚民族")。所以,在美国的社会环境中,根据其政治体制的限定和学术界的客观需要,"ethnic group"这一更具文化色彩、用以区别不同族源群体的术语应运而生。

随着改革开放,学术界开始接触到西方近些年来有关种族、族群的研究文献,"族群"(ethnic group)这个词也随着中国港台地区学者的著作在 20 世纪 80 年代被介绍到大陆来并逐渐出现在研究文献中。人们会问:"族群"与以前我们常用的"民族"两者之间有什么区别?"族群"这个概念能为我们认识中国社会现象和进行理论归纳提供什么帮助?

应当说,英文中的"nation"所表达的多重社会、政治与文化含义,实际上与我们所了解的汉语"民族"和"国家"的内涵有所不同,是我们不熟悉的另一个范畴。"nation"既不是指以政治制度和国家机器为代表的"国家",也不是指主要反映血缘与文化传统的"族群",而是指一个兼有"国家"所含的领土、法制因素

和"族群"所含的文化、血缘因素的现代政治共同体。

在我国传统思想范畴中,"中国"这个词的内涵可能在应用中与"民族"(nation)最为接近。传统中讲的"中国"实际上包括史密斯和多数英文词典中概括的"nation"的含义:(1)历史形成的领土("神州");(2)共同的神话传说和历史记忆(三皇五帝);(3)共同的文化传统(以儒学为核心内容并吸收边疆各族文化精华的中华文化);(4)所有成员共同具有的法律权利和义务("普天之下,莫非王土,率土之滨,莫非王臣");(5)共同的经济生活("士农工商"结构)。无论哪个族群"入主中原(中国核心地区)",这些基本要素大都被妥善地保留下来,同时中原王朝对于"神州"各族在文化、宗教方面的多样性也给予一定尊重与保护,这已成为中华文化的传统而体现在中国传统族群观和历朝政策之中。

2. 引入"族群"概念后对我国术语调整的建议

在引入"族群"这个新的词后,可以考虑在用语上进行调整,如采用国内一些研究者的观点,把"中华民族"译成英文时可译成"Chinese nation",使中文的"民族"与英文的"nation"对应起来;同时把国内的"少数民族"改称为"少数族群"(ethnic minorities),从而把这些侧重文化和血缘意义的"族群"与英文中相同含义的"ethnic groups"对应起来,对原来称为"民族"的56个群体改称为"族"(如汉族、蒙古族,而不再称"汉民族""蒙古民族"),统称时可称为"中华民族的56个族群"。这样的调整与中国几千年来族群关系史中产生的传统族群观(如把中华各族称为汉人、蒙古人、藏人等,既明确族群之间存在文化传统差异,又强调几千年来形成的密切联系)相一致。

从上面提出的概念体系出发,中国可以被称作一个"民族国家"(a nation-state),而且是一个"多族群的民族国家"(a multi-ethnic nation-state)。近代中国各族人民团结一致反对帝国主义侵略的斗争是带有浓厚"民族主义"(nationalism)色彩的,所以凡是以中华民族为主体的运动都可称为"民族主义运动"。从这个思路出发,今后可以考虑不把反映各少数族群的"族群意识"或争取族群利益的活动冠以"民族主义",也不再把我国各族群之间的矛盾称为"民族问题""民族关系""民族矛盾"或"民族冲突",而改称"族群问题""族群关系""族群矛盾"或"族群冲突"。做这样的术语调整将使国内和国际通行的概念相一致,有利于我们对外沟通与交流。

当我们进行了以上的术语调整,不再把中国各少数族群定位为"民族"(na-

第二章 关于"民族"和"族群"的定义

tion)时,我们也就跳出了斯大林"民族"定义设定的四个特征(共同语言、共同地域、共同经济生活、表现于共同文化上的共同心理素质)的框架,跳出了西方民族主义在"民族自决"和"一个民族,一个国家"(one nation, one state)方面的理论误区,能够更加实事求是地理解和分析我国的族群现象和划分族群界限。我国的"族群识别"和其他涉及族群的各类问题也就不再像过去的"民族识别"工作那样带有政治色彩,而是强调文化和历史因素,同时中央政府长期强调的政治议题如"民族平等"也将从"各少数族群成员享有平等的公民权利"的角度予以充分保障。

"民族""族群""种族"这些词,只是我们用来说明所处社会中的一些群组现象的表达工具。历史上的中国人只说"族""人""部"等,照样给我们留下了灿烂辉煌的文化和浩瀚的历史文献。20世纪初我们从国外引入"民族"(nation)这个词,套用于中国国情,虽然引起争议,但也被民众接受,成为习惯用法。近来引进"族群"(ethnic group)这个词,用于称呼中国蒙古族、满族等群体,这样也许更为适用和更为贴切。

群体的定义、称谓及其演变是研究历史与现代民族形成和变迁的一个起点。不同的文化传统中有不同的族群观,当它们在文化交流中相遇时,不免发生碰撞与冲突。在文化对话过程中,各方也都会有意或无意地、主动或被动地吸收其他文化的观念并纳入自己的传统,借用其他文化的概念与术语来构建本国的一套新话语体系。西方的"民族"(nation)和"族群"(ethnicity)概念先后出现在中国就是一个最好的例子。

第三章

族群意识

当人们在各种场景中与其他人进行交往时,往往会很自然地以自我为主体形成并确立与他人的关系,这些关系具有不同层次和亲疏远近之分,这种关系格局会在交往过程中逐步稳定下来甚至固化。人们之间的这种关系格局有如费孝通教授在描述中国乡土社会时所讲的"差序格局",我们可以把这些人际关系的不同层次比喻为以个人为中心的许多个半径不同的同心圆,每个人可以根据交往的亲疏程度以及相互的认同程度等,将自己所接触的人分别放置到距自我中心不同距离的各个圆圈之上。

在这样一个"差序格局"中,既存在每个人与周围不同层次人员的交往活动,身边其他人员也同时在进行交往,这些人际交往活动相互交织延伸,形成一个个以不同个体为中心、相互交叉的"关系网络"。如果按照这个思路,把交往中的主体从个人扩展到群体,由分析个体的交往网络进一步扩展到分析群体的交往格局,沿着这个视角我们可以去观察和讨论群体意识的形成机制,分析某"群体"与其他群体关系的远近,分析因"群体"自身定义的覆盖范围不同而形成的许多或远或近的立体交叉关系网络。家庭、宗族、地方社区/部落、族群、民族等,都可以被视为处于不同层次(反映远近距离不同、范围规模不同)的群组。"族群"只是众多群组层次中的一个层次。人们对于自身所属"族群"的认同和对其他族群的辨异,则是族群意识的核心内容。

第三章 族群意识

一、"族群"是人类社会群体层次划分的种类之一

1. 人作为"社会性"的动物,生活于各类社会"群体"之中

人是社会的动物,一生都生活于由各种不同的人组成的各类群体中。根据不同的社会场景与参照系,"群体"的涵盖面可以小到自身的血缘家庭,也可以大到整个人类社会,各个层次上的"群体"边界或者清晰或者模糊。这些群体有的以血缘关系(如宗族、种族)组织起来,有的以地缘关系(如同乡会)组织起来,有的主要以文化特征(如语言、宗教)相互认同,有的具有政治实体(如国家)的性质。"族群"只是人类社会群体层次划分的多种类型之一。人们生活在社会中,必然会在不同层次、不同领域参与这些群体的相关组织活动,遵循相关组织制定的行为规范并服从其权威机构。每个人的成长发展史和"社会化"过程,也就是这一个体的交往范围不断扩大、交往活动不断深入以及交往行为规范化的过程。

2. 族群意识是后天形成的

人们的族群(或"民族")意识和观念不是先天遗传而来,而是在后天环境中逐渐萌生、明晰并不断发生变化的。建立群体认同意识是每个人进入人类社会、认识世界的"社会化过程"的重要内容之一。在社会生活和人际交往中,人们会自然而然地根据自己所处的具体环境场景、个人感情的亲疏和利益关系,在亲属长者指导下,学习如何把周围社会成员划分为不同性质、不同层次的群组。在这种演变过程中,人们对特定对象的认同程度会出现强化或者弱化,甚至在强弱两者之间多次反复。在族群意识方面,有些人最初建立的对某族群的认同在发展中有可能强化或弱化,甚至在某些场景中会彻底消失,转而认同另一个族群。

3. "族群意识"是社会交往中形成的一种"社会建构"

人类社会的存在与运行需要一定的组织结构和行为秩序来支持。我们谈到的"民族"与"族群"所反映的就是社会群体关系中"社会建构"的具体内容。

费孝通教授指出,"民族是一个具有共同生活方式的人们共同体,必须和'非我族类'的外人接触才发生民族的认同,也就是所谓民族意识"(费孝通,1989:5)。美国社会学家沃勒斯坦(Immanuel Wallerstein)强调,一个族群的成员身份是一种社会定义(social definition),是成员的自我认定和其他族群对之认定

这两者相互作用的结果,所以一个族群的人口规模既可以大也可以小,其在成员身份方面的"排外性"也可强可弱。埃里克森(Thomas Hylland Eriksen)指出,"族群(the ethnic group)是经由它与其他族群的关系而确定的,并通过它的边界而明显化,但(族群)边界本身即是一种社会的产物,其强调的方面各有不同且随着时间变迁而变化"(Eriksen,1993:38)。对于任何个体或群体而言,族群意识不仅是后天产生的,而且是在族群具体交往过程中萌生的,因此它也将随着族群交往形式和内涵的改变而改变。

4. 人类社会中群体种类的多元性

社会中"群组"的具体划分可有多种方法,如划分为种族群体、民族群体、族群群体、种姓群体、性别群体、年龄群体、行业群体、职业群体、地缘群体、政治群体、宗教群体、语言群体、社会阶层、娱乐群体,以及各类自发或非自发形成的组织群体。几乎任何"群组"都可以依照某些"认同"和"排他"的标准在一定的成员范围内组成一个群体,并且培养和发展只有这个群体才具有的独特认同意识。

在各种群体的划分中,一个人可能同时具有几个群体的成员身份,比如一个年轻的美国黑人男子,根据自己的种族、性别、年龄、行业、职业、籍贯、政见、宗教信仰、收入、业余爱好等方面的特点,在不同场景和条件下他有可能予以认同的群体包括黑人种族群体、男性群体、青年群体、金融行业群体、会计职业群体、某州或某市的同乡群体、激进政团、基督教会某个支系、白领工薪阶层、业余棒球队等。除此之外,他还可能是某个慈善组织的发起者、集邮协会会员等。他所兼有的这些群体成员身份,往往在该群体活动的特定空间与时间里才会比较鲜明地表现出来。种族、族群意识,仅仅是多元化群体意识中的一种,但是由于它与个人的体质特征、家庭背景、社会地位、生活习俗密切相关,甚至在一些国家里与政策待遇相联系,因此成为一种比较稳定的群体意识。

5. 群体意识的多层次性

"群体意识"的认同具有多层次性,其范围可以从基层社会的家族、社区、族群、地区,直到国家和全人类。由于"群体认同"是在与其他群体成员接触时才会出现的议题,因此当人们置身于不断扩大的"群体"并与其他"群体"接触时,认同范围也在不断扩展。例如新疆的维吾尔人遇到哈萨克人时,会根据彼此在传统经济活动和语言方面的差异而相互区分成两个群体;当维吾尔人、哈萨克人遇到回族时,语言差异得以突显,维吾尔、哈萨克族彼此认同为突厥语系成员,与

第三章 族群意识

讲汉语的回族相区别;当维吾尔、哈萨克、回族成员遇到汉族时,他们强调穆斯林共性而与汉族相区别。这个过程不断升级延续,形成多层次的群体认同系统。这一认同过程的扩展被称为"多叉连续分层系统"的理论假设(Gladney,1996:455)。

6. "族群"和"民族"是两个核心认同层面

在人们的群体认同中,并不是所有的认同层面都具有同等重要的意义。在现代社会的政治格局中,"族群"与"国家"这两个层次是最核心和最重要的认同层面,前者偏重于"种族上的亲族认同",后者偏重于"与国家相联系的政治认同"(格罗斯,2003:32)。

在一定条件下,这两个核心认同意识层面有可能发生相互转换。作为文化共同体的某个"族群",当其与社会主流族群发生矛盾并考虑以独立政治实体的形式争取自身权益时,在内外因素共同作用下,有可能通过"民族主义"运动争取政治独立并转变为"民族"。当某个民族的部分成员迁移到另一个国家后,对自己原来母国的认同会逐步淡化,逐渐萌发作为迁入国某"族群"成员的新认同意识。

在不同的社会场景和政策制度下,"族群认同"可能会呈现不同的格局形态。如我国甘青地区的保安族在 20 世纪 50 年代以前自认属于回族,当他们被政府部门正式"识别"为一个独立"民族"并设立自治县后,自身的族群意识和内部认同明显加强(菅志翔,2006)。中国的蒙古族被识别为 56 个"民族"之一,而在蒙古国政府识别的 14 个"民族"中,除哈萨克族外,蒙古语系统人口被划分为13 个"民族",在没有其他参照系的情况下,蒙古族各支系在语言习俗等方面的差异变得显著起来。在中国大陆多族群场景下,闽南人和客家人与其他汉族支系之间的差别不足以使其成为独立"民族"。在台湾省居民中,闽南人、客家人和 20 世纪 40 年代后期的移民群体("外省人")在语言、习俗等方面的差异,就有可能因某种政治目的被"提升"到"族群"认同的层面。由此可见,"民族""族群"的划分与认定在许多场合下受到国内外政治和人为构建等多种因素的影响。

7. 群体与族群的称谓

族群或民族称谓,正如费孝通教授所说,有一个从"他称"转变为"自称"的过程,在中华民族和各族群的称谓中,也存在这种从"他称"到"自称"、从"民间"

称谓到"官方"正式命名的演变过程。20世纪我国许多少数族群改变名称的事例生动地说明了这种过程。目前我国56个族群当中,有些族群的名称是20世纪50年代进行"民族识别"时随着这些群体被确定为独立"民族"而出现的。如青海的土族过去自称是蒙古人(查干蒙古,即白蒙古),居住在甘肃、青海的保安族、撒拉族和东乡族过去长期分别被称为"保安回""撒拉回"和"东乡回",被认为是回族支系,但是在"民族识别"过程中获得了独立的族群名称。云南拉祜族、独龙族、怒族等的族名也是经由"民族识别"过程获得的。

在世界其他国家,族群称谓随着社会发展也会出现变化。美国黑人在历史上一直被称作"Negro",20世纪60年代后黑人喜欢自称为"Black",到了80年代初,有些黑人开始自称为"Afro-American"(非洲裔美国人)。社会上对某个族群的称呼常常会根据该族群自身的意愿和他人的接受程度而出现变化。

8. 族群意识的特点

梁启超先生曾说:"何谓民族意识?谓对他而自觉为我。'彼,日本人;我,中国人',凡遇一他族而立刻有'我中国人'之一观念浮于其脑际者,此人即中华民族之一员也。"(梁启超,[1922]1923:43)费孝通教授说,"同一民族的人感觉到大家是同属于一个人们共同体的自己人的这种心理"就是"民族的共同心理素质"或民族意识(费孝通,1988:173)。

一个群体的"族群意识"一旦产生,有可能在一定的条件下,这个群体在与他族交往过程中不断明确和强化本族群的边界,并且努力推动以本族群为单位的集体政治、经济、文化甚至军事行为。在一个多族群社会里,族群在交往互动过程中会逐步演变成为具有特定经济或政治利益的群体单元,并在此基础上产生某种内部"自身动力",族群个体成员和领袖也可能通过动员族群集体行为来争取自身的权力和利益。族群意识的强化或弱化,通常受外部环境的影响。

随着人口迁移、族际通婚、国界变动、宗教信仰改变、政府对"族群"的重新识别或重新界定等社会变动,族群的内涵和边界也在不断调整。所以,族群的状况不是固定不变的,而是始终处在动态变化过程中。有些多族群国家中族群的数目,很可能随着族群的交往融合和官方政策的调整而发生变化。例如苏联官方公布的"民族"总数在1926年为194个,1959年减少到109个,1970—1979年公布的数字则为104个。

第三章 族群意识

9. 族群身份的改变

在一个多族群社会中,当婴儿出生时,父母和所在社群便会"决定"他(她)的族群身份。在中国,新生儿登记户口时,父母必须为孩子申报"民族成份"。当父母分属不同族群时,为孩子申报的"民族成份"必须与父方或母方相同,在这种情况下获得自己"民族成份"的青年在满18岁后,作为成年人有权按照自己的意愿把自己的"民族成份"更改为父母中另外一方的民族。在苏联,"公民的民族出身决定于父母的民族,不可变更。只有那些(族际)通婚家族的子女到16岁时才有选择自己属于父母哪一方民族的权利"(康奎斯特主编,1993:59)。

在一些国家,当某一族群与某种宗教或语言有着非常密切的传统关联时,宗教信仰或语言的改变也有可能使某些个人被并无直接血缘关系的另一个宗教或语言群体接受为成员。一般来说,在大多数社会里,族际通婚是使后代改变种族、族群成分的重要途径。但在某些情况下,也可能出现某个人群集体改变族群归属的情况。当我们探讨某个具体族群的起源时,往往可以追溯到历史上这个族群是从其他族群中分裂出来的故事和传说。

各族群在凝聚力的强弱程度、成员边界的清晰程度以及对其他族群的排斥程度上可能存在差异,这些因素都会影响其成员个体或群体改变族群身份。巴斯(F. Barth)通过一些事例指出,随着时间的推移,部分人口能够"穿越"族群边界,这些边界实际上是有明显弹性的。历史上有许多族群在对外战争取胜后,通过吸收战败族群人口而迅速扩大本族人口;有些族群在对外战争失败和国家灭亡后,其人口被其他族群吸收。除了个体零星改变族群身份的情况外,在特殊情况下,集体大规模改变族群身份的可能性也是存在的。

二、族群意识的产生

既然族群意识不是先天遗传的,那么它在后天环境中是如何产生的?

1. 族群交流的客观需求

在与其他族群成员交往的过程中,本族群与其他族群的各种差异会凸显出来,这些差别就是构成族群内部亲和力和产生族群意识的重要根源。"共同语言及共同的生活规范——后者由共同的宗教信仰所决定——到处都会孕育族群亲和力(Ethnic affinity)的感情。"(韦伯,1998:114)而且,族群成员的交往过程往往与彼此之间的政治关系联系在一起,"部落意识的形成主要是由于共同的政治经历,而不是共同的血统,这一事实似乎历来是共同族群信念(the belief in common ethnicity)的常见来源"(Weber,1978a:394)。所以除了文化层面之外,政治层面的交往和彼此之间的政治界限也是族群意识的重要组成因素。

"一个民族的共同心理,在不同时间、不同场合,可以有深浅强弱的不同。为了要加强团结,一个民族总是要设法巩固其共同心理。……强调一些有别于其他民族的风俗习惯、生活方式上的特点,赋予强烈的感情,把它升华为代表这民族的标志。"(费孝通,1988:174)在一定的社会场景下,一个族群为了保护自己的利益,需要加强本族成员的团结和凝聚力。当外族入侵本族的传统居住地区时,或者在一个多族群社区里当本族成员对社会公共资源的占用和分配情况趋向恶化时,就会"团结一致",以族群为单位发出保护原有利益、争取新利益的呼声。有了这种客观需求,本族群领导人和精英分子就会自然而然地利用各种方法加强本族成员的族群意识和凝聚力。

2. 外在因素对族群意识的影响

外在因素有时也会促使族群意识趋于强化或淡化。如历史上元朝把臣民分为四等:蒙古人、色目人、汉人、南人。这种等级划分和差别待遇,在客观上强化了汉人的族群意识,同时华北的契丹人、女真人、党项人等因为被正式划入"汉人"范畴而加速了他们与汉人的融合。清军入关后,为了巩固几十万满人对几千万汉人的统治,清朝统治集团极力强调满人是汉人传统儒家文化和"中原王统"的捍卫者和继承者,清皇室成员刻苦学习儒家经典和汉人文化,极力淡化满族与汉族在文化传统上存在的差异,努力促进汉族在文化上认同并接受满族,以平息汉人士绅民众对统治集团的不满和反抗。

西方有些国家(特别是移民国家)在公民自由的名义下,允许不同族群成员作为个人保持文化个性与群体认同的选择权,通过强调个人公民权利来淡化族群意识并减少族群隔阂,这是西方国家引导国民认同意识和族群关系演变的一个可供借鉴的思路。

3. 对待其他族群的态度

具有比较强烈的族群意识的族群通常对其他族群具有鲜明的排斥态度。希特勒曾努力强化日耳曼人的民族意识,手段之一就是鼓动日耳曼人歧视和迫害犹太人。美国社会学家戈登(Milton Gordon)在讨论衡量种族—族群关系的变量时,

第三章　族群意识

提出"偏见"(Prejudice)和"歧视"(Discrimination)这两个变量。在种族/族群偏见和歧视的背后,有两类动机在起作用:(1)种族、文化优越感。自认在遗传生理和智力上是"优等种族",而其他族群是"劣等民族"。(2)希望本族群能够垄断社会资源,强化社会中既存的以本族占优势的"族群分层"(富族群—穷族群结构)。

4. 族群差异程度与族群意识

人们在区分族群时所依据的重要差别包括:(1)体质差异(包括外貌、肤色、毛发、体型等,体质差异与血缘关系的远近有密切关联);(2)文化差异(语言文字、宗教信仰、价值观念、生活习俗等方面的差异);(3)经济差异(传统经济活动类型、经济活动中的不同角色、资源分配方式的本质性差异等,如印度许多种姓与特定职业相关联);(4)居住地差异(不同地域或者同一个地区中不同自然或人文生态区域、居住流动性等)。

当我们把一个族群与另一个族群进行比较时,他们之间可能同时存在一个以上的差异。由于历史上或近代发生的各族密切交往和行政区划的复杂变化,出现许多"混合型"族群(如我国保安族语汇中有40%来自汉语、40%来自蒙古语)或某些族群人口中存在"混合型"成分(如"白马人"被归入藏族),这使族群鉴别和族群差异分析变得更为困难。

正因为中国绝大多数族群在体质和外表特征上没有明显差别,各族群又有几千年的文化、经济、人员交流的悠久历史及一定程度的族际通婚,因此与其他多族群国家的情况相比较,中国各族群中相互区别的意识相对来说较为淡漠。汉族作为在几千年发展过程中通过不断吸收其他族群人口而形成的"族群复合体",其族群意识尤为淡漠,那些通晓汉语并与汉族生活习俗差别不大的少数族群成员,族群意识也趋于淡化。

三、族群识别

1. 族群的识别与界定

在现实社会的族群识别中,我们时常会发现一些群体处在不同的演变进程之中:或者是两个族群的融合尚未完成,处于"融而未合"的状况;或者是某个族群中已有部分人口处在形成独立族群意识的过程中,属于"分而未离"的状况。因此,对族群边界的识别,我们只能以动态、辩证的眼光来分析,而不能用教条和僵化的概念来硬性"对号入座"。

美国社会学家霍洛维茨指出,在研究族群边界变化时要注意区分"认同的准则"(Criteria of identity)和"认同的标记"(Indicia of identity)。前者是对一个群体的整体性特征进行认定的基础,后者是具体操作时对个体族群身份进行判定的方法(Horowitz,1975:119)。在宏观与微观两个层面的判定上,无疑存在密切关联。特别是在族群混居交融的场景中,如果仅在微观层面上进行个体成员身份的族群识别,很难做出准确判断。例如对族际通婚后代的族群身份判断,又如对处在两族群混居村落中的某些成员的族群属性的判断。以上这些具体微观层面的判定,往往比确定两个族群整体的基本差异更为复杂和困难,而且由于族群身份识别的具体标志、尺度、参照系都很难精确化,因此有时在判断上无法避免会有主观性和偶然性。

当族群的认同意识(对于本族内部特征及本族与外族差异的观念)根据政治形势的变化有所调整时,为了适应族群边界的变化,族群的文化也会进行相应调整。这种调整也许是当族群边界"扩展"或在新范围内进行文化传播时重建本族群的文化"共性",也许是当族群边界"收缩"时强调本族保留的部分成员与被舍弃的部分成员在文化上的"差别"。

2."族群"边界的变化

族群边界变化中的一类现象,是某些个体通过族际通婚在名义上甚至事实上脱离一个族群而加入另一个族群。另一类现象是族群间的成员收养,如吉卜赛人通常通过收养一些流浪儿来增加自己群体的人数。但在宏观层面上,也可能受政治、经济、军事等方面的影响,某些人口集团集体脱离一个大族群而加入另一个大族群,这在历史上的游牧部落中很常见。在古代,大的战争通常会使一些群体原来的联盟解体,并促成建立一个新联盟,导致认同体系发生变化。战争往往导致一些族群衰落甚至消亡,并使另一些族群通过吸收战败方的领土和属民得到扩张。

族群同化过程会造成族群边界的改变。大规模的人口跨地域迁移更有可能造成族群及其边界的重组。例如来自拉丁美洲十几个国家的移民迁移到美国后,因为都讲西班牙语而逐渐形成美国社会中的一个新族群。1970年人口普查时,他们被单独列出并正式称作"Hispanic"或者"Latinos",他们虽因母国不同而保持了一些较低层次的群体圈子,但在政治选举、学校教育、文化社团等领域则

第三章　族群意识

通常作为一个族群而共同行动。

另一个现象是新族群的产生。如大规模族际通婚可能会诞生一个新的群体，在这种情况下由于没有一个一般意义上的"母族"而"失去"其认同的参照系，所以不得不创建一个"新族群"以及相关的认同意识。在拉丁美洲，各类混血人口约占全洲总人口的47%。在西印度群岛的一些国家中，因白人和黑人大规模通婚而产生混血的"棕色群体"，并出现了对这个新族群的认同意识。在南斯拉夫联邦的波黑共和国，因宗教信仰不同区分出一个"穆斯林族"。

3. 中国20世纪50年代开展"民族识别"的社会环境与政策背景

20世纪50年代开展的"民族识别"工作是中国族群关系发展史上的大事，正是通过当时的"民族识别"工作，才在我国重新建立起一个正式的"民族身份"制度和族群关系的整体政治框架，形成了相关制度的差异性政策。当时政府开展这项工作可能有几个考虑。

（1）1953年2月中央人民政府委员会第22次会议通过《中华人民共和国全国人民代表大会及地方各级人民代表大会选举法》，规定每一个聚居和散居的少数民族，不论其人口多寡，至少有1名人民代表。但是中国究竟有多少"民族"并没有确切数字。1953年6月国家统计局配合人民代表选举，举办了大规模人口普查。普查表在年龄、性别、与户主关系之外，额外增加"民族"一项。结果自行申报的"民族"数量超过400个，约260个集中在云南。1954年全国人民代表大会全部代表席位定为1 200席，如果承认这400多个"民族"，必然造成各级人民代表大会中的代表超员。为此开展"民族识别"工作并把"民族"总数减下来，成为当务之急。

（2）一些边疆地区的族群情况比较复杂，如西南的滇贵川桂地区，申报的"民族"数量最多。由于政府和学术界对生活在这些地区的族群缺乏系统和深入的调查研究，开展调查和识别工作将提高我们对这些群体所处社会发展状况和族群认同情况的认识，有利于将这些群体逐步整合到现代国家的政治、经济、文化和公共服务体系中。

（3）中华人民共和国成立后，我国参照苏联体制建立了户籍管理制度，以此为依据贯彻少数族群优惠政策和自治制度。在户口登记和身份记录中，每个居民必须申报正式的"民族成份"，填报后未经政府批准不能改变。在这种制度下，如果不对各族群进行识别，就无法确认每个人的族群成分，政府关于少数族群的各项优惠政策也无法落实。

从当年参与过"民族识别"工作的老一代人的回忆录和他们留下的著作来看,当年的"民族识别"工作有4个特点:(1)在收集材料以判定群体差别是否可以定义为"民族"差别时,主要依据的是语言文字、群体历史、服饰习俗等属于文化层面的内容;(2)行政区划和管辖边界等政治层面的内容并不是当时的重点;(3)由于一般情况下各群体的体质差异不明显,所以体质差别没有成为当时识别工作的主要内容;(4)在"识别"和确定族名的过程中,对当地群众的主观愿望给予特别的重视。

在斯大林"民族"定义设定的四个标准中,"共同语言""表现于共同文化上的共同心理素质"这两个标准在当时的民族识别工作中受到特别重视,而"共同经济生活"和"共同地域"在一些"民族"(如回族、满族等)的识别中相对淡化,"共同地域"在应用中被解读为"传统居住地"。但即使是后两条,在中国"民族识别"中的运用也不具有很强的政治色彩。在当时,除了西藏一度存在自己的地方政府外,中国各"民族"并不是政治色彩很强、具有清晰"领土"和人口边界的群体。我国在1953年确认了39个"民族",最后增至56个。最后两个被确认为单一少数民族的是珞巴族(1965年)和基诺族(1979年)。

由于自然地理条件(高原、戈壁、山区、平原、草原等)和社会发展模式不同,20世纪50年代中国各族群在社会组织、经济模式、文化教育等方面存在很大差异。社会经济发展水平较低的族群往往居住在偏远山区或高寒地区,与外部相对隔绝,"特征"明显,人口规模也较小。而社会经济发展水平较高的族群,往往居住在平原和交通发达地区,他们与周边其他族群交往很多,并在交往中相互融合,使得人口规模不断扩大。以上这几类不同群体实际上处于人类社会发展的不同历史阶段,把这些群体统统放到一个框架里、使用相同标准来进行"民族识别",虽然从行政管理上讲只能这样操作,但从学术角度看则不尽科学。其结果就是"识别"出了一个有着6亿多人口的汉族和十几个人口还不到万人的小"民族"(如赫哲族在1964年仅有718人)。

4. 中国"民族识别"中可能存在的偶然性与主观性

20世纪50年代民族识别中的族属认定是一个十分复杂的过程,我们从以下有关调查报告中,可以看出在民众族属的具体认定工作中存在着一定的偶然性和主观性。

第三章 族群意识

解放前乐尧山区陇人(山地壮族之一支),自己是不知道是什么族的,部分群众认为是汉族,个别群众也有说是瑶族,一般都称是陇人。解放后,政府工作人员认为陇人生活苦,又居住在山区,可能是瑶族。1952年平果县召开各族各界人民代表会议,便以瑶族名义通知乐尧山区代表参加,虽未正式承认其为瑶族,但瑶族之名便叫出来了。

据1953年7月桂西壮族自治区民族工作队实地调查的材料云:"有很多人不知道自己是什么民族,如参加桂西壮族自治区成立大会代表潘德茂说:我去参加开会是以瑶族身份为代表,……其瑶族的根据,我也不懂,以后我做代表回去,也跟着宣传是瑶族。因此,乐尧山区群众说自己是瑶族是由此而来的。这次到县参加学习的积极分子也说:我们自己也不知道是什么族,政府给我们定什么民族,我们就定什么民族。"

这次调查,潘德茂代表参加了我们的工作,他最初表示叫瑶族没有什么根据,叫壮族也可以,但后来又表示群众要求承认瑶族,迫切希望建立瑶族自治区。现在综合平果县民政科负责同志和二区区委、区长的报告以及我们实地调查了解:乐尧山区乡干部和积极分子迫切要求承认为瑶族,一般农民群众则无所谓,但也希望做瑶族,不过没有那么迫切,老年人和部分群众认为叫什么族都可以。

要求承认瑶族的主要是从两点出发:一、是从经济观点出发,认为居住山区,生活苦,不是瑶族是什么?只有承认瑶族,才能得到政府的特别照顾。……二、是从政治要求出发,认为承认为瑶族,可以区域自治,自己当家作主。(广西壮族自治区编辑组,1987:216—217)

从这个具体而生动的事例可以看出,20世纪50年代在各地区开展的民族识别工作确实存在一定的偶然性和对科学定义之外的其他因素(经济利益、政治权利)的考虑。

在认识和理解我国今天的族群问题时,不能忽视20世纪50年代"民族识别"工作的成果,正是当时的"民族识别"工作,奠定了今天中华民族56个族群的框架,今天我们要在这个框架下讨论族群和与族群相关的各项政策。从另一个角度看,需要指出的是,在全体国民中正式地明确每个人的"民族成份"并使之固化,这种制度性区隔在某种程度上会催生乃至强化人们的"族群意识",不利于各族群的交流交往交融。正是出于这一考虑,苏联解体后,俄罗斯联邦于1997年正式废除国民身份证上的"民族身份"一栏。

四、族群身份与实际利益

1. 把族群身份与社会地位—权利联系起来的制度—政策安排

无论是在族群整体的宏观层面上,还是在具体成员的微观层面上,"族群身份"都会对他们(他或她)的利益产生正面(积极)或负面(消极)影响。社会学家在把"社会分层"概念运用到族群关系时提出了"族群分层"(ethnic stratification)的概念,用来分析一个国家内部各族群在政治、社会、经济等方面存在的结构性差异。一些族群由于某些原因在社会结构中占据优势地位,而另一些族群则处于劣势地位。许多国家在历史上乃至今天依然存在以立法或政府行政法令形式规定的以族群为对象的制度性歧视,如美国和南非曾长期实行的种族歧视政策,马来西亚法律规定马来人和华人存在不平等权利与发展机会。这些制度与政策每时每刻都在提醒人们,不要忘记自己的"族群身份",他们的"族群身份"或者使他们可以得到某些特权因而具有"含金量",或者作为"低贱群体"的标志使他们注定被歧视。无论是前者还是后者,这些制度与政策都会引导人们牢记自己的"族群身份",并在外部刺激下不断加强自身的族群意识。

2. 在法律上承认族群平等,但事实上存在明显的"族群分层"

在法律上承认族群平等的国家中,个体和群体之间的竞争同样十分激烈。即使表面上并不存在制度性歧视,但是由于有些族群长期在社会和政府中占据重要位置,这些族群可以在"形式上平等"的竞争中给予本族群成员以一定"照顾",从而形成"非制度化"的族群关系网络,暗中控制与分配社会资源。在这样的社会中,族群身份可以成为最重要的"社会资本"。一个人属于哪个族群,仅仅是具有这一身份,就会使他在社会资源、各种利益和发展机会的分配中享有特权或遭受歧视。毫无疑问,在这样的社会场景中,无论是占据优势的族群还是处于劣势的族群,都会为捍卫或争取自己族群的利益而斗争。

族群优惠政策在具体实践中是一种资源分配的不平等政策。在一些国家(如以前的南非),族群优惠政策是占优势的种族(白人)保持自身优势的手段;

第三章 族群意识

而在另一些国家(如中国),族群优惠政策则是占优势的族群(汉族)试图通过对少数族群的优待而逐步消除历史上遗留下来的政治、经济、教育等方面的族群差别的手段。两者的目的与产生的后果截然不同,但在实践中最终都造成了族群成员之间的不平等。

当其他族群对某一族群持有偏见、行政当局对其实行歧视政策时,往往会强化这一族群成员的"族群意识",并拉开这个族群与其他群体的社会距离与心理距离。对一些族群成员进行的调查表明,当族群形成非常清晰的群体边界时,他们在对待"内部成员"和"外族成员"的态度、观念甚至行为规范上都存在明显的差别。

3. 族群领袖

当不同群体为争取各种利益相互抗争时,每个族群都会涌现出一些领袖人物,他们力争使自己被本族群和社会其他群体接受和认可为本族利益的代表。族群领袖的利益与其所属族群大多数成员的利益既存在相同的方面,也存在不同之处。当整体族群的状况改善时,族群领袖作为族群成员之一自然获益,随着本族社会地位的提高,领袖本人在本族中的威望也会提高,这是族群领袖与其他成员利益一致的地方。但是作为族群领袖,他们在代表族群抗争和奋斗时,个人也可能得到一些特殊的政治权力或经济利益。族群领袖为了争取与巩固本族民众对他的支持,也会关心本族民众并为他们争取利益。当族群领袖在政府中的权力和影响增加后,很可能会在某些利益方面惠及其所代表的族群,所以民众也存在拥戴和支持本族领袖的动力。

在族群代表人物中不乏真正的族群领袖,他们视本族整体利益为最高利益并不惜为此牺牲一切。但是,也有一些人以"争取族群利益"为旗帜,而实际目的是提高个人的社会知名度,使自己成为各方面认可的族群代表人物,从而在政府的权力格局中得到一席之地,以此改善个人社会地位和经济收入。这些抱有个人企图的族群领袖,他们在与政府的互动中,无论是采取正面合作还是负面批评这两种立场中的哪一种,都可以从不同渠道获得自己的利益:如果与本国政府合作,可以在政府或议会中得到位置;如果作为反对派而进行活动,则可以从本国政治反对派和敌对外国政府那里得到政治上和经济上的支持与资助。在争取民族独立的斗争或内战中,他们甚至有希望成为国家新政权的首脑而掌握最高权力，这对一些人而言无疑具有极大的诱惑力。同时我们也不排除在某些特殊情况下，有些族群领袖有可能为了自身的特殊利益而出卖族群的整体利益，从而背叛跟随自己的族群大众。

族群意识是族群成员建立相互认同、确认彼此身份及划分族群"边界"的重要因素，同时也随着内部外部条件的变化而处在不断变化的过程之中。要理解"族群"或"民族"，就必须重视对族群意识的产生及演变过程的研究，这是社会学关注族群意识研究的主要原因。

第四章

理解中国族群关系的理论框架

根据古代历史记述,我国一直是一个内部包容多类族群的共同体。鸦片战争后,随着西方帝国主义列强的军事侵略,西方的"民族国家"观念开始进入中国,中国人被迫以西方国家的"民族"(nation)和"民族国家"的视角来思考中国传统的"天下观",并开始自称为"中华民族"(the Chinese nation)。当时流行的提法是"汉满蒙回藏五族共和"。1949 年以后,中国政府参照苏联的民族理论、制度设置和民族政策,在 20 世纪 50 年代进行了"民族识别",除了国家正式识别的 56 个"民族"(族群)外,2010 年仍有 64 万"未识别人口"(如西藏的僜人等)。现在我们通常称我们的国家是"中华民族大家庭"。

我们应当怎样描述中国这个有着几千年历史、历经变迁的"民族大家庭"及其发展规律?应当如何归纳和概括这个"民族大家庭"各成员之间的关系?是什么力量把如此众多的族群长久地凝聚在一起?与其他多族群国家相比,我国的族群关系有什么共性和特性?长期以来,这些问题始终是我国从事社会学、人类学、民族学研究的学者们所共同关注的。

一、费孝通教授的"中华民族多元一体格局"理论

1988 年,费孝通教授首次提出"中华民族多元一体格局"这一系统性理论。这一理论阐述的是几千年来中国人理解和看待中原群体和周边族群及族群关系的传统。

1. "中华民族多元一体格局"理论的主要内容

(1) 地理单元:东亚大陆"四周有自然屏障,内部有结构完整的体系,……这一片地理上自成单元的土地一直是中华民族的生存空间。……民族格局似乎总是反映着地理的生态结构"(费孝通,1989:2)。这个观点从地理生态系统的角度出发,说明这片共同生存的土地及其生态结构使得中华民族各群体必然交流密切并保持天然的紧密联系。

(2) 族群溯源:提出中华民族各族群起源的本土说和演变的多元论。从各族群发展出来的多元性说明我国几千年来延续至今的族群"多元"现象有其历史渊源,同时也说明今后我国族群结构"多元"现象的历史长期性。

(3) 考古发现:新石器时代的考古文物呈现出中国各地文化之间的交流与渗透,"从多元之上增加了一体的格局"(费孝通,1989:3)。这种交流与渗透已超过五千年,在文化方面累积为中华各族之间多种形式或潜在的共性,从而构成中华文化"一体"格局的深厚文化基础。

(4) 核心族群:历史上夏商周三代,"是汉族前身华夏这个民族集团从多元形成一体的历史过程。……汉作为一个族名是汉代和其后中原的人和四围外族人接触中产生的。……当时中原原有的居民在外来的人看来是一种'族类'而以同一名称来相呼,说明了这时候汉人已经事实上形成了一个民族实体"。"汉族的形成……在多元一体的格局中产生了一个凝聚的核心。"(费孝通,1989:4—5)

(5) 演变分期:中华民族成为一个统一政治实体的过程分为两个时期。第一个时期是中原农业区和北方草原游牧区分别形成了两个并立的区域统一体,第二个时期是这两大区域统一体的汇合,最后由清朝实现了完全的统一。

(6) 族群融合:中国几千年的历史是一部族群融合史,夏、商、周、秦汉、隋唐、五代、宋、元、明、清各朝代都是如此。北方、南方各族不断向中原汉族输入新的血液,部分汉族人口也融入边疆各族,汉族之外的其他族群之间也存在不同程度的融合。

2. "中华民族多元一体格局"的主要特点

费孝通教授归纳了中华民族大家庭中各族关系的特点:"(这一形成过程)的主流是由许许多多分散存在的民族单位,经过接触、混杂、联结和融合,同时也有分裂和消亡,形成一个你来我去、我来你去,我中有你、你中有我,而又各具个

第四章 理解中国族群关系的理论框架

性的多元统一体。""距今三千年前,在黄河中游出现了一个若干民族集团汇集和逐步融合的核心,被称为华夏,它像滚雪球一般地越滚越大,把周围的异族吸收进了这个核心。它在拥有黄河和长江中下游的东亚平原之后,被其他民族称为汉族。汉族继续不断吸收其他民族的成分日益壮大,而且渗入其他民族的聚居区,构成起着凝聚和联系作用的网络,奠定了以这疆域内部多民族联合成的不可分割的统一体的基础,形成为一个自在的民族实体,经过民族自觉而称为中华民族。"(费孝通,1989:1)

费孝通教授针对"中华民族多元一体格局"的形成总结了6个特点:(1)这个多元一体格局有一个凝聚核心,周边族群逐渐被吸收融入中原族团(后称汉人),汉人在少数族群地区"形成了一个点线结合、东密西疏的网络,这个网络正是多元一体格局的骨架"。(2)中原汉人以农业为主,北方草原和青藏高原各族群从事畜牧业,形成相互补充的经济类型。(3)在彼此交流中"汉语已逐渐成为共同的通用语言"。(4)汉人农业经济是形成民族凝聚力的主要来源。(5)汉人主流群体与边疆各族在人口规模上大小悬殊。(6)中华民族成为"一体"是一个逐步发展的过程。先有各地区的"初级的统一体",又形成北牧、南农两大区域统一体,再汇成一个"大一统"格局。最后,"这个自在的民族实体在共同抵抗西方列强的压力下形成了一个休戚与共的自觉的民族实体"(费孝通,1989:16—18)。

中华民族多元一体格局理论提出后,被学术界普遍接受。在讨论中国族群关系史时,以费孝通教授的"多元一体"思路作为一条主线,对我们理解纷杂的历史事件有重要启示。在接触国外族群理论时,费孝通教授的这个思路也有助于我们把中国族群形成过程与国外族群演变过程进行比较,在事实对比中理解国内外各自的"民族""族群"概念和相关理论及应用。习近平总书记在2014年中央民族工作会议上对"多元一体格局"理论予以肯定,指出"各民族共同开发了祖国的锦绣河山、广袤疆域,共同创造了悠久的中国历史、灿烂的中华文化。我国历史演进的这个特点,造就了我国各民族在分布上的交错杂居、文化上的兼收并蓄、经济上的相互依存、情感上的相互亲近,形成了你中有我、我中有你,谁也离不开谁的多元一体格局。……一体是主线和方向,多元是要素和动力,两者辩证统一"。

二、关于中国民族史的其他研究

1934年文化学社出版王桐龄的《中国民族史》,同年世界书局出版吕思勉的《中国民族史》,1939年商务印书馆出版林惠祥的《中国民族史》。其中王桐龄一书的研究视角和分析方法特别值得关注,其从历史学角度勾画出中华民族"多元一体"格局的演变历程。

1. 王桐龄的《中国民族史》

全书主线是中国"民族之混合及发展事迹"。最核心的观点是认为中国各族群经过几千年相互交流与融合,实际上都已成为血缘混合群体。"实则中国民族本为混合体,无纯粹之汉族,亦无纯粹之满人。"(王桐龄,1934:序1)这个观点得到了林惠祥的支持,"今日之汉族所含成分尽有匈奴、肃慎、东胡、突厥等,……今日之汉族实为各族所共同构成,不能自诩为古华夏系之纯种,而排斥其他各系。其他各族亦皆含有别系之成分,然大抵不如华夏系所含之复杂"(林惠祥,1993a:40)。费孝通教授的观点也与两位学者相同,"在看到汉族在形成和发展过程中大量吸收了其他各民族的成分时,不应忽视汉族也不断给其他民族输出新的血液。从生物基础,或所谓'血统'上讲,可以说中华民族这个一体中经常在发生混合、交杂的作用,没有哪一个民族在血统上可以说是'纯种'"(费孝通,1989:11)。

人们现在逐渐开始接受汉族是族群混合体的观点,但是对于其他各少数族群是否也是族群混合体,意见并不一致。王桐龄先生早在20世纪30年代就把这些少数族群都明确地视为"混合体"。他认为甚至在远古时代这些族群就是不同"民族"的混合体,如汉族在其"胚胎期"是四支部落(炎帝、黄帝、周、秦)的血缘混合体,而春秋战国时期的"獯鬻"则是通古斯和蒙古两支血统混合后变成的一种"新民族"(王桐龄,1934:19)。王桐龄先生看到的主要是各族的"同"而不是"异",是中国境内这些族群在几千年发展进程中如何越来越相互融合与"趋同",看到的是一个又一个曾经很强悍的族群支系如何一步一步地进入中原,之后便淹没消失在中华民族的主流汉人集团中。

2. 中国文化绵延不衰的原因

在人类历史上的几大文明古国(巴比伦、埃及、希腊、印度、中国)中,中国是

第四章 理解中国族群关系的理论框架

世界文明体系发展进程中唯一没有遭受重大破坏的国家。中原地区在地理上并没有与其他地区完全相互隔绝,曾多次受到武力强大的外族侵袭甚至被外族统治,但中华文明绵延不断保存下来而且不断发展。王桐龄先生认为主要有三个原因:

(1) 汉族"善于蜕变"。王桐龄先生举了一个蝴蝶的例子,"初生时为卵,一变为虫,再变为蛹,三变为蝶,乃能遗传其种族以至今日"(王桐龄,1934:序论2)。其他文明古国如古埃及、古希腊、古巴比伦等,在内乱外患的冲击下,灰飞烟灭,而以汉族为核心的中国虽然历经许多磨难,但由于汉族之"善于蜕化",不但没有消亡,反而不断发展壮大。

(2) 汉族"尚中庸"。他认为,"汉族性情喜平和,儒教主义尚中庸,不走极端,不求急进,此为善于蜕化之一大原因"(王桐龄,1934:序论3)。与当时发达的农耕经济相联系的儒学思想体系,可能是汉族在各种恶劣条件下保持文化传统,以及入侵外族在武力占优势时仍能欣然接受汉族文化传统并最终被汉族同化的重要因素。

(3) 汉族"无种族界限",对外族"无歧视之见"。王桐龄先生强调,"汉族无种族界限,对于外民族之杂居内地者,向无歧视之见;故通婚之事自古有之"(王桐龄,1934:36)。"在汉族全盛时代之汉唐有然,在汉族战败时代之两晋南北朝亦莫不如此。""汉族无种族界限,对于外民族之杂居内地者,照例与之合作。"(王桐龄,1934:115—116)

历史上汉人对周边族群的偏见与歧视程度较低,所谓偏见也主要是文化优越感而不是种族优越感,这种族群观导致各朝代以皇室为首出现大量族际通婚,在朝臣中起用大量外族人士。外族建立的政权也存在大量族际通婚和任用他族人士的现象。这种淡漠的"民族意识"加上中原地区相对先进的农耕技术和物质文明,使得汉族敞开胸怀不断吸收其他族群成员,使之"蜕化"为汉人,汉族人口规模逐渐增大;其他族群成员在吸收汉族"各族可共享"的生产技术和发达文化的同时,逐渐淡漠自身的"族群意识"并"蜕化"为汉人。

3. 中国各族群容易相互融合的原因

王桐龄先生提出,在春秋战国时期,一些族群与汉族较易融合具有两方面原因:一是"血统接近,……故同化较易";二是"诸族起源地,除去北狄、西戎以外,皆在河流近旁。……地势偏南,气候较为温暖,雨量较为丰盈,交通较为便利,故容易进化成为农业国。秦汉以后,此一方之人民,遂同汉族混合,不再分立矣"(王桐龄,1934:20—21)。除了现在新疆地区部分族群外,中国大多数族群都属于蒙古人种,体质差别不显著,这确实是这些族群较易建立相互认同和相互融合的一个重要原因。美国历代移民中的白种人群之间极易融合,而白人与黑人、黄种人之间隔阂较深,这充分说明人种体质差异程度对于族群融合具有重要影响。

4. 从汉族的形成与"蜕变"角度对中国民族发展历史进行分期

王桐龄先生在《中国民族史》中把中国整部历史划分为八个时期:(1)汉族胚胎时代(太古至唐虞三代);(2)汉族第一次蜕化时代(春秋战国);(3)汉族第一次休养时代(秦汉);(4)汉族第二次蜕化时代(三国两晋南北朝);(5)汉族第二次休养时代(隋唐);(6)汉族第三次蜕化时代(五代及宋元);(7)汉族第三次休养时代(明);(8)汉族第四次蜕化时代(清)。他首先把汉族发展史作为整个中国民族发展史的主干,然后把汉族发展史划分为一个胚胎期、四个蜕变期和处于四个蜕变期之间的三个休养期。该书以中国历史分期为章节,以汉族与其他族群的交流交往与融合同化为主线,在各章节中详细介绍了历史上各族群部落融入中原并被中原文化同化的过程。

5. 族群融合方式

王桐龄的《中国民族史》为分析各族群的融合模式整理出了一个变量系统,其中各个变量可以用于具体描述和衡量各时代族群之间的关系,同时可用于数量统计和比较分析。综观书中提出的变量体系和相关衡量族群关系的研究专题,可以把它们大致归纳为6大类:(1)杂居;(2)通婚;(3)收养;(4)改变姓氏(形式上相互认同);(5)接受语言文化;(6)改变服色(生活习俗)。

美国社会学家戈登提出衡量族群融合的7个主要变量。如把王桐龄提出的这6类专题与戈登的7个变量进行比较,那么族际通婚、语言融合、认同意识、道德规范这4个方面与戈登提出的变量相一致,戈登的其他3个变量(偏见意识、歧视行为、相互渗透或结构同化)可能是由于当时中国历史典籍中缺乏直接的相关资料而没有进入王桐龄的视野。另外,西方社会学在实际调查中所关注的居住格局(杂居或是隔离,反映了族群相互接触的客观条件)和人口迁移(从本族传统居住区迁入其他族群居住区),以及当权族群在促进或阻碍族群交往与融合方面的主要政策内容,都得到了王桐龄的特殊重视,他把"杂居"作为衡量各朝代族群融合的主要专题。

近代欧美国家在服装上不断趋同,来到美洲的欧洲移民在"易服色"方面不存在问题,所以戈登从未提出以"易服色"作为衡量族群融合的变量。在重视家系和实行祖先崇拜的中国族群特别是汉族中,"更名改姓"是一件带有象征性意义的大事。尤其是汉人改"胡姓",更是有悖儒家传统。西方各国固然也有本族传统家族姓氏,但在美国这样的移民国家,各国姓氏都可流行,所以美国不必把"更名改姓"作为衡量族群融合的变量。"养子"由于在人口数量上相对较少,所以被人忽视。在中国古代社会,帝王贵族收养子是常见的现象,王桐龄先生在书中关注到各朝代发生在族群间的"养子"现象,这是具有创新性的研究视角。

在西方社会学尚未系统地对族群融合的具体方面进行分类时(戈登的著作发表于1964年),王桐龄先生在1934年即试图提出以上分类方法,并根据史料记载提出一组具有中国特色的衡量族群融合的变量,应当说是有很大的贡献。

6. 王桐龄《中国民族史》与同期另两部《中国民族史》的比较

(1) 结构。我国近几十年出版的中国民族史著作大致有两种体例。第一种以王桐龄先生的《中国民族史》为代表,以历史分期为章节来叙述各时期族群交往史。1990年江应梁主编的《中国民族史》、1994年王钟翰先生主编的《中国民族史》、1996年田继周等撰写的"中国历代民族史丛书"和2001年王柯撰写的《民族与国家——中国多民族统一国家思想的系谱》大致是延续这一体例。这一体例暗含着对"中华民族共同体"脉络的认可。

第二种是全书以族群分章节,从各族起源讲到演变和消亡,并讨论其各个支系的变迁。20世纪30年代吕思勉、林惠祥两位分别出版的《中国民族史》即是这种体例的代表。这一体例受到西方"民族"思想和政治观念较多的影响。

黄烈先生把中国古代民族史划分为唐以前和唐以后两个历史阶段,他的《中国古代民族史研究》(人民出版社1987年版)分为上、下两编,上编按民族分章节,下编则着重讨论民族交往融合的专题,在体例上介于以上两种之间。

(2) 分期。王桐龄一书对中国民族史的叙述是以汉族为主线的,再把汉族发展的全部历史划分为一个胚胎期、四次大蜕变和处于四次蜕变之间的三个休养期。这一方法在一定程度上为林惠祥所接受。

(3) 资料。王桐龄在文字叙述中并没有大量引用古代文献中关于各族各自发展事迹的史料,而是仔细查阅了历代文献中有关族群融合的资料(通婚、改名、改姓、吸收外族做官、外族归化等)并汇集成表格,这些表格几乎占全书总篇幅的三分之二,所以王书的主线是"族群融合"。吕思勉一书的主要部分是介绍古代文献对于各族的大量记载。林惠祥一书则带有近代西方学术著作的风格,对于有争议的问题(如华夏族的起源、三苗是否即后世之苗族)均参考了国内外各种不同观点,在客观介绍后加以讨论。王桐龄、吕思勉、林惠祥所著的三本《中国民族史》在取材和叙述方式上各有特点,代表了不同的学术取向。

三、中华民族作为一个多族群统一体的多层次性

在一个多族群政治统一体的内部结构中,各族群的位置是否处于同一层次? 各族群所扮演的角色是否相同? 在这个统一体中,各族群所发挥的作用是否一样?

1997 年,费孝通教授在《简述我的民族研究经历和思考》一文中,把"中华民族多元一体格局"理论的主要论点进一步概括为:(1)"中华民族是包括中国境内 56 个民族的民族实体,并不是把 56 个民族加在一起的总称,因为 …… 56 个民族已结合成相互依存的、统一而不能分割的整体,在这个民族实体里所有归属的成分都已具有高一层次的民族认同意识,即共休戚、共存亡、共荣辱、共命运的感情和道义。这个论点我引申为民族认同意识的多层次论。"(2)"形成多元一体格局有个从分散的多元结合成一体的过程,在这个过程中必须有一个起凝聚作用的核心。汉族就是多元基层中的一元,由于他发挥凝聚作用把多元结合成一体,这一体不再是汉族而成了中华民族。"(3)"高层次的认同并不一定取代或排斥低层次的认同,…… 甚至在不同层次的认同基础上可以各自发展原有的特点,形成多语言、多文化的整体。所以高层次的民族可以说实质上是个既一体又多元的复合体,其间存在着相对立的内部矛盾,是差异的一致,通过消长变化以适应于多变不息的内外条件,而获得这共同体的生存和发展。"(费孝通,1997:10)

费教授这段话的核心是,指出在"多元一体"格局内部各族群存在族群认同意识的多层次性,而族群认同意识的多层次性反映的是我国族群结构的多层次性。

1. 应如何看待"民族/族群",各国的族群集团是否分层次

一个族群的形成往往是由于族群成员长期交往,在文化、语言、宗教、经济活动等各领域出现一定程度的融合,在此基础上受到一定事件的推动(如防御外

第四章 理解中国族群关系的理论框架

敌、首领通婚等),一些部落群体逐渐聚合在一起而形成一个族群。这些已经聚合在一起、使用某个统一族群名称的各部落群体(亚群体),由于其群体人口规模和进入这一族群的时间长短不同,在一定时期内仍然保持自己的语言、习俗甚至社会组织形式。由于各亚群体保留自己的语言、习俗甚至社会组织的程度可能不同,各亚群体对族群整体的认同程度也可能不同。这些现象表明,在一个大族群的内部结构中,各亚群体居于不同的层次。如果这个大族群能够稳定存在较长时间,这些处于"较低层次"的亚群体所具有的特有文化与社会特征就可能逐步淡化甚至消失。在实际生活中,一个族群内部可能存在两个、三个、四个甚至更多的层次,如我国藏族内部存在卫藏、康巴、安多三大方言区。在研究族群问题时,我们应当从事实出发分析在各族群中是否存在"层次",同时应看到"层次"的结构也会随着时间的推移而发生变化,长期积累的量变可能导致质变。

费孝通教授提出,我国的"五十多个民族单位是多元,中华民族是一体。它们虽则都称'民族',但层次不同"(费孝通,1989:1)。对于"层次"的理解,也还有一个"名"与"实"之分。历史上虽然有些边疆少数族群统一了中国,在中原政治舞台上扮演了关键角色,但很快转变为中原传统文化的代表与推行者。尽管这些非汉族群体建立的新王朝也会在中原文化上留下自己族群的文化烙印,但是深入分析看,中原文化始终是社会之"实",而皇帝来自哪个族群,最终影响的仅仅是朝代之"名"。

2. "汉族"的核心是"汉文化"

要想理解"中华民族多元一体格局"理论,就需要认识"多元"与"一体"之间的关系,要想找到在东亚大陆上中国之所以能够长期稳定地保持"一体"的答案,就必须对能够把许许多多族群凝聚在一起的核心族群——"汉族"进行剖析。

"民族的得名必须先有民族实体的存在,并不是得了名才成为一个民族实体的。"(费孝通,1989:5)费孝通教授认为,"汉族这个名称不能早于汉代,但其形成则必须早于汉代。……汉人成为族称起于南北朝初期,可能是符合事实的"(费孝通,1989:5)。在汉朝之后的南北朝,人们开始采用"汉人"这一名称来称呼从秦汉因袭下来居住在中原地区的农耕人群。

在"中华民族多元一体"格局中,汉族与我国其他族群并不处在同一层次上。从基因和体质方面进行比较,北方汉族与蒙古族更为接近,而与南方汉族距离较大。现在看来,构成"汉人"的最重要基础,并不是体质特征和血缘基因的同源,而是文化层面的同化。我国广东人是汉人,但是广东人的体质特征与越南人较接近,而与北方汉人的体质特征差别很大。广东话发音与汉语普通话的差别也很大,可见体质和语言发音并不是构成"汉人"的基础。

在汉文化传统中,首先是把世界万物生灵都视作"天下"范围内彼此相关的群体,而中原地区("神州")的"文明社会"秩序是以儒家伦理及其价值观、行为规范为基础组织起来的社会秩序,然后以此为标准来判断他族与"中原"的"文化距离"。中原文化的"使命"是以"仁政"和"感召"的方式向他族施"教化","远人不服,则修文德以来之"。汉文化对待其他文化的基本态度是"兼容并包"和"有教无类",其最终理想是"天下大同"。在与其他边疆族群打交道时,汉人心理上的"优越感"主要是"文化优越感",而不是欧洲白人在与其他非白人群体打交道时所持有的"种族优越感"。"文化"和"礼教"是可以学习的,"蛮夷"习得礼教便可转变为"诸夏",而中原汉人丧失礼教就会变为"蛮夷"。这就是中华传统文化中的多元、动态和辩证的族群观和文明观。由于中华文明的基本特质是非无神论的世俗性,所以对中华文明共同体内部的多样性和外来群体及异文化也具有极大的包容性。

3. 中华民族凝聚力的主要形式——"向心力"

汉族集团成为中华民族共同体的凝聚核心之后,是如何发挥凝聚作用的?

(1)中原地区始终是汉族人口的集中聚居地,也是东亚大陆农耕经济的中心地带和手工业、贸易的核心地区,在此经济基础上建立起来的大都市,也随之成为科学技术和文化艺术发展与传播的中心。换言之,中原地区是整个华夏—汉文化的文化科技经济中心。

(2)历史上中原地区不仅是文化中心,历朝以首都为代表的大城市也成为东亚大陆各项政治活动的中心,所以居住在周边的各族群以中原文明为效仿的典范,积极接受和学习中原汉文化,其首领则积极争取中央朝廷的册封和爵禄,以期获得并确立各族群之间的相对政治地位。

(3)中原地区精耕细作的农耕经济十分繁荣,周边各少数族群或从事草原畜牧业,或从事山区狩猎、采集和粗放农业,生产规模小而且产品品种相对单一。因此,与中原地区的贸易和物资交换(如茶马贸易)就成为少数族群地区经济不可或缺的重要补充。中原地区发达的农业是使周边族群产生向心力的经济基础。

第四章　理解中国族群关系的理论框架

（4）中原地区拥有庞大的汉族人口和繁荣的经济,成为东亚大陆的人口中心。凭借其在农业、手工业、建筑、医学、纺织、水利等各方面的先进技艺,"在少数民族地区的交通要道和商业据点一般都有汉人长期定居。这样汉人就大量深入到少数民族聚居的地区,形成一个点线结合、东密西疏的网络,这个网络正是多元一体格局的骨架"（费孝通,1989:16）。

1991年,费先生对自己的观点进行了修订和补充,指出汉族并不是中华民族的当然核心。他说:"我把中华民族的核心群体叫做'凝聚核心'。……许多群体都参与了这个'凝聚核心'的发展过程,包括了汉人、蒙古人在内,有的进入了这个核心,有的附着在这个核心之上,形成不同的层次。以'核心'开展的分分合合的过程,包括各民族自身的形成都是如此发展的,连汉族的形成也不例外。凝聚是一个过程（Process）,它在过程当中逐步构成了不同层次的差序。"（潘乃谷,2008）

综上所述,从中国几千年的发展历史来看,中华民族内部的凝聚力,并不是简单地以同样的强度均匀地分布于各个族群,而是主要体现为各少数族群地区的人们对中原地区和中央政府所产生的一种"向心力",以及他们对以中原地区为核心的这个"多元一体"的族群共同体所具有的一种认同感。

四、中华民族多元一体格局发展的三个历史阶段

1. 第一个阶段：形成时期

根据考古发现,远古时代在中国各地就形成了许许多多的族群集团和各自的文化区。这些族群集团又经过长期的相互交往、征战和融合,到秦汉时期分别形成以农业和畜牧业为其主要经济活动的南北两大统一体,它们既彼此征战又相互依存。在之后很长一段时期内,或是北部游牧集团部分或完全地征服南部,或是南部农业集团把北方游牧族群远远赶向漠北和中亚,只是到了清朝中叶,汉、满、蒙古、回、藏、苗等各大族群集团才统一在清王朝管辖之下,形成一个相对稳定的政治、经济和文化实体。满族为统一中国各族群和奠定祖国疆域作出了重大贡献。

满族兴起于我国东北部,那儿有丰美的草原和茂密的森林,有可供开垦的肥沃土地。满族的生产活动起初是以狩猎为主,兼营畜牧业,后来他们向汉族学习发展农业。所以满族是介于农牧两大统一体之间的族群集团,其既能理解中原农业族群的经济活动、社会组织、文化习俗和族群心理,也能理解北方游牧族群;一方面大量学习吸收汉族的文化,另一方面又努力保持北方狩猎族群的风俗习惯和传统文化。正因为如此,满族最终能同时被农业族群和游牧族群两方面所接受,使中华民族的农牧两大集团真正地结合为一个实体。

2. 第二个阶段:危机时期

这一时期大致是从鸦片战争到中华人民共和国成立这一百年时间。由于西方帝国主义列强入侵,清朝这个民族统一体很快面临新的危机。在鸦片战争和太平天国战争中,清王朝势力急剧衰落,列强尝试瓜分中国,他们侵略中国的一个重要手段就是鼓动边疆少数族群脱离中华民族大家庭。而几千年来以"天下"看待世界、以"教化"看待族群关系的中国人,在外来强大武力和亡国灭种的威胁下,不得不重新塑造自己的世界观,重新建立群体边界的政治架构和国家观念,其间不乏思想混乱与谬误。如当时革命党早期的口号是排斥满、蒙古各族的"驱除鞑虏,恢复中华",传说中的黄帝也被发掘出来并被塑造为中国人的"始祖"(孙隆基,2004:19)。

在这个危机时期,由于经济上受到西方先进生产力和商品的冲击,中国传统的生产组织和经济活动遭到沉重打击;在文化方面,西方政治思想、价值观和基督教也伴随西方商品进入中国;由于军事上的失败,中国一再割让领土,以致部分少数族群脱离了祖国。辛亥革命后,全国陷入军阀割据混战的分裂状态。此时中华民族的多元一体格局面临解体的严重威胁,日本帝国主义的侵略唤醒、激发了中华民族大家庭全体成员的民族主义精神并增强了族群共同体的凝聚力。自在的中华民族在外敌力量冲击下成为自觉的中华民族,"中华民族"与外部民族的界限变得清晰,"中华民族"内部的族群凝聚力也得到空前加强。

3. 第三个阶段:重建时期

自1949年至今天的这一时期即是重建时期。在中华人民共和国的旗帜下,中华民族大家庭各族群又重新统一起来。这是在中国共产党的领导下,各族群努力重新缔造一个在形式与内容方面与以前大不相同的新的"多元一体"结构。

马列主义民族理论的原则是民族平等和民族进步,首先从立法上确立各族群成员在政治上、法律上的平等地位,然后为了达到"事实上的平等"(社会、经济、文化发展水平的平等),制定了一系列扶助各少数族群发展的优惠政策。中国政府在各少数族群聚居区实行区域自治制度,推动边疆地区基础设施建设和

第四章 理解中国族群关系的理论框架

社会经济发展,保护和发展少数族群传统文化,努力实现公共服务均等化。中华人民共和国的统一与封建王朝制度下的统一有着本质的不同,它是在族群平等基础上和社会主义制度下的统一。而过去的统一是在族群不平等制度下的统一,往往伴随压迫和反抗。中华人民共和国成立近七十年,虽然其间也经历许多曲折,但是我国各少数族群确实取得了很大进步,中华各族群的团结统一得到巩固与发展。当然,目前还存在许多问题和矛盾,但总趋势是团结而不是冲突,是统一而不是分裂。香港和澳门已于1997年和1999年先后回归祖国,台湾海峡两岸政治、经济、文化交往迅速发展的大潮流是任何敌对政治势力都无法阻挡的,祖国和平统一是历史发展的大趋势。

五、重建中华民族多元一体格局所面临的新的历史条件

中华人民共和国成立前的多元一体格局之所以会出现危机,主要是因为东亚大陆的政治、经济、文化环境在近代发生重大变化。中华人民共和国成立以来,重建这一格局的历史条件与几千年前初创这一格局的历史条件很不相同,其主要不同可以归纳为三点。

1. 鸦片战争之前,以汉人为代表的中华文化是东亚大陆的文化中心

几千年来,中原地区和以汉族为代表的中华文化在各方面的发展均领先于周边少数族群,各少数族群集团存在很强的仰慕汉文化的向心力。在经济上,各边疆族群都或多或少依赖中原汉族农业地区的产品。在行政上,中原王朝的行政体制完善和治理有效,并拥有强大武力,边疆各族群往往仿效内地行政组织形式和军事技术。在文化上,中原地区各方面都十分繁荣,长期被各少数族群视为文化中心。当时,不仅中国边疆地区各族群仰慕中原王朝,甚至连日本、朝鲜、越南等邻国的学生都以能到中国京城学习为荣,并长期使用中国文字。

鸦片战争后,西方工业文明进入东亚大陆,在科学技术、制造工艺、武器军舰、管理制度等方面都表现出明显的优越性。西方文明成了一个外在的新文化势力。东亚区域性文化必须面对全球范围内的多元文化中心,而且汉文化在竞争中失去原有的优势地位,周边族群的文化向心力因此大大削弱,包括中国在内的亚洲各国都被迫学习西方工业文明。

2. 历史上曾长期实行以中原地区为核心、周边地区层层淡化的管理体制

长期以来,中国以汉族中原地区为核心组成一个行政上多层次的中央集权

国家。汉族省份是这个国家的腹地,有着严密的行政管理机构,直辖于中央政府;在汉族与少数族群杂居地区,行政组织相对松散,一些少数族群领袖人物被任命为地方官吏;在邻近汉族地区的少数族群区域(如内蒙古、川西、青海、云贵、广西),则通过本族世袭王公贵族、土司头人治理;再向外延伸,地方政府的权力更大一些,如西藏即是由地方噶厦政府治理,中央只派驻藏大臣来实施监管;最外围是向清王朝进贡称臣的藩属国。由于当时各边疆族群和邻国对于汉文化有很强的向心力,正是在当年的这种历史条件下才形成这种行政控制权层层淡化的管理结构。

鸦片战争后情况发生了变化,帝国主义列强通过侵略战争和外交压力不断从中国攫取领土,把四周原属中国的藩属国和边疆地区变成列强的殖民地或势力范围。为了抵御帝国主义侵略和维护国家统一,中央政府对边疆少数族群地区的行政控制不得不强化,对历史形成的多元一体格局的行政管理形式进行调整,转变成核心地区(首都和重要城市)控制紧、边疆地区控制紧、中层地带控制松的一种新的行政管理结构。但是进行这样的调整并不容易,这种努力经常会引起边疆少数族群领袖人物的不满,因为他们传统上享有的自治权被削弱。晚清时期在北方实行的"移民实边"、在西南实行的"改土归流"、在西藏和外蒙古推行的"新政"等政策均引起地方首领的不满和抵制。

3. 历史上中央政权实行保持中原地区社会发展水平居优势地位的政策

在历史上,为了使中央王朝和以中原文化为核心的多元一体格局保持稳定,统治者努力保持中原地区在社会、经济、文化、教育、军事等各方面的优势地位,使周边少数族群处于相对落后的状况和从属地位。

中华人民共和国成立后,中央政府加快各少数族群地区的社会、经济、文化发展并推进现代化。如果汉族地区与各少数族群地区在社会、经济发展水平上的差距增大,在今天非但不能巩固向心力和稳定中华民族多元一体格局,反而会形成离心力。我国在实行改革开放政策后,沿海省份经济发展很快,与边疆少数族群地区的差距迅速扩大,这一趋势令人忧虑。在中国现代化过程中,唯有做到"各民族共同繁荣",才能保持凝聚力和巩固国家的统一。近年来,中央政府提出"西部大开发"战略,努力加快西部少数族群地区的发展。

总结以上几点,我们可以看出,我国是在新的历史条件下重建中华民族多元一体结构的,汉族与各兄弟族群、中央政府与各少数族群聚居区在行政、经济、文化等方面的关系需要进行必要的调整,只有这样才能真正形成一个长期稳定和不断发展的多族群共同体。

六、在现代化进程中,中华民族大家庭内部的团结与协作

中华人民共和国成立后,通过"土地改革"和新政权的建设,人民政府在西部少数民族聚居区成功构建起以"阶级认同"和共产主义意识形态为核心的新的政治认同体系,来取代少数民族心目中传统的"民族"认同和宗教认同。由于获得了人身解放和土地,少数民族群众从内心深处热爱共产党和新政府。当时在西部少数民族聚居区,汉族与少数民族相互学习语言,积极投身于政府号召的各项经济和政治活动。共产党和中央政府在各少数族群中享有很高威望,各族民众对中央政府的向心力超过了历史上任何时期。

在20世纪60年代"文化大革命"时期,各地发生了许多破坏少数族群文化、迫害少数族群干部群众的事件,这种做法极大地降低了党和政府的威信,损害了族群团结,削弱了各族群的向心力。在"文化大革命"后的"拨乱反正"工作中,以邓小平同志为核心的党中央批判了"文化大革命"运动中的极左思潮,大批冤假错案得以平反,此时不仅不再坚持"以阶级斗争为纲",而且"阶级斗争"话语在事实上也被污名化。随着人口的代际更替,对中华人民共和国成立后出生的几代人也很难再用"阶级"标签来划分群体,此后,阶级认同观念在客观上已不可能持续。与此同时,加大力度的民族优惠政策不可避免地强化了各族民众的"民族意识"。

面对我国民族关系近年来出现的严峻形势,中央已经认识到在"中华民族多元一体格局"中,只强调多元是有重大偏差的,因此习近平总书记近期讲话和中央文件一再强调必须加强全体国民对"中华民族共同体"的认同,其目的就是希望把各"民族"之间的文化差异和利益冲突转化为"中华民族"内部的利益相互协调。为此必须重新树立"中华民族"的整体认同,必须"引导各族群众牢固树立正确的祖国观、历史观、民族观",必须"把建设各民族共有精神家园作为战略任务来抓,抓好爱国主义教育这一课,把爱我中华的种子埋在每个孩子的心灵深处,让社会主义核心价值观在祖国下一代的心田生根发芽"。

如今全国面临改革开放的新形势,当汉族与各少数族群在经济、技术、文化、教育各方面的差距不断扩大时,少数族群应当怎么办?如何才能实现现代化?

出路在哪里?这些是各族广大干部和群众非常关切的问题。当前的形势要求中央政府在制定民族政策时要具有远大的战略设想和宏观的理论纲领,同时又要有切实可行的具体步骤与方案。总结中华人民共和国成立近七十年来中央政府帮助各少数族群地区发展所采取的各项措施,大致可以归纳为三条。

1. 选派汉族干部去少数族群地区工作并积极培养少数族群干部

选派一批汉族干部到少数族群地区去长期工作十分必要。特别是在中华人民共和国成立初期,为了稳定形势和推动社会改革,这是绝对必要的。在汉族干部的帮助下,少数族群也涌现出一批自己的领袖人物。少数族群领袖人物由于了解本族历史和文化传统,了解本族群众对中央政府某些政策可能出现的反应,他们可以帮助政府避免工作中出现政策失误。历史上各个朝代,各少数族群的领袖人物在维系中央政府与少数族群集团关系方面都曾扮演重要角色。为了推动少数族群地区各项事业的建设与发展,使少数族群地区的经济能以更快的速度融入国内和国际市场体系,使少数族群民众能够分享沿海地区的经济繁荣,十分需要有相当数量的汉族干部、知识分子和职工在少数族群地区工作。任何形式的狭隘排外做法都有损于族群团结,有损于本族群地区的政治稳定与经济发展。

2. 在进行社会改革时,把汉族地区的行政、经济、教育体制引进少数族群地区

中华人民共和国成立初期,一些少数族群地区的社会组织和经济体制仍然处于传统形态,为了加快推动这些地区的社会发展,进行社会改革是绝对必要的,也得到了少数族群广大受压迫群众的拥护。但是把汉族地区的行政、经济、教育体制和各项政策引入边疆地区时,存在两种倾向。一种倾向是不顾少数族群地区社会发展的实际情况和群众的愿望,简单地全面引入汉族地区的制度与做法,实际效果并不理想。另一种倾向是片面强调少数族群的特殊性,在条件已经具备的情况下仍然反对在各种制度上与全国接轨,其结果是保持或拉大了少数族群地区和汉族地区在经济和科技文教等方面的差距,削弱了而不是增强了族群凝聚力。

3. 中央在财政、物资方面支持少数族群地区的行政开支和建设事业

中华人民共和国成立以来,中央政府为少数族群地区提供了大量财政补贴和物资供应,成为少数族群地区地方行政开支和建设事业资金的主要来源,体现

第四章　理解中国族群关系的理论框架

了中央政府对少数族群地区各项事业发展的关心与支持。这种做法产生的结果有两方面：一方面，在中央财政支持下，这些地区的基本建设事业的确有了很大发展；另一方面，一些地区对中央财政产生了很大的依赖性。

中华人民共和国成立近七十年来，我国在民族问题上曾有多次反复。政府在20世纪50年代强调要照顾少数族群及其聚居区的特点，提出在制度与政策上允许少数族群有一定特殊性。之后党内出现"左"倾思潮，"文化大革命"时期某些人甚至否定族群特点的存在。党的十一届三中全会后，这些做法得到纠正。但在"拨乱反正"过程中又出现另一种倾向，即对"文化大革命"期间所犯错误和在干部问题、宗教问题上的不当处理出现了"矫枉过正"的做法，在计划生育、大学招生、干部任职、司法判决等领域制定了一系列民族优惠政策，在学校里实行民族分校分班，这些制度化的族群区隔必然导致少数民族精英和民众的"民族意识"不断强化。与此同时，人口和干部队伍的"代际更替"进一步使50年代建立起来的传统感情纽带出现变化，从而导致人们开始从族际关系角度来看待当前社会上出现的各类社会问题和社会矛盾。在一些少数族群聚居区，当涉及当地的资源开发、就业竞争、语言差异、文化冲突、司法纠纷、债务诉讼等时，一些人倾向于把这些矛盾放到"民族关系"的框架里加以解读，实际上助长了局部地区的民族主义情绪，迎合了国内外民族分裂分子，破坏了族群团结，同时也给一些少数族群地区的社会治安和政治稳定造成隐患。

在我国现代化的过程中实现各族群的共同繁荣，这是重建中华民族多元一体格局的战略目标。要实现这一目标，需要许多切实可行的政治、经济、文化、教育等方面的措施。由于各少数族群的情况与汉族相差很大，在制定具体政策时，主观愿望与客观效果很可能不一致，所以需要做大量调查研究工作，要考察历史、了解现状、总结经验、积极探索推动各少数族群快速发展的新道路，并在广泛占有大量资料的基础上进行理论总结，这正是社会科学工作者义不容辞的责任。我们正在发展中国特色社会主义市场经济，努力与国际经济体系和国际市场逐步接轨，在国民经济迅速发展的形势下要坚持走自己的发展道路，使全国各地区、各族群都能够在社会与经济发展中获益，实现各民族共同繁荣。习近平总书记对民族工作提出的目标是："深化民族团结进步教育，铸牢中华民族共同体意识，加强各民族交往交流交融，促进各民族像石榴籽一样紧紧抱在一起，共同团结奋斗、共同繁荣发展。……共同致力于中华民族伟大复兴。"

七、"文化多元"与"政治一体"

人们引用美国社会学家戈登的理论时,通常比较强调美国当前的种族—族群关系的理论架构是"文化多元主义",强调其"多元"的特征。需要指出的是,戈登在强调"文化多元主义"时之所以要突出"多元",是为了与前两个阶段强调"族群同化"的目标相区别(无论是以盎格鲁-撒克逊民族为蓝本的同化,还是以某种理想的"新族群"为目标的同化)。其实,戈登的"文化多元主义"有一个重要的不可忽视的预设,即美国各族群的"文化多元"是在全体美国国民保持其"政治一体"的大前提下才得以存在的,美国主流社会在容忍"多元"的同时绝对没有放松"一体"的一面。

认识到这一点,我们就会注意到:(1)在美国,除了历史上遗留下来的在地理分布上支离破碎的一些"印第安人保留地"之外,绝对不允许某个族群独占一个地理区域,或者以某个族群为人口主体在一个地理区域内实行任何形式的"族群自治";(2)限制成立以种族—族群为背景并具有排他性的政治团体或政党,只允许成立以争取民权为目的的民间组织;(3)不允许成立以种族—族群为背景的任何排他性的经济组织(公司、企业),也不允许经济组织在招收员工时有种族—族群选择或带有种族—族群歧视;(4)允许成立以某族群传统文化艺术为旗帜,但在吸收成员时不带排他性的文化艺术团体;(5)允许成立以种族—族群为背景或以某个族群为主要成员的宗教组织或教会的分支组织(如犹太教会、以华人或某个移民族群为主体的基督教会)。这些政策说明美国政府严格限制各种族、族群去发展其"政治性",而是允许甚至鼓励其向"文化群体"的方向发展。美国政治家和学者始终有意识地把美国历史遗留下来的复杂尖锐的种族、族群差异向"亚文化群体"方向引导,同时极力避免和防止种族—族群问题演变为带有政治倾向的"民族主义"思潮。尽管美国今天仍然不时出现偶然的种族冲突,但是基本上没有发展出带有强烈政治分裂主义色彩的种族、民族运动,应当承认自"民权运动"以来美国政府在这个导向上所做的努力大致是成功的。

所以,在思考中华民族"多元一体"格局时,我们可以参考西方国家处理族群关系的思路,把"多元一体"的思想进一步具体化为"政治一体"和"文化多元"的结合,在这个大框架下思考中国的族群关系问题。如果接受这样一个整体性框架,我们的许多观念和做法也就需要反思和逐步进行相应调整。在思考少数族群有关问题时,应当倾向于把他们看成"文化群体",而较少突出他们作为"政治群体"的角色。当然,政府必须对少数族群成员作为国家公民所应当拥有的各项权利予以保障,而且对一些因历史问题而发展较慢的族群,应将其视为"弱势群体"给予必要的照顾和优惠,帮助他们尽快赶上来并具有平等竞争的能力,从而巩固中华民族的凝聚力和向心力,把中国建设成为一个现代化的、团结稳定的、繁荣强盛的多族群国家。在这样一个发展过程中,每一个族群的成员都将分享到祖国发展与繁荣的成果。

第五章

族群关系的社会目标(1)

经过几千年各地区人口的跨地域迁移,应当说当今世界上绝大多数国家都属于多族群国家。从政府、学术界、社会民众等不同视角出发,古今中外任何一个多族群(以及多种族、多民族)政治实体都必须考虑一系列重要问题:(1)如何确定国家内部各族群的法律地位和基本权利;(2)如何看待存在于族群之间的各种结构性差异(教育、行业、职业、收入、宗教信仰等);(3)如何认识各族群的发展现状和政府制度政策的影响(观念和理论);(4)政府今后应如何引导族际关系的发展方向(战略和方法)等。如果一个国家的族群关系处理得好,这个国家就可以通过内部积极整合不断加强全体公民的凝聚力,降低社会管理与运行成本,提高社会、经济组织运行效率,在经济上变得强大昌盛。在一个政治、经济、文化全面良性发展的社会中,所有族群将分享经济发展和国家强大的成果,尽管在各种利益分配上不可能达到绝对均等,但在一定意义上,所有族群都是这个博弈过程中的"赢家"。

如果一个国家内部的族际关系处理得不好,这个国家将因族群矛盾恶性发展而社会离心力不断增强,用于维持社会治安的财力、人力、物力即社会成本明显提高,增加政府开支及民众税收负担。如果族群矛盾恶化为公开的政治冲突和分裂运动,那将使整个社会分崩离析,并可能导致内战并引发外敌入侵,国家急剧衰败甚至四分五裂。在战火中本国的经济基础和各项设施将遭到破坏,这个国家的所有族群将饱尝政治分裂和经济衰败的苦果,在这一过程中,可以说这个国家的所有族群最终都是"输家"。南斯拉夫就是一个最典型的案例。

在欧洲国家和美国,许多从事族群研究的学者,强调的不是"民族"定义和

第五章 族群关系的社会目标(1)

其他抽象概念,而是注重对国内族群关系现实状况进行调查分析,总结本国历史发展中的经验教训,不断修正引导本国族际关系的社会目标,向政府和主流社会提出指导性建议,引导和创造条件实现在国家统一框架下各族群的和谐发展。

对于如何设计多族群国家内部族群关系的长远发展目标,各国总结出许多不同理论和方法。就中国现实国情来看,可参考的理论主要来自三个方面:(1)中国历史上有关族群的观念和处理族群关系的传统理论;(2)马克思主义有关民族的理论,以及以之为基础的苏联和中华人民共和国成立后指导族群关系的制度政策;(3)欧美等国关于多族群国家处理族群关系的理论。第一个方面的理论是几千年来古代先人根据我国国情总结的经验,我们不能也不应割断历史;第二个方面,特别是过去一个世纪中苏联的民族理论、战略与政策对中国共产党和我国政府影响很大,经验教训需要认真总结;第三个方面的理论来自西方国家的经验与理论总结,对处于现代化进程、在外交和经贸等方面进入世界体系的中国具有重要借鉴意义。

一、中国传统的族群观和族群关系理论

1. 中华文化传统的"天下"观和相应的"族群"观

发源于黄河、长江流域的中华文化在整个东亚地区发展最早,4000年前就已经发展到相当高的文明程度。汉唐时期中原地区的华夏文明一度十分辉煌,周边许多政权和族群纷纷派遣人员来中国学习,中国文字、儒学、佛教、绘画和建筑、纺织、农耕等技术传播到四方。

在东亚大陆上,以黄河和长江流域为中心,这片四周被大海、冻土、草原、戈壁、热带丛林等天然屏障环绕的土地资源丰富、气候适宜,被在其中生息的人们视为"天下"的核心地区,人们将这片土地称为"中国"和"神州",生活在四周地区的其他族群则被称为"蛮夷戎狄",并由此形成相应的"天下"观:"中国"是天下政治、经济、文化、人口的中心地区,四周的"蛮夷戎狄"是中原文化的教化对象。统治中原王朝的皇帝是"天子",代表上天来治理、教化、抚育天下万民。

中国人传统的族群观与这样的"天下"观密切相连。在秦始皇统一中国之前,中国人就具有"普天之下,莫非王土,率土之滨,莫非王臣"的观念。中国人对周边各族群、部落进行识别与划分时,主要强调的是以儒家思想伦理为参照系的"文化"差异而非祖先遗传的"体质"差异,也不看重语言、习俗方面的差异。

而且,中原地区自身形成的"教化"传统也是中国各族群文化长期交流交往交融的结果。

2. 中华传统文化中的"夷夏之辨"

中国文化传统的儒、道、释学说对于"人种""族类"各有一套说法和看法,但各家学说的基本观点是相通的,都强调"夷夏之别"。"夷夏之辨"的核心并不像西方族群观那样强调群体在体质、语言等方面的差别,主要看重以价值观念、行为规范为核心的"文化"方面的差别。"夷夏之辨"实际上也就是"文野之辨"。"在儒家思想中,'华'与'夷'主要是一个文化、礼仪上的分野而不是种族、民族上的界线。……所谓中国有恶则退为夷狄,夷狄有善则进为中国……华夷之辨并不含有种族或民族上的排他性,而是对一个社会文化发展水平的认识和区分。"(张磊、孔庆榕主编,1999:285)

3. "华"与"夷"之间的相互转化

中华文化看待族群的另一个特点,就是认为中华文化的"化内"和"化外"可以相互转换,即"有教无类",体现出辩证的思维精神。中华文化的主要特质是非无神论的世俗性,体现出对其他文化传统和外来宗教的宽容态度和极强的包容性。从中国历史上看,无论是中原本土的儒家、道教,还是外部传入的佛教、伊斯兰教、基督教、萨满教、祆教等,以及各类民间宗教信仰(崇信关公、土地、城隍、妈祖及各行业的保护神),都可以在中华文化圈内和平共处,充分体现出中华文化的开放程度与罕见的包容性。

在"夷狄"入主中原的态势下,"夷夏之辨"可以转换为"道治之辨",即当"夷狄"接受并继承"华夏"文化传统,以"华夏"之"道"来治理国家时,中原知识分子可以接受其统治("治")。"道高于治,即全中国的文化高于朝代的兴替。由此高度言夷夏之辨,主要看入主之异族是否采中华文化而定'天下'是否已亡。"(罗志田,1998:83)所以,异族建立的元朝、清朝可被中原民众所接受,而西方和日本帝国主义的侵略则遇到坚决抵抗。

由于中原"天朝"有责任施"教化"于边远地区的"蛮夷戎狄",所以中国传统观念不但没有把已经"归化"的周边各族排斥在"中华"之外,实质上也不把尚未"归化"的族群完全排斥在"天下"这个一体格局之外。正因为认为其具有被"教化"的可能,儒家提出"四海之内皆兄弟也"(《论语·颜渊》)。这句话的含义并不简单,它淡化了各族群在血缘、语言、宗教、习俗等各方面存在的差异,强调的是不同人类群体在基本伦理和行为规则方面存在重要共性并能和睦共处的理念。

由于欧洲大陆始终没有能够形成一个"大一统"的政治、经济、文化中心,从这种意义上讲,欧洲各国可以说始终没有走出"战国时代"。欧洲大陆一直存在着多元化的政治、经济、文化中心,这是欧洲各国产生排他性族群认同的社会基础。在这种政治—文化格局下,欧洲国家的君主或政治领袖可能具有以武力征服邻国的野心与实力,但从未有中国皇帝以"天子"身份来"教化"蛮夷的胸襟。当欧洲人到其他大陆探险并遇到与欧洲文明不同的文化与族群时,他们不仅具有"文化优越感",而且还有强烈的"种族优越感",甚至把各地土著人群视作"劣等种族"。达尔文的"进化论"从学术上讲无疑具有推动生物科学进步的意义,但是在客观上它也强化了西欧人的种族优越感,后来逐渐庸俗化并演变为具有种族主义色彩的"社会达尔文主义"。

4."天下"格局:"天子"统治的"天朝"与四周的夷狄番邦

中国的中原王朝在处理与周边邻国的关系时所采取的经略是,建立一种以中原王朝为核心(政治、经济、文化中心)、长期稳定、和睦相处的政治地理格局。这就是儒家传统理想中内含"五服"层次的"天下"格局。一方面是位于中央地区由"天子"统治的"天朝";另一方面则是散布在"天朝"四周、尚未得到"教化"的夷族番邦。

回顾几千年的中国历史,只要边疆族群对中原王朝不构成真正的军事威胁,中原王朝对他们基本上采取的是一种安抚同化而非侵略的政策和策略。这里可能有几个考虑:(1)边疆地方人口稀少,地域广阔,不产粮食或产量很少,如果发动战争,军队的后勤供给线很长,相关开支对国库来说是极大的负担;(2)即使侥幸取得胜利,在占领区要想实施有效的行政管理和镇压当地族群反抗,涉及派驻官员、驻军等一系列问题,朝廷每年要增加许多额外开支;(3)这些边远地区的人口和物产十分有限,占领并实施行政管辖所得到的税收和物产很可能远远抵不上支付管理费用、安抚当地居民和赈灾剿匪的支出;(4)在与四周族群的战争中如中原王朝战败,可能导致获胜族群大举入侵和引发内部各地反叛,有可能动摇中原王朝的根基甚至导致改朝换代。以上这些考虑使中国历朝皇帝在对外用兵时非常慎重。

正是出于对种种利弊的慎重权衡,中原王朝历朝皇帝对周边族群和邻国基本上采取防御战略,即使由于形势逼迫不得不作战,在击溃边疆入侵族群并消除其对中原的威胁后,中原王朝军队经常主动撤离已占领地区。如汉朝击溃匈奴后,随即撤离北方草原,诸葛亮降伏孟获之后,并没有派官吏去治理南部。从中国几千年历史来看,在周边族群承认中原王朝政治权威这一前提下,双方保持和平共处、互通贸易的局面,无论对中原王朝还是边疆地区,在政治上和经济上都是有利的。中华民族的"多元一体"格局也正是这样逐渐形成的。

5. 中原王朝处理与四周番邦之间关系的经略

中国文化传统中处理族群关系的国家目标,就是维护中原王朝统治的"天下"和"子民",并通过各种方法(主要是军事震慑和怀柔相配合的办法)努力向四周"蛮夷"施以"教化",使他们自愿接受中原王朝的道德观念和伦理秩序,在军事上显示"天朝国威"的同时,主要在文化道德感化和经济贸易互利的基础上与周边族群和其他邻国和平相处。"远人不服,则修文德以来之。"

实现这一目标的策略,包括"和亲"(公主、宗室女下嫁外族首领)、"互市"(茶马贸易等)以及对外族军队来犯的必要反击。在与四周部落首领和邻国君主的交往中,往往是皇帝的"赐"要远远超过对方的"贡"。"厚赐"的目的,一是对其首领进行笼络,二也是表示中原物产丰富精美,无须去这些地区或邻国掠取,令其安心。遣送宗室女远嫁"和亲",则是与"番邦"首领联络感情,化干戈为玉帛。

这一以"天下"为认同范围、以"文化"为认同核心的族际交往传统,在近代受到西方帝国主义冲击后被迫发生变化。列文森(Joseph R. Levenson)把中国传统的认同观念称为"文化主义","只有当19世纪晚期面对着'他者'的挑战,文化价值不得不寻求合法性时,我们才开始看到'文化主义的衰弱'并迅速向民族主义发展"(杜赞奇,2003:45)。在鸦片战争之后,中国知识分子和政治家开始接受西方民族主义观点,逐步学习从"民族国家"的角度来看待中国与其他国家的关系。

6. "文化主义"与"民族主义"的民族观

美国印度裔学者杜赞奇主张从一种"复线"(或称"双轨")的角度看待中国社会的复杂历史进程。他提出的"复线",就是"文化主义"和"民族主义",这两种意识形态可能是以不同的程度与形式交替出现于中国各个历史时期的观念中的。通常中原王朝秉持"文化主义"的态度与"蛮夷"交往,但到了中原王朝衰落和濒于倾覆的年代如南宋和南明,汉人就会放弃"天下帝国的发散型的观念,而代之以界线分明的汉族与国家的观念,夷狄在其中已无任何地位可言"(杜赞奇,2003:47),从而萌发出汉人防御性的"民族主义"。

清朝末年,由于对昏庸卖国的清廷极度不满,汉人知识阶层的"民族主义"情绪空前高涨,他们把对清廷的全部愤恨都发泄在执政的满洲贵族身上,从而提出"驱除鞑虏,恢复中华"的狭隘民族主义口号,这种情绪影响到早期的孙中山和同盟会。与之相比,康有为坚持中国儒家传统的"文化主义"和"有教无类"观点,认为清已接受中华文化而不再是"夷狄",应以"中华"待之。由于认识到狭隘的汉民族主义在推翻清廷后会导致族群屠杀和蒙古族、藏族、维吾尔族等脱离中国,所以"孙中山和新建立的民国领袖试图用自己的政敌即维新派和清廷所阐释的文化主义民族观的叙述结构来补充自己的种族主义的叙述结构。中华民族开始由'五族'(满、蒙、藏、回、汉)组成,从而中华民族继续承袭着大清帝国的边界线"(杜赞奇,2003:66—67)。

因此,当我们强调中华传统具有一个以"天下"为视野、以"文化"为核心、以"教化"为发展的族群观时,不能忽视还存在一个以"种族"为特征、以"汉人"为边界、排斥与仇视"异族"的民族主义族群观。当中华强大时,汉人表现得宽容和开放;而当夷狄强大并威胁到汉人群体的生存时,汉人中就会出现狭隘、偏激和排外的民族主义情绪。边疆各族群也存在类似现象。这就是历史发展的辩证法,中国人在一个拥有复线的轨迹上不断交替变换着自己的位置。

二、苏联的民族理论与制度

1. 民族自决权问题

列宁的《民族问题提纲》(1913年)共有10条,涉及与民族有关的许多重要问题。最重要的观点是支持"民族自决权",认为"除了从政治自决,即从分离和成立独立国家的权利这个意义上来解释而外,我们决不能作别的解释"(第1条)。

列宁认为,出于一般民主的基本原则,从东欧、亚洲的革命形势出发,为处于国家制度最落后、最反动的沙皇俄国的边疆民族考虑,俄国社会民主党人必须在宣传中坚持"民族自决权"(第2条)和制定相应战略(第3条)。对于共产党人是否应当支持某个民族实行国家分离,则必须考虑"无产阶级争取社会主义的阶级斗争的利益",警惕资产阶级用"祖国"的口号来分裂各民族的无产阶级(第

4条)。第2条到第4条讲的是在实际中如何应用"民族自决权"的策略。在1913年,列宁和无产阶级政党最为关注的是如何推翻沙皇统治,而边疆地区少数民族的分裂运动和独立战争,无疑会极大地削弱沙皇反动政权,从而十分有利于无产阶级政党夺取国家政权。

列宁提出,"凡是国内居民生活习惯或民族成分不同的区域,都应当享有广泛的自主和自治"(第5条),并应"颁布全国的法律"以"保护国内任何地方的任何少数民族的权利"(第6条)。同时列宁明确反对跨地域的"民族文化自治"或"民族自治",例如把"洛兹、里加、彼得堡、萨拉托夫的德意志人结成一个民族根本不是俄国社会民主党的事情",而尤其错误的是"超区域的(个人的)民族自治并设有民族议院和民族国务部长的口号"。"'民族文化自治'的口号则在教育(或者一般'文化')事业上宣扬民族的隔绝。"(第7条)这几条讲的是国内民族区域自治的原则。

"在党的机构上不是实行联邦制,也不是成立各民族的社会民主党集团。"(第8条)换言之,党的机构不能以民族划分进行组织,要一方面"坚持地域自治",另一方面坚持各民族的社会民主党机构的统一(第9条)。当时俄国的形势要求俄国共产党人重视民族问题,"并以坚定的国际主义和各民族无产阶级团结一致的精神对这个问题作出彻底的马克思主义的解答"(第10条)(列宁,[1913a]1959:236—244)。

列宁在《民族问题提纲》里谈到,分离出去建立独立国家的"民族自决权"和国内的民族区域自治是两个不同层次的问题,是处理民族关系的两种解决办法。而在对具体个案的处理和态度方面,最重要的原则是要符合无产阶级和人民群众的根本利益。根据这一根本利益,在处理各地具体的"自决"和"自治"等问题上可以有不同的观点和做法。"我们拥护分离权(但不拥护所有民族的分离!)。……总的来说,我们是反对分离的。"(列宁,[1913b]1959:502)总结以上观点,少数民族拥有"自决权"是列宁强调的基本原则,但是在实际政治生活中如何应用,则存在很大的灵活性。比"自决权"更重要的原则是如何有利于取得无产阶级革命的胜利,如果某个地区关于"民族自决"的主张不利于当地和全俄国的革命发展,就应当反对有关主张。因为全俄国的革命是否能够取得胜利,关系到俄国所有民族的解放,这远比某个民族是否得到"自决权"重要得多。事实上,为了削弱俄国无产阶级革命,西方帝国主义武装干涉和其他颠覆活动几乎

第五章 族群关系的社会目标(1)

都曾鼓吹各地区的"民族自决"并努力使之脱离俄国。

2. 区域自治或者国家联盟

列宁在早期反对过联邦制,"马克思主义者是反对联邦制和分权制的,原因很简单,资本主义为了自己的发展总是要求有一个尽可能大尽可能集中的国家。在其他条件相同的情况下,觉悟的无产阶级总是坚持建立更大的国家。它总是反对中世纪的部落制度,总是欢迎各个大地域在经济上尽可能达到紧密的团结,因为只有在这样的地域上,无产阶级才能广泛地展开反对资产阶级的斗争"(列宁,[1913d]1958:29)。这里明显带有如何更有利于进行政治斗争和如何更有利于发展国民经济两方面的考虑。

在1917年修改党章时,列宁指出,"国内各民族都有自决权。国内各民族都有自由分离和建立自己的国家的权利。俄罗斯人民共和国不应当用暴力,而应当通过完全自愿的协议,来吸引其他民族建立一个共同的国家"(列宁,[1917a]1957:439)。由于当时各民族政治运动的发展形势,乌克兰、波兰、芬兰等地已经出现地方政治权力机构,列宁认为需要承认自决权,承认各民族有独立建立自己国家的权利,在此基础上通过自愿原则建立一个大的国家(联邦或国家联盟)。所以"十月革命"后成立的人民委员会于12月"承认乌克兰人民共和国,承认它有同俄国完全分离或同俄罗斯共和国缔结建立联邦或其他类似的相互关系的条约的权利"(列宁,[1917b]1959:338)。

1920年列宁根据俄国各地区的实际情况,进一步修订关于联邦制的观点,指出"联邦制是各民族劳动者走向完全统一的过渡形式。……联邦制在实践上已经显示出自己的合理性。……既然承认联邦制是走向完全统一的过渡形式,那就必须追求更加紧密的联邦制同盟"(列宁,[1920]1958:126—127)。斯大林曾经提出让乌克兰、白俄罗斯、阿塞拜疆、格鲁吉亚和亚美尼亚作为自治共和国加入俄罗斯联邦,但遭到上述共和国的反对而未获通过。列宁批评斯大林,提出应使上述共和国在平等地位上"同俄罗斯苏维埃联邦社会主义共和国一起正式联合组成欧洲和亚洲苏维埃共和国联盟",1922年12月在此基础上正式缔结《苏维埃社会主义共和国联盟成立条约》。当时,俄国各民族地区是以加盟共和国形式加入苏联,还是以自治共和国形式加入俄罗斯联邦,取决于各地区的政治发展形势,"一部分已经宣布独立并建立主权国家的民族问题,是通过联邦制的国家结构形式加以解决的;另一部分除主权国家之外的其他民族问题,是在联邦主体内,也就是在实行联邦制或单一制的加盟国内通过实行自治制度来解决的"(王丽萍,2000:151)。

3. 族群语言问题

语言是族群文化的重要载体,族群语言的前途往往预示着族群文化的前途。按照斯大林的观点,民族语言的发展有三个阶段:(1)在存在着民族压迫的历史时期,"各个民族和各种语言的和平与友谊的合作条件还没有具备,……(事实上是)一些语言的被同化和另一些语言的胜利";(2)在"社会主义在世界范围内胜利以后的时代,……民族平等将会实现,压制和同化语言的政策将会取消,各民族间的合作将会建立,而各民族的语言将有可能在合作的方式下不受约束地互相丰富起来";(3)"这些语言由于各个民族在经济上、政治上和文化上的长期合作将首先划分出最丰富的单一区域性语言,然后区域性语言再融合为一个各民族的共同的语言,这种语言当然既不是德语,也不是俄语和英语,而是吸收了各民族语言和各区域语言的精华的新语言。"(斯大林,[1950]1962:557—558)

在《民族问题与列宁主义》一文中,斯大林进一步把"民族语言"与"民族消亡"联系起来:"当世界社会主义经济体系已经充分巩固,……各民族已经在实践中深信共同语言优越于(本)民族语言的时候,民族差别和民族语言才开始消亡而让位于一切人们共同的世界语言。……各民族的未来的大致的图画,各民族在将来融合的道路上发展的图画就是如此。"(斯大林,[1929]1955:299—300)

另外需要指出的是,列宁对于利用行政力量强行推行"国语"的做法持反对态度,认为这样做只能引起使用其他语言族群的反感,任何一种语言在一个多族群国家里也不应拥有特权,经济活动的发展会推动应用性最广、使用最便利的一种语言成为公共语言,任何强制的效果恰恰适得其反(列宁,[1913c]1959:353—356)。但是列宁同时明确提出,"'民族文化自治'的口号则在教育(或者一般'文化')事业上宣扬民族的隔绝,但隔绝是同保持一切(其中包括民族)特权的基础完全符合的"(列宁,[1913a]1959:241)。所以过分强调"民族语言"在公共事务和教学中的地位和作用,客观上会起到"民族隔绝"的作用。

4. 族群关系的发展前景和族群融合问题

关于族群关系的未来发展前景,列宁认为,"社会主义的目的不只是要消灭人类分为许多小国家的现象和各民族间的任何隔离状态,不只是要使各民族互相亲近,而且要使各民族融为一体"(列宁,[1916]1958:140)。"正如人类只有经过被压迫阶级专政的过渡时期才能达到阶级的消灭一样,人类只有经过一切被压迫民族完全解放的过渡阶段,……才能达到各民族的必然融合。"(列宁,[1916]1958:141)

在汉语词汇中,"同化"往往与"强迫接受某种文化"联系在一起而带有负面含义。但是列宁认为,"谁没有陷入民族主义偏见的泥坑,谁就不能不看到资本主义同化民族的这一过程包含着极大的历史进步作用"(列宁,[1913d]1958:12)。不仅在没有民族压迫的条件下,族群之间文化差异的减少具有积极意义;甚至在资本主义、帝国主义压迫的条件下,族群之间文化差异的减少也有积极意义,因为这意味着先进的科学技术、经济模式和思想观念的传播,意味着各族群被压迫民众联合起来进行反对帝国主义斗争的可能性。

在社会主义条件下,族群之间差异减少是一个必然发展趋势。我们不应当强制推行任何形式的"同化",但也不必人为抵制自然发生的族群文化融合。我们应当强调的是尊重族群特点,但不必不顾自然发展过程一味地强调保持这些特点。要知道,族群的一些文化特点是在特定的社会发展水平下产生的,也必然会随着社会的发展而逐渐消失。现在有些人为了表现对少数族群文化的尊重,过分强调已经淡化并在现时社会经济发展中逐步消失的族群特点,如某些与目前生活方式完全脱节的传统风俗习惯,甚至有人试图恢复已经无人继续使用的族群语言,这是与历史发展的整体趋势和列宁的基本思路背道而驰的。

少数族群传统文化的精华在现代化进程中必须予以保护和发展,但是在保护文化多样性时要增强各族文化的共同性和包容性,要坚持做到保持民族特性而不强化特性,正确认识交融,切实尊重差异,逐步缩小差距,明白尊重差异不等于固化差异。我们必须看到,全国统一市场的形成和地区封闭的打破,会极大地促进族群的交往交流交融,这是历史趋势,是中华文明前进的必然结果。我们要尊重规律,把握好这一历史方向,决不能违背这一历史趋势而放弃引导,同时也不能超越历史阶段用行政手段强行推进。

5. 关于"形式上的平等"和"事实上的平等"

无产阶级革命和无产阶级政权的建立,消除了族群压迫,各族群享有同等的政治权利并在法律上实现平等。但原来的被压迫族群由于长期遭受歧视,在教育、职业、收入等方面仍处于劣势。列宁认为,唯有对大族群采取"不平等"的政策,才能帮助落后族群在一段时间内赶上大族群的发展水平。社会主义历史阶段,就是少数族群从"形式上的平等"过渡到"事实上的平等"的过程,为帮助实现这一过渡,政府采取的办法之一,就是对大族群"不平等"(或实行"歧视"),而对少数族群给予各种优惠。

列宁认为,"必须把压迫民族的民族主义和被压迫民族的民族主义区别开来,把大民族的民族主义和小民族的民族主义区别开来。……压迫民族……的国际主义,不仅在于遵守形式上的民族平等,而且在于压迫民族即大民族要以对待自己的不平等来抵偿生活上实际形成的不平等"(列宁,[1922]1959:631)。"在资本主义制度下是压迫民族的工人要特别谨慎地对待被压迫民族的民族感情,……不仅要帮助以前受压迫的民族的劳动群众达到事实上的平等,而且要帮助他们发展语言和文学,以便清除资本主义时代遗留下来的不信任和隔阂的一切痕迹。"(列宁,[1919]1956:102)

无产阶级夺取政权后,虽然实现了民族解放和族群平等,但还需要采取优惠扶助政策来帮助一部分发展相对滞后的族群加快发展,改善"族群分层"结构中部分族群的劣势,努力实现"事实上的平等"。民族区域自治是为此目的而设计的一个重要制度。在计划经济体制下,各种资源通过行政管理渠道进行分配,为少数族群建立以本族成员为首脑的自治区或加盟共和国,正是在计划经济体制下对少数族群实行各种优惠政策的组织保证。但是在市场经济发展态势下,原来以计划体制为依托的族群优惠政策逐步失效,而且优惠政策导致的依赖心理反而不利于少数族群成员调动自身学习和工作的积极性,在市场经济环境中平等竞争和发展。社会发展的最终目标是努力使全体国民(包括少数族群成员)具有同等竞争能力和发展前景,消除"族群分层"结构中的差异,为此需要逐步创造一个各族在学习和就业发展方面完全平等的竞争环境。

三、中国共产党的民族问题纲领

1. 中华人民共和国成立前中国共产党的民族纲领

1917年十月革命后,苏联的民族理论和民族政策对中国共产党的民族理论和族群政策的制定具有主导性影响。中国共产党自建立起,就在理论上支持"民族自决"并提出联邦制设想。江西苏区反"围剿"时,中国共产党面临国民党政府重兵进攻,认为少数民族地区分离运动势必会削弱国民党政府的力量,所以"苏维埃中国"与当年沙俄统治下的布尔什维克党的口号和策略一样,主张"民族自决权"并支持少数族群反对当权的反动政府。

中国工农红军在长征途中,红一方面军参谋长刘伯承与彝族首领小叶丹歃血结盟,争取到彝族部落的支持,避免了重蹈太平天国将领石达开在大渡河全军覆没的命运;在红军横渡金沙江和穿越松潘草原时,努力争取藏族首领的中立,从而得到粮食马匹的供给。这两次处理族群关系的成功,为红军长征胜利提供了有利条件。后来红军西路军在甘肃、青海因遭遇回族"马家军"袭击损失惨重,也与处理族群关系失误有关。中国共产党和红军的第一代领导人通过自己的切身感受,认识到中国族群关系和族群问题的重要性,认识到在长征途中如果不能妥善处理好与沿途各少数族群的关系,红军的万里长征不可能取得成功。到达陕北后,红军再次认识到,如果不能与西面的回族和北面的蒙古族民众搞好关系,就很难在陕北立足,很难建立、发展和巩固陕甘宁边区。正是基于这种认识,党中央在延安成立了民族学院,努力培养少数族群干部,组建和发展在我党领导下联合抗日的少数族群武装力量。

西安事变发生后,党中央充分意识到要建立抗日统一战线就必须联合各少数族群,进一步认识到"中华民族"必须包括中国其他少数族群,在中国人民反帝反封建和逼蒋抗日的斗争中,要发动少数族群与汉族并肩作战、共同对敌。当时少数族群地区是国民党统治的薄弱环节,同时由于长期忍受汉族军阀、国民党政府的压迫剥削,少数族群具有很强的反抗情绪,这些条件十分有利于共产党力量的发展。这个时期中国共产党的口号就转为主张族群平等、反对族群压迫,主张各族群受苦民众团结起来,共同携手反帝反封建、推翻"三座大山",不再提"民族自决权"。1938年10月毛泽东在一次讲话中强调,"(少数民族)有自己管理自己事务之权,同时与汉族联合建立统一的国家"(毛泽东,[1938]1991:595)。日本投降后,中国共产党根据国际国内形势的新发展,调整了有关政策,不仅反对少数族群地区分离,而且认为苏联的联邦制不适宜中国国情,转为主张民族区域自治制度。

2. 中华人民共和国成立后实施的民族政策

1947年,在中国共产党领导下成立了第一个民族自治区即"内蒙古自治区"。1949年,中国人民政治协商会议第一届全体会议通过的《中国人民政治协商会议共同纲领》规定:中华人民共和国的国家结构形式是单一制的多民族统一的人民共和国,"各少数民族聚居的地区,应实行民族的区域自治"。之后又陆续成立了4个省级的少数民族自治区,30个自治州,120个自治县(旗)。在这一政策的实施过程中,政府又明确提出,"以少数民族聚居区为基础的区域自治(不应以少数民族所占当地人口的一定比例为基础)……一切聚居的少数民族,依据这个总原则和大前提,都有权利实行民族的区域自治"(李维汉,[1951]1992:525—526)。

我国的民族区域自治政策主要包括以下内容:

(1)建立民族区域自治地方的自治机关(包括当地人民代表大会、人民政府等机构),民族自治地方的人民代表大会常务委员会中,应当由实行区域自治的民族的公民担任主任或者副主任。自治区主席、自治州州长、自治县县长由实行区域自治的民族的公民担任。

(2)民族自治地方的人民代表大会有权依照当地民族的政治、经济和文化的特点,制定自治条例和单行条例,报上级人民代表大会批准生效。经过上报批准,民族自治地方的自治机关拥有对国家有关法律的变通执行权。

(3)民族自治地方有权使用本民族语言文字以及自主发展民族教育和民族文化。可以决定本地区的教育规划、学校设置与学制、教学用语、招生办法等。

(4)民族自治地方有权培养干部,可以采取各种措施从当地少数民族中培养各级干部、科学技术人员、经营管理人员,并可以组织本地方维护社会治安的公安部队。

(5)民族自治地方有权发展本地区经济、开展贸易活动、管理财政,并且在对外贸易的一些方面享受国家的优待政策,在财政上得到中央财政的定期补助,在税收上享受一定的优惠待遇。

我国政府以上各项政策确保了少数族群在行政体制、干部任命、财政管理、经济发展、文化教育事业等各方面的权益。中华人民共和国成立后开展的"民族识别"以及户籍制度对公民"民族成份"的登记,也为政府各项族群优惠政策的落实提供了可操作的范围。应当说,民族区域自治和各项相关政策执行半个多世纪以来,得到各族干部和广大人民的拥护。在民族区域自治和其他各项民族政策的指导下,中国政府在帮助各少数族群加快社会经济发展方面作出了很大努力。长期以来,中央政府对少数民族自治地方在财政、物资、基础设施建设等方面给予大量补助,在各项税收和提供贷款等方面给予特殊优惠,在少数族群成员入学、就业、医疗、接受高等教育、干部晋升、社会福利等许多方面给予各种

第五章 族群关系的社会目标(1)

优惠待遇。培养少数族群干部是中华人民共和国成立以来我国党组织和政府机构干部政策的重要组成部分,各级民族学校和大学成为培养少数族群干部的主要机构。少数民族自治地方的各级行政部门主要官员由当地族群干部担任,"民族成份"成为这些少数族群地区选拔党政干部的重要条件。以上一系列以少数族群为对象的制度性安排和各项优惠政策,在推动我国各少数族群社会、经济、教育、文化等领域的发展方面起到了积极作用。

我们在今后的民族工作中需要继续坚持和完善民族区域自治制度,但是要注意两点。一是必须坚持统一和自治相结合。团结统一是国家最高利益,是各族人民的共同利益,是实行民族区域自治的前提和基础。没有国家团结统一,就谈不上民族区域自治。长期以来,我国民族理论学者和民族工作者谈到民族区域自治制度时,一般都强调"自治"而很少提"统一",强调如何维护和加强少数民族自治权的人很多,而讨论在尊重少数民族权益的条件下应当如何加强各族民众对中华民族和国家的认同的人很少。在中华民族"多元一体"格局中,假如我们只强调"多元"和自治,而不强调"一体"和统一,这个格局是不完整的,也不可能长久维持。二是必须坚持民族因素和区域因素相结合。我国几乎所有的民族自治地方都是多民族混居地区,其中许多自治地方人口中汉族占多数,如果只强调"自治民族"(以该族群为主设立自治地方并以该族群命名之)在相应地区的自治权,那么其他族群居民的权利无法得到切实保障。我国少数民族自治地方通常都以当地族群命名,实际上是期待这个族群担负起维护国家统一、民族团结的更大责任,而不是给予这个族群以特殊权益。我国所有的民族自治地方都是全国各族人民共同拥有的地方,民族区域自治不是哪个族群独享的自治,民族自治地方更不是某个族群独有的地方。这一点必须搞清楚,否则就会走到错误的方向上去。

我国2010年人口普查表明全国仍有64万"未识别人口",一些群体希望被承认为新"民族",一些地区申请建立新自治县或城市"民族区"。2014年9月,中央民族工作会议明确表示,我国的"民族识别"工作基本完成,今后不再识别新的民族或增设民族自治地方。这表明自20世纪50年代以来开展的以构建民族身份(民族识别)和自治制度(设立自治地方)为目标的民族工作已告一段落,加强中华民族共同体建设已成为我国新时期的工作方向。

第六章

族群关系的社会目标(2)

本章主要讨论欧洲和美国等西方国家处理族群关系的社会目标。近代在各殖民地基础上出现了一批移民国家,如美国、加拿大、澳大利亚和新西兰。这些移民国家与欧洲文明同根同源,它们在族群观念和族群政策方面延续了欧洲文明传统。在理解欧美国家的族群关系之前,首先需要了解这些国家特别是欧洲社会发展的历史与文化传统,理解欧洲族群的地理分布与政治格局是如何在其社会发展历史和人口迁移过程中形成的。

由于国情不同,西方国家的族群结构与族群关系的基本类型,大致可以分为欧洲多族群国家和欧洲移民建立的国家两大类。学者们在种族、族群关系发展研究中提出了多种理论。本章将主要介绍西方国家较有代表性的两个理论,其中一个理论以欧洲工业革命的发源地英国为研究对象,另一个理论以移民大国美国为研究对象。

一、欧洲社会发展历史中形成的族群观

1. 欧洲各国族群发展的基本格局

欧洲各地自远古时代就生活着许多区域性族群,出现过多次民族大迁徙,在历史上产生过罗马帝国这样的多族群大国。罗马帝国的核心区域与其军事征服的各属地之间存在某种"多元一体"的大格局,由于罗马共和国和罗马帝国实行"公民权"制度,来自不同属地的族群精英因获得罗马公民权而产生"一体"的凝聚力,使罗马版图不断扩大。在历次征战与人口迁徙中,欧洲各族群的地理分布

第六章 族群关系的社会目标(2)

不断调整。

罗马帝国解体后,各族群长期处于权力纷争与属地调整的过程中,在欧洲逐步形成了几个族群集团(英、法、普、西、俄、奥匈帝国等)相互对峙的局面,直至近代欧洲各地仍散布着许多由世袭贵族统治的自治、半自治的小城邦和封建领地。各国皇帝和国王统辖着这些在封地内具有很大自治权的世袭贵族,但君主们对这些世袭贵族及他们领地内的属民并没有绝对的权力。这种格局使欧洲大陆长期存在多元化的政治、经济、文化中心,强化了欧洲各国的"多元",淡化了历史上曾经有过的"一体"。这一新格局是近代欧洲族群观念的基础。从政治实体与权力归属体系大格局来看,欧洲一直没有走出相当于中国历史上群雄并立的"战国时代"。也正是在这种各群体相互交往和并立竞争的特殊场景中,欧洲各地的人群逐渐形成了各自的认同意识、族群观念和处理族际矛盾的方法。

在工业革命和资本主义发展过程中,各城邦的贵族领主和城市新兴资产阶级依据其政治和经济利益,在各族群(以血缘、语言、宗教、习俗等为纽带)传统居住领地的基础上,以民族主义为主导陆续建立议会制国家政权,从原来的"战国群雄"逐渐发展成"nation-state"(民族国家,一种新的地缘政权)形式的多国并立。1648年的《威斯特伐利亚和约》是重要的分水岭。这与中国历史上秦汉以后形成的高度统一的中央集权国家完全不同。

欧洲各族群在体质上都属于白种人,语言都属于印欧语系,这是族群之间建立血缘和文化认同的重要基础。同时族群之间的相互认同也与基督教传播过程密切相关,欧洲各国及各族群在长期的战争、联姻、迁移、结盟、贸易、宗教交往中形成了一个以基督教(包括天主教、新教、东正教)为基础的共同文化传统。与当时世界上其他地区相比,欧洲族群在各方面的交往互动要频繁、普遍得多。当时欧洲各国之间旅行十分便利,许多人会说两种以上的语言,无论是皇族还是民间的族际通婚都十分普遍。由于存在体质、语言、宗教、文化等方面的广泛认同,加上社会各层面的密切交往,自中世纪以来在欧洲即形成了"欧洲白人"集团意识。当欧洲各白人国家联合起来反对或征讨其他地区的"异类族群"和"野蛮人"时,这种意识更是不断得到加强。其中最典型的事件就是11—13世纪欧洲各国联合发动了多次"十字军东征"。欧洲国家在全球进行殖民扩张时,虽然欧洲白人之间也存在相互竞争,但当他们面对当地土著族群的反抗时,总能联合起来,共同保卫"欧洲白人"的尊严与利益。

2. 欧洲人族群观念的两重性

正是因为欧洲白人具有彼此认同的集团意识,欧洲人在处理世界各地族群关系时始终具有明显的两重性,也就是说,他们把世界族群关系分为两大类,在判断族群矛盾与冲突时根据对象的类别不同而采用截然不同的双重标准。

第一类是处理欧洲白人族群之间的关系。欧洲国家相互具有很强的认同感:(1)各国在语言方面同属印欧语系,历史上在音乐、绘画、建筑、服装、饮食习俗等方面有长期的文化交流,自认是希腊文明和罗马文明的继承人;(2)在"族群意识"方面具有某种基于基督教传统的文化认同感;(3)在政治体制演进过程中,由于欧洲各国相互学习和效仿,因而在社会体制和法律体系方面具有共性和很强的政治认同感;(4)由于欧洲各国王室、贵族和民众长期相互联姻,各族群也广泛存在一定的血缘认同感。所以,欧洲白人族群在相互交往中彼此恪守他们"文明社会"(他们给自己起的名称)的行为准则(如他们所发明的"外交"关系、"宣战"程序、对待俘虏的准则等)。

第二类是欧洲白人族群与所谓"野蛮人"的关系。他们在非洲、亚洲、大洋洲、美洲所实行的殖民主义统治和在美洲恢复奴隶制的做法可谓典型:白人把其他族群当作"非(文明)人类"或者"准人类"来对待,在与之交往的过程中完全不必遵守"文明社会"的任何规则,更不承认当地土著人已有的政治秩序、权威机构和社会规则。美国学者亨廷顿坦然承认:"历史上,相同文明的国家或其他实体之间的关系有异于不同文明的国家或实体之间的关系。对待'像我们'的人的指导原则与对待不同于我们的'野蛮人'的指导原则是截然不同的。基督教国家彼此打交道的原则不同于它们与土耳其人和其他'异教徒'打交道的原则。"(亨廷顿,1999:134)欧洲白人凭靠手中掌握的先进武器及推行奴役制度来杀戮、奴役和剥削各地土著居民,控制和掠夺当地的自然资源,以达到他们的政治和经济目的。

3. 近代欧洲的"民族国家"与海外殖民

欧洲各"民族国家"先后形成后,各国领土内的那些区域性小族群依然存在,他们与占据国家主导地位的族群之间既有共同利益,也有矛盾冲突。这些不占据国家主导地位的小族群包括英国的苏格兰人、威尔士人、爱尔兰人和凯尔特人,法国的布列塔尼人和科西嘉人,西班牙的巴斯克人和加泰罗尼亚人,奥匈帝国的匈牙利人,以及巴尔干地区数不清的小族群。在各"民族国家"诞生后,新

第六章 族群关系的社会目标(2)

的政治实体(民族国家)在新确立的边界内努力催生和加强"国民"对所属"民族国家"的认同意识,并建立一套新话语体系。

在资本主义上升时期和对外战争的过程中,奥匈帝国这样的多族群大帝国在下属地区的民族主义分离运动中解体。其结果是,在原有帝国广阔领土上诞生了一批以各族群为主体的新的"民族国家"(如奥匈帝国在一战之后分解为奥地利、匈牙利、捷克斯洛伐克等国家)。欧洲地区在经历了资产阶级革命和民族主义运动后,与世界其他地区相比,"民族"与"国家"这两个概念的内涵在欧洲各地是比较相近的。

欧洲殖民主义者抵达东南亚、非洲、美洲、大洋洲和一些海岛后,陆续征服了这些地区社会组织松散、经济不发达、各自相对独立的小部落、小族群和小王国。在那些当地文明已发展到一定程度、人口具有相当规模的殖民地(如印度、印度支那、印度尼西亚),土著居民始终是这些地区人口的大多数或绝大多数。殖民政府的新型行政管理使这些原来彼此互不统属的土著族群处于新政治实体的统治之下,同为一个"殖民地"的属民,他们彼此产生了一种新的认同感。在殖民主义统治结束、白人殖民者撤离后,以原殖民地政治疆域为基础出现了"民族创建"(nation-building)的特殊政治过程,在原殖民地的边界内组成新国家,并且为了推进"民族创建"运动而创造出一套相关的话语体系,对于境内外的族群史和族群关系史、本地殖民史等历史记述进行改写和再创造,以利于形成新的"民族"认同意识,为新"民族国家"的创立提供合法性。在此基础上建立起来的新国家被生动地形容为"想象的共同体"(安德森,2003)。

在欧洲白人的殖民扩张过程中,由于一些地区土著族群人口规模较小,文明发展水平、社会组织化程度不高,当白人殖民者大量迁入并对土著人进行大规模屠杀后,这些地区便形成了以白人移民及其后裔为人口主体的移民国家,如美国、加拿大、澳大利亚和新西兰。这些移民国家的族群结构带有浓厚的移民色彩,与那些保有各自"祖居领土"、历史悠久、长期共存的欧洲、亚洲族群之间的关系很不一样:(1)除极少数土著人口外,这些族群都是外来移民,早期移民后裔已自认是"本地人";(2)无论是以个体还是群体形式,这些国家至今仍在吸收新移民;(3)对于允许哪些人迁入及是否设立移民安置点,迁入国政府可以选择与控制;(4)新移民抵达之后,通常主动地接受迁入国的政治制度、法律与大众文化,他们很难拒绝迁入国主流文化而固守自身原有文化。以上几方面的特点形塑和影响着移民国家的族群关系。

二、美国族群关系发展的"三阶段理论"

美国作为移民大国存在最复杂的种族—族群关系。美国各族群的来源最为纷杂,除印第安人外,哪个族群都没有自己传统的"祖居地域"。美国历史上多次爆发种族和族群冲突,甚至因为解放黑奴而爆发南北战争。这样的历史发展过程使得美国的种族、族群问题具有一定的特殊性,也使种族、族群问题研究得到美国政府和学术界的高度重视。所以,我们把美国族群关系的发展历程及其理论总结作为一个典型加以介绍。

戈登(Milton M. Gordon)1964年出版了《美国生活中的同化》(*Assimilation in American Life*)一书,重点讨论美国族群关系社会目标的历史演变阶段和各阶段的特点。他认为美国几百年的历史中,随着处理美国族群关系社会目标的演变,政府和社会主流意识形态的历史发展过程大致分为三个阶段。

1. 第一阶段:"盎格鲁-撒克逊化"

第一阶段自英国向北美移民开始至20世纪初。北美13州是英国最初建立的殖民地,北美早期移民主要源自英伦三岛,大多数移民是受到宗教和政治迫害而逃亡的英国新教徒和英国破产农民。这些移民的文化背景属于英国(盎格鲁-撒克逊)传统。为了推动其他移民(初期爱尔兰人占很大比例)与这一移民"主群体"进行整合,当时的政府非常注重在新移民群体中倡导并强化对盎格鲁-撒克逊文化的认同。

戈登用"$A+B+C+\cdots=A$"这个公式来对这一政策的实质加以概括。"A"表示盎格鲁-撒克逊文化,即不管你有什么文化背景和来自哪个国家($B,C,\cdots$),要想生活在美国并成为合格的美国公民,就必须"盎格鲁-撒克逊化",这是由政府推行的、不间断的、完全的族群同化过程。这个阶段从英国人在北美建立殖民地开始,历经"独立战争"和"南北战争",一直延续到20世纪初。这一政策可被归纳为"单向型"的"同化主义"政策。

2. 第二阶段:"熔炉"

第二个阶段自20世纪初开始,直至50—60年代。欧洲遭受第一次世界大战的巨大冲击,大量来自南欧、北欧各国的移民,甚至还有东欧波兰人、俄罗斯人等为逃避战争和十月革命,不断涌入美国。在这种情况下,想继续实行先前的政策,即要求所有的人都"盎格鲁-撒克逊化",接受基督新教信仰,实际上很难做到。

1918年美国上演了一部戏剧,剧名叫《熔炉》,描写了由来自不同国度、具有不同文化背景的几代人通过婚姻组成一个多代族际通婚的混血家庭,成员们在语言、宗教、思维方式、价值观念、行为规范等方面存在深刻差异,但经过长期相互调适,最后相处十分融洽。社会学家认为这个家庭的演变结果即是化解族群差异的理想目标,于是就借用"熔炉"一词来概括这一时期美国在族群关系方面的政策目标,戈登用公式表示为"$A+B+C+\cdots =E$",意即来自不同文化背景的人们($A,B,C,\cdots$),经过美国社会中的共同生活与相处,最后都变成具有美国文化特质的"E"("美国人")。这个阶段的政策导向可以被归纳为不同族群"相互融合型"的"同化主义"政策。

3. 第三阶段:"文化多元主义"

第三阶段自20世纪50—60年代开始到今天。第二次世界大战后,美国的种族和族群问题并没有像有些政治家和学者预期的那样通过"熔炉"效应而完满解决,族群间的文化差异依然存在。美国学者卡伦(Horace Kallen)1924年首次使用"文化多元主义"这个概念来描述美国族群关系,他的观点在60年代得到普遍接受。戈登用公式对此做了概括,即"$A+B+C+\cdots =EA+EB+EC+\cdots$",表示族群交流和共同生活将催生出保留部分各族文化传统的"美国人"(E)。

戈登的"三阶段理论"对我们具有启发性。以美国主流社会所具有的政治、经济、文化强大优势来对零散进入美国的新移民实施同化,其结果尚且如此,说明使用行政手段强制实行族群同化不会成功。但"文化多元"并不意味着各族群在政治、地域上实行"割据"而危害国家统一,美国的"多元"之上有着十分强大的"一体",各州和联邦都是很强的政治实体。而且美国并不仅仅是政治上和经济上的统一体,在文化层次上也有很强的"一体化",如通用英语,尊重美国宪法及法律至上,接受美国社会基本价值观念和行为规范。美国的"文化多元"实际上并没有保留真正独立的"文化群体",而只是在"美国共同文化"的前提下,允许那些保留某些自身传统文化特点的"亚文化群体"存在。

中国不同地区的少数族群是否已经在一定程度上接受了中国这个政治实体的"共同文化",并冲破本族群原有"小社区"的区隔进入全国性的"大社会"?

有些少数族群是否已经从原来相对独立的"文化群体"开始过渡转化为一个大文化(中华文化)内部的"亚文化群体"?这种过渡对于这些族群的发展和国家整合是否是一种进步?我国各族群的"多元一体格局"与美国的"多元一体格局"(多元的亚文化群体与统一的美国社会文化和统一政治实体)有什么相似和不同?这些问题都值得我们认真思考。

4. "自由主义的多元主义"和"集体的多元主义"

1981年戈登指出,美国人在价值观念上的冲突来自两个方面,这两方面都声称是在坚守道德标准和宗教体系的重要原则,其中一方强调待遇平等和个人精英教育的原则,另一方则强调主流社会应当对过去时代的不公正作出集体性的补偿。在"文化多元主义"的基础上,戈登进一步提出了"自由主义的多元主义"(Liberal pluralism)和"集体的多元主义"(Corporate pluralism)两个概念。前者强调追求个人权利不应受到任何与族群身份相关的影响,它不赞成族群隔离,但也不去推动族群融合;而后者正式承认种族与族群身份的意义,"政治权力和经济收益按照某种公式进行分配,以族群权利为出发点,并把族群成员身份视作决定个人所获成果的重要因素"(Gordon, 1981:183)。他认为如果没有"集体的多元主义",所谓的"自由主义的多元主义"就是虚假的,并会使每个人目前的社会地位固定化。如果你已经落后另一个人20米,怎么可能期望通过"平等的机会"即在已有20米差距的情况下同时起跑去赢得百米赛跑?

5. "文化多元主义"必须以自愿为原则

自20世纪60年代的"民权运动"之后,保护少数族群的传统文化在美国成为社会时尚,任何希望获得成功的政治家都很注意通过倡导"文化多元主义"来拉拢少数族群的选票。而且这种口号和思维方式也被美国政府或私人基金会等组织推广到其他国家,包括亚非拉地区的发展中国家。美国政府采用各种手段鼓励甚至强迫当地政府实施措施保护少数族群文化(语言文字、生活习俗等)。但是对这些做法的客观效果,有些学者也提出了质疑,如雷克斯(John Rex)等人曾经指出,"过分强调多元文化主义,会不会对弱势族群造成某种形式上的压迫?……多元文化主义在实践上,一定要秉持自愿主义,其主要精神在于,每个个体都有选择自己文化归属的权利,也有认同某一族群的自由"(黄有志, 1995:91—92)。

这里涉及两个层面。一个是族群层面。族群作为一个整体,有权利选择自己文化的演变方向,外部力量和政府不应干预。如在废除种族隔离制度前,南非黑人积极要求准许他们进入英语教学的学校,希望学习现代文化知识并进入城市社会,但执行种族主义政策的原南非政府拒绝这样做,认为黑人应当使用自己本族语言学习并居住在祖居地。南非政府的做法是违反黑人自愿原则的。另一个层面涉及族群个体成员。有时本族群大多数成员仍愿意保持自己的原有文化,但假如有些成员愿意吸收他族文化(如语言、宗教、习俗等),作为独立的公民,这些个体应当享有这个权利,政府及本族其他人员不应干涉。在"全球化"进程不断加快的客观形势下,各族群的文化交流与融合是不可避免的大趋势,强迫进行文化同化或者强迫保持文化多元都不可取。在文化交流的过程中,是选择保持自己的传统文化,还是选择学习吸收其他文化,不仅是族群集体的自主权利,也是公民个体的自主权利,在任何现代民主国家,这一权利都应受到充分的尊重和法律的保护。

三、"内部殖民主义"理论

在讨论"内部殖民主义"理论时,有两种分析族群关系的视角。第一种视角是以族群为研究单元,以殖民地土著族群向殖民国家进行移民(如印度向英国移民)的现象为分析场景。以这一视角进行分析,认为欧洲工业国家把在殖民地实行的种族歧视政策现在又转而应用到这些迁入本国的外族移民身上,这是殖民主义在新场景中的体现和延伸。第二种视角则以欧洲国家内部的族群—地区复合体为研究单元,通过"少数族群—边缘地区"和"主流族群—核心地区"二者之间的关系来分析殖民主义政策在本国领土上的应用。

1. 以族群为单元的"内部殖民主义"

在分析美国的种族主义时,有的学者认为,在"民权运动"之后,美国种族主义最重要的形式是"制度性种族主义"。尽管美国在制度形式上标榜族群平等,但一些少数族群由于历史上的不利地位在竞争中始终处于劣势。"制度性种族主义是一种被称作国内殖民主义的经济剥削形式的结果。……按照支持国内殖民主义观点的人的看法,非裔美国人实际上仍是一个被殖民的民族,处于从属地位,制度性种族主义的持续存在就反映了这一点。"(波普诺,1999:316)

在亚洲、非洲、拉丁美洲各殖民地国家,土著族群曾长期遭受西方白人殖民者的统治奴役,西方殖民者在观念和制度上把这些族群视为"劣等种族"。当这些族群的部分人口通过各种方式移民到美国和欧洲后,歧视他们的部分制度(如奴隶制、种族隔离制度等)和观念还继续追随着他们,此时把这些歧视他们的制度称为"内部殖民主义"是恰当的。但是当歧视这些族群的制度性安排被终止或废除后,由于历史造成的不利因素(受教育少、劳动技能较低),他们在无制度性歧视的平等竞争中仍处于劣势,把这种状况称为"内部殖民主义"就不一定恰当。

2. 以族群—地区的复合体为单元的"内部殖民主义"

美国作为一个新兴移民国家,它的族群关系格局对于世界上大多数多族群国家来说,不具有典型代表意义。因为在大多数传统的多族群国家中,各族群在一定程度上都拥有自己的传统居住地域,在族群关系与地区关系方面存在某种程度的重合。

1975年,美国学者赫克特(Michael Hechter)出版了《内部殖民主义》一书,该书针对一个多族群国家内发达核心地区与欠发达边缘地区之间的关系提出两种发展模式,一个是"扩散模式"(Diffusion model),一个是"内部殖民主义"(Internal colonialism)模式。

(1)"扩散模式"。假设在一个国家内有两个族群,其中一个族群居住在国家的核心地区,人口比较多,经济上比较发达,政治上比较强势,在国家权力格局中居统治地位,掌握着中央政权并拥有控制国家政治、经济等各方面事务的主导权,在国内立法、司法、外交、内政等方面的事务中有决策权。另一个族群居住在边缘地区,各方面相对不发达。

在这种情况下,如采用"扩散模式",国家发展和族群融合的过程大致分为三个阶段:第一阶段,两地区之间基本没有联系,在经济活动上有各自的传统生产方式,有各自产品的传统市场,两地区民众的生活方式和消费水平差距很大,在组织结构和社会分层方面也各有特点。第二阶段,在工业化过程中两地区的相互联系逐渐增加,核心地区的行政体制、经济商业机构、社会组织机构、文化形式、消费方式逐渐向边缘地区扩散,原有的地区经济差距缩小,边缘地区开始步入工业化进程。第三阶段,边缘地区的工业化和经济得到充分发展,核心地区和边缘地区实现财富均匀分布,社会结构、经济结构方面的差异已经消失,残存的文化差异也随之失去社会意义,建立起全国统一的政党和行政体制,各族群、各地区代表平等地参与各项政治事务,核心地区和边缘地区在政治、经济、文化等

第六章 族群关系的社会目标(2)

方面完成整合。

通过以上三个发展阶段,两地区和两族群之间的差异逐渐消失。首先是经济差异消失,经济结构(产业结构、职业结构、收入与消费结构等)方面的差异消失逐步使族群间的文化差异失去实际社会意义。需要指出的是,在第二阶段的地区交往和人员交流、迁移过程中可能出现"劳动力的族群分工"。如美国黑人在奴隶制下主要在农场劳动,早年美国华人主要在餐馆和洗衣业工作;在一些欧洲国家的城市中,来自边远地区的族群或移民劳动力主要从事简单辛苦而报酬很低的工作。这种分工似乎反映的是族群的"文化背景",但是实质上体现的是资源和权力分配上的不平等,这是过渡阶段需要付出的代价。

以上三阶段发展过程并未使被扩散地区和族群受损,而是使相对落后族群与发达族群之间达到了一种事实上的平等。赫克特认为这是理想的模式。在一个成功的扩散过程中,原有的族群矛盾将被彻底化解,因为造成族群矛盾的政治、经济差距已不复存在,引起矛盾的物质载体也不复存在。但这仅仅是理论假设,现实社会的实际过程可能远比这种设想复杂得多。

(2)"内部殖民主义"模式。这是指中央政权对国内一些地区采取与殖民主义相似的统治形式。欧美国家的殖民主义政策原是施诸海外殖民地的,但是政府完全可以把这种思路和相应政策用于对国内边远地区的治理。由发达族群控制的中央政府,可以把少数族群居住地区当作"殖民地"来对待,使"核心地区"对"边远地区"在政治上进行控制,在经济上进行掠夺。赫克特的《内部殖民主义》一书以英国历史统计数据为基础,证明英国政府在对待国内凯尔特地区时采用的是"内部殖民主义"政策。

实际上,"内"和"外"并不是完全隔绝的,两者之间存在相互转化的可能。欧洲在历史上就存在强盛族群对周边弱小族群的控制和掠夺。当强盛族群在技术上发展起来、"船坚炮利"之后,就越过大洋来到欧洲之外的中东、非洲、南亚、远东、大洋洲"开拓"殖民地。初期这些入侵者像海盗一样上岸抢掠、杀人越货,当他们发现了可长期掠夺的自然资源后,就开始建立定居点,设立"公司"和殖民政府,进行有组织、有计划的掠夺。因此,发达族群的政治领袖很可能会用这种方式来对待本国边缘地区的族群。

借助赫克特的理论,我们可以把欧洲资产阶级的压迫、剥削对象分为三个层次:一是本族群的无产阶级群众;二是本国边缘地区的少数族群;三是国外殖民地的土著居民。欧洲殖民主义者由其阶级本性决定了其掠夺和扩张行为,就他们采取行动的地理范围而言,国境线两边的"内"和"外"是彼此相通的。在一些国家的扩张过程中,有些与本土接壤的殖民地最后被正式并入该国领土,这些被吞并地区在被侵占时期的历史就是该地区的被殖民史,如西伯利亚原是沙皇俄国的殖民地,北海道原是日本的殖民地。所以对外殖民主义和"内部殖民主义"之间并没有一道不可逾越的鸿沟。欧洲殖民主义国家的对外殖民主义与"内部殖民主义"在地理上可以彼此延伸或相互连通,在时间上可以前后有序或同时推进。

四、西方学者对族群关系理论的其他探求

族群关系长期以来就是西方社会所关注的一个核心问题,来自不同学科背景的学者在研究族群关系时所采用的视角与思路也千差万别,如"多元社会理论""理性选择理论""社会生物学""马克思主义理论""韦伯主义理论",以及人类学的"族群边界理论"、心理学的"群体认同理论"等,对于研究对象的设定,有的学者以宏观的族群整体为对象,有的学者以微观的个体成员为对象,各自总结出来的理论也因处于不同层面而很难进行对话与比较(Rex,1986:64)。

社会学的视角就是从现实社会存在的矛盾、冲突出发去分析社会结构和群体关系,所以在关于族群关系的西方社会学研究中,学者很自然地把族群关系与族群之间的压迫、歧视、剥削和不平等联系在一起。特别是近代,越来越多的西方学者把族群关系与社会分层结构联系起来,把"族群分层"作为研究族群关系的核心专题。

美国学者英格尔(J. Milton Yinger)试图在三个层面上分析族群关系。

第一个层面是心理和意识形态层面,讨论与族群偏见和族群歧视相关的"族群中心主义"观念和意识。这种意识形态一旦建立起来并形成一个整体性社会文化氛围后,一代又一代的孩子从小被大人们灌输对于其他族群的看法,即培养了"对于与自己不同的他族人的反感",族群关系就是在这样的宏观文化背景下进行调整与演变的。

第二个层面是群体层面,关注种族—族群集团的相互关系。它涉及集团之间统治与被统治的关系及压迫与被压迫的方式,还牵涉到集团领袖之间争夺权力、利益和社会声望的竞争,带有政治与经济利益集团之间互动的色彩。"内部

殖民主义"理论就是在这个层面展开的以地域为单元的分析;而"族群分层"则注重于在一个国家或地区内以族群为单元分析族群间的结构性差异,以此为切入点来剖析族群集团之间互动的特征。

第三个层面是微观层面的个人行为,即每个个体在自己的社会化与生活过程中如何应对他所面临的族群歧视,表现的是每个人与本族其他成员及他族成员之间的互动过程与结果,这些分散个体的行为在一定条件下汇总为群体的行为,从而影响族群间的整体性关系(Yinger,1986:32—37)。

霍洛维茨把族群互动的发展变化趋势大致归纳为两大类和4种情况(见表6-1)。世界上族群的产生是多样化的,族群内部与外部的互动过程也极为复杂和多变,表中的归纳只能大致说明在族群演变中存在的基本形式。在一个多族群大国里,族群融合、联合、分裂、扩展这几类变化可能会同时发生,但是表现在不同地区或面对不同对象时可能有不同结果。如在经济和城市化发达的地区,可能族群融合的情况多一些;而在偏远农业地区,可能族群分化的情况多一些。其他的内部或外部影响因素也有可能扭转族群互动的发展方向,所以在实际社会中族群互动的演变是非常复杂和充满变数的。

表6-1 族群融合与族群分裂的进程

族群同化(Assimilation)		族群分化(Differentiation)	
血缘融合(Amalgamation)	联合(Incorporation)	分裂(Division)	扩展(Proliferation)
A+B→C	A+B→A	A→B+C	A→A+B (A+B→A+B+C)
两个或更多族群合并成一个新的更大的族群	一个族群的认同意识被另一个族群的所取代	一个族群分裂为两个或更多的部分	一个族群或更多的族群从自身中衍生出一个新群体

资料来源:Horowitz,1975:116。

族群融合或联合,通常会得到国家的鼓励甚至被设定为国家在族群关系上的发展目标,而族群分裂只会增加群体间的矛盾和造成社会不稳定,所以各国政府会极力避免。从理论上讲,族群的衍生与扩展即表中的第4种情况是国家应当避免的,但是在苏联和1949年以后的中国,由于采取"民族识别"政策而在实际上造成一定数量的族群"扩展",所以我们在实际研究过程中,必须根据研究对象的发展历史和实际情况来灵活地运用前人提供的理论框架和参考模型。

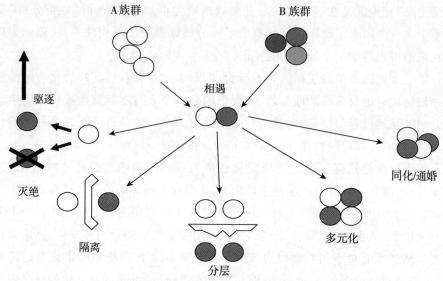

图 6-1 族群互动的五种结果

资料来源：Tischler and Berry,1978:91。

美国学者蒂施勒和贝里(Henry Tischler and Brewton Berry)根据种族关系发展的过程把群体互动的结果归纳为 5 类：(1)灭绝或驱逐；(2)隔离；(3)分层；(4)多元化；(5)同化或通婚。他们还用示意图把各类结果表示出来(见图 6-1)。但是在同一个国家的不同地区，族群关系的状态可能也不同，如美国南部的种族关系不如北方。各地族群人口的相对规模、当地族群关系的历史、当地主要族群的宽容度等，是分析和解读族群关系方面地区差异的重要因素。

针对本国的实际国情，世界各国在发展过程中逐渐形成本国处理族群关系的长远政策目标，而且会根据相关政策的实践效果不断进行调整、修订。了解这些国家的政策和学者对这些政策的研究分析，有助于我们理解族群关系演变的进程及政府政策可能产生的引导作用。

第七章

如何衡量与分析现实社会中的族群关系

我们在研究中,除了参考已经存在及可能获得的各类文字材料和统计数据外,为了全面、客观、切实地了解一个社会中族群关系演变的实际状况,可以采用不同形式的实地调查,这是社会学者重要的研究方法。为了设计研究目标明确、符合社会实情的研究计划,我们需要根据族群关系基本理论和以往的调查经验提出一个整体分析框架和具体研究指标。这些指标应当是系统而非支离破碎的,能够反映族群关系的真实状态,可进行量化测度,并且经过充分论证,是根据每次调查的研究目的而提出的。在以往族群关系研究的经验积累中,学者们提炼出若干可供参考的核心指标。

研究设计中提出的指标与变量的确立需要经过理论论证和实际检验,实地调查所收集到的许多资料可用数字形式表现出来并进行统计分析,有助于检验我们设计研究专题时提出的理论假设是否正确,是否达到调查计划预期的具体目标。这体现了以社会学视角研究族群关系具有的实证特点。因为依据的是可检验的量化指标,可以增强研究方法的科学性,得到的数据和信息具有实证意义和可验证性,从而能够对不同的多族群社区进行比较研究,并把某一社区的当前状况与过去的情况进行比较。换言之,使用具体的量化指标,有助于我们进行跨越时间和空间的比较研究,既可以对跨地域的不同社区在族群关系方面的情况进行横向比较,也能对一个社区族群关系跨时间的历史变迁进行纵向追踪。

一、戈登 1964 年提出的变量体系

美国社会学家戈登在 1964 年出版的《美国生活中的同化》中,提出衡量族群关系的 7 个"变量",即他归纳出来的具体衡量和测度族群关系的 7 个专题领域。这是社会学领域第一次比较系统地提出衡量族群关系的指标体系。

(1) **文化或行为同化**:①语言:族群间最明显的文化差异通常表现在语言方面,如果语言互不相通,无法进行思想交流,那么不同族群的成员很难进行社会交往,偶有交流也容易因语言隔阂造成误解;②宗教:宗教信仰是族群文化传统的另一个重要内容,如果在宗教信仰、礼仪和与宗教相关的生活习俗等方面有很大差异,会直接影响日常交往和族群关系;③风俗习惯:各族群都有传统的文化伦理、价值体系和行为规范,需要参照族群的宗教信仰、传统文化等背景来分析族群的风俗习惯差异及其对族群关系的影响。

(2) **社会结构同化**:这个变量用来衡量两族群的成员之间是否出现比较亲密的私人接触,一个族群的成员是否在日常生活和私人领域中被另一个族群的成员普遍接受。

(3) **婚姻同化**:族群交往只有在各方面都达到一定程度后,两个族群的成员才可能发生较大规模通婚,从而进一步促进族群血缘融合。

(4) **身份认同同化**:身份认同的同化,即族群间身份认同差异消失,各族群成员不再认为彼此属于不同的族群,而是属于同一个群体。

(5) **意识中族群偏见的消除**:族群成员消除了对另一个族群的偏见,标志着一个族群在态度上、心理上接纳了另一族群的成员。

(6) **族群间歧视行为的消除**:消除对他族成员的歧视行为,是日常交往行为上对他族的接纳。偏见指人们观念中对其他族群存在负面印象,而歧视表现为对其他族群成员在现实生活中的不平等行为。

(7) **公共事务的同化**(Civic assimilation):主要是指群体之间在公共事务方面的价值观差异和权力分配冲突的消除。

二、戈登 1975 年提出的理论模型

戈登 1975 年在另一篇文章中提出一个理论色彩更浓,但是也更难操作的新变量模型,他试图从族群融合过程中的"自变量"和"因变量"这两个方面讨论促

第七章 如何衡量与分析现实社会中的族群关系

使族群相互融合的各种因素。

(一) 衡量族群同化程度的自变量

1. 人的生理—社会发展变量

反映的是人的生物机体自身的因素,以及在人的成长过程中对人的生物机体产生影响的外部社会与环境因素。人在生活和行动过程中需要通过某种形式表达自己的感情。作为"社会的"动物,人的生理需求(内容和标准)受到周围社会环境的影响,在与周围环境不断接触的过程中,人的头脑中逐步建立起对自身和周围事物加以评价的一整套价值观念,这是每个人在成长过程中实现"社会化"的结果。

2. 互动过程变量

这是衡量成年人互动时社会心理过程的变量。

(1) 人们彼此之间的"成见"。这是影响族群关系的第一个重要因素。"成见"产生于人们因过去某些事件对自己感情造成的影响,而在认知上对另一个族群形成普遍性偏见。

(2) "挫折—侵犯"机制。如果人们感到自己的正当权益和努力被他族成员侵害并遭受重大"挫折",就可能对破坏者采取报复行动,实施"侵犯"。

(3) 自身地位的"失意感"。一个族群的成员把自身条件、做出的努力和所获得的回报与其他族群成员进行比较后,可能感到自己没有得到社会的公平对待,从而产生"争取平等权益"的意愿和相应行动。

(4) 一个族群对通过冲突实现预定目标机会的计算。这是基于针对内部凝聚力、组织动员程度和有效性以及外部约束力量所做出的综合性评估。这个判断会影响这个族群采取怎样的策略来达到什么样的目标,从而推进本族群与其他族群之间的互动。

(5) 对族群冲突升级的估计。对于经济利益和权力资源的竞争会导致族群冲突,如果没有一个缓解矛盾的调和机制,冲突会不断升级,因此在必要时应寻求族际妥协。

3. 社会的变量

(1) 人口因素。族群人口的绝对规模、相对规模、相对自然增长率、地理分布、城乡分布、社区聚居格局等。

(2) 价值观的差异程度。对这些差异的具体范围需要进行界定,并分析这些差异对形成"失意感"的影响。

(3) 文化差异。涉及语言文字、宗教信仰、社会伦理、生活习俗等。

(4) 关于族群关系的意识形态性质方面的差异。考察在族群、族群差别的认识方面是否存在平均主义、人道主义观念,是否具有多元化的传统以及对于族群同化的看法。

(5) 族群间权力分配状况及影响因素。竞争性权力、政治性权力、破坏性力量在各族群之间的分布,以及各族群对本族力量资源的动员能力。

(6) 少数族群进入社会酬赏制度的能力。这里有平等进入和不平等进入两类,会影响人们的"失意感"和"受挫折感"的程度。

(7) 社会的政治性质。可用"民主—专制"维度来衡量,社会的政治性质决定了占据社会主导地位的意识形态,这一意识形态必然影响社会的族群观,影响政府对族群关系的目标设计和政策制定,同时还决定了权力分配制度与调整机制。

(二) 研究族群同化程度的因变量

1. 同化的类型

在不同社会里,发生的族群同化现象的主要类型可能不相同,在同化"子类型"(上述戈登1964年提出的7个变量)各方面实际发生的"同化"的程度可能也不同。

2. 总体同化的程度

7个同化"子类型"中每一个的同化程度(评分)共同组合为一个综合性指标。

3. 族群冲突的程度

用于衡量各族群之间(冲突双方可能有不同组合方式)的社会与政治冲突。

4. 各族群获得社会酬赏的程度

这是衡量族群间社会平等程度的一个指标,它表明各族群在政治、经济、社会等各领域内争取自身利益的机会是否平等。

表7-1介绍了戈登1975年提出的变量系统。

表7-1 戈登1975年提出的衡量族群关系的变量体系

自变量	因变量
1.人的生理—社会发展变量	1.同化的类型
2.互动过程变量	2.总体同化的程度
（1）"成见"	（1）文化同化
（2）"挫折—侵犯"机制	（2）结构同化
（3）"失意感"	（3）婚姻同化
（4）族群对通过冲突实现预定目标机会的计算	（4）身份认同
（5）对族群冲突升级的估计	（5）观念偏见
3.社会的变量	（6）行为歧视
（1）人口因素	（7）社会同化
（2）价值观的差异程度	3.族群冲突的程度
（3）文化差异	4.各族群获得社会酬赏的程度
（4）关于族群关系的意识形态性质方面的差异	（1）经济
（5）族群间权力分配状况及影响因素	（2）政治
（6）少数族群进入社会酬赏制度的能力	（3）社会
（7）社会的政治性质	

资料来源：马戎编，2010:107—125。

三、对族群关系进行实际调查时可操作的变量指标

我们在一个地区开展对当地族群关系现状的调查时，需要设计一组可供操作的变量来进行定量分析，从而判断当地族群关系的整体融洽程度，考察族群之间的融合主要表现在哪些方面，以及分析多族群社区中不同族群在相互融合程度上存在的差异。

从现有文献资料和统计数据中，我们能找到哪些对我们研究族群关系有用的资料和数据？目前可以得到的介绍一个地区族群关系或与族群问题相关的现成文字材料和数据，大致包括三种：(1)各级政府统计年鉴、年度统计报表和人口普查数据；(2)党政部门（党委系统的统战部、政府系统的民委等）的工作报告；(3)各类研究机构的专题调研报告。

这些相关数据可被归纳为三大类:(1)地区性的宏观人口数字(如各族人口比例)及按行政地域统计的经济指标(产值和根据统计部门抽样调查获得的居民收入)。这类数字出现在政府公布的统计报表和政府部门工作报告或调研报告中。由于政府各类统计报表没有直接表现族群关系的项目,不以族群作为统计单位,所以根据这些数字并不能对当地各族群进行比较。同时,政府统计部门(统计局下属城调队、农调队)对城乡居民的抽样调查样本量小,其结果的代表性仍需通过调查来核实。

(2)有关部门或研究人员通过开展户访调查或个案调查所得到的数据。有些经过专业训练的研究人员的调研报告可以提供很有价值的基层调查数据。但如果在调查对象的选择方面缺乏科学抽样方法或者样本量太小,其代表性无法判断,会降低这些数据的参考价值。

(3)人口普查数据。人口普查表包含了居民的民族成份、性别、年龄、教育、行业、职业、婚姻、生育、死亡、迁移等个人信息,近几次公布的人口普查结果提供了分族群的相关数据。但由于人口普查的指标总数有限,无法满足对某一具体地区族群关系进行系统和深入研究的需要。

当研究者希望回溯某地区的族际关系演变史,从而为理解现今族际关系提供背景信息和分析思路时,可利用的文字材料有:(1)地方档案馆保存的各类档案和历史文献是比较可靠的历史记录;(2)地方组织编印的文史资料汇编可提供有关当地民族关系史和重要历史事件的回忆录、口述史资料;(3)近代各地出版的报刊资料可提供历史重大事件的新闻报道与评论等。

下面介绍在实际研究中可选用的8个变量。

1. 语言使用

政府统计部门并不对居民的语言使用情况进行直接统计,但是根据我国政府对少数族群实行的语言政策,政府在各少数族群自治地区专门为本地主体族群学生开办"民族学校",主要教学语言是当地主体族群语言。因此,可通过当地教育部门得到各少数族群地区学校统计上报的有关数据,从而了解在校学生的语言学习和使用情况:(1)在"民族学校"就学的主体族群学生占主体族群在校生总数的比例;(2)在"民族学校"就学的汉族和其他"非主体"少数族群学生人数及占本族群在校生总数的比例;(3)"民族学校"各类课程使用的教学语言和教材文字的类别与比例;(4)"民族学校"历届毕业生数量及其在相关年龄组

第七章　如何衡量与分析现实社会中的族群关系

中的比例,这些数据有助于我们了解历届各族毕业生的语言学习情况。

同时,我们可通过当地广播电视部门了解当地公共广播与电视节目中语言使用的基本情况:(1)当地使用各种语言广播的电台频道与每日播放时间所占比例;(2)当地使用各种族群语言播放的电视频道与每日播放时间所占比例;(3)当地发行的报刊中,各种文字所占比例。这些信息有助于我们了解公共媒体使用语言的情况,也可以反映社会受众对于媒体语言种类的需求,同时要关注媒体运行会反过来影响受众的语言使用发展态势。

研究者在实地调查中可通过入户访谈、填写问卷或者在公共场所的观察记录,进一步深入调查分析人们在私人生活、公共活动中的语言使用情况。

(1)在各族人口中,有多大比例的人学习并熟练掌握其他族群的语言。(2)那些掌握了他族语言或文字的人,是通过何种途径(正规学校、政府办学习班、与他族居民日常接触、族际通婚的配偶)学习他族语言、文字的。(3)人们掌握他族语言、文字的熟练程度。(4)本族语言和他族语言的具体使用场合(家庭内部、私人聚会、工作单位、公共场合等)。(5)对子女学习他族语言文字的态度(是希望子女熟练掌握双语还是只掌握本族语言,是否愿意送子女去汉语授课学校读书,以及这样做的原因等)。(6)各代人在他族语言学习和掌握能力方面有什么差别和变化。特别是在对移民的研究中,分析外来移民第一代、第二代和第三代在掌握本地族群语言方面的差别,是衡量他们是否融入当地社会的一个特别有效的指标。(7)询问居民如何看待政府语言政策和当地学校具体设置(有无少数族群学校、有无汉语授课学校)对当地各族居民相互学习语言的影响与限制。(8)该地区历史上的各族相互学习语言、文字的情况,以及影响语言学习的各类因素。

以上这些信息可以帮助我们掌握语言使用和族群文化同化的历史、现状与未来发展趋势。获得这些信息和被访者个人背景的数据后,我们可以对不同人群分组(性别组、年龄组、户主—配偶、移民—本地人分组、职业组等)进行语言学习状况的比较分析,如通过不同年龄组之间的比较,可以分析族群语言学习模式的历史变迁,可以通过地方经济发展统计资料分析当地经济产业结构、对外交往程度及其变化对居民学习语言所产生的影响。

2.宗教与生活习俗的差异

各地民委和宗教局通常会出于保护当地合法宗教活动和尊重少数族群习

俗的目的,制定一些地方法规与管理办法,以落实国家的宗教政策与民族政策。这些政策法规可以帮助研究者了解当地各族在宗教与习俗方面的差异程度及其演变。

政府对本地宗教团体、宗教活动场所的管理工作可提供一些统计资料:(1)当地宗教场所(佛教寺庙、清真寺、教堂等)的数量与相关人员规模;(2)当地宗教组织下属信徒的大致人数;(3)与宗教信仰、生活习俗相联系的社会服务业(如"清真"餐馆)的数量与经营规模。

在实地调查中我们可以了解到:(1)当地宗教组织情况与宗教活动主要内容;(2)各宗教专职人员及信徒人口规模,各族群人口中信仰各类宗教的成员所占比例;(3)当地不同宗教在教义和习俗方面的差异;(4)宗教差异以及与宗教差异相关的观念和习俗差异(如饮食禁忌)给不同族群成员的交往带来哪些影响;(5)宗教组织对当地行政、司法、教育、文化、经济等方面的影响,是否干预行政与司法,是否征收宗教税费;(6)当地是否有改变宗教信仰的现象,主要由哪些原因引起。

3. 人口迁移

各地公安部门都有详细的居民户籍登记资料:(1)城镇、农村常住居民中各族人口的相对规模、比例与结构特征;(2)暂住人口、流动人口中各族相对规模、比例与结构特征;(3)一定统计时期内迁移人口中各族人数、比例与结构特征。通过这些数字我们可以了解各族人口的迁移历史和现状,以及移民的结构性特征,如年龄、性别、职业等。10年一次的全国人口普查提供了各地区人口居住地与户籍地关系(离开户籍地后在现居住地生活一定时间)的数据。

在户访问卷调查中,如果被访者包括移民和本地户两类,可以进一步调查:(1)被访者的迁移历史(各次迁移活动发生的时间、迁出地与迁入地、迁移主要原因、迁移前后居住地"城乡性质"的变化、迁移前后职业的变化等),特别注意调查最后一次迁移的基本情况;(2)迁移前后收入比较;(3)迁移形式(政府组织、自发个体迁移、举家迁移、集体迁移等);(4)迁移前获得迁入地信息的来源(如果不是亲属,注意提供信息者的族属);(5)迁移过程(如落户籍、最初住房、就业)得到哪些人的具体帮助。

在得到移民群体和本地居民整体性的数据资料后,我们可以分析迁移对本地族群关系的影响:(1)人口迁移对当地各族人口相对规模的影响;(2)人口迁

第七章　如何衡量与分析现实社会中的族群关系

移对当地各族就业资源分配、职业结构、收入结构的影响;(3)人口迁移对当地文化生活、语言使用的影响;(4)人口迁移对当地各族间权力分配(地方选举)的影响;(5)移民与本地居民相比,族际通婚比例是否相同;(6)在同一族群中,移民与本地户的社会分层(教育、职业、收入等)结构是否存在差异。这些比较和分析对关于当地族群关系的研究很有助益。

4. 居住格局

在我国居民户籍登记资料中,各户每个居民的"民族成份"有明确记录,城市居委会和农村乡镇派出所登记辖区内各族居民的相关统计数字。根据具体研究中设计的"分析单元"(例如居委会、行政村或胡同、单元楼、自然村),可以利用户籍资料进行"分离指数"计算。另外,在一些自治地区(地区、城市、旗县、城关区)的人口普查资料汇编中,有时可以发现当地行政单元(行政村、居委会)所属各族居民的统计数字。

根据人口普查和户籍统计数据,结合各地测绘局提供的城市、乡村地图,研究者可以在空间布局上分析各族人口的居住格局与交往条件。

在实地调查中,可以按照不同层次的居住单元(如城市居委会、选举单元、街区,以及农村自然村、行政村、乡镇等)了解政府户籍统计中的族群聚居状况。在户访问卷调查中,我们可以询问并核实被访户住房四周(农村一般为4户,城市则需根据平房院落大小和楼房层数、单元多少而定)邻居中的族群比例。美国学者设计的"分离指数"(Index of dissimilarity)是用来分析城市族群居住格局的常用计量指标。

5. 交友情况

我们可以在实地调查项目里设计"朋友交往"的调查内容。如在户访问卷中提出"在你日常交往较多的朋友中,是本族成员所占比例大,还是其他族群比例大,还是大致各占一半"这样的问题。利用所获得的信息,结合被访者本人的个人背景资料,我们就可以分析这些背景因素(如性别、年龄、教育、职业、社会阅历等)是如何影响人们与其他族群成员的社会交往的。

一般在居民的交往范围内,交往对象可大致分为这几大类:家族亲戚、邻居、老同学、工作单位同事、共同业余爱好者、工作业务对象、经亲友介绍相识者等。如果是进行有关"社会交往"或"社会网络"这类专题的调查,我们还可以进一步对这几类交往对象进行更深入的分析,调查各类交往群体的族群构成、交往的深浅层次、第一次交往的起因、日常交往的主要形式与渠道等。

通过调查我们可以努力了解各族被访者的社会交往情况:(1)自己"亲密朋友"的族群结构(各族所占比例);(2)遇到"重大事件"(婚恋危机、财政困境、司法纠纷、变换就业单位等)时是否可能向他族成员寻求咨询或帮助;(3)是否经常参加他族成员组织的私人聚会;(4)当地非官方社团组织(俱乐部、联谊互助组织、就业培训活动)是否存在基本以族群划界、彼此分隔的现象。

6. 族群分层

政府公布的年度经济统计和人口普查数据一般按行政管辖区对居民收入、支出、耐用消费品占有等进行统计,这些数据并不按族群进行分组。但如果一些行政区划单元里某族人口比例很高(如西藏自治区常住居民中藏族约占90%,在一些下属地区甚至高达98%),此时可粗略地采用区域级统计数据代表这一族群(如藏族)与其他族群进行比较。

《中国民族统计年鉴》提供了各省份"民族自治地方"从业人员年平均人数和劳动报酬,并按"国有单位""集体单位""其他单位"分别统计,还提供了"民族自治地方"的"农村居民人均纯收入"和"农村居民人均生活费总支出"(并区分开"食品支出"和"衣着支出")等具体数据。在使用这些数据时,要特别注意这些"民族自治地方"统计的范围是行政管辖区内所有居民,包括汉族居民,有些自治地方的少数族群仅占当地总人口的百分之十几。

如果在户访问卷调查中得到被访者个人的背景信息(包括族群、受教育程度、职业以及收入、消费情况等),我们就可以对当地的"族群分层"结构进行定量分析,以考察各族群在教育结构、经济结构、收入结构等方面是否存在群体性结构差异。

7. 族际通婚

各地民政部门长期以来在结婚登记和汇总时不对本地族际通婚进行分类统计,但是通过人口户籍统计资料可以了解当地居民的族际通婚情况及通婚者的人口特征(年龄、性别、职业、户籍等)。近年来由于政府部门普遍使用计算机开展工作,许多地方民政和公安机构建立了数据库,所以从民政、公安系统得到当地族际通婚数据的可能性大大增加。

在公布的人口普查数据中,有对"汉族户""少数民族户""民族团结户"的调查统计,"民族团结户"即由族际通婚夫妇组成的家庭。《中国民族统计年鉴》公

第七章　如何衡量与分析现实社会中的族群关系

布了 2000 年和 2010 年全国族际通婚数据,提供了各个族群之间的具体通婚数字,可帮助我们了解各族通婚率的变迁和主要通婚对象族群的演变。

在实地调查中,可以通过户访问卷了解各地族际通婚具体情况,如在问卷中询问被访者中与异族结婚人员的家庭背景、个人经历与社会经济状况等信息,这样可以把族际通婚群体与族内婚群体进行比较,同时可以归纳影响族际通婚的各种因素。我们可以通过询问被访者中已经与他族成员通婚者来了解结婚原因,结婚时是否有顾虑并遇到阻力,现时对婚姻是否满意。同时我们还可以询问他们对子女"民族成份"的申报原因、对未婚子女将来与他族成员结婚所持的态度,以及同意或反对子女族际通婚的主要原因。

8. 族群意识

在政府统计数据或人口普查中没有与族群意识相关的信息。但在实地调查中,我们可以考察族际通婚夫妇为子女做"民族成份"登记时的选择情况,询问他们做出这种选择时所考虑的主要因素。在调查中得到的这方面信息特别有助于我们理解哪个族群在当地社会中居于"主导"地位,哪族身份可以获得较多资源与机会。所谓"族群"差别,最终体现在群体成员的相互认同意识上,体现在人们与周围其他人交往时是否存在"本族群"和"他族群"这种显著、稳定的认同差别上。只要这样的差别存在,人们就会分成不同的"族群",并把族群作为争取政治权利和经济资源的社会单元。

在调查中我们可以尝试向被访者了解以下问题:(1)被访者个人的"族群意识"是何时以及在怎样一个场景中萌生的;(2)使个人"族群意识"得到明显强化或弱化的重要事件;(3)被访者认为"族群"在社会和个人生活中所具有的意义;(4)对本族与其他各类群体之间的"认同层次"进行排序;(5)被访者认为政府政策对于本地民众"族群意识"演变的影响。

在上文提到的测度族群关系的变量中,居住、交友、社会交往、通婚等都是试图通过对不同族群成员的交往形式和交往深度进行考察,直接或间接地显示两族的整体性关系。这里有一个重要的理论假设,即族群成员之间相互接触的增加会改善族群关系。但在实际社会中,有时族群之间的密切接触反而会增加相互竞争的强度和激发双方的"族群意识"。

四、对衡量族群关系变量指标的讨论

戈登提出衡量族群关系的 7 个变量,使我们对族群关系的研究进入一个可以开展量化分析的阶段,我们可以对一个地区或国家的族群关系状况进行具体探讨和实证性分析,可以开展横向和纵向的比较研究。这对于长期以来主要以定性分析和概念推论来分析族群关系的研究传统来说,无疑是十分重要的推进。

但是由美国社会情况总结出来的这个变量指标体系是否存在缺陷?它被应用于世界上其他国家时是否同样适用?如果发现不完全适用或基本不适用,那么问题出在什么地方?作为社会学研究者,这些问题都是我们必须面对和思考的。

当应用戈登提出的变量体系来衡量苏联七十年的族群关系变化时,我们会发现,苏联各加盟共和国、自治共和国的族群交往不断加强,语言相互学习与使用、族际通婚比例、各族人口混居程度、少数族群教育水准等方面普遍提高,在少数族群官员培养与任用、族群收入差距缩小等方面,苏联政府取得了十分显著的成绩,各少数族群在社会经济文化诸方面得到很大发展。可以说按照戈登的变量体系,苏联各族群的融合或同化已达到较高水平,所以 1961 年赫鲁晓夫宣称"在苏联形成了具有共同特征的不同民族人们的新的历史共同体,即苏联人民",这一观点在 1977 年被正式写入《苏联宪法》。我们的问题是:这些变量指标的明显提高是否能够表明苏联族群关系朝着改善方向的"量变"已导致族群融合方面出现"质变"?1991 年苏联解体的事实证明,苏联的族群团结和族群融合没有经受住政局变动的考验。因此,人们必然质疑:这些变量数值的提高在衡量族群关系方面究竟有什么实质意义?除了这些变量外,是否存在对族群关系发展更重要的制约因素?

戈登的变量体系是以社会中的"个体成员"为对象的,考察个体在族际文化差异、社交、歧视、偏见、通婚、意识等方面的交流、融合与同化程度。因为美国社会强调"公民权",重视个人主义和个人的权利,同时美国作为一个移民国家,移民基本上是以个体或家庭为单位零星分散地迁入美国的,他们与美国社会其他族群的交往也以个体为单元。而中国和苏联的各族群则相对集中居住在本族传统居住区,政府的"民族识别"、区域自治和族群优惠政策强化了各族群的"群体

第七章 如何衡量与分析现实社会中的族群关系

意识",因此群体意识在族群互动中扮演重要角色,并得到政府的承认,这与美国的情况很不相同。

以苏联为例,苏联强调"集体主义",指导苏联政府在族群问题上制定政策的基本思路是"政治化""制度化""群体化"。"政治化"就是把族群关系提到意识形态的高度作为政治问题来看待,把"民族"作为"行使行政自治权群体"来对待。进一步落实在"制度化"上,就是把国民个体的"民族成份"明确化和固定化,同时为"民族"的"行政自治"划定固定地域(加盟共和国、自治共和国、自治州等)。"群体化"就是把"族群全体成员"视为一个整体,从而作为实施优惠政策的对象,推行干部"民族化"和发展"民族文化"。在这样一个基本思路和制度框架下,尽管各族成员在语言使用、混杂居住、相互通婚、缩小收入差距等方面的指标不断改善,但是族群边界始终保持清晰。因此以族群整体为单元的行政区划、政治权益、经济利益、文化差异依然十分显著,并培养出一个"族群精英集团",正是这四条维系并不断强化族群的政治独立意识,成为这些族群在内外条件成熟时争取政治独立的思想意识和组织基础。

苏联在族群问题上采用的最重要的"政治化制度"就是"民族加盟共和国"和"民族自治共和国"体制,当时有四个政治纽带能够把这些以民族(族群)为基础的政治实体维系在苏维埃联盟中:(1)共同的官方意识形态(共产主义);(2)统一且组织严密的共产党组织;(3)强大的中央政权和统一的全国性计划经济体系;(4)统一的军事力量和秘密警察组织。

而在戈尔巴乔夫主张"公开化"的"政治改革"运动中,共产主义意识形态的权威地位受到挑战和批判,党中央领导集团内部的分裂导致中央政府的行政权威急剧下滑,计划经济体制受到严厉批判并被指责为导致经济衰落的"罪魁祸首",军队和秘密警察系统("克格勃")被污名化,苏联时期的历史(如"十月革命")受到严重质疑,沙皇和白军将领成为"英雄",而苏联时期的领袖(如列宁、斯大林)受到批判并被彻底否定。此时,维系"民族共和国"的传统政治纽带必然断裂,而以民族(族群)为基础设立的加盟共和国、自治共和国就自然而然地成为民族主义思潮得以实施社会动员和争取独立分离的基础和宪法依据。在这一剧烈的政治变动过程中,各族群成员在相互交往和缩小差距等方面所取得的进展成为族群关系演变走向中的一些非本质因素,变得无足轻重。

由此可见,只有在把族群视为"文化群体"、把族群成员视为个体行动者的社会体系中,戈登提出的变量体系才能有效地衡量族群交往与族群融合的程度。当然,即使是在族群问题政治化、制度化和群体化的社会体系中,这些变量依然有一定的意义,仍然有助于我们了解个体层面族群交往的进展与特点,但是同时我们必须指出,在族群关系的整体发展方向上,政治制度的设计与变化将是最终的决定性因素。

第八章

族群集团之间的结构性差异

1975年哈佛大学出版社出版了由格莱泽(N. Glazer)和莫伊尼汉(D. P. Moynihan)主编的《族群:理论与经验》(*Ethnicity:Theory and Experience*)一书,该书提出了"族群分层"(ethnic stratification)和族群"结构性差异"等重要概念及相关分析思路。

"族群分层"这个研究视角转借于"社会分层"(social stratification)。社会学的"社会分层"研究的主题是社会成员在社会地位上的分化与流动,"族群分层"则在传统社会分层研究中引进"族群"因素,分析国内各族群集团由于社会结构性差异所引起的社会不平等,目的是考察在一个国家或地区的"社会分层"结构中是否含有一定程度的族群色彩,社会不平等是否在一定程度上反映出族群不平等,各族成员是否存在相同的社会流动机会。

族群社会学十分注重调查与分析族群集团之间的结构性差异及其对族群关系的影响。在"族群分层"的研究中,由于不同国家可能在社会制度、文化传统、族群历史等方面存在差别,所以各国反映族群不平等的具体指标也有所不同。社会学家的常用指标包括:(1)人口城乡比例;(2)劳动力产业分布构成;(3)劳动力职业结构;(4)人口受教育结构;(5)劳动者或家庭收入;(6)家庭消费结构;(7)劳动力失业率;(8)人们的自我社会阶层认定①(马戎编著,2004:232)。其

---

① 根据研究对象的实际情况,研究者可以在问卷中设计若干主观判定问题,如"自认为属于哪一个社会阶层(上层、中层或下层)"。对主观判定问题的回答,有时也可作为客观数据资料的辅助材料,帮助我们理解人们的实际社会地位与心理状况。

中职业的获得往往与受教育水平相关联,并决定了收入、消费和社会地位,因此职业结构通常被认为是一个核心的分析指标。

通过对各类统计数据和问卷调查数据的分析,我们可以大致了解一个社会里族群分层的基本结构,发现各族之间是否存在重要的结构性差异,并可以把一个国家或地区的族群分层状况与其他国家或地区的状况进行横向比较,把这个国家或地区历史上(如10年前)的族群结构性差异与目前的结构性差异进行纵向比较,这样就可以系统了解这些结构性差异的历史变迁,分析在各历史时期影响这些变迁的主要因素。

假设我们按照社会职业粗略划分出7个主要群体,即社会管理人员(政府公务员、议会议员、法官等)、科技与专业人员(科学家、工程师、金融家、企业家、医生、教师、律师等)、办公室一般职员(政府、企事业办公人员)、商业服务业人员(售货员、店员等)、技术工人、普通非技术工人、农民。一个国家内部"族群分层"比较理想的状态,应当是各族群的职业结构基本相同(见图8-1),即这几个职业群体在各族群劳动力内部所占比例大致相似。假设一个国家在业劳动力的职业结构为管理人员2%,科技专业人员6%,办公室人员12%,服务业人员10%,技术工人10%,非技术工人25%,农民35%,那么,不论各族群人口和劳动力实际规模如何,各族群(图8-1 的 A、B、C、D)内部的劳动力职业分布应当与整体结构大致相近。这体现出各族群在社会就业市场上的竞争力大致相近,在社会各阶层中都有自己相应的代表,在社会决策过程中具有大致平等的影响力,即可视为族群间"事实上的平等"。

当然,由于历史造成的行业职业分布传统、各族在就业中的传统价值追求、主流社会部分成员可能存在的群体偏见和歧视等各种原因,这样绝对理想类型的族群职业结构在现实社会中是不存在的,总会出现这样或那样的职业结构倾斜。但是,这并不妨碍我们以这样一个"理想型"的族群职业结构作为参照系,来分析一个国家内部的"族群分层"态势,比较各族群在就业竞争中的相对优势和相对劣势。同时,根据不同时期职业分布结构的调查统计数据,研究者还可以对一个国家或一个地区的"族群分层"的演变趋势进行分析,看看各族群之间的差距是在缩小还是在扩大,各自的"社会流动"能力与"成绩"如何,并以此为依据来讨论改进族群关系的相关政策和措施的实践成效。

第八章 族群集团之间的结构性差异

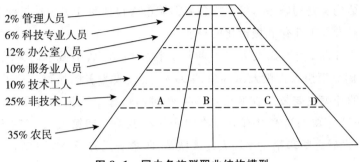

图 8-1　国内各族群职业结构模型

一、美国社会中的"族群分层"

美国是个发达的移民国家,族群分层数据和资料最为丰富,可为我们提供许多有用的研究指标,拓展研究思路。下面的讨论有助于我们认识哪些数据可以帮助我们理解美国各族群在"社会分层"结构中的相对地位与时代变迁,并为我们研究中国族群分层提供借鉴。

1. 产业

一个国家的经济通常分为第一产业(农业)、第二产业(制造业)和第三产业(金融业、服务业等)。现代化就是一个国家的劳动力大量从农业向制造业转移,再向服务业转移的过程。由于农民收入往往最低,工人收入高于农民,城市里从事金融、保险和服务业的人员收入最高,所以分析一个国家各族群劳动力在各产业领域的分布情况,可以了解各族群参与国家现代化进程的程度。

以美国黑人、墨西哥裔、土著印第安人的产业分布与历史变迁为例。非洲黑人最初作为奴隶被贩运进美国时,主要在农场劳动。南北战争后大量黑人逃离南部农场进入北方和西部城市。1982 年美国 600 万农庄居住者中,黑人仅占 4%。20 世纪 20 年代后墨西哥裔成为美国农业廉价劳动力的首要来源。印第安人作为美国土著居民,其人口主体依然居住在美国政府为他们设定的 280 个"保留地",从事农业和畜牧业,印第安人很难离开土地并摆脱贫困。美国其他移民族群如亚裔、南美后裔等大多居住在城镇,在制造业和服务业寻找就业机会。

2. 城市化程度

城市化程度指标涉及各族总人口中城镇人口与农村人口所占比例,与劳动力的产业结构有密切联系。可以用各族群城市人口比重作为统计指标来衡量和比较各族群参与工业化和城市化的程度。

近几十年来,美国黑人人口不断从农村向城镇、从小城市向大城市迁移。1982年美国城镇黑人占黑人总人口的99%,黑人成为美国城市贫民的主体,黑人与白人的冲突主要发生在城市。1940年讲西班牙语的墨西哥裔居民大多住在农村,1985年墨西哥裔已有五分之四居住在城镇。印第安人1950年前主要住在农村,之后有些印第安年轻人迁入城镇,印第安人属于美国城镇化程度最低的族群。

3. 教育

受教育水平整体结构标志着一个族群的劳动力素质和发展能力,教育对一个族群的社会地位及其社会流动发挥重要影响。常用的衡量指标如下:

(1) 学龄者入学率和毕业率。可比较各族群的小学、中学和大学入学率。如1930年美国南部的黑人的小学入学率为58.5%,白人为67%;1990年印第安人只有56%中学毕业;1992年美国白人上大学的比例为38%,黑人和西班牙语裔分别为30.8%和28.7%;1995年有32%的黑人高中学生没有毕业即离开学校。

(2) 学校族群隔离。美国长期在各级学校实行种族隔离政策。1965年的《中小学教育法令》推动公立学校废除种族隔离制度,但一些族群聚居区仍然存在不同程度的学校族群隔离。

(3) 学校教育质量。实际调查表明,相同年纪毕业的学生在学习成绩方面存在明显的种族差异,学习成绩表现出来的知识与能力差异导致了就业后的收入差距。

(4) 专业领域分布。大学专业在很大程度上决定了就业后的职业结构和在社会分层中的实际地位。1980年黑人占美国总人口的11%,但在获得各学科应届博士学位的美国人中,黑人所占比例为社会学4%,心理学5%,经济学2%,历史、地理、数学、物理、医学等学科均低于1%。少数族群在受教育层次上有所提高,但其专业结构有很大倾斜性,影响其社会地位和作用于社会政策的能力。

4. 就业与经济活动

(1) 就业率。表8-1反映了美国各族群在就业率方面的差别。在1970年,男性中印第安人和黑人就业率最低,女性中印第安人、波多黎各人和墨西哥人就业率最低。男性中就业率最高的是古巴人,女性就业率最高的是菲律宾人(55.2%)。

华人男性就业率属于中下水平(73.2%),华人女性就业率属于中上水平(49.5%)。

表 8-1 1970 年、1996 年美国各族群分性别就业率(%)

族群	1970		1996
	男性	女性	合计
古巴裔	83.7	51.0	92.8
日裔	79.3	49.4	(亚裔) 96.7
菲律宾裔	79.0	55.2	
朝鲜裔	75.5	41.5	
华裔	73.2	49.5	
夏威夷土著	77.9	48.5	—
波多黎各裔	75.5	35.3	90.4
墨西哥裔	77.4	36.4	90.8
黑人	69.8	47.5	91.1
印第安人	63.4	31.6	—
全体白种人*	73.8	38.9	95.8

1970 年资料来源:Sullivan,1978:167;

1996 年资料来源:帕里罗等,2002:183。

*包括墨西哥裔和波多黎各裔。

(2)失业率。表 8-2 为 20 世纪 80 年代和 90 年代初期美国三个主要族群集团劳动力的失业率,黑人失业率至少两倍于白人失业率,因此黑人的社会地位很难改善。1978 年单身黑人妇女失业率为 23.4%,单身白人妇女失业率仅为 8.9%。1995 年黑人的平均失业率达到 12%,白人仅为 3%。

表 8-2 1980—1992 年美国分种族的失业率(%)

年份	白人	拉丁美洲裔	黑人
1980	6.3	10.1	14.3
1988	5.3	8.2	11.7
1990	4.7	8.0	11.3
1992	6.5	9.8	14.1

资料来源:转引自波普诺,1999:314。

5. 职业

表 8-3 介绍了 1990 年美国 5 个主要族群的劳动者职业构成。这些比例数字生动展示了美国劳动力市场上各族群在就业竞争中的基本态势。在亚裔(包括日裔、华裔、韩裔、印度裔等)全部在业人员中，从事"管理与专业人员"职业(社会地位和收入较高)的比例高过白人，西班牙语裔这一职业的比例低于黑人。三分之一的黑人男性劳动者集中在"操作、装配工"职业，各族女性劳动者普遍集中在销售、办公室办事员。这些构成比例显示出各族群在美国劳动力市场的竞争态势和社会地位的相对位置。美国社会学家和政府决策者正是基于对族群结构特征的比较分析来检验以往政策的实践效度，探讨今后的政策需要进行哪些必要的调整。

表 8-3　美国各族群就业人员的职业构成(1990 年)(%)

职业分类	白人		黑人		西班牙语裔		亚裔		印第安人	
	男	女	男	女	男	女	男	女	男	女
管理与专业人员	27.3	27.3	13.4	18.8	10.7	16.0	35.9	27.9	13.5	20.9
技术、销售、行政支持	20.8	45.7	16.6	39.7	14.7	38.4	24.3	43.3	13.9	39.1
服务业	8.7	16.1	17.5	27.0	16.2	25.1	14.6	15.7	10.0	23.8
高级技工、修理、工艺	19.9	2.1	16.3	2.3	20.6	2.7	12.4	3.0	22.1	3.2
操作、装配工	19.2	7.6	33.3	12.0	29.8	16.7	11.6	10.0	35.1	11.8
农、林、渔业劳动力	4.1	1.1	2.8	0.2	8.9	1.1	1.2	0.1	5.4	1.2
总计	100.0	100.0	100.0	100.0	100.0	100.0	100.0	100.0	100.0	100.0

资料来源:Aguirre and Turner,1995:7。

在美国社会，各族群在参与社会发展方面的竞争力和话语权存在很大差距。如犹太人仅占美国人口的 2%，但是成年人的大学毕业比例达到 53%，远高于全国平均水平(21%)(麦格,2007:206)。犹太人中出现了多名州长、参议员和众议员，甚至有犹太人在 2000 年被选为民主党美国副总统候选人。由于犹太人控制美国主要媒体并影响全国和地方选举，所以在国内政治和外交上具有很强的话语权，导致美国历届政府无保留地支持以色列。与之相比，印第安人除少数青年外出求学就业外，其人口主要聚居在高度自治的"保留地"，与美国这个高度现代化的社会基本隔绝，大学毕业率仅为 9.4%，失业率高达 50%(麦格,2007:166)。

6. 收入

族群整体收入的绝对水平和产生的相对差距是社会分层的重要指标。

第八章 族群集团之间的结构性差异

（1）家庭平均收入。表8-4介绍了从1950年到1995年美国3个主要种族家庭平均收入的变化。黑人平均收入始终是白人平均收入的54%—61%，尽管从事特殊职业的少数黑人（歌星、球星、拳王等）收入很高，使黑人绝对收入明显提高，但黑人与白人的整体收入差距并没有缩小。

表8-4　1950—1995年美国各族群家庭平均收入变化

年份	白人（美元）	黑人（美元）	拉美裔（美元）	占白人收入%		与白人实际收入差距	
				黑人	拉美裔	黑人	拉美裔
1950	3 445	1 869	—	54.3	—	1 576	—
1960	5 835	3 233	—	55.4	—	2 602	—
1970	10 236	6 516	—	63.7	—	3 720	—
1980	21 904	13 843	14 716	63.2	67.2	8 061	7 188
1990	36 915	21 423	23 431	58.0	63.5	15 492	13 484
1995	42 464	25 970	24 570	60.9	57.6	16 676	18 076

资料来源：帕里罗等，2002：184。

（2）家庭收入的中位数。因为平均收入可能受到极个别高收入者的拉动，所以用收入中位数来防止极高值、极低值影响我们对平均水平的判断。黑人家庭收入中位数大约是白人的一半。1959年白人是10 000美元，黑人是5 000美元；1975年白人与黑人分别是14 000美元和8 000美元。图8-2是1980—2000年黑人、白人家庭收入的中位数，可以看出种族差异明显，白人和黑人的收入差距很稳定。

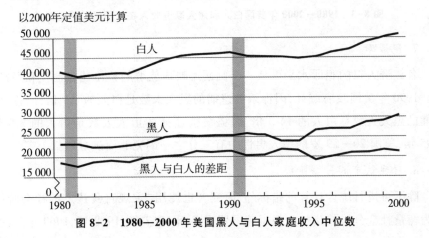

图8-2　1980—2000年美国黑人与白人家庭收入中位数

(3) 家庭收入指数。假定某个参考族群(如白人)的家庭收入数据为100,其他族群家庭收入数据与它的差距可以用指数表达。

(4) "贫困线"(poverty line)以下人口数量或比例:表示各族人口中穷人的规模。在不同年代,贫困线标准不一样。美国政府每年根据物价、房价等消费指标变化公布当年的贫困线标准,确定四口之家的收入贫困线。1959年,白人中收入在贫困线之下的占18%,黑人是55%。1992年白人降到了11.3%,黑人降到32.7%。1994年美国四口之家的贫困线是15 000美元,同年白人贫困率是11.7%,黑人是30.6%。1997年在全美贫困人口当中,白人占8.4%,黑人占23%,拉美裔是24.7%。所以贫困人口中确实有明显的种族差别。到2006年,白人中的贫困人口比例维持在8.6%,黑人降到了11.4%。图8-3展示了1980—2000年白人和黑人家庭收入在贫困线以下比例的变化,可以看到种族差距没有显著改善。

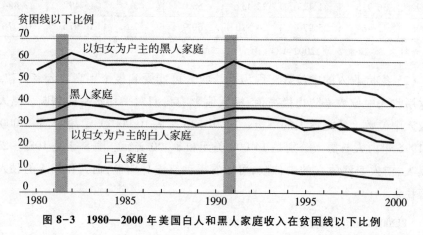

图8-3　1980—2000年美国白人和黑人家庭收入在贫困线以下比例

7. 犯罪率

各族群人口的犯罪水平可从一个侧面反映该族群的整体社会地位和经济地位。1990年美国政府统计,因谋杀被逮捕的黑人人数是白人的8.5倍,因抢劫被逮捕的黑人人数是白人的14.3倍,因盗窃被逮捕的黑人人数是白人的3.5倍。1995年,美国20—29岁的黑人男性中有三分之一因犯罪而进过监狱。

8. 自我认定的社会阶级

除了可进行统计计算的指标外,研究者也使用"主观自我认定的社会阶级"作为衡量社会分层的指标。根据美国罗得岛州1967年、1968年、1969年三次对几个族群成员进行抽样户访调查的结果(见表8-5),发现犹太人特别是35—44岁年龄组的犹太人自我感觉良好,自我感觉最差的是45—64岁年龄组的葡萄牙裔居民。这种"自我认定"的调查结果对"族群分层"研究有时可起到辅助作用,帮助我们判断被访者对未来发展的自我预期,确定他们对社会稳定可能发挥的作用。

表8-5 美国按族群和年龄分类的自认为是上层或中层阶级者的比例(%)

总计	全部年龄组	65岁及以上	45—64岁	35—44岁	25—34岁
	54.7	55.1	53.0	54.5	57.8
新教徒	63.0	69.6	57.5	66.3	61.4
犹太教徒	87.8	85.7	86.2	94.1	85.7
天主教徒	49.5	45.1	48.6	48.6	55.0
法裔加拿大人	43.0	36.1	40.8	47.2	50.5
爱尔兰裔	62.3	71.0	56.2	59.7	66.7
意大利裔	50.6	41.3	50.7	46.6	64.0
葡萄牙裔	37.2	41.2	27.3	40.5	45.5

资料来源:参见马戎编,2010:163。

二、人口普查资料反映的中国各族群结构性差异

我国人口普查资料以族群分类的主要统计指标有4个:(1)人口受教育水平;(2)劳动力产业结构;(3)劳动力职业结构;(4)人口城市化水平。我们结合近年北京大学在少数族群地区实施社会调查得到的与族群分层有关的数据来进行局部地区族群结构性差异的讨论,作为对人口普查资料的补充。中国各地区在自然环境、人口密度、族群构成、社会与经济发展水平等方面存在巨大差异,在对中国族群分层进行研究时,必须注意区域性差异,对各地区族群间的结构性差异需要进行具体分析。

1. 教育

我们在中国56个族群中选择了人口规模较大或变化较明显的族群进行分析。
(1)文盲率。我国公布的历次人口普查数据中,有些指标的统计标准前后不一致,如关于文盲率的统计数字,1982年人口普查资料提供的是"12岁及12岁以上人口中文盲、半文盲的数字及比重",同时也提供了6岁及以上人口的文

盲数字;1990年普查资料提供的是"15岁及15岁以上人口中文盲、半文盲的数字及比重";2000年和2010年人口普查资料提供的是"6岁及以上人口中'未上过学'和'扫盲班'的数字"。表8-6展示了6岁及以上人口的文盲率,选择了1990年人口普查时达到100万人的18个少数族群作为比较对象。1982年以来,有些族群的文盲率降低得很快,如哈萨克族的文盲率在28年里从28.06%下降到1.59%。同期全国文盲率下降了26.88个百分点。

表8-6 中国主要族群"文盲率"的变化(1982—2010年)

	1982	1990	2000	2010	1982—2010*		1982	1990	2000	2010	1982—2010*
壮族	33.72	21.17	7.7	4.75	28.97	侗族	45.26	28.53	12.1	6.62	38.64
满族	18.48	11.41	5.1	2.14	16.34	瑶族	48.19	29.92	10.7	6.67	41.52
回族	42.34	33.11	18.3	8.57	33.77	朝鲜族	11.54	7.00	3.3	1.29	10.25
苗族	59.67	41.85	20.5	10.25	49.42	白族	41.62	30.15	12.3	5.83	35.79
维吾尔族	43.57	26.58	11.6	3.51	40.06	哈尼族	71.29	60.45	33.0	14.52	56.77
彝族	63.19	49.71	26.0	14.30	48.89	黎族	45.69	28.51	12.6	6.49	39.20
土家族	33.70	25.24	11.2	6.11	27.59	哈萨克族	28.06	12.34	3.9	1.59	26.47
蒙古族	29.81	17.82	7.9	3.31	26.50	傣族	57.60	42.21	19.2	11.29	46.31
藏族	74.96	69.39	45.5	30.51	44.45	汉族	31.03	21.53	9.0	4.71	26.32
布依族	56.44	42.81	20.3	12.23	44.21	全国总计	31.88	22.21	9.5	5.00	26.88

资料来源:国务院人口普查办公室、国家统计局人口统计司编,1985a:244—245;国务院人口普查办公室、国家统计局人口统计司编,1993a:380—459;国务院人口普查办公室、国家统计局人口和社会科技统计司编,2002a:563—564;国务院人口普查办公室、国家统计局人口和就业统计司编,2012a:259—261。

*本栏数字是1982年文盲率与2010年文盲率之差,显示文盲率在1982—2010年的下降幅度。

(2)各级学校毕业生比例。在同年龄组中受高等教育的人数比例(大学、大专入学率)是衡量教育水平的国际通用指标。中国高等教育十几年来发展速度较快,大学的年招生数从1980年的28.1万人增加到2014年的698万人,研究生(硕、博)招生数从1980年的3 616人增加到2016年的68万人。这样的发展速度也体现在1990—2010年受高等教育人数比例的变化上,在此期间,全国6岁以上人口中的大学生比例 2010 年是 1990 年的 6 倍,在人口超过百万的 18 个少数族群中,大学生比例 2010 年是 1990 年的 10 倍以上的有 5 个族群,低于全国平均水平的也有 5 个族群。

表 8-7　中国主要族群 6 岁以上人口获得"大学及以上"学历**的比例(1990—2010 年)

	1990	2000	2010	1990—2010*		1990	2000	2010	1990—2010*
壮族	0.65	2.0	5.65	8.69	侗族	0.70	2.1	6.17	8.81
满族	1.91	4.8	11.38	5.96	瑶族	0.60	1.9	5.55	9.25
回族	1.77	4.1	9.36	5.29	朝鲜族	4.82	8.6	15.96	3.31
苗族	0.46	1.4	4.40	9.57	白族	1.23	2.9	7.96	6.47
维吾尔族	1.10	2.7	6.35	5.77	哈尼族	0.20	0.7	3.02	15.10
彝族	0.30	1.1	3.78	12.60	黎族	0.56	1.3	3.95	7.05
土家族	0.82	2.3	7.21	8.79	哈萨克族	1.52	4.1	8.82	5.80
蒙古族	2.19	5.2	14.24	6.50	傣族	0.34	1.0	4.04	11.88
藏族	0.52	1.3	5.47	10.52	汉族	1.63	3.9	9.74	5.98
布依族	0.45	1.3	4.54	10.09	全国总计	1.58	3.8	9.52	6.03

资料来源:国务院人口普查办公室、国家统计局人口统计司编,1993a:380—459;国务院人口普查办公室、国家统计局人口和社会科技统计司编,2002a:566—567;国务院人口普查办公室、国家统计局人口和就业统计司编,2012a:259—261。

* 本栏的数字是 2010 年数据为 1990 年数据的倍数。

** 数字包括"大学专科""大学本科""研究生"。

2. 产业

"产业"与"职业"的含义并不一致,在一个产业(如农业)中可能包含许多从事不同职业的人员(如管理人员、技术人员、运输工人、农民等)。而属于一个职业(如专业技术人员)的劳动者可能分布在不同产业(如农业、工业、服务业等)中。我国三大产业之下又细分诸多行业。我们在分析各族群劳动力结构特征时,既要理解二者之间的差别,同时也需要把产业和职业这两方面结合起来思考。表 8-8 是 1990 年普查时人口超过百万的 18 个少数族群和汉族的产业结构变迁。我国人口普查的"行业"统计分为 15 大类,这里只讨论三大产业比例变化,不讨论具体行业。

表 8-8 我国主要族群就业人口的产业结构变迁(1990—2010年)

	第一产业(%)			第二产业(%)			第三产业(%)			1990—2010
	1990	2000	2010	1990	2000	2010	1990	2000	2010	一产变化*
壮族	88.9	80.1	69.31	4.8	9.9	16.23	6.3	9.8	12.75	0.78
满族	68.1	66.0	58.48	18.3	16.3	18.95	13.6	17.5	19.47	0.86
回族	62.3	59.6	52.81	21.8	18.0	19.51	15.9	22.0	24.54	0.85
苗族	93.0	86.9	70.47	2.7	6.6	18.77	4.3	6.4	9.12	0.76
维吾尔族	85.2	80.4	82.59	5.9	6.7	5.61	8.9	12.4	9.39	0.97
彝族	93.7	90.6	82.62	2.5	3.6	8.45	3.8	5.7	7.35	0.88
土家族	89.1	80.2	60.28	4.4	9.8	22.46	6.5	9.9	14.72	0.68
蒙古族	71.9	71.1	63.50	10.6	10.2	12.39	17.3	18.4	19.08	0.88
藏族	86.7	86.4	82.23	3.4	3.6	4.50	9.9	9.9	7.61	0.95
布依族	93.1	87.8	69.35	2.7	5.6	19.51	4.2	6.5	9.18	0.74
侗族	90.4	81.7	63.53	3.8	9.3	21.98	5.8	8.9	12.12	0.70
瑶族	92.1	85.2	73.84	4.6	7.1	15.39	3.3	7.5	8.98	0.80
朝鲜族	52.7	47.2	26.46	24.4	20.2	25.26	22.4	32.0	44.63	0.50
白族	88.5	79.3	66.87	9.1	8.8	15.81	7.9	11.7	14.26	0.76
哈尼族	94.4	90.6	78.85	3.6	3.8	10.69	3.4	5.5	9.16	0.84
黎族	91.8	88.8	81.15	2.1	3.1	6.76	6.1	7.9	10.33	0.88
哈萨克族	82.5	77.9	78.33	4.2	5.4	5.87	13.4	16.4	11.41	0.95
傣族	93.5	89.1	80.93	2.2	3.2	6.95	4.3	7.6	10.29	0.87
汉族	71.3	63.0	46.42	17.8	20.5	29.26	10.7	16.3	21.75	0.65
全国总计	72.2	64.4	48.36	17.1	19.5	28.03	10.7	15.9	21.05	0.67

注:"第一产业"包括普查项目的"农林牧渔业","第二产业"包括"制造、运输、建筑、采矿、勘探、电力"行业,"第三产业"包括"商业、服务、公共事业、文教卫生、科研、金融"和"国家机关"。

*2010年第一产业百分比占1990年第一产业百分比的比重,表示这个时期的变化。

资料来源:国务院人口普查办公室、国家统计局人口统计司编,1993a:752—763;国务院人口普查办公室、国家统计局人口和社会科技统计司编,2002b:815—820;国务院人口普查办公室、国家统计局人口和就业统计司编,2012b:739—745。

2010年汉族农业劳动力占总数的46.42%。少数族群作为一个整体而言,农业劳动力的比例略高于汉族。在人口较多的族群当中,只有1个族群(朝鲜族)的农业劳动力比例低于30%(26.46%)。此外,2010年还有6个人口较少族群的农业劳动力比例在50%以下,而且具有较高城市化水平(马戎编著,2004:669—670)。

3. 职业

职业是指劳动者所从事的具体工作的性质,我国前几次人口普查统计把职业分为八大类,2010年普查合并了"商业人员"和"服务业人员"。表8-9是2010年人口普查得到的18个主要少数族群劳动力的职业结构,1990—2010年普查56个族群的职业结构数据可参看《民族社会学》附录(马戎编著,2004:671—676)。

表8-9 中国主要族群就业人口的职业结构(2010年)

	负责人	专业人员	办事人员	商业服务业	农牧业人员	生产运输	其他	总计
汉族	1.85	7.00	4.45	16.79	46.40	23.41	0.10	100.0
蒙古族	1.63	9.09	5.05	11.06	63.25	9.82	0.10	100.0
回族	1.75	6.67	4.42	19.40	52.72	14.95	0.09	100.0
藏族	0.76	5.09	2.74	4.88	82.96	3.50	0.07	100.0
维吾尔族	0.47	4.24	1.93	5.95	82.74	4.55	0.12	100.0
苗族	0.53	3.15	1.92	6.66	70.40	17.28	0.06	100.0
彝族	0.52	2.81	1.63	5.01	82.58	7.42	0.03	100.0
壮族	0.64	4.12	2.37	9.41	69.21	14.14	0.11	100.0
布依族	0.56	3.57	2.17	6.19	69.29	18.16	0.05	100.0
朝鲜族	3.86	13.45	6.53	32.97	26.36	16.73	0.09	100.0
满族	1.81	7.35	3.98	13.16	58.45	15.21	0.04	100.0
侗族	0.74	4.50	2.68	8.97	63.36	19.66	0.10	100.0
瑶族	0.58	3.66	2.21	6.25	73.81	13.38	0.11	100.0
白族	0.88	5.86	3.30	9.71	66.67	13.54	0.04	100.0
土家族	0.88	5.12	3.09	10.65	60.20	19.94	0.12	100.0
哈尼族	0.41	2.58	1.48	7.00	78.70	9.79	0.04	100.0
哈萨克族	1.23	7.37	3.68	5.15	77.57	4.94	0.05	100.0
傣族	0.42	3.16	1.90	7.77	80.46	6.27	0.01	100.0
全国总计	1.77	6.83	4.32	16.17	48.33	22.48	0.10	100.0

资料来源:国务院人口普查办公室、国家统计局人口和就业统计司编,2012b:746—748。

（1）各类专业技术人员。2010年全国56个族群中专业技术人员比例在5%以上的有27个，高于10%的有9个，不足3%的有11个。人口较多族群中专业技术人员比例低的有哈尼族（2.58%）和彝族（2.81%）。汉族的比例为7.0%，略高于全国平均水平（6.83%）。

（2）国家机关、党群组织、企事业单位负责人：通常被称为"领导干部"。2010年汉族的比例（1.85%）略高于全国平均比例（1.77%）。1990—2010年，一些族群领导干部比例下降，很可能与该族群人口增长比干部数量增长速度快有关。

（3）办事人员和有关人员。政府机关和企事业单位有一定数量的行政管理和事务人员。2010年，汉族劳动力这一职业的比例（4.45%）稍高于全国平均水平（4.32%），全国唯有东乡族低于1.0%，14个族群的比例超过5%，大部分为受教育水平较高的族群。

（4）商业服务业人员。汉族的比例（16.79%）略高于全国平均水平（16.17%）。2010年除汉族外有20个族群的比例高于10%，有11个族群低于5%，最低的是塔吉克族（1.88%）和独龙族（2.21%）。表明第三产业在偏远少数族群地区仍不发达。

（5）农、林、牧、渔劳动者。2000年有11个族群的比例在90%以上。2010年全国农牧业劳动者比例从64.46%（2000年）下降到48.33%，农牧业劳动者比例在80%以上的仍有18个族群。农牧业劳动者比例在50%以下的除汉族外有6个族群，最低的是俄罗斯族（16.34%）。

（6）生产工人、运输工人和有关人员。2000年低于1%的只有独龙族和珞巴族，但低于2%的仍有其他7个族群。2010年高于20%的只有汉族（23.41%）、畲族（25.55%）和赫哲族（21.31%），接近20%的还有土家族（19.94%）和侗族（19.66%）。

4. 城市化

人口普查把居民划分为"市""镇"和"县"三类。1990年人口普查设计了两种口径统计城镇人口。第一种口径的"市人口"是市管辖区全部人口（包括市辖镇所属农业人口），"镇人口"是县辖镇全部人口（包含镇所属农业人口），"县人口"为县辖乡人口。第二种口径的"市人口"包含"设区的市所辖区人口和不设区的市所辖街道人口"，"镇人口"包含"不设区的市所辖镇居民委员会人口和县

第八章　族群集团之间的结构性差异

辖镇居民委员会人口","县人口"包括除上述两种人口以外的全部人口。

表8-10采用反映城镇化真实水平的第二种口径统计数字,介绍人口超过百万的18个少数族群的城市人口比重,汉族与全国数字作为参考系。2010年全国"市人口"的比例为30.3%,全国在这一比例之上的族群除汉族外有9个。

表8-10　中国主要族群的城市化水平(2000年和2010年)

族群	市		镇		市镇合计		县(农村)		总计
	2000	2010	2000	2010	2000	2010	2000	2010	(%)
壮族	8.8	15.9	13.6	18.5	22.4	34.4	77.6	65.6	100.0
满族	20.7	25.1	14.6	18.6	35.2	43.7	64.8	56.3	100.0
回族	31.5	34.1	13.8	19.4	45.3	53.5	54.7	46.5	100.0
苗族	5.7	10.2	8.4	15.5	14.1	25.6	85.9	74.4	100.0
彝族	4.0	6.0	6.4	12.9	10.4	18.9	89.6	81.1	100.0
维吾尔族	10.3	11.5	9.1	10.8	19.4	22.4	80.6	77.6	100.0
土家族	7.4	13.6	10.9	21.4	18.4	34.9	81.6	65.1	100.0
藏族	4.1	5.0	8.7	14.7	12.8	19.7	87.2	80.3	100.0
蒙古族	15.8	22.6	16.9	23.6	32.7	46.2	67.3	53.8	100.0
布依族	7.4	12.1	9.7	14.1	17.1	26.2	82.9	73.8	100.0
侗族	5.2	10.1	12.7	20.3	17.9	30.5	82.1	69.5	100.0
瑶族	4.4	9.3	10.1	14.1	14.5	23.3	85.5	76.7	100.0
朝鲜族	45.9	54.6	16.1	14.8	62.0	69.4	38.0	30.6	100.0
白族	8.9	14.2	11.7	20.1	20.5	34.3	79.5	65.7	100.0
哈尼族	3.0	5.0	6.6	12.3	9.6	17.4	90.4	82.6	100.0
黎族	10.2	8.2	9.7	18.0	19.9	26.2	80.1	73.8	100.0
哈萨克族	6.4	8.6	8.8	14.5	15.3	23.1	84.7	76.9	100.0
傣族	7.3	9.2	21.4	23.1	28.8	32.3	71.2	67.7	100.0
汉族	24.6	31.6	13.4	20.2	36.9	51.9	63.1	48.1	100.0
全国	23.5	30.3	13.4	20.0	36.9	50.3	63.1	49.7	100.0

* 市、镇、县人口的划分根据普查的第二种口径。

资料来源:国务院人口普查办公室、国家统计局人口和社会科技统计司编,2002a:47—133;国务院人口普查办公室、国家统计局人口和就业统计司编,2012a:35—114。

三、20世纪90年代社会学调查中反映的我国"族群分层"现象

1949年以前我国开展的少数族群调查大多集中于语言、宗教、传统文化、社会组织等领域,由于当时调查条件与数据来源的限制,这些调查对族群间结构性差异的分析很少,也缺乏量化数据收集。20世纪50年代在政府统一组织下开展了全国性民族社会历史调查,各地调查报告在80年代整理后系统出版,但是这些调查报告主要集中于各族状况,较少关注不同族群的比较研究。80年代社会学恢复重建后,族群社会学作为社会学的一个分支起步很晚,因此运用社会学调查方法进行"族群分层"研究的科研项目和已经发表的研究成果较少。

由于政府公布的统计数字不以族群为单位,人口普查不涉及收入等内容,所以如果想了解一个地区各族群成员的收入与消费状况,研究者只能通过问卷调查等方式进行信息采集。20世纪80年代和90年代,北京大学社会学人类学研究所先后承担一些有关民族地区社会经济发展的研究项目,对各地区族群在教育、收入等方面的结构性差异开展调查。

1. 1985年内蒙古赤峰地区41村调查

1985年夏天,我们在内蒙古赤峰市蒙汉混居农村进行了涉及41个自然村、两千余户居民的户访问卷调查,掌握了户主族群身份及其他个人情况,也询问了各被访户的经济收入及支出情况。表8-11是有关蒙古族与汉族居民一些基本情况的比较。

表8-11 1985年赤峰市农村牧区户访调查对象中蒙汉家庭的比较

调查结果	蒙古族	汉族
调查户数	825	1264
户主平均年龄(岁)	42.8	43.7
每户平均人口数(人)	5.6	4.9
户主平均上学年数(年)	4.1	3.8
户主中文盲比例(%)	30.2	33.0
从事农业劳动户主与从事牧业劳动户主比例	23∶77	79∶21
1980年户人均收入均值(元)	232	212

第八章 族群集团之间的结构性差异

续表

调查结果	蒙古族	汉族
1984年户人均收入均值(元)	441	386
农业区1984年户人均收入均值(元)	322	378
牧业区1984年户人均收入均值(元)	478	418

资料来源：马戎、潘乃谷，1988：77。

20世纪80年代中期，内蒙古农村的蒙古族家庭与汉族家庭在收入上存在差别，蒙古族家庭1984年户人均收入均值比汉族家庭要高55元。1982—1983年该地区推行家庭承包制，1980—1984年蒙古族家庭户人均收入均值提高了209元，而同期汉族家庭提高了174元。从改革中获益较多的当地族群是蒙古族。造成收入增长幅度差别的主要原因是农村体制改革和开放农村贸易后，牧业产品(肉、毛)价格比农业产品(粮食、棉花)价格增长快，从而使以蒙古族为主体的牧民收入明显提高。

两族的收入差别在农区和牧区呈现不同模式。在农区，由于汉族农民有农业生产经验，汉族农民的收入比蒙古族农民高56元。而在草原畜牧业地区，蒙古族牧民的收入比汉族牧民要高。所以赤峰调查反映的族群收入差异，不是族群间分配不平等，而是在当地传统经济活动中具有优势的族群，都能得到较高收入。

2. 1992—1993年西部五省份社会经济发展问卷调查

1992年至1993年，在费孝通教授的主持下，北京大学社会学人类学研究所承担国家社科基金"八五"期间的重点课题"中华民族凝聚力的形成与发展"，组织本所研究人员在西部五个省份的少数族群农业社区开展户访问卷调查。

表8-12反映出90年代初期我国不同地区族群在教育、收入、消费方面的差异。其中4个社区(内蒙古翁牛特旗、喀喇沁旗和兴和县，以及湖南省龙山县)，汉族占当地总户数的50%以上，这4个社区的数据可大致代表当地汉族农民的基本情况。内蒙古自治区的两个收入较高地区(锡林浩特、巴林右旗)属于牧业较发达的旗县，同时也是汉族人口最少的草原地区，可以代表蒙古族牧民的情况。

表 8-12　1992—1993 年北京大学课题组所调查少数族群地区被调查户基本情况

调查地区	调查户数	主要少数族群	汉族户主%	户主平均上学年数	户年收入（元）	户年支出（元）	农牧生产支出（元）	消费支出（元）	收入支出差别（元）
1. 内蒙古锡林浩特	89	蒙古族	7.9	5.01	14 490	5 682	278	5 139	8 809
2. 内蒙古巴林右旗	54	蒙古族	0.0	5.22	6 394	4 721	702	2 177	1 672
3. 内蒙古镶黄旗	89	蒙古族	16.9	6.00	3 791	934	0	802	2 857
4. 内蒙古翁牛特旗	75	蒙古族	73.3	4.85	3 350	3 006	264	681	346
5. 内蒙古喀喇沁旗	88	蒙古族	56.8	5.02	1 774	1 395	247	580	379
6. 内蒙古兴和县	186	蒙古族	78.0	5.35	2 254	1 966	564	880	282
7. 内蒙古商都县	30	蒙古族	26.7	4.36	5 450	3 441	1 527	1 483	2 009
8. 青海省互助县	273	土族	20.5	2.53	2 804	2 944	708	1 473	−141
9. 青海省民和县	240	土族	3.8	4.76	2 441	2 608	233	1 169	−167
10. 云南省元江县	601	彝族	28.5	4.86	7 412	5 648	749	2 919	1 811
11. 云南省丽江县	642	纳西族	9.2	4.25	5 190	4 519	1 042	2 191	1 122
12. 湖北省来凤县	214	土家族	8.9	5.08	2 857	2 320	436	1 234	497
13. 湖南省龙山县	253	土家族	55.3	6.76	4 150	2 917	608	1 790	1 193

资料来源，马戎，2001a：500，503，505。

第八章 族群集团之间的结构性差异

在青海调查的两个土族自治县,属于自然条件较恶劣的贫困地区,90年代初互助县被调查户主平均只上了两年半小学,受教育水平是被调查族群中最低的,调查数据显示这两县被调查农户的年支出超过收入。其他被调查村庄在收入上的差别,大致可以反映出该地区社会经济发展基本水平,在各族农民之间收入差别是显著的。

以上介绍的调查是我国实行改革开放政策并恢复社会学学科后在族群关系研究上的初步尝试,所获数据是那个年代我国族群分层结构的历史记录,可供之后的研究者参考。

四、"族群分层"研究的总结

在进行族群比较时要区分两类情况。第一类是共同居住在同一个地区的不同族群成员之间的比较。这些族群处在同样的自然资源环境和经济发展条件下,如果出现族群间的收入差异,需要深入分析造成差异的原因。分析差距时应注意两种情况:(1)如果差距是由大多数个体成员素质(如受教育水平等)导致的,但是在入学、就业制度和政策方面并不存在群体歧视,那么虽然某族群整体处于劣势,在"族群分层"结构中处于不利地位,但各族群在法律上和竞争机会方面是平等的,政府和社会需要努力的是提高该族群的工具语言能力(国家通用语言)和实际就业能力;(2)如果这一差距是由制度或政策性歧视造成的,如种族的隔离制度或就业歧视政策等,那说明存在以族群为单位的"法律上的不平等",需要通过立法手段和制度政策调整来消除族群歧视。

第二类是对分别居住在不同地区的各族群进行比较。在分析各地统计数据或实地调查中,可能发现这些族群在收入等方面存在差距。在这类比较中发现的族群差距也可以区分为两种情况:(1)由于各自所居住的地区在自然资源环境、经济发展基础等方面很不相同,族群收入差距在很大程度上是由这些客观条件和历史原因造成的。在这种情况下出现的族群收入差异,实质上反映的是地区差异,但以跨地区的族群差异的形式表现出来,而人们常常会以"族群差别"或族群间"事实上的不平等"来看待这一差距。政府需要去做的,是努力改善落后地区的基础设施、学校教育和产业结构,逐步消除区域之间的发展差距。(2)政府对不同地区实行不同的制度与政策,对一些族群聚居行政区予以优待或采取歧视态度,并使相应族群在社会就业和发展中处于有利或不利的地位,存在着以地区为单位的"法律上的不平等",在实际生活中体现为各地区间的族群发展态势差异。在这种情况下,社会和政府需要检讨的是制度和政策的公正性。

"族群分层"是社会学研究族群关系的一个特殊视角,通过对各国"族群分层"状况的系统分析和比较,我们可以判断在社会分层结构中各族群所处的相对位置以及这一分层结构对族群关系的影响程度,判断除了传统文化、群体意识等族群差异之外,是否还存在以族群为边界的贫富差别。族群间没有贫富差异并不足以带来族群边界的消失,因为体质和文化(语言、宗教)等因素可能仍然发挥作用并造成隔阂。但是,如果族群间存在严重的贫富差异,那么就会出现"社会阶层"与"族群集团"两个维度的叠加,出现"富族群"和"穷族群"的对立,必然造成紧张的族群关系。所以,在研究一个国家或地区的族群关系时,"族群分层"分析是必不可缺的重要组成部分。

第九章

族群集团在人口结构方面的差异

社会是由许多人共同组成的。当我们研究一个社会时,最初步和最基本的方法就是从分析它的宏观人口结构及其主要特征入手,进一步分析人口结构变迁及影响变迁的各种因素。族群由许多成员共同组成,在多族群的社会里,各个族群又是同一个社会的组成部分或"亚人口群体"。研究族群之间的结构差异,检验某具体地区的被调查群体在整体社会中所具有的代表性,最基本的方法就是分析族群在人口结构方面的特征与差异。

狭义的人口结构指标(性别、年龄等)反映了各族群成员作为"生物人"的基本特征,广义的人口结构指标(反映人口素质的社会、经济指标)展示了作为"社会人"的结构性特征。可以采用这些人口指标对不同年代、不同社会的不同族群进行横向和纵向比较,以帮助我们理解现实社会中的族群关系及其变迁。

人们在观察和研究一个社会中不同种族、族群在人口结构方面的差异时,往往会提出一些问题:造成这些差异的主要原因是什么?这些差异体现的是各族在社会、经济环境中的结构性差异(族群分层),还是属于各族的"族群特性"?这些族群特性如何形成?它们是各自特有的遗传基因或文化传统所造成的,还是政府政策导向和制度性限制的结果?这些差异对当前的族群关系以及未来发展会有什么影响?这些问题对于我们理解与分析一个社会中产生"族群分层"的原因,以及预测族群关系的未来发展趋势,都非常重要。

一、人口的数量与素质

(一) 各族人口的绝对数量和相对规模

各族人口的相对规模是族群交往中最重要的影响因素。在生产力水平很低的历史时期,族群人口规模标志着族群在经济活动和军事力量方面的实力,代表着其在征收赋税、动员作战物资和兵员方面的潜力。在民主选举的现代社会里,人口多的族群可以通过动员本族选民的选票而在选举中影响和决定权力及资源的分配。2010年中国汉族人口为12.2亿,占全国总人口的91.6%,其他55个族群的人口加在一起占8.4%。我国能够形成一个以汉族为核心的"多元一体"民族格局,与汉族人口的绝对数量和相对规模是分不开的。

(二) 各族人口的相对素质

族群不但是由一定数量人口组成的团体,而且组成族群的人员具有不同的素质,在现代社会的激烈竞争中,人口素质差异比人口数量差异更加重要。在一个多族群国家,各族群对本国政治、司法、社会、经济、文化活动参与的程度,很大程度上取决于各群体人员素质方面的相对差距。我国政府在人口方面提出的基本国策是"控制人口数量,提高人口质量"。

人口数量可简单地通过居住登记统计或人口普查来获得,人口质量则需通过一系列相关指标来衡量。人口素质指标有几类:

(1) 人口基本结构:包括年龄(年轻型或老年型人口)、性别(男女比例)、婚姻状况(已婚和离异比例)、家庭结构(不完整家庭比例)等。

(2) 人口的社会经济结构:包括教育结构、行业和职业结构、收入与消费模式、收入分配的基尼系数、医疗条件、就业保障比例、犯罪率等。

(3) 人口健康状况:包括健康指数(婴儿死亡率、青少年健康指标、老年患病率等)、智商指数、出生预期寿命等。

人口素质甚至还应包括法律观念、纪律性和道德水准等,但很难在实际研究过程中设定指标和进行测度。有时可间接用各族人口的"犯罪率"来表示族群整体的道德水准和守法程度,有时可在不同族群聚居区组织"拾金不昧"的道德测试,以及参考各族成员自愿从事社区"义工"比例、参加无偿献血比例等指标,但其样本代表性和数据可比较性都需仔细检验。

二、人口的年龄结构

(一) 族群人口的年龄结构

人口年龄结构是指各年龄组在该族总人口中所占比例,通常采用"人口金字塔"图形来表示一个人口集合体的性别和年龄结构,中轴线的左右两侧分别表示男性和女性,中轴线即纵坐标表示人口各年龄组的规模分布。

(二) 影响人口年龄结构变化的因素

人口年龄结构受到几方面因素的影响:(1)生育率水平:高生育率会造成高速增长的"年轻型人口",持续的低生育率会导致人口增长缓慢甚至减少成"老年型人口";(2)人口迁移:如果人口中有相当部分是外来移民或部分人口迁出,同时迁进、迁出人口存在年龄倾斜(如迁出人口中的青年人比例高于原来人口整体的青年人比例),也会影响人口年龄结构(青年的超比例流失会导致人口"老龄化");(3)年龄组中非均衡死亡也会影响人口整体的年龄结构,如第二次世界大战曾使大量苏联中青年男子丧生,导致战后苏联人口的年龄结构和性别比例呈非常规状态。

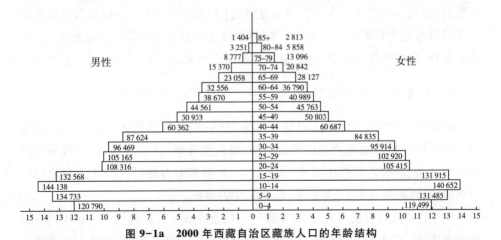

图 9-1a 2000 年西藏自治区藏族人口的年龄结构

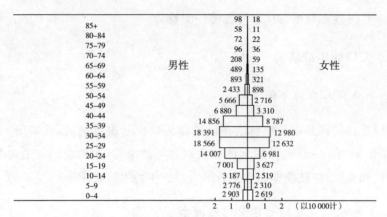

图 9-1b　2000 年西藏自治区汉族人口的年龄结构

图 9-1a、图 9-1b 是 2000 年西藏自治区汉藏人口年龄结构的比较。从人口金字塔形状看，藏族人口属正常的快速增长的年轻型人口，但在 1990 年后生育率有所下降；而汉族人口则属特殊的"纺锤形"人口，人口主体部分是 20—29 岁、30—39 岁年龄组，男性明显多于女性。在西藏的汉族常住人口中，大多是政府安排来藏工作三年左右的"暂住人口"，主要是年轻男子，所以具有非常规的年龄和性别结构。

影响生育率的主要因素：(1)社会传统文化中的生育观(是否重视多子女、男孩传宗接代)；(2)教育事业发达程度(是否为就业的必需条件及教育费用的高低，将影响家庭抚育子女的能力和愿望)；(3)妇女就业情况(妇女大量就业会导致晚婚与低生育率)；(4)政府政策的影响(实行鼓励或限制生育的政策)。除第 4 条外，前 3 条都与社会、经济总体发展水平相关。

(三) 借用"人口转型理论"来分析族群的年龄结构差异

西方人口学家提出的"人口转型理论"把欧洲历史上的人口转变过程划分为三个阶段：(1)工业化之前的历史时期，以高生育率、高死亡率、低增长率为特征；(2)工业化阶段，以高生育率、低死亡率、高增长率为特征；(3)工业化之后的历史时期，以低生育率、低死亡率、低增长率为特征。

基于西欧人口发展经验，人口学家认为社会经济发展在现代化进程中将导致生育率降低。但人们发现近年来发展中国家经济产值增长很快，医疗卫生条件改善很快，而人们的生育观念(多子多孙)转变不大，导致人口超速增长。因而政府推行一些政策措施以防止人口过快增长,在一些国家仍然是必要的。

根据"人口转型理论"的基本假设,我们可根据其社会发展状况把一个国家内的不同族群放到"人口转型"进程的相应阶段中,把生育率和人口年龄结构作为比较指标来间接反映族群的相对发展水平。

在一些多族群国家,政府对不同族群在生育、教育和就业机会等方面实行不同政策,需要研究这些政策的实际效果及其对族群关系的影响。中国政府实行"计划生育"时,对各地区的不同族群采用不同政策,对汉族长期实行严格的"一对夫妇生一个孩子"政策,对边疆地区少数族群,有的放宽生育数目限制,有的对生育完全没有限制。这些不同政策使我国各族人口增长率出现较大差异,也使人口增长快的族群具有比较年轻的年龄结构。

三、人口性别比例

(一) 人口性别比例

人口性别比例是总人口中男女两个性别群体的比例。正常情况下,一个国家同期出生婴儿总体性别比例大致为105—106(105—106个男婴比100个女婴)。1953年普查结果表明我国婴儿出生性别比为104.9,1990年普查的婴儿出生性别比上升为111.45,2000年为119.54,2010年为118.06。我国出生性别比方面的变化引起国际人口学界的广泛关注。

(二) 影响性别比例的因素

(1) 影响婴儿性别比的因素之一是出生前采取"性别选择"措施,即通过B超等技术手段查明胎儿性别,对不期望出生的胎儿(如女性)用人工手段(人工流产)终止妊娠;(2) 在实行"计划生育"并存在性别偏好的社会,有些希望生儿子的父母对出生的女婴隐匿不报,从而争取生第二个孩子的机会,这使官方统计的出生性别比与实际性别比不一样,在申报基础上统计的婴儿中男性比重过大,同时一定数量的女孩处于"地下黑户口"状况;(3) 在存在性别偏好的社会,可能出现溺女婴现象;(4) 如果迁入或迁出人口的性别比不均衡,迁移可能会对一个地区的人口性别比有影响;(5) 某性别组的大量非正常死亡(如男性在战争中大量死亡)会导致人口性别比失衡。

比较不同族群的出生性别比,可以分析各族群不同传统文化(如汉族强调生儿子传宗接代,但一些少数族群没有这种观念)对出生性别比的影响,分析人口迁移和城市化(如人口从农村向城市迁移)对不同地区(迁出地与迁入地)相关族群的影响,以及城市化发展(城市居民倾向于少生孩子,对孩子性别的偏好比农民弱)水平的不平衡对不同族群的影响。

四、生育率水平

下面借用美国学者的研究数据介绍生育、死亡、迁移、婚姻家庭等方面的族群差别。

(一) 美国各族群的生育率差距

表9-1表明各族群存在生育率方面的明显差别。1970年每10个35—44岁的日裔妇女平均生2.1个孩子,印第安人平均生4.3个孩子,白人平均生2.9个孩子,在拉丁美洲裔各族群中,墨西哥裔平均生4.2个孩子,而以新移民为主的古巴裔只生1.9个孩子。

表9-1 美国35—44岁年龄组每1 000名妇女平均所生孩子数(1970年)

族群	所生孩子数	族群	所生孩子数
白人	2 891	日裔	2 149
城镇白人	2 783	华裔	2 833
农村白人	3 179	菲律宾裔	2 981
拉丁美洲裔	3 443	韩裔	2 891
墨西哥裔	4 222	印第安人	4 267
古巴裔	1 932	夏威夷人	3 940
黑人	3 489	其他	3 222
		全体	2 958

资料来源:Bean and Marcum, 1978:191。

(二) 少数族群身份假设、社会特征假设和边际地位假设

在比较美国白人和少数族群的生育率时,学者们提出了三个理论假设。

(1) 社会特征假设:由于各族群在社会经济方面存在结构性差异,因此各族

生育率的差异实质上体现的只是不同社会阶层生育行为的特点。换言之,如果黑人与白人所受教育相同,职业和收入一样,他们的生育率应该一样。

(2)少数族群身份假设:除了社会、经济因素外,少数族群身份本身作为一个独立因素对生育率有影响,因为统计计算表明,当其他社会、经济因素被排除后,各族群之间的生育率差异并没有消失。

(3)边际地位假设:少数族群家庭的社会地位提高后,为了克服心理上的"没有保障感",他们会把自己的生育率控制得比白人还要低,从而集中资源投入,提高子女的受教育水平和竞争能力。

图9-2利用了直线图的方式来表示少数族群"社会特征"和生育率关系的三种理论假设。图9-2a表示"边际地位假设"。图9-2b表示"少数族群身份假设":无论社会地位如何提高,少数族群的生育率比同等社会地位的白人生育率要高。图9-2c表示"社会特征假设":多数族群和少数族群在生育行为上没有差别。

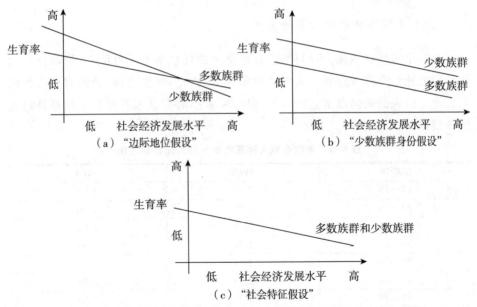

图9-2 多数族群与少数族群在不同社会经济发展水平上的生育率差异

资料来源:Bean and Marcum,1978:202。

在工业化社会,如果一个家庭决定少生孩子,通常可达到三个结果:(1)保持家庭人均消费水平;(2)提高每个孩子的人均资源占有量,以保证其受到好的教育;(3)保持和提高人均资源占有量,有利于增加自己和下一代在社会上的竞争能力。

在一些发展中国家,进入城市的少数族群夫妇有时不限制生育,而且生育率还有上升趋势。如果这些家庭不考虑孩子长大后去"白领社会"竞争,而是在街头谋生,就不会在意他们是否需要接受较多教育,在"街头"谋生要靠"人多势众",兄弟多反而有利,所以这些父母没有"动力"限制生育。

如果生活在一个前工业化的乡土社会,对于没有多少自然资源(如耕地)并以简单劳动谋生的人来说,他本人和下一代的社会地位与受教育程度关系不大,下一代的竞争能力与他在孩子身上所投入的时间、精力、金钱等资源关系也不大,而与家族人口规模密切相关。对人们的生育行为做出不同的理论假设,源自对不同社会环境的实际研究,反映不同国家的具体国情。

五、死亡率水平

(一)美国各族群死亡率的差距

在一个多族群国家,不同种族、族群整体的死亡率水平可能不同,而且不同年龄组的死亡率存在差异。表 9-2 说明在 25 岁至 49 岁之间,美国有色人种的死亡率是白人的两倍以上。1969 年 30—34 岁组的有色人种死亡率甚至是白人的 3 倍以上。

表 9-2 美国有色人种死亡率与白人死亡率之比

年龄组	1960	1969
15—19	1.40	1.54
20—24	1.79	1.96
25—29	2.44	2.62
30—34	2.70	3.05
35—39	2.61	2.86
40—44	2.34	2.50
45—49	2.00	2.14
50—54	1.92	1.90
55—59	1.72	1.73
60—64	1.74	1.62
全体	1.06	1.01

资料来源:Sutton,1978:404。

第九章　族群集团在人口结构方面的差异

（二）美国各族群死亡原因比较

从表9-3中可看到黑人因谋杀和死刑而死亡的比率是白人的6.26倍,而黑人自杀率明显低于白人。除慢性障碍肺病和自杀外,黑人在其他死因中的死亡率都高于白人,黑人婴幼儿疾病和糖尿病的死亡率是白人的两倍。从这些比较当中,我们可以间接了解美国不同种族在健康和行为方面的差异。

表9-3　1979年美国黑人与白人12种主要死因死亡率之比[*]

死因排序	死亡原因	黑人/白人死亡率之比
1	心脏疾病（Heart diseases）	1.27
2	癌症（Cancers）	1.32
3	中风（Stroke）	1.80
4	意外死亡（Accidents）	1.20
5	慢性障碍肺病（Chronic obstructive pulmonary disease）	0.75
6	肺炎与流行性感冒（Pneumonia and influenza）	1.61
7	糖尿病（Diabetes）	2.21
8	慢性肝病（Chronic liver disease）	1.90
9	动脉硬化（Atherosclerosis）	1.09
10	自杀（Suicide）	0.60
11	婴幼儿疾病（Disease of early infancy）	2.14
12	谋杀和死刑（Homicide and legal intervention）	6.26

[*]死亡率在比较时经过年龄换算以保证可比性。
资料来源:Simpson and Yinger, 1985:222。

"出生预期寿命"是人口学用来衡量人口整体健康水平的一个综合性指标。1900年,美国白人的出生预期寿命比有色人种的长15.1岁,白人活到65岁的机会是有色人种的2倍。1978年白人男子的预期寿命比有色人种男性的长5.2岁,白人女性的预期寿命比有色人种女性的长4.2岁。

六、婚姻类型和家庭结构

不同族群有不同文化传统和婚姻习俗,除最常见的一夫一妻婚姻外,还有一夫多妻婚姻(如阿拉伯国家)和一妻多夫婚姻(喜马拉雅地区及我国部分藏区)。不同的婚姻形式与当地自然生态环境、土地财产制度、宗教文化传统等有密切关系。我国藏族地区的一妻多夫婚姻与农奴制下的土地继承制度相联系。在云南和四川交界的泸沽湖地区生活着"摩梭人"群体,曾长期保持母系制度并实行特殊的"走婚"婚姻形式。

在普遍实行一夫一妻婚姻的国家,学者们关注的是不同族群在初婚年龄和婚姻稳定性方面的差别与相关比较分析。

（一）美国各族群女性初婚年龄与婚姻稳定性

表9-4反映了美国西南地区已婚妇女的几个特点:(1)初婚年龄小于20岁的妇女,婚姻稳定性低于20岁及以上初婚的女性,年轻姑娘往往凭一时感情冲动而结婚,婚后发现对象并不理想。(2)在3个族群中,墨西哥裔妇女的婚姻稳定性最高,白人次之,黑人妇女的婚姻稳定性最低,这与各族群具有不同文化传统、不同工作以及居住地的稳定程度有关。墨西哥家庭居住地和工作比较稳定,黑人流动性最高。(3)3个族群中,受过中等程度教育(上学年数为8—11年)这组女性的婚姻最不稳定,其次是高教育组(12年及以上),而低教育组(0—7年)则相对稳定。因为中学毕业者的工作流动性最大,大学毕业者的工作也有一定的流动性,而没有受过教育和小学毕业者中有许多人婚后不工作,或者只在出生社区找到相对稳定的低收入工作。工作的稳定、居住地点的稳定和本人经济上是否独立无疑会影响女性的婚姻稳定性。

表9-4　美国西南五州25—64岁已婚妇女的族群比较(1970年)

族群	受教育程度（上学年数）	初婚年龄	婚姻状况			
			不稳定(人数)	稳定(人数)	不稳定(%)	不稳定差额*
墨西哥裔	0—7	14—19	334	1 173	22.16	0.28
		20+	241	1 355	15.10	0.18
	8—11	14—19	262	759	25.66	0.35
		20+	185	744	19.91	0.25
	12+	14—19	119	373	24.19	0.32
		20+	179	877	16.95	0.20

第九章 族群集团在人口结构方面的差异

续表

族群	受教育程度（上学年数）	初婚年龄	婚姻状况			
			不稳定（人数）	稳定（人数）	不稳定（%）	不稳定差额*
盎格鲁-撒克逊裔	0—7	14—19	376	979	27.75	0.38
		20+	206	812	20.24	0.25
	8—11	14—19	3 144	5 873	34.87	0.54
		20+	1 241	4 528	21.51	0.27
	12+	14—19	4 606	10 741	30.01	0.43
		20+	4 705	22 258	17.45	0.21
黑人	0—7	14—19	170	278	37.95	0.61
		20+	131	275	32.27	0.48
	8—11	14—19	544	641	45.91	0.85
		20+	338	570	37.22	0.59
	12+	14—19	480	577	45.41	0.83
		20+	481	1 095	30.52	0.44

资料来源：Frisbie, Bean and Eberstein, 1978:152。

*不稳定差额（odds of instability）根据离婚次数等变量计算。

（二）美国各族群的家庭结构比较

表9-5介绍了美国属地波多黎各居民的普查资料，可用来与移居美国的波多黎各后裔进行比较。波多黎各人移居美国后，家庭稳定性明显下降，单身女性户主的比例从15.9%上升到24.1%，说明迁移提高了工作与家庭的不稳定性。相比之下，华人、菲律宾裔和白人的家庭似乎最稳定，90.1%的华人家庭是由夫妇共同抚育未成年子女，而这种情况在黑人家庭中只有57.3%，印第安人和波多黎各裔分别为68.6%和66.5%。表9-5显示出在家庭构成方面族群间确实存在明显差异。

表9-5 美国不同族群家庭结构比较（1970年）

族群	女性户主家庭（%）	夫妇共同与18岁以下孩子居住（%）	带着孩子居住的女性户主的家庭	
			6岁以下孩子（%）	18岁以下孩子（%）
白人	9.0	86.8	17.1	50.8
黑人	27.4	57.3	30.8	66.3
西班牙裔	13.4	80.6	29.4	66.6

续表

族群	女性户主家庭（%）	夫妇共同与18岁以下孩子居住（%）	带着孩子居住的女性户主的家庭	
			6岁以下孩子（%）	18岁以下孩子（%）
华人	6.7	90.1	12.5	48.5
日裔	10.3	89.3	15.4	56.0
菲律宾裔	8.6	83.3	39.1	68.8
美洲印第安人	18.4	68.6	31.6	65.5
墨西哥裔	13.4	80.2	30.5	67.6
波多黎各裔	24.1	66.5	44.4	80.7
古巴裔	12.3	83.9	15.6	51.2
波多黎各人	15.9	74.6	18.1	49.9

资料来源：Sweet,1978:242。

七、中国少数族群人口的特点

（一）生育率

"总和生育率"是一定时期内"年龄别生育率"之和，在人口年龄结构稳定、各年龄组生育率稳定的情况下，可看作女性人口一生中生育孩子数目的平均值。

表9-6　中国各主要族群的总和生育率

族群	1981	1989	2009	族群	1981	1989	2009
汉族	2.51	2.29	1.15	蒙古族	3.16	2.24	1.09
壮族	4.67	2.91	1.61	藏族	5.84	3.80	1.29
满族	2.10	1.85	0.92	布依族	5.15	3.53	1.90
回族	3.13	2.62	1.42	侗族	4.45	2.67	1.76
苗族	5.34	3.15	1.70	瑶族	5.39	2.93	1.59
彝族	5.21	3.07	1.70	朝鲜族	1.91	1.56	0.62
维吾尔族	5.59	4.65	1.84	全国少数族群	4.24	2.91	—
土家族	3.26	2.54	1.50	全国总人口	2.61	2.29	1.18

资料来源：张天路、黄荣清主编,1993:39；国家统计局人口和就业统计司、国家民族事务委员会经济发展司编,2013:632。

根据人口普查结果(普查前一年数据),表9-6显示了我国各主要族群在生育率方面的显著差别,1981年总和生育率最高的藏族(5.84)是最低的朝鲜族(1.91)的3倍;少数族群作为一个整体,总和生育率从1981年的4.24降到1989年的2.91,反映了政府的计划生育政策在20世纪80年代已经开始在一些少数族群中实施,同时改革开放政策带来的经济繁荣,对少数族群生育行为开始产生影响。2010年人口普查数据显示,无论汉族还是少数族群的总和生育率都迅速下降,明显低于人口替代水平(总和生育率为2.1),中国人口老龄化形势严峻。

(二)死亡率与预期寿命

表9-7是我国14个人口最多族群(人口接近200万和200万以上)的死亡率和出生预期寿命。"出生预期寿命"是采用"生命表"方法,根据各年龄组死亡率推算得出的。我国各族群在死亡率上存在差距。在14个族群中,2010年"粗死亡率"低于汉族的有8个。人口年龄结构影响粗死亡率,老龄化人口一般有较高粗死亡率。2010年,出生预期寿命高于汉族的有4个;预期寿命比较短的族群,社会经济发展水平一般低于其他族群。

表9-7 中国各主要族群的死亡率比较(1990年和2010年)

族群	1990			2010	
	粗死亡率(‰)	标准化死亡率(‰)	出生预期寿命	粗死亡率(‰)	出生预期寿命
汉族	6.221	6.201	70.43	5.60	78.01
壮族	6.261	6.611	68.50	5.47	78.17
满族	4.558	5.753	71.91	4.50	79.06
回族	5.429	5.992	70.49	4.47	78.59
苗族	7.567	8.331	64.30	5.56	75.01
彝族	8.520	9.867	61.69	6.01	72.21
维吾尔族	8.696	8.509	63.34	5.28	72.59
土家族	7.030	7.565	66.78	5.43	77.78
蒙古族	5.830	8.702	66.41	4.16	76.55
藏族	8.999	9.426	61.60	6.24	71.31
布依族	8.720	9.062	62.67	6.62	73.08

续表

族群	1990			2010	
	粗死亡率（‰）	标准化死亡率（‰）	出生预期寿命	粗死亡率（‰）	出生预期寿命
侗族	6.826	7.536	66.48	6.04	75.89
瑶族	7.432	7.831	65.57	5.15	76.74
朝鲜族	6.940	8.095	67.56	5.64	80.70
全国	6.279	6.323	70.05	5.58	78.63

"标准化死亡率"：以1990年普查时全国的年龄人口为标准计算得出。

资料来源：张天路、黄荣清主编，1993：50—52；国务院人口普查办公室、国家统计局人口和就业统计司编，2014：2507，2633。

（三）性别比

表9-8是1990年、2000年和2010年我国各主要族群的总人口性别比和出生性别比。除维吾尔族外，其他族群2010年的出生性别比都大于105，布依族1990年出生性别比为101.8，2000年上升到114.8，2010年达到123.9。在2010年，壮族、苗族、侗族和布依族的出生性别比甚至超过120，具体情况及影响因素需要深入调查。

出生性别比偏高，存在三种可能性：(1)妊娠期间对孩子做出性别选择，经人工流产终止部分女婴的妊娠，导致出生婴儿中男性偏多；(2)在计划生育的管理下，部分出生女婴隐匿不报；(3)个别地区和村落有溺女婴现象。我国政府严格禁止任何医院或医务人员为产妇做产前胎儿性别鉴定，法律严格禁止溺婴行为。

表9-8 中国各主要族群人口的性别比（1990年、2000年、2010年）

族群	总人口性别比			出生性别比		
	1990	2000	2010	1990	2000	2010
汉族	106.1	106.3	104.9	110.6	118.6	118.5
壮族	104.3	107.4	105.5	115.4	122.5	121.4
满族	109.5	108.0	108.3	110.8	113.0	112.1
回族	103.2	103.9	103.1	105.4	110.2	113.9
苗族	107.9	108.7	106.9	106.8	116.3	123.1
彝族	103.6	105.7	104.7	104.3	110.8	111.2

续表

族群	总人口性别比			出生性别比		
	1990	2000	2010	1990	2000	2010
维吾尔族	104.5	103.5	102.5	101.9	103.8	104.7
土家族	110.6	109.5	106.4	107.5	116.0	115.6
蒙古族	103.3	97.9	100.6	105.2	107.7	111.9
藏族	97.6	99.2	100.9	102.1	103.6	107.2
布依族	103.3	106.3	102.9	101.8	114.8	123.9
侗族	112.2	112.4	110.5	118.2	125.1	122.7
瑶族	109.1	111.7	109.1	110.0	118.2	118.5
朝鲜族	98.0	99.0	98.9	105.3	105.9	108.3
全国	106.0	106.3	104.9	111.8	117.8	118.0

"总人口性别比"是总人口中以女性为100的相应男性数。

"出生性别比"是根据普查时"0"岁组人口性别计算的男女比例（以女性为100）。

资料来源：国务院人口普查办公室、国家统计局人口统计司编，1993a：380—404；国务院人口普查办公室、国家统计局人口和社会科技统计司编，2002a：215—236；国务院人口普查办公室、国家统计局人口和就业统计司编，2012a：215—236。

（四）婚姻

表9-9介绍了2010年人口普查时18个人口在百万以上的族群的婚姻状况，同时提供了汉族和全国数据以供比较，可以看到各族群间存在明显差异。朝鲜族和维吾尔族有远超其他族群的高离婚率，藏族和黎族有较高未婚率，但各自的机制和影响因素可能完全不同。

表9-9　中国各主要族群15岁及以上人口的婚姻状况（2010年）

族群	未婚			有配偶			离婚			丧偶		
	小计	男	女	小计	男	女	小计	男	女	小计	男	女
全国	21.60	24.69	18.48	71.33	70.37	72.31	1.38	1.54	1.22	5.69	3.40	7.99
汉族	21.42	24.43	18.40	71.57	70.67	72.46	1.35	1.52	1.19	5.66	3.38	7.95
蒙古族	24.63	27.91	21.45	69.10	67.80	70.35	1.52	1.59	1.46	4.76	2.70	6.75
回族	21.71	24.21	19.23	71.76	71.52	71.99	1.74	1.64	1.83	4.79	2.63	6.94
藏族	32.87	37.37	28.47	57.21	56.31	58.10	2.58	1.78	3.36	7.34	4.54	10.07

续表

族群	未婚			有配偶			离婚			丧偶		
	小计	男	女	小计	男	女	小计	男	女	小计	男	女
维吾尔族	24.06	27.92	20.19	66.44	65.73	67.16	4.30	3.89	4.71	5.20	2.47	7.94
苗族	22.45	27.44	17.34	70.26	67.07	73.53	0.97	1.24	0.70	6.32	4.25	8.43
彝族	23.88	29.24	18.49	68.67	65.77	71.58	0.97	1.11	0.83	6.48	3.88	9.09
壮族	22.90	28.27	17.50	69.00	66.51	71.51	0.93	1.14	0.72	7.17	4.07	10.27
布依族	21.57	26.69	16.56	69.57	67.11	71.97	1.08	1.37	0.79	7.79	4.83	10.68
朝鲜族	25.33	28.96	21.79	61.16	61.60	60.74	5.72	6.30	5.16	7.78	3.14	12.31
满族	22.65	24.47	20.70	70.98	70.46	71.53	1.95	2.07	1.83	4.42	3.01	5.94
侗族	21.41	26.21	16.34	70.51	67.62	73.57	1.24	1.58	0.89	6.83	4.60	9.20
瑶族	25.18	30.47	19.63	66.92	64.05	69.93	1.13	1.38	0.86	6.77	4.09	9.58
白族	21.52	25.15	17.88	71.40	69.95	72.85	1.21	1.28	1.14	5.87	3.62	8.13
土家族	20.81	24.34	17.21	71.27	69.13	73.45	1.17	1.44	0.90	6.75	5.08	8.44
哈尼族	23.50	30.59	16.17	68.75	64.18	73.47	1.32	1.60	1.03	6.43	3.63	9.33
哈萨克族	27.92	30.35	25.52	65.77	65.78	65.76	1.11	1.06	1.15	5.21	2.81	7.56
傣族	20.12	24.89	15.50	72.37	70.52	74.16	1.73	1.67	1.79	5.78	2.92	8.55
黎族	33.09	40.56	25.15	60.64	55.70	65.88	0.78	0.96	0.59	5.50	2.78	8.38

* 为各种婚姻状况的男性、女性在 15 岁及以上男性、女性人口中的百分比。

资料来源：国家统计局人口和就业统计司、国家民族事务委员会经济发展司编，2013：491—492。

初婚年龄反映各族群的婚姻观和女性受教育、就业模式。1990 年数据显示（见表 9—10），维吾尔族女性的初婚年龄最小，平均不到 20 岁，藏族女子平均初婚年龄最大，接近 24 岁。其他各族大多在 21—22 岁，基本上符合国家婚姻法的年龄规定。历史上早婚在我国许多族群中曾经十分普遍，1990 年全国平均女性初婚年龄已稳定在 22.1 岁，说明早婚的习俗基本得到改变。全国统一实行的婚姻法缩小了各族在婚姻形式和初婚年龄方面的差距，这些变化为族群的相互交流与融合创造了一定条件。2000 年全国平均初婚年龄为 23.17 岁，2010 年为 23.89 岁，表现出初婚年龄随义务教育的发展和外出务工潮而逐步提高的趋势。

表 9-10　中国各族群女性的平均初婚年龄(1990 年)

族群	平均初婚年龄	族群	平均初婚年龄	族群	平均初婚年龄
汉族	22.14	壮族	22.26	土家族	22.37
蒙古族	22.54	布依族	22.44	哈尼族	20.04
回族	21.74	朝鲜族	22.74	哈萨克族	23.58
藏族	23.81	满族	22.07	傣族	20.87
维吾尔族	19.54	侗族	21.72	黎族	22.04
苗族	21.41	瑶族	21.72	其他少数族群	21.14
彝族	20.92	白族	22.09	全国	22.11

资料来源:张天路、黄荣清主编,1993:27。

人口数据是反映族群宏观人口结构的重要资料,当我们对不同族群进行比较分析时,人口基本结构的比较通常是最基础的一步,而且经常能够揭示出一些人们平时不大注意的问题,我们可以由此入手,进一步分析族群在现实社会和经济生活中出现的差距。

第十章

人口迁移与族群关系

　　自然灾害以及族群、部落、国家之间为争夺资源与财富所引发的冲突与战争,都会导致某族群中有部分人口主动或被迫从本族传统居住地区迁至他族传统居住地。这些迁移活动,无论是伴随着使用武力对土著族群在土地资源上的剥夺,还是伴随着区域间的和平贸易活动和劳动力流动,无论是属于被逼迫出逃的难民流亡,还是作为失去自由的奴隶被跨地区贩运,大量移民的涌入都会给迁入地的政治、经济、文化生活及该地区的族群关系带来多方面的复杂影响。同时,迁移活动也在许多方面改变移民自身,在他们的心灵上打下深深的烙印。目前世界上几乎所有国家的族群冲突都与历史上发生过的或目前正在进行的迁移活动相关,因此迁移成为研究一个地区族群关系现状及其演变过程的重要切入点。

一、人口迁移对族群形成和族群关系的影响

　　在历史发展和现实社会中,人口跨地域迁移与族群关系之间存在密切联系。世界历史上曾发生多次民族大迁徙,重要的军事征服和殖民扩张造成各民族人口在地理分布格局上的巨大变化。

　　欧洲在历史上曾经长期是对外移民的主要输出地区。1821—1924 年,大约 5 500 万欧洲人迁到海外,其中 3 400 万迁到美国。欧洲人除了自己大规模向殖民地移民外,还组织了殖民地之间的大量人口迁移,如今天居住在印度之外的其他前英国殖民地的印度人共约 2 000 万人。另外,1881—1930 年这 50 年间迁移到东南亚各地的华人有 830 万人,17 世纪前后有近 1 000 万非洲黑人被贩运到

第十章 人口迁移与族群关系

西半球。这些移民在新居住地逐渐形成当地的新族群。

当代跨国移民规模也很惊人。1990 年合法国际移民近 1 亿人,难民 1 900 万人,另有约 1 000 万非法移民。美国和西欧成为世界上吸收移民最多的地区。20 世纪 80 年代美国每年接收合法移民约 83 万人,1990—1994 年,年均达 113 万人,其中 35%来自亚洲,45%来自拉丁美洲,只有不到 15%来自欧洲和加拿大。2000 年美国总人口中,有 10.1%是出生在国外的移民,移民第二代占 10.4%,直接属于移民家庭的人口合计达总人口的 20.5%,在 18 岁以下人口中甚至占到 25.3%(Portes and Rumbaut,2001:20)。2010 年国外出生美国公民为美国总人口的 11.4%,比例进一步提高。近期中东难民潮冲击了西欧国家人口的族群结构,西欧国家新出生人口约 10%属于移民家庭,穆斯林移民及后裔已占法国人口的 8.8%,占英国和德国人口的 6.3%和 6.1%。按照亨廷顿的估计,由于移民数量巨大和高生育率,非拉丁美洲裔白人占美国总人口的比例将从 1995 年的 74%,减少到 2020 年的 64%,再进一步降到 2050 年的 53%(亨廷顿,1999:218—220,227)。这些数量庞大且具有不同宗教文化背景的移民群体对欧洲和美国的族群关系甚至政治格局和选举结果具有重要影响。

(一) 人口迁移与族群的形成

中国历朝史书记载了不同族群逐鹿中原、你来我往、分分合合的演变史,在这部数千年的中国社会变迁史中,一个重要内容就是各族群的地域迁移史及迁移后的族群同化史。

中国目前的 56 个族群,有的是在自己的传统居住地区发展演变而成的(如汉族、藏族),有的在迁移过程中既保留部分原有语言文化特征又吸收迁入地族群的文化语言特点而演变形成(如土族、保安族),有的族群的形成及发展过程与迁移有着密切关系(如回族、满族),有的近代才从境外迁入(如朝鲜族、俄罗斯族)。实行改革开放政策后,我国各族人口迁移出现新的发展趋势,外出经商务工的汉族人员遍及边疆城镇,许多少数族群青年来到东部大城市就业,有些人开展具有本族特色的经济活动(如餐饮)并形成小社区。我们研究中国族群的形成和分析族群关系时,历史上和今天的人口迁移是不可忽视的基本因素。

在其他国家,许多族群的形成过程也与历史或近代的迁移活动密切相关。如现在的墨西哥人是西班牙殖民者与土著印第安人通婚形成的一个讲西班牙语的混血民族。今天的美国黑人,是由来自非洲不同地区的黑人通过几百年相互通婚以及与白人通婚形成的混血族群。今天的埃及人是由占领埃及的阿拉伯人与本地人通婚形成的。今天的希腊人是由占领希腊400余年的奥斯曼土耳其人与本地人通婚形成的。俄国的"哥萨克"群体,是16世纪不堪伊凡四世统治的俄罗斯农奴逃离俄国中部,迁入当时是荒野草原的顿河、伏尔加河流域而形成的。布尔人是由迁入南部非洲的荷兰殖民者后裔演变而成的族群。在西印度群岛,同为移民的白人、黑人与土著人大量通婚,形成混血人口的独立族群——"棕色群体"。

(二) 人口迁移对迁入地自然资源分配的影响

某族人口的大规模迁移会导致迁入地人口中族群比例的改变,增加对迁入地自然资源(耕地、草场、水源、矿藏等)的压力,导致族群在资源分配和就业方面的竞争,这种竞争常与族群间的文化冲突相互交织。因此,当我们研究一个地区的族群关系时,需要对该地区历史和现时发生的移民之族属、数量、时间进行调查,对迁移模式进行分析,把移民的教育、职业、收入等结构性特征与当地居民的进行系统的比较研究,这对研究当地族群关系演变很有助益。特别是当我们研究中国少数族群地区的族群关系时,对于当地汉族移民情况或者其他非本地族群迁入这一地区的情况,需要给予特殊关注。

(三) 人口迁移对当地族群政治格局和社会政策的影响

历史上常见的现象是,一个族群集团武装侵入另一个族群的传统居住地,破坏当地社会制度和权威体系。外侵集团建立本族群对当地族群的统治,或扶植一个傀儡政权。13世纪蒙古人进入中亚和东欧,消灭当地政权,建立了几个庞大的蒙古汗国。17—18世纪欧洲人侵入非洲、美洲、大洋洲、亚洲各地,建立殖民地政权。这种民族大迁徙时常伴随着新政权的建立和对本地族群的奴役。

华人在19世纪后期开始从中国沿海各省迁移到马来半岛,1911年当地华人总数达到94.5万人,占马来亚总人口的35%,到1941年达到236.5万人,占总人口的43%,甚至超过本地土著马来人(41%),同期迁来的印度人占总人口的14%。由于华人和印度人在非农业产业中占据重要位置,因此族群人口比例与"族群分层"结构就成为当前马来西亚社会经济发展、政治格局和族群关系中最重要的因素。

在苏联各加盟共和国之间,也曾经出现大量人口迁移。据1968—1970年的统计，在这三年间各加盟共和国迁入移民 1 318 万人，使各共和国的俄罗斯人增长了 31%（阮西湖等，1979：128）。这些迁移活动改变了各加盟共和国和自治共和国人口的族群构成，给当地的族群关系与经济发展带来重要影响。

在现代社会，由于各国政府对跨国移民实行严格管制，人口迁移主要发生在国内不同地域之间，这样的族群迁移活动虽然并不改变国家政权性质和管理制度，但是会给迁入地局部地区的政治生态带来一定影响。跨国劳务输出和非法移民虽然会对迁入国的经济活动、社会生活造成影响，但是他们没有公民权甚至没有合法居留权，因此对当地选举和政治格局影响有限。近年欧洲各国出于人道主义考虑接收了几百万中东和阿富汗难民，他们对欧洲各国经济和传统文化的冲击成为欧洲社会和政坛的争议焦点。

二、结合迁移来研究族群关系时需要考虑的因素

（一）移民的总体数量规模

在迁移研究中，移民人数是最重要的因素，特别是与当地居民数量相比的"相对规模"。1607 年第一批英国人乘"五月花"号来到北美洲时只有 120 人，他们极力争取当地印第安人部落的友谊并一度和平相处。后来殖民者在庞大移民人口的基础上建立军队，在扩张时采取种族灭绝的屠杀政策，北美印第安人总人口在 15 世纪时约为 1 000 万人，到 1900 年时已经少于 25 万人。当欧洲殖民者与印第安土著居民的人口比例发生变化后，他们关系的性质完全改变。

在本地人占优势的形势下，移民会居于从属地位，接受本地族群的政治经济制度及语言和文化，来到美国的各国移民属于这种情况。特别是当移民感到自己在迁入国家得到的经济生活条件比在祖国还要优越时，他们会主动融入本地社会。

（二）移民的迁移方式

与迁移人口规模相比，迁移的具体形式同样非常重要。是大规模集体性迁移，还是零星、分散的个体或家庭迁移，是移民自愿主动迁移，还是因自然灾害、政治或宗教迫害而逃离家园，或是被本国政府或占领军强制押送到另一个不是自己选择的地方，根据外来移民采用的具体形式，本地族群对移民在态度和行为方面的反应各不相同。

当其他族群人口大规模集体迁入时,本地族群立刻产生被威胁感。第一,移民将不可避免地与本地人在自然资源(土地、草场、水源等)的占有上形成竞争,改变当地的人均自然资源占有量;第二,无论是城市还是农村,在与个人生存和发展有关的其他资源(就业机会、入学机会、住房、社会福利)方面,本地人也会感受到来自移民劳动力的巨大竞争压力;第三,人数众多的移民人口还会改变当地政治生态,可能通过武力或选举改变当地的社会制度和权力分配架构;第四,人数较多的移民集中地迁移到一个地区,会给当地的文化生态(语言、宗教、生活习俗等)带来影响,使得当地族群感到自己的传统文化受到冲击。

由于以上这些压力对本地族群的人口及其后代的生存与发展造成消极影响,所以当一个族群大规模地迁入另一个族群的传统居住地时,本地族群很容易对移民族群采取激烈的对抗态度。外国大规模武装入侵更会激起全民族奋力抵抗。历史上的民族大迁徙、国家之间的吞并战争、欧洲殖民者为侵占殖民地所发动的战争,都带来族群间的武装冲突。北美印第安人部落曾因白人殖民者武装入侵和土地不断丧失而激烈反抗。朝鲜沦为殖民地后,在日军残酷镇压下朝鲜人对日本殖民者的反抗主要采取秘密结社的方式。在抗日战争中,面对侵华日军的"三光政策",中国人民进行了英勇的全面抗战。

在国际迁移中,在本地人(并不一定是"原住民",美国白人就视自己为"本地人")占优势的情况下,本地人政权不但可以对移民族群实行强制同化政策,而且可以随心所欲地对移民数量、国家和族群来源、移民的教育和职业背景实行控制与调节,利用对迁移行为的管制来引导移民与本地社会之间的各种关系。

(三)移民与本地族群居民在整体素质方面的差距

整体素质差距主要反映在各族成员的受教育水平、职业结构、组织能力、纪律性、工作经验、道德水准等方面,与他们成长过程中所生活和工作的社会环境、经济文化发展水平相关。不同的素质表现为不同的竞争能力,在对所有族群没有任何制度性歧视的条件下,不同的竞争实力造成各族群在资源占有、就业市场、政治选举各项竞争中所占份额的差别。这种结构性差异将直接影响移民与本地族群之间的关系。

在一些国家,事实上存在"二元(或多元)就业市场",一个是技术管理高级人才层面的就业市场,另一个主要是非技术性操作工人层面的就业市场,这两者相对区隔,多在各自内部流动,很少出现相互流动。人们根据自己的学历、工作能力在各自的就业市场上寻找工作,不同就业层面的相互区隔在一定程度上避免了两种类型就业者之间的竞争。

在存在这种二元就业模式的国家中,本地人和移民及后裔这两部分人员在哪一个层面就业,现实社会中存在两种情况。

一种是本地人素质高于移民。如西欧国家本地居民主要在地位较高的技术、管理职位上就业,来自北非和中东的外籍工人整体素质较低,来到西欧后主要从事本地人不愿从事的非技术性、工作条件差、工资低的工作。他们与本地人之间没有真正意义上的相互竞争,彼此相安无事。当西欧国家缺乏劳动力时,外籍工人的到来受到欢迎,但是一旦该国失业率上升,本地社会的排外情绪就会高涨。

另一种是移民整体素质高于土著人。如在马来西亚,作为移民的华人其人口总体素质高于当地马来人,当土著族群感到无法与华人竞争时,就利用人数优势和对政权的控制限制华人发展。马来西亚政府制定了一系列政策限制华人进入政府机构和军队,但移民(华人和印度人)由于较高的受教育水平和经营经验在市场经济中占据重要位置。

在我国西部,数量不多的高素质移民通常受欢迎,因为他们的职业和专业技能不但对本地人不构成威胁,而且为本地群众的生活、生产所急需,有利于当地经济发展并为当地人创造更多就业机会。我国许多少数族群地区欢迎汉族医生、教师、技术人员去他们那里安家落户,但是排斥汉族小商贩和普通打工者。

(四)"迁移选择"的影响

当一个社区所有成员都有机会向其他地区迁移时,总有一部分人比其他人更愿意迁移,另一部分人则倾向于留居原地。那么迁移者与留居者之间存在哪些差异?这就是"迁移选择"所研究的问题。人口学家和社会学家在研究"迁移选择"时通常考虑的因素包括:

(1)年龄。一般20—29岁年龄组地域流动性最大,人们求学、求职、求偶这些人生重要转折大多发生在这个年龄段,这些转折可能导致迁移。

(2)性别。不同地区在不同发展时期对不同性别劳动力的需求很可能不一样,如工业化时期重工业、采掘业主要吸收男性,轻工业和服务业多吸收女性。

(3)受教育水平。受教育水平反映人们的专业知识结构和能力,往往会影响人们迁移后对新环境、新工作的适应。

（4）职业。迁出地和迁入地的劳动力市场对某种职业的需求和供给关系会对移民产生影响，而劳动力市场的供求变化又反映出各地区经济结构的差异与变化。

（5）婚姻状况与家庭角色。未婚者流动性较大；儿女数量少、不承担照顾年老父母的责任的年轻夫妇比几代同堂的大家庭更容易实施迁移。

（6）住房。个人拥有住房是一项重大投资，当房屋市场不发达或没有制度化运行时，买房或建房后很难转卖出手。在这种情形下，迁移意味着相当的经济损失。

（7）生命周期的各阶段。在人生不同阶段会面临若干重要选择：年幼时随父母定居或迁移；随着人的成长，求学、求职、转换工作、求偶、退休等都可能需要变化居住地点。

当一个族群的成员向另一个族群的传统居住地迁移时，除以上因素外，人们还会考虑两地种族和族群人口的构成、族群关系现状等与族群相关的因素：（1）向本族人口较多、聚居程度较高的地点迁移，以求得族群和文化归属感及语言习俗方面的便利；（2）向政府部门里本族人口占据有利地位、迁入后个人有较好发展机会的地点迁移；（3）向族群关系比较融洽、族群间比较平等、族群冲突较少的地点迁移；（4）愿意由本族人组织集体迁移而不是个体零星进行迁移，以便相互保护和帮助；（5）迁移后会自发形成本族人相对聚居的小社区，使本族生活习俗、宗教生活得以保持，生活上便于互助，也较易于集体争取自身合法权益。

以上这些具体情况会影响到一个族群的移民数量、迁入地选择、迁移形式、迁移后的居住格局，特别是会影响到迁移过程中以及迁移后迁入族群成员与本地族群成员在整体层面和个体层面上的相互关系。

（五）移民与本地族群在经济能力（财富占有）方面的差距

两族群在经济能力方面的差距越大，隔阂就越大。因为族群之间除了体质、文化、宗教差异外，实际上还有一层"阶级"差异。与本地居民相比，移民可能是贫困族群，也可能是富裕族群。

美国西南各州的移民中许多是来自墨西哥的贫苦农民，作为社会底层，他们大多数只能得到较低收入的工作和保持较低的消费水平，集中居住在相对贫穷的街区。由于墨西哥裔居民与白人居民在收入和消费方面的明显差距,存在居住隔离现象,彼此间带有较深偏见,所以这些州的白人和墨西哥裔居民之间的街头冲突时常发生。

(六)移民与本地族群在其他方面的差异

移民族群有可能在体质、语言、宗教、生活习俗、价值观念、行为规范等方面与本地族群存在差距。体质上的明显差异会降低移民与本地族群之间的认同感;语言差异带来交流困难,造成彼此的距离与误解;宗教、生活习俗等方面的不同会增加族群间的文化隔阂,影响移民与本地族群成员的日常交往与合作;不同族群可能有不同的传统价值观念和行为规范,如对某种行为(如婚前或婚外性行为)是否应当惩戒的看法以及具体惩戒方法可能不同,当这类行为发生在两个族群的成员之间时,就可能会因为观念差异产生族群冲突。

(七)不同移民群体在"族群分层"方面的差距

从表10-1中我们可以看出,在出生后移居美国的各族群移民中,中国、印度和韩国的移民整体受教育水平较高,来自墨西哥、古巴和印度支那三国的移民整体受教育水平偏低。对比已取得公民身份和尚未取得公民身份的两组移民,各族群取得公民身份者的受教育程度要明显高于未取得公民身份者。

表10-1 美国几个移民族群出生于国外者受教育程度比较(%)(1994—1997年)

迁出国	总计		已经取得公民身份者		非公民身份者	
	高中未毕业	大学以上	高中未毕业	大学以上	高中未毕业	大学以上
墨西哥	69.8	3.7	55.9	6.3	72.6	3.2
古巴	38.3	19.4	22.9	28.2	55.4	9.6
菲律宾	12.0	44.8	7.3	45.1	18.1	44.4
中国(含台湾省)	4.4	64.3	2.4	64.2	6.9	64.3
韩国	9.6	44.4	4.6	47.6	12.6	42.6
越南	30.8	15.3	12.2	24.8	48.2	6.2
老挝、柬埔寨	45.3	12.3	22.4	28.4	57.9	3.4
印度	9.4	62.5	5.8	67.6	11.7	59.4

资料来源:Jensen,2001:42-43。

除了受教育水平差距外,各移民族群在城乡分布、职业结构、收入来源构成、贫困人口比例、失业率、健康状况、拥有医疗保险比例等方面都存在明显差距。

从表10-2中我们可以看到,墨西哥移民和华人移民在社会、经济、教育等方面的结构性差距明显。墨西哥移民比华人更愿意居住在大都市,华人中的专业技术人员比例比墨西哥人高出42.8个百分点,普通操作人员要少42.9个百分点,华人移民的失业率比墨西哥人低24个百分点,华人移民健康状况良好者比例比墨西哥移民高近10个百分点,拥有医疗保险者比例比墨西哥移民高出28.5个百分点。从以上对比中可以看出各移民族群的"族群分层"十分显著,这会给族群间的社会关系带来深刻影响。

表10-2　在墨西哥、中国出生后移居美国者在一些方面的差距(1994—1997年)

比较指标	墨西哥			中国(包括台湾省)		
	总计	公民身份	非公民	总计	公民身份	非公民
居住在中心城市(%)	48.1	45.8	48.5	35.8	28.6	44.2
拥有住房(%)	36.4	62.5	32.4	66.2	86.9	43.9
贫困人口比例(%)	58.6	35.9	59.9	—	—	—
劳动力中专业技术人员(%)	5.1	11.7	4.0	47.9	50.5	43.1
劳动力中普通操作人员(%)	45.9	35.0	47.8	3.0	2.8	3.4
失业率(%)	37.3	28.0	39.4	13.3	11.4	16.7
健康状况良好者(%)	24.6	21.6	25.1	34.2	32.9	36.1
健康状况较差者(%)	11.6	18.0	10.6	3.2	3.3	2.9
没有医疗保险的成人(%)	52.5	35.5	55.4	24.0	22.3	36.0

资料来源:根据Jensen,2001:29-53的表格改编。

(八)政府对于迁移的态度和管理办法

在国际迁移中,各国政府通过具体移民法律来限制移民的来源国、数量、年龄、性别、素质(教育)、工作范围(职业和技能)。这些法律和规定本身存在种族、族群差别。美国于1882年颁布《排华法案》,直至1943年才废除。自20世纪50年代开始,美国实行移民的"地区配额",这种"地区配额"实际上是"种族配额"。

有些国家对于本国公民出国定居或做劳工采取鼓励态度,如菲律宾政府对于本国青年女性出国做女佣采取大力支持的态度并在该国形成一个"培训产业",女佣汇回款项成为菲律宾外汇收入的重要组成部分。西欧各国的"外籍工人"(主要来自巴尔干半岛、土耳其、北非)是派出国的重要经济收入来源。以色列政府鼓励各国犹太人移居以色列。新加坡特别鼓励高素质华人移民新加坡,鼓励华人生育,以保持华裔在总人口中的比例。在制定有关外国移民的政策时,各国政府都会考虑到政治、经济、外交、本国族群关系等因素。

对待国内各地区之间的迁移,政府也有一些政策来鼓励或限制以族群为背景的移民。在二战期间,斯大林曾对苏联许多族群实行强迫迁移,如克里米亚鞑靼人、车臣人被迁到中亚,这些移民族群与当地居民的冲突和对回迁的强烈要求,成为今天俄罗斯和其他各前加盟共和国民族矛盾的重要内容。

入主中原后,清朝统治者曾长期不准汉人到山海关外垦荒定居,也不准汉人携家迁入蒙古地区定居。20世纪初叶由于沙皇俄国吞并中亚各国和西伯利亚地区,为了防御北部边疆,清朝政府制定了"移民实边"政策,转而鼓励汉族人口进入东北三省,在内蒙古草原强行"放垦",这些政策对我国各族群的地理分布产生了重大影响。

三、我国三个少数族群地区的汉族人口迁移

中华民族形成的过程,即是各族在中华土地上不断诞育、分化和跨地域迁移、交融的过程。黄河流域是汉人发源地,在商朝和周朝,黄河流域的农耕部落开始形成组织严密的国家,建立城市和贸易集市,历史上称之为"诸夏"。"诸夏"四周则是被称为"蛮夷戎狄"的其他族群。秦朝统一中原后,各族群在新的"郡县制"下调整地理分布,部分少数族群迁往边缘地带,留居中原的少数族群渐渐被同化。

秦汉之后,中国族群迁移的大趋势是定居中原的汉人逐步向东南沿海、南部丘陵和西南盆地移民。同时北方草原、东北森林和西部高原地带的游牧、狩猎部落不断入侵中原,汉人采取防御态势。即使在元朝和清朝统治时期,人口迁移的大趋势也是中原汉人向周边少数族群地区迁移,与当地族群融合,形成各地区汉人在体质和方言上的明显差异。与此同时,部分少数族群成员迁到中原地区定居。在人口迁移、经济交流、政治整合的过程中,逐渐形成"中华民族多元一体格局"。

鸦片战争后,我国沿海地区部分汉人开始迁移到东南亚的西方殖民地,一部分甚至迁到美国和欧洲。随着清政府与帝国主义列强签订了一系列不平等条约,边疆地区的版图变化使得一些边疆族群被国境线所分割。

中华人民共和国成立后,由于各地区具体情况不同,中央政府对各地的移民政策和限制也不相同。在西部地区,为了促进当地生产建设和各项事业(教育扫盲、医疗卫生、基础设施、工商业)的发展,政府动员东部汉族干部、知识分子到边疆工作,修建铁路公路,一些工厂迁到西部地区。经济建设和城镇发展使得西部地区的汉人比例逐步增加。下面对内蒙古自治区、新疆维吾尔自治区、西藏自治区这三个地区的人口迁移情况进行讨论。

(一)内蒙古自治区的汉族移民

内蒙古自治区与汉人稠密的华北地区毗邻,交通方便,汉族人口增长最快(见表10-3)。汉族人口从1912年的100万增加到1937年的370万,1949年的515.4万,2000年的1 882.4万,直至2010年的1 965.1万,占内蒙古总人口的79.5%。内蒙古自治区的总体人口可粗略分成三部分:其中三分之一是原有人口,三分之一为自然生育,另外三分之一则是外来移民。这样的人口增长速度使得内蒙古农村与牧区的人均自然资源占有量明显下降,土地过度开垦和草原"过牧"(牲畜数量超过草场合理载畜量)导致自然生态的恶化。

表10-3 内蒙古自治区汉族人口数(1947—2016年) (单位:万人)

年份	汉族人口	汉族占总人口(%)	年份	汉族人口	汉族占总人口(%)	年份	汉族人口	汉族占总人口(%)
1947	469.6	83.6	1965	1 129.4	87.1	1988	1 721.8	82.2
1948	485.8	83.9	1966	1 158.3	87.1	1989	1 729.9	81.9
1949	515.4	84.8	1971	1 358.2	87.3	1990	1 749.1	81.4
1950	565.9	85.0	1972	1 401.7	87.4	1990*	1 729.0	80.6
1951	589.6	85.9	1973	1 444.5	87.5	1991	1 758.7	80.5
1952	614.4	85.8	1974	1 493.4	87.6	1992	1 766.1	80.0
1953	649.3	85.6	1975	1 521.5	87.6	1993	1 779.4	79.7
1954	687.6	85.8	1976	1 549.0	87.6	1994	1 791.6	79.3

续表

年份	汉族人口	汉族占总人口(%)	年份	汉族人口	汉族占总人口(%)	年份	汉族人口	汉族占总人口(%)
1955	725.6	86.1	1977	1 573.9	87.5	1995	1 803.4	78.9
1956	775.7	86.5	1978	1 592.9	87.4	1996	1 820.0	78.9
1957	811.2	86.7	1979	1 617.0	87.3	1997	1 836.8	79.0
1958	857.1	86.9	1980	1 632.7	87.0	1998	1 851.0	80.1
1959	930.7	87.6	1981	1 651.5	86.8	1999	1 865.5	80.1
1960	1 049.8	88.1	1982	1 637.9	84.4	2000	1 832.5	77.2
1961	1 021.0	87.8	1982*	1 627.8	84.5	2000*	1 882.4	79.2
1962	1 023.5	87.3	1984	1 663.3	83.8	2002	1 855.0	79.5
1963	1 061.1	87.3	1985	1 686.2	83.6	2010	1 921.5	77.7
1964	1 091.4	87.1	1986	1 696.8	83.1	2010*	1 965.1	79.5
1964*	1 072.9	87.0	1987	1 706.9	82.6	2016	1 889.1	77.3

*:为全国人口普查数字。

资料来源:内蒙古自治区统计局编,1999:91;内蒙古自治区统计局编,2001:147;内蒙古自治区统计局编,2017:104—108;宋迺工主编,1987:349。

我们可以对比表10-3中普查数据与当年户籍统计的差异,1982年和1990年普查得到的汉族人口数据少于户籍统计,说明改革开放后许多内蒙古的汉人外出务工。2000年和2010年普查的汉人数字多于户籍数字,说明外地汉人流入内蒙古务工经商。特别值得注意的是,2016年户籍统计的汉人数字出现下降,说明80年代实行的"一孩"政策已经给汉族年轻人的生育带来影响。从人口跨区域流动的方向和规模,可以分析出经济发展和就业机会的地区差异。

(二)新疆维吾尔自治区的汉族移民

新疆的汉族人口从1949年的29.1万增加到1978年的512.9万,再到2014年的860万。20世纪50年代和60年代,新疆生产建设兵团的发展吸引了不少我国东部城市的知识青年和移民,新疆地区的汉族人口从占总人口的6.7%增长到近40%,进入21世纪后,由于维吾尔族人口的高生育率和汉族人口的流出,比例下降到2016年的34.5%(见表10-4)。汉族移民的进入与流出,有助于我们从一个侧面了解新疆的建设发展态势和族群关系的走向。

新疆生产建设兵团在戈壁滩上开垦了许多荒地，引用内陆河水灌溉，在发展农业的同时造成当地水源紧张。移民对新疆的各项建设事业有很大推动，使得基础设施建设快速发展，新疆社会总产值从 1952 年的 13.4 亿元增加到 1990 年的 458.7 亿元和 1999 年的 1 168.69 亿元。新来的人口通过他们的劳动与智慧为新疆创造了新的财富，同时也对当地居民的资源使用、文化环境和就业机会造成多方面的影响。

表 10-4　新疆维吾尔自治区汉族人口数（1949—2016 年）　　（单位：万人）

年份	汉族人口	汉族占总人口（%）	年份	汉族人口	汉族占总人口（%）	年份	汉族人口	汉族占总人口（%）
1949	29.1	6.7	1985	534.9	39.3	1996	643.3	38.1
1952	32.6	7.0	1986	538.6	38.9	1997	660.1	38.4
1953	33.2	6.9	1987	543.3	38.6	1998	674.1	38.6
1957	82.2	14.7	1988	547.0	38.3	1999	687.2	38.7
1962	207.7	29.7	1989	553.2	38.0	2000	702.4	39.2
1964*	232.1	31.9	1990	574.7	37.6	2000*	749.0	40.6
1965	275.8	35.0	1990*	569.5	37.6	2002	759.6	39.9
1970	386.1	39.5	1991	584.2	37.6	2005	795.7	39.6
1975	478.0	41.4	1992	594.0	37.6	2010	832.3	38.1
1978	512.9	41.6	1993	603.7	37.6	2010*	883.0	40.5
1980	513.0	40.0	1994	616.5	38.0	2014	860.0	37.0
1982*	528.7	40.4	1995	631.8	38.0	2016	827.0	34.5

*：为全国人口普查数字。

资料来源：周崇经主编，1990:283；新疆维吾尔自治区统计局编，2003:109；新疆维吾尔自治区编计局编，2017:132。

（三）西藏自治区的汉族移民

西藏自治区位于青藏高原，高寒缺氧。1951 年解放军和平进入西藏之后，西藏的汉族人口数量经历了几次大的起伏（见表 10-5）。汉族人口的变化反映了西藏与全国政治、经济形势的变化。1957 年由于担心与达赖集团矛盾激化，中央实行人员缩减，在西藏工作的汉族总人数减少 87%。1959 年平叛后，西藏建立新的政府机构,教育、医疗、交通、通信、能源等各项事业迅速发展,汉族人数迅速增加,1980 年达到顶峰时超过 12 万人。1981 年根据藏族干部队伍的发展情况,1981—1984 年大批汉族干部调离西藏,1984 年后西藏自治区的汉族人口基本稳定在 6 万—7 万人。从表 10-5 中可以看出,普查数据因为覆盖流动人口而与户籍统计有差别,1990 年普查得到的西藏自治区汉族人口比户籍统计多 1.3 万,2000 年普查比户籍统计多 8.6 万,2010 年普查结果显示在西藏的汉族多达 24.5 万人。

随着青藏铁路的通车和川藏铁路的修建,大量汉族工人在西藏各地修建铁路、公路、机场和各项基础设施,西藏旅游业的发展也吸引许多汉族、回族和其他几省的藏族经商人员进入西藏各地城镇。西藏已经成为许多国内外旅游者向往的游览圣地。

表 10-5　西藏自治区汉族人口数(1956—2010 年)

年份	汉族人口	汉族占总人口(%)	年份	汉族人口	汉族占总人口(%)
1956	17 361	—	1990*	80 837	3.68
1957	2 100—2 200	—	1991	65 101	2.94
1964	36 717	2.93	1992	66 318	2.94
1978	112 569	6.46	1993	64 890	2.84
1980	122 356	6.60	1994	65 749	2.83
1981	99 873	5.37	1995	67 772	2.88
1982	91 720	4.85	1996	68 725	2.87
1982*	91 384	4.90	1997	69 205	2.85
1983	79 650	4.12	1998	73 841	3.01
1984	76 323	3.88	1999	70 145	2.83
1985	70 932	3.56	2000	72 122	2.87
1986	72 340	3.57	2000*	158 570	6.06
1987	78 804	3.79	2001	77 003	3.04
1988	79 871	3.76	2002	85 166	3.33
1989	74 989	3.47	2010*	245 263	8.17
1990	67 407	3.09			

资料来源:刘瑞编,1989:140,283;西藏自治区统计局编,1993:68;西藏自治区统计局编,1995:39;西藏自治区统计局编,2003:33。

* 西藏自治区第六次全国人口普查领导小组办公室等编,2012:38。

生活在西部少数族群地区的汉族人员集中居住在城镇和工业区,就业则集中在党政机关、科研单位、生产运输、医院学校、银行邮局等公共服务部门,这一特点清楚地表现在西藏自治区汉族就业人口的职业结构中。表 10-6 显示,在 16 岁以上汉族就业人口中,专业技术人员、办事人员、商业服务业人员、生产运输工人这 4 个职业占总数的 91.4%,相比之下,藏族在这 4 个职业上的人数仅占就业人口的 15.8%。西藏的回族就业人员有 75.1%集中在商业和服务业。

表 10-6 西藏自治区汉族、藏族、回族就业人口的职业结构(2010 年)

就业人口职业结构	全自治区		藏族		汉族		回族	
	人数	%	人数	%	人数	%	人数	%
国家机关、党群组织、企事业单位负责人	1 499	1.0	845	0.6	631	4.1	9	1.2
专业技术人员	7 595	5.1	5 085	3.9	2 398	15.6	31	4.2
办事人员	5 691	3.8	3 880	3.0	1 736	11.3	13	1.8
商业、服务业人员	15 018	10.1	7 033	5.4	7 235	47.0	556	75.1
农业劳动者	111 585	74.9	109 830	83.6	673	4.4	34	4.6
生产、运输设备操作人员	7 520	5.0	4 639	3.5	2 695	17.5	96	13.0
其他职业	129	0.1	111	0.1	17	0.1	1	0.1
总计	149 037	100.0	131 423	100.0	15 385	100.0	740	100.0

资料来源:西藏自治区第六次全国人口普查领导小组办公室等编,2012:1068—1070。

(四)移民与经济建设

20 世纪 50 年代以来,政府在西部各少数族群地区努力开展基础设施建设,修桥修路,农村通电通邮,发展当地经济,同时从内地和沿海城市迁来大量技术工人,在呼和浩特、包头、乌鲁木齐、银川、西宁等地迁入并创建一大批现代化工矿企业,这些工矿企业成为当地经济发展的基础。

在 60 年代初期的"三线"建设中,大批工厂迁到西部民族地区。由于这些企业在组织上自成体系,加上员工的族群背景、职业、受教育水平、宗教文化、生活习俗等与本地居民存在差异,迁入偏远山区的现代企业往往自办"小社会",形成一个个相对封闭的"经济、文化、族群孤岛"。这些企业一方面促进了当地经济、消费及教育和医疗事业,另一方面与当地民众保持某种距离,给当地族群关系带来多方面影响。

黑龙江和新疆生产建设兵团的主要经济活动是在垦荒基础上建立起机械化农业,兵团成为国家重要粮食基地,兵团开办的工厂成为地方工业的支柱。兵团的发展改善了少数族群地区的基础设施和文化医疗条件,对当地各族居民的社会、经济、文化教育事业的发展起到极大推动作用,促进了族群交流团结和国家的政治、经济、文化整合。但兵团部分团场和汉族移民在垦荒的过程中,难免与当地各族农民因土地水源产生纠纷。由于语言、宗教信仰和习俗差异,汉族移民与当地少数族群民众存在一定的文化隔阂。

移民与本地族群之间的关系通常受到族群关系史、社会制度、政府政策、经济利益、文化差异等多种因素的综合性影响,因此需要根据我国各地区的族群交往史和现实生活,结合人口迁移来分析当地的族群关系:汉族迁入史,移民的结构性特征(年龄、性别、婚姻状况、受教育水平、职业、城乡背景、迁入时间、迁移形式等)及与当地居民的差异,汉族移民与当地居民在语言、宗教、生活习惯方面的差异。考察在过去一段时间内,这些方面的差距是否在缩小,影响因素有哪些,政府制度、政策在族群交流交往交融方面发挥了什么作用,等等。以上的专题调查可为我们的族群关系研究提供基础资料和素材。

(五) 我国 21 世纪"西部大开发"战略的实施与族群关系

当前国家推动"西部大开发"战略和实行"对口支援",在这一发展态势下,各方面对西部地区的投资力度不断加大,也启动了许多建设项目,西部地区劳动力市场不仅规模扩大而且必将进行结构调整,大量各类技术人员和劳动力将从东中部地区进入西部。

我国西部各省份劳动力的结构有以下特点:(1)集中在农牧业,特别是当地少数族群劳动力;(2)非农业劳动力集中在国有企事业单位;(3)少数族群劳动力的受教育水平参差不齐;(4)在教育统计数字背后,还存在因实行民语教学而形成的少数族群学生与汉族学生在掌握通用工具语言(汉语普通话)和知识水准(受民语教材质量影响)方面的差距。

在计划经济体制下，我国少数族群学生在各级学校入学、在校及毕业分配方面都受到特殊优待，大中专毕业生曾长期由政府包分配。在新的市场经济体制下，劳动力改由企业自行招聘并根据业绩实行淘汰。一些因优惠政策进入大学的少数族群学生，如果毕业时业务能力不足并且缺乏竞争力，有可能面临就业困难。

西部大开发面临的人才缺乏与相应实施的人才引进，将会在族群关系方面引发一系列新问题：

（1）在各开发项目中新引进的汉族人才有可能引发当地部分少数族群民众的不满，认为"外族人"占据"本地就业机会"，减少本地青年就业机会。

（2）导致对当地民族教育体系的反思。一是优惠政策降低少数族群考生录取分数线，各级学校所有课程的实际授课进度受到学生原有学习基础的拖累难以提高；二是各科民文（数理化等）教材和授课水平与汉文教材存在明显质量差距①，影响学习成绩；三是我国一流大学各科目为汉语授课，自小学开始接受民语授课的学生（"民考民"）很难进入一流大学，只能进入本地民语授课大学，形成恶性循环；四是随着全国劳动力市场的形成，汉语普通话作为国家通用语言已经成为人际交流主要工具和工作语言，如果汉语文能力不强，必然影响少数族群毕业生就业。因此，在新形势下，改革现有民族教育体系必然会提上议事日程。

（3）就业竞争导致的社会不满推动政府进行必要的干预。目前大学、大专毕业生就业实行"双向选择"，用人单位有充分自主权，人才在劳动力市场中根据岗位所需素质、能力进行流动。在市场机制下，少数族群毕业生有一部分可能面临就业困难，单位淘汰机制使部分少数族群职工面临比汉族员工更大的失业压力。当少数族群毕业生和在岗人员中有相当部分面临就业困难和"下岗"前景时，少数族群将要求政府对就业机制进行行政干预。为了社会稳定和族群团结，在西部地区从计划经济向市场经济"过渡"的时期，政府需要根据具体情况采取一些必要措施，如为当地人员提供免费的汉语和就业技能培训，

---

① 我国数理化生等科目的小学、中学、大学汉文教材自1905年"废科举、兴新学"后，历经百余年教学实践而不断更新改进，质量明显高于藏文、维吾尔文、蒙古文的相关教材。学生可阅读参考的各学科汉文教辅材料和其他出版物数量众多且质量明显高于藏文、维吾尔文、蒙古文出版物，而且这一差距仍在继续扩大。

对吸收一定比例当地少数族群职工的企业减免税收或提供贷款优惠,组织跨地区劳务输出等,思考推动教育体制改革以适应形势的发展,改善少数族群人员的就业前景。

四、我国藏族与维吾尔族人口的跨地域流动

除西藏自治区外,中央政府在青海、四川、甘肃、云南建立了10个藏族自治州(其中2个与其他民族共建)和2个藏族自治县,这些自治单元组成"藏族自治地方",共145个县。根据1982年人口普查统计,居住在上述"藏族自治地方"的藏族人口占我国藏族总人口的93.7%,1990年普查时占藏族总人口的93.4%,到了2000年普查时占藏族总人口的92.3%,2010年普查时占91.4%。这说明我国藏族人口部分成员正逐步跨越传统居住区边界进入其他地区,这一发展趋势与国家基础设施建设和经济一体化的大方向一致。

1. 藏族人口的跨地域流动

表10-7介绍了1982年、1990年、2000年和2010年4次人口普查公布的各省藏族人口统计数据。除了上面介绍的"自治地方"的藏族人口占总人口比例这一指标外,我们对"自治地方"之外藏族人口的绝对人数及比例也同样需要关注。特别是2000年中央开始实施"西部大开发"战略以来,随着基础设施(如青藏铁路)和能源项目的建设加快,大量沿海和内地企业进入我国西部地区,大量汉族流动人口也跟随这些建设项目来到西部,与此同时,也有一定数量的藏族和维吾尔族人口来到了内地和沿海城市寻找就业和发展的机会。

表10-7 藏族人口分布变迁(1982—2010年)

	1982（人）	1990（人）	1982—1990增长%	2000	1990—2000增长%	2010（人）	2000—2010增长%
全国	3 874 035	4 593 072	18.56	5 416 021	17.92	6 282 187	15.99
西藏自治区	1 786 544	2 096 346	17.34	2 427 168	15.78	2 716 388	11.92
其他藏族自治地方	1 845 219	2 192 456	18.82	2 573 696	17.39	3 025 677	17.56
青海非藏区	166 409	193 732	16.42	224 116	15.68	254 048	13.36
甘肃非藏区	28 393	34 545	21.67	47 825	38.44	57 826	20.91

续表

	1982（人）	1990（人）	1982—1990 增长%	2000	1990—2000 增长%	2010（人）	2000—2010 增长%
云南非藏区	5 075	6 969	37.32	11 333	62.62	12 761	12.60
四川非藏区	31 283	50 557	61.61	70 402	39.25	151 887	115.74
重庆	—	—		2 292	—	3 086	34.64
北京	820	1 329	62.07	2 920	119.71	5 575	90.92
天津	30	505	1 583.33	1 271	151.68	1 775	39.65
河北	127	995	683.46	3 096	211.16	1 935	-37.50
山西	75	474	532.00	1 544	225.74	1 047	-32.19
内蒙古	504	807	60.12	2 062	155.51	3 259	58.05
辽宁	67	625	832.84	2 017	222.72	1 881	-6.74
吉林	18	143	694.44	1 615	1 029.37	652	-59.63
黑龙江	55	186	238.18	1 655	789.78	589	-64.41
上海	104	637	512.50	1 642	157.77	2 406	46.53
江苏	82	866	956.10	2 659	207.04	3 358	26.29
浙江	35	393	1 022.86	1 084	175.83	2 850	162.92
安徽	105	558	431.43	2 263	305.56	1 279	-43.48
福建	87	282	224.14	1 290	357.45	1 739	34.81
江西	39	397	917.95	1 649	315.37	1 150	-30.26
山东	173	932	438.73	2 733	193.24	2 146	-21.48
河南	521	1 606	208.25	3 953	146.14	1 811	-54.19
湖北	83	760	815.66	1 648	116.84	2 175	31.98
湖南	95	552	481.05	2 930	430.80	1 622	-44.64
广东	388	1 307	236.86	7 020	437.11	5 604	-20.17
海南	—	101	—	450	345.54	248	-44.89
广西	149	211	41.61	2 194	939.81	815	-62.85
贵州	205	677	230.24	1 787	163.96	1 281	-28.32
陕西	1 120	1 319	17.77	3 048	131.08	6 345	108.17

续表

	1982（人）	1990（人）	1982—1990 增长%	2000	1990—2000 增长%	2010（人）	2000—2010 增长%
宁夏	47	198	321.28	506	155.56	656	29.64
新疆	1 967	2 235	13.62	6 153	175.30	8 316	35.15
藏族自治地方外	242 272	304 270	25.59	415 157	36.44	540 122	30.10
藏区外占藏族总人口%	6.25	6.62	—	7.67	—	8.6	—

资料来源：根据国务院人口普查办公室公布的全国及各省份历次人口普查资料整理。

1982年在藏族自治地方以外生活的藏族人口为24.2万人，占藏族总人口的6.25%。自1981年藏区各地逐步推行家庭联产承包责任制以后，陆续有部分农村剩余劳动力流动到其他地区就业，1990年在藏族自治地方以外生活的藏族人口达到30.4万人，占我国藏族总人口的6.62%。2000年在藏族自治地方以外生活的藏族人口达到41.5万人，占我国藏族总人口的7.67%。2010年在藏族自治地方以外生活的藏族人口达到54万人，占我国藏族总人口的8.6%。在许多城市可以看到藏人在街角出售传统藏族首饰、佛像等工艺品，还有一些藏人在一些城市开办藏餐馆。

1990—2000年，藏族人口向自治地方以外地区流动曾经出现较快增长，但在2000—2010年，这一人口外流的势头明显放缓，在近半数省市藏族人口甚至有所下降，其原因需要深入调查。在普查所统计的非藏区藏族人口（54万）中，第一部分是在政府部门就业的干部职工，在北京的中央机构（国家民委及下属事业单位如民族出版社、民族编译局、民族歌舞团等）和有藏族自治地方的省会城市（西宁、成都、昆明、兰州）都有一定数量藏族干部职工，他们不属于流动人口。第二部分是政府安排的内地"西藏班"学生。第三部分是自发来到非藏区的藏族流动人口，主要来自藏区农村和小城镇，而且所受教育有限。这些藏族流动人口并没有进入内地城市制造业、运输业、建筑业、服务业这些吸收大量流动人口的行业，而街角摆摊卖工艺品只能吸收数量有限的从业人员。这一就业模式限制了藏族流动人口在自治地方以外省市的持续增长。

2. 维吾尔族人口的跨地域流动

表10-8是1990年、2000年和2010年三次人口普查的维吾尔族人口数据。1990—2000年,全国所有省市的维吾尔族人口都有显著增长,有的省市甚至增长几十倍,在新疆以外省市的维吾尔族人口从1990年的15 179人,增加到2000年的53 771人,增长2.5倍。这显示出随着经济体制改革的实施和人口流动政策的放开,许多新疆维吾尔族人员来到内地寻求就业机会,在全国各地城镇都可以发现烤羊肉串的摊点,有些维吾尔族开设清真餐馆,烤肉、拉条子和大盘鸡受到内地民众欢迎,这是一个可喜的发展趋势。

表10-8 中国维吾尔族人口的地理分布(1990—2010年)

	1990(人)	2000(人)	1990—2000 增长%	2010(人)	2000—2010 增长%
全国	7 207 024	8 399 393	16.54	10 069 346	19.88
新疆	7 191 845	8 345 622	16.04	10 001 302	19.84
北京	2 020	3 129	54.90	6 975	122.91
天津	199	974	389.45	2 170	122.79
河北	279	1 785	539.78	864	−51.60
山西	66	1 084	1 542.42	670	−38.19
内蒙古	166	1 259	658.43	658	−47.74
辽宁	390	2 407	517.18	1 917	−20.36
吉林	264	1 500	468.18	1 127	−24.87
黑龙江	211	1 189	463.51	884	−25.65
上海	496	1 701	242.94	5 254	208.88
江苏	361	2 213	513.02	4 367	97.33
浙江	65	785	1 107.69	5 377	584.97
安徽	130	1 733	1 233.08	710	−59.03
福建	33	1 080	3 172.73	1 159	7.31
江西	20	1 142	5 610.00	852	−25.39
山东	238	2 386	902.52	4 635	94.26
河南	1 833	4 623	152.21	3 035	−34.35

续表

	1990(人)	2000(人)	1990—2000 增长%	2010(人)	2000—2010 增长%
湖北	277	1 457	425.99	2 577	76.87
湖南	5 794	7 939	37.02	6 716	-15.40
广东	262	3 057	1 066.79	6 438	110.60
广西	53	1 550	2 824.53	1 795	15.81
海南	10	354	3 440.00	393	11.02
重庆	—	1 194	—	1 162	-2.68
四川	209	2 158	932.50	1 945	-9.87
贵州	42	1 149	2 635.70	548	-52.31
云南	38	1 161	2 955.30	1 282	10.42
西藏	14	701	4 907.10	205	-70.76
陕西	583	1 187	103.60	1 570	32.27
甘肃	938	2 131	127.20	1 937	-9.10
青海	122	431	253.30	209	-51.51
宁夏	70	312	345.70	613	96.47
新疆之外省市	15 179	53 771	254.20	68 044	26.54
新疆外占维吾尔族总人口%	0.21	0.64		0.68	

资料来源:根据国务院人口普查办公室公布的历次人口普查资料整理。

但是在2000—2010年,这一趋势开始出现明显变化,虽然新疆以外省市维吾尔族人口总数从5.3万人增加到6.8万人,但在新疆以外的30个省份中,维吾尔族人口在16个省份中出现负增长。维吾尔族人口有增长的是浙江、上海、北京和天津等,下降的是西藏、安徽、贵州、河北和青海等。

居住在新疆以外的维吾尔族人口大致分三个部分。第一部分是在中央机构工作的维吾尔族干部,主要集中在北京,2010年北京的维吾尔族人口(6 975人)中,这些干部职工是重要的组成部分。第二部分是从2000年开始招收的新疆"内地高中班"学生,每年约5 000人,学制中加上"预科"一年共4年,4年学制的在校生总数约为2万人,即使考虑到其他民族约占10%,这在新疆以外的6.8

万维吾尔族人口中也是一个不小的比例。北京、天津、上海都开办了新疆"内地高中班",这部分说明这些城市维吾尔族人口增长的原因。"内地高中班"学生毕业后进入内地大学就读,大学毕业后这些学生大多返回新疆就业。第三部分是自发来到内地的维吾尔族,多数为自行就业人员,从整体上看,他们与藏族流动人口一样没有进入到内地城镇的制造业、运输业、建筑业等能够吸收大量就业人员的行业,所以大多数人的就业与生活是不稳定的。

近年来,维吾尔族摊贩与消费者发生矛盾以及"新疆小偷"的报道不时出现,遗憾的是,这些极个别的行为在一定程度上使得新疆流动人口被整体"污名化",这就进一步限制了他们的就业机会与空间。部分维吾尔族流动人口遇到租房难、看病难、就业难等许多日常具体问题,使他们无法像其他汉族流动人口那样在内地和沿海城镇长期定居和生活。2000—2010 年新疆以外省市的维吾尔族人口总数增加近 1.5 万人,但是减去 2 万多的"新疆内高班"学生①,内地的新疆维吾尔族流动人口实际数字在下降。

近些年中国有约 2.6 亿离开户籍地的流动人口,其中有相当比例的少数族群成员,因此有关这些少数族群流动人口的调查研究也成为中国族群社会学的重要研究专题:他们自哪里来?在新居住地的住处和就业是否稳定?收入与消费模式相较在原居住地时有什么变化?他们在城镇居住一段时间后,族群认同观念是否出现变化?他们是否计划返回原居住地?原因是什么?2005 年北京大学社会学人类学研究所组织了中国西部 6 城市的流动人口调查,以及南疆和内蒙古流动人口迁出地的问卷调查,这些大规模调查为我们研究 21 世纪中国各族群人口的跨地区流动提供了系统的数据资料(马戎,2012b)。

人口迁移从古至今始终是族群交往的重要渠道,在 21 世纪,人口跨地域、跨国界流动已成为普遍的社会现象,所以,我们在研究一个国家或一个地区的族群关系时,需要结合对人口迁移的系统研究来分析迁移对各地族群交往及族群关系的短期和长期影响。

---

① 新疆内地高中班近几年的招生规模为:2007 年招生 5 000 人,2008 年招生 5 518 人,2009 年招生 5 500 人,2010 年招生 6 378 人。2010 年普查时这些在校高中生为 22 396 人。前几届的高中生毕业后大约 1 万人几乎都进入内地大学就读。据了解 2013 年新疆内高班计划招生 9 122 人。

第十一章

语言使用与族群关系

在人类社会形成与演变过程中,各族群语言的出现与发展是一个重要因素。英国社会学家史密斯认为,"族群是一种文化的集合体,……(族群)凭借文化方面的一个或几个差别(如宗教、习俗、语言或组织)来相互区别"(Smith,1991:20);美国社会学家帕森斯把语言和宗教一同视为族群文化认同的基本要素(Parsons,1975:54)。苏联民族理论和民族政策的奠基人斯大林也把"共同语言"作为定义"民族"的四个特征之一。

在社会发展过程中,人们使用本族的语言和文字记录本族发展历史和社会、经济、文化等领域的前进轨迹与成就,将其作为本族的历史记忆保存下来。各族在漫长发展过程中形成的发音方法、词汇构成、语法规则、书写方式各有特点,世界上所有的语言被划分为14个语系,各语系之下又分为不同语族和语支。

由于语言文字是各族群传统文化的载体,也是民众日常生活中相互交流的工具,在衡量族群关系现状或分析族群关系的历史演变时,语言使用情况的调查是重要专题之一。

一、语言具有文化象征和交流工具的双重性

(一)语言的双重性

语言是各群体创造出来使其成员得以进行口头交流的工具,与语言相应的书写文字则记录了人群在各领域获得的知识成就与历史记忆,并通过各类文本和印刷物传递给下一代并介绍给其他族群。正因为人类在交流中需要沟通工

具,才由此产生语言文字,所以无论从语言产生的原因还是产生后在人类社会所发挥的功能来说,必须认识到语言最重要的性质就是作为记录和传递信息的工具的应用性。

语言文字一旦出现,它作为族群历史事件的记载方式和文化传统的象征,也成为各族群传统文化的基本载体。在与他族的交往中,各族群都以保留本族文字记录的历史文献和其他文化结晶而自豪,甚至文字的书写方法也成为许多国家独具特色的一种艺术形式。在族际交流的历史进程中,各族语言文字必然发生动态演变,甚至消亡或复生。

历史上占统治地位的族群集团都试图在所控制的行政疆域内推行本族语言文字,使它成为通用语言,这样既便于行政管理,也有利于在文化上对其他族群实行同化。处于劣势的族群必然极力保存自己的语言和文化传统。语言不可避免地寄托着人们对自身所属族群历史与文化的深厚感情。

在选择使用语言时,人们面临着在感情上把它看作"文化象征"和在理性上看作"交流工具"的双重性,前者注重族群以往的历史记忆和文化价值,后者注重在族群成员生活与发展中的现实应用价值。社会学对族群语言的研究,特别强调对这一双重性的具体表现形式和演变趋势进行分析。

目前国内关于民族语言问题的讨论,人类学家在"文化象征"这方面强调得多,普遍对"应用工具"这方面讲得较少,而忽视应用性功能就可能对语言的认识偏向于感性化而做出脱离社会现实的判断。在"伪满洲国"时期,日伪政权在辖区内"曾经努力鼓励使用满语,认为这样将使满族民众获益,但是因为得不到满族民众的支持,这一尝试最终不得不放弃"(Dreyer,1976:20)。这说明在20世纪30—40年代,满族与汉族在文化及语言方面已经达到高度融合,满语文在民众日常生活中已基本失去应用价值,而且对掌握现代知识和就业没有帮助,此时恢复使用满语文违反了社会与文化发展的潮流。

(二)区域的社会、经济、文化发展需要一种"地区性共同语"

随着各族群、各国政治、经济、文化、人员交流的不断加强,语言作为交流工具的"实用性"特质必然发挥越来越大的作用。在一个现代民族国家形成和发展的历史时期,一种最通用的语言不可避免地成为该国的正式"国家通用语言"或非正式的"族际共同语"。在国际交流迅速加强和"全球化"进程的客观要求

第十一章 语言使用与族群关系

下,会出现一种或几种人们最为常用的"国际共同语"(如英语)或跨国界的"区域共同语"(如南美的西班牙语)。

在我国社会生活和日常交往中,应用性最强的语言是汉语普通话。汉语文在中国几千年的文化发展史和现代社会发展过程中已在事实上成为中华民族大家庭的"通用语言"或"族际共同语"。不但我国历史上许多边疆族群精英的著述留存在汉文典籍中,历代文化典籍和科学成果用汉文呈现,国外大量文学、社科、科技著作译成汉文出版,当前国内许多少数族群知识分子的研究成果也用汉文发表。我国每年的出版物有99%是汉文出版物,在中国生活和工作的人,如能熟练掌握汉语文,就可以接触和使用国内信息总量的99%,这是数量巨大和无法替代的资源。

第二次世界大战后,英语越来越显露出作为国际通用语的势头。在此之前,法语、德语、西班牙语都拥有自己辉煌的发展历史、文学大师和经典作品,但随着国际交流迅速增加,必然萌生对一种通用语言的客观需求。英国及英国殖民者建立的国家(美国、加拿大、澳大利亚、新西兰)和英国在南亚、非洲的殖民地,拥有辽阔地域、庞大人口与逐步增长的经济实力,这使英语的流行具有坚实的人口与政治基础。战后美国凭借经济和金融实力处在绝对优势的地位,美国在欧洲乃至世界性的外交事务中有着重要发言权,英语遂成为各国贸易、外交和学术交流的主要工作语言。

(三) 人类语言的发展趋势

据西方学者介绍,1万年以前,世界人口约有100万,存在着大约1.5万种语言,今天全世界人口增长到70亿,保留下来的语言只有7 000多种,语言学家预计100年内(在21世纪)还将会有2 300种语言消失。两代至三代人之后,那些人口较少族群的年轻成员为了自身生存和发展,将会面临更大的压力去学习大族群通用语言及英语,各族民众和各国社会将越来越重视语言作为交流工具的实用性,从而选择在交流中实用性最强的一种语言作为自己的主要学习语言。

由于看到全世界语言发展大趋势以及多族群国家内部实际正在发生的语言变迁,一些头脑清醒的政治家和族群领袖在本族语言问题上不是从狭隘的族群感情出发,而是顺应语言发展的大趋势,在语言学习问题上采取积极和务实的态度。

二、列宁和斯大林关于"民族语言"的观点

(一) 语言发展的历史阶段性

斯大林在《马克思主义和语言学问题》(1950年)这篇文章中提出,族群语言的发展有几个阶段:(1)在存在族群压迫的历史时期,"(事实上是)一些语言的被同化和另一些语言的胜利";(2)"社会主义在世界范围内胜利以后的时代,……民族平等将会实现,压制和同化语言的政策将会取消,……各民族的语言将有可能在合作的方式下不受约束地互相丰富起来";(3)"这些语言由于各个民族在经济上、政治上和文化上的长期合作将首先划分出最丰富的单一的区域性语言,然后区域性语言再融合为一个各民族共同的语言"(斯大林,[1950]1962:557—558)。

从近代许多国家的发展情况看,随着人口迁移和族群混居与广泛交流,有一些族群(如中国的回族)虽然已改用其他族群的语言,但仍保持自己的身份认同而没有被同化。散居各国的犹太人已经使用当地语言,但仍然保持独立族群身份。除了语言这一因素外,其他因素(如宗教)也在保持族群身份认同方面发挥重要作用。回族和犹太人之所以能保持独立族群身份,很大程度上是由于他们所信仰的宗教与周围其他族群不同。美国黑人的语言是英语,信仰的宗教也与白人相同,但他们仍是区别于白人的不同种族。体质差异、受奴役的历史和受歧视的现状是黑人保持独立族群意识最核心的因素。

(二) 反对使用行政力量推行"国语"

列宁对利用行政力量强行推行"国语"的做法明确表示反对,认为这样做只能引起其他族群的反感,在一个多族群国家中任何语言不应拥有特权,经济活动的发展自然会推动一种应用性最强的语言成为公共语言,强制的效果适得其反。列宁特别强调要考虑少数族群的"心理状态","而这种心理状态,只要是在稍微采取强迫手段的情况下,就会玷污和损害集中制、大国制和统一语言的无可争辩的进步作用,并将这种进步作用化为乌有。但是,经济比心理状态更重要:俄国已经有了资本主义经济,它使俄罗斯语言成为必不可少的东西"(列宁,[1913b]1959:253)。

美国学者康纳(Walker Connor)把这类国家的语言政策归纳为"三阶段模式":(1)"多元主义"政策,各种少数族群语言的使用受到鼓励;(2)"双语主义",政府增加了要求学习国家主导语言的要求;(3)"统一语言",国家主导语言成为唯一的教学语言和官方正式语言(Connor,1984:254—255)。

三、各国的语言政策

(一) 美国的语言政策

美国在语言政策方面有三种观点:(1)认为美国是使用单一语言的国家,应用英语对每个人都有利,应当抵制双语教学;(2)承认美国存在一些母语不是英语的人,他们讲各自母语只是暂时现象,双语政策将会架起一座通往应用英语的桥梁;(3)承认双语是美国人生活中的一个现实,而且这种现实对美国有好处,在人们不讲英语的区域,其他语言应当得到某种官方的承认(Simpson and Yinger,1985:401)。

1968年美国通过《双语教育法》后,官方的语言政策大致是采纳第二种观点。出于财政资源、教育科目方面的考虑和对分离主义的担心,美国一些州对实行双语教育有分歧意见,民众中抵制双语教学的倾向在上升。

但在实际生活中,美国仍有相当比例的人口使用其他语言。例如1980年普查表明,美国有2 300万人(超过总人口十分之一)在家里不说英语;在家里不讲英语的成年人当中,有28%完全不会讲英语(罗贝,1988:147)。表11-1表明,1970—1980年,在家里讲英语之外其他语言的族群人数发生明显变化,欧裔移民讲非英语母语的人数减少,亚裔移民在家里讲母语的人数增加。这反映了来自不同国家的新移民在美国所占的相对比例。

表 11-1　美国在家里讲不同语言人数的变化(1970—1980年)

家里使用语言	变化	家里使用语言	变化
德语	-15%	朝鲜语	+300%
斯拉夫语	-30%	菲律宾语	+120%
立陶宛语	-27%	汉语	+70%
俄罗斯语	-26%	阿拉伯语	+40%
依地(犹太)语	-25%		

资料来源:罗贝,1988:150—151。

以上数据表明美国在语言方面呈现"多元一体"的格局。英语是学校、就业机构和公众社会通用的语言,美国并没有规定官方语言是英语,但不掌握英语使人们在学习、就业、社交等方面非常不便,英语实际上是美国的"族际共同语"。而在家庭、私人社交、社会团体的范围内,各少数族群可依照自己的意愿继续使用母语。

(二) 苏联的语言政策

十月革命后,有人曾经建议宣布俄语为"国语"并强制推广其使用。列宁反对这种做法,在苏联各加盟共和国,本地民族语言与俄语同属官方正式语言,学校使用本地民族语言教学。苏联建国初期,政府"还为文字不健全或无文字的110 种语言中的 50 种语言,创造了文字。…… 在苏联时期曾用 94 种民族语言进行过教学,1925 年俄罗斯用 25 种民族语言出版了教科书"(哈经雄、滕星主编,2001:181)。

1980 年,苏联各自治共和国的少数族群中只有 3 个族群没有建立使用自己语言教学的学校,但是许多少数族群父母送孩子入俄语学校。1934—1940 年,有 64 个民族的学校使用母语教授数学课程,65 个使用母语教授语言—文学课程;1976—1980 年,只有 35 个民族的学校使用母语教授数学,53 个仍然使用母语教授语言—文学课程(Anderson and Silver,1992:379)。

20 世纪 70 年代和 80 年代,各加盟共和国加强推广俄语教学。在 30 年代,乌克兰有 86% 的学生用乌克兰语学习,只有 4.5% 是俄语教学,50 年代这两个百分比改变为 72% 和 26%,在 60 年代比例又改变为 62% 和 37.2%,在 70 年代为 60% 和 40%。而在 80 年代俄罗斯人只占乌克兰总人口的 19.3%,所以有相当比例的乌克兰学生在俄语学校读书(阮西湖编译,1981:53)。在苏联教育体系中,学校年级越高,俄语使用程度越高。表 11-2 表明非俄罗斯各族以俄语为本族语言的人数比例从 1959 年的 10.8% 增加到 1979 年的 13.1%。经过 70 年语言使用的演变,俄语已经成为苏联地区各族人民的"族际共同语"。

1958 年的苏联教育法令规定父母有权为子女选择使用哪种语言接受教育,俄语作为苏联族际共同语被各少数族群广泛接受。一些学者指出,尽管俄语的使用在苏联各族群中已经相当普及,但是族群问题并没有因此而得到解决。在实现了语言统一、少数族群人口城市化和少数族群精英分子进入社会上层之后,族群意识并不一定会淡化。

第十一章 语言使用与族群关系

表 11-2 苏联时期非俄罗斯人语言使用情况

	人数（万人）			%		
	1959	1970	1979	1959	1970	1979
非俄罗斯人总数	9 471.3	11 271.3	12 468.8	100.0	100.0	100.0
以本族语言为民族语言	8 297.2	9 807.0	10 680.0	87.6	87.0	85.6
以俄语为本民族语言	1 018.3	1 301.9	1 630.0	10.8	11.6	13.1
以其他族语言为本民族语言	158.8	161.5	160.0	1.6	1.4	1.3

资料来源：阮西湖编译，1981：41。

1991年苏联解体后，取得独立的各加盟共和国都兴起"语言民族化"的运动，俄语在学校和公共场所受到排斥，这种现象之所以会产生，其推动力量主要是政治因素和民族主义情绪，取得独立的各国都把使用母语作为政治独立的一个象征。由于这些国家在政治、经济和文化上与俄罗斯有着千丝万缕的联系，而且在这些国家还居住着大量俄罗斯人，俄语的实际应用性并没有因为这些国家的政治独立而降低。所以在最初的民族主义情绪高潮之后，这些国家头脑清醒的政治领袖开始认识到，俄语作为交流工具对本国发展具有积极意义。如时任哈萨克斯坦总统纳扎尔巴耶夫指出："不应限制使用俄语，哈萨克人普遍掌握俄语，为本民族提供了接触现代化信息的机会。"

（三）南非的语言政策

当南非处于白人种族主义者统治时期，英语被认为是白人的语言，"南非政府支持（黑人）通过自己的母语来接受教育，但是许多南非黑人希望用英语接受教育，因为他们认识到，'在主要城镇之外并且只使用部落语言开展教育的语言政策，很清楚的是这样一种设计，目的在于在实行文化多元主义的同时也要保证社会分层，即保证黑人不可能学习英语这种技能，而这种技能是争取更多资源所必需的条件'。换言之，这种语言政策将使白人的优越地位永久保持下去"（Simpson and Yinger，1985：17）。

正当许多国家的弱势族群积极争取使本族语言成为学校教学语言和设立本族自己的学校时，南非黑人却积极争取使自己进入英语教学的学校，希望通过学习英语教材掌握现代国家行政和专业人员必须具备的知识、技能与语言交流工具。在南非，掌握英语是城镇就业和取得较好职位的必要条件，不会讲英语和没有用英语接受教育意味着被排斥在城镇社会和"白领阶层"之外,而所有的黑人都希望在城镇找到地位和收入较高的就业机会。在南非,语言成为社会"阶级"的标志,语言的界限把南非分成彼此隔绝、互不流动的"二元社会"。

(四)瑞士的语言政策

瑞士联邦在处理族群关系方面被公认是一个典范,因为文化多元主义在瑞士各个族群当中得到普遍认同,瑞士因而不被认为是一个"多数族群—少数族群共存的社会",而只单纯是一个"具有文化差别性的社会"。瑞士社会把国内族群差异仅仅看作"文化差异",而不赋予族群差异以任何其他的政治和意识形态的意义。在某种意义上,瑞士可以被视为把族群问题"文化化"而不是"政治化"的一个典范。

德裔人口在瑞士总人口中占据多数,法裔和意大利裔加在一起只占总人口的四分之一,但仍保持了语言和文化特征。法裔和意大利裔与德裔及其他族群共同认同于"瑞士公民"这个身份。瑞士有3种官方语言:德语、法语和意大利语。大多数公民信奉两种宗教,即新教和罗马天主教,"瑞士人可以在新教和天主教之间进行选择,两者地位平等。讲法语的天主教徒和讲德语的新教徒比较和睦地生活在一起,没有一方统治另一方"(波普诺,1999:310)。

瑞士于1648年宣布独立,1815年维也纳会议承认瑞士为永久中立国。在历史发展进程中,瑞士在政治和经济上发展出很强的统一性。国内所有语言都具有平等法律地位。瑞士的语言使用既不是苏联、美国那样的"多元一体"格局,也不是南非那样以种族—阶层为分野的"二元社会",而是多种语言平等使用的真正的"多元结构"。

(五)马来西亚的语言政策

马来西亚在独立建国后采取歧视与排斥"外来族群"(华人、印度人等)的政策,极力扶持土著马来人在各方面的发展。1941年华人人数甚至超过马来人,在1990年华人仍然占全国总人口的27.5%和城镇人口的40.8%。尽管华人具有这样的人口规模,但马来西亚政府宣布马来语和英语是国家的官方正式语言,在学校教学语言方面采取排斥华语的做法。华文学校得不到政府任何经费补助,毕业生因文凭不被承认无法就业,由于在生源和经费方面遭遇到双重困难,马来西亚绝大多数华文学校都关门停办。有钱的华人家庭把子女送到新加坡或者中国台湾地区入学,希望他们能够继续接受中文教育。而那些希望后代在马来西亚就业的华人则把子女送到英文授课学校就读。这样的语言政策加快了华人向国外移民的速度,造成人才流失,同时也不可避免地加深了族群隔阂。在实行语言歧视政策方面,马来西亚可以说是一个具有典型意义的国家。

(六) 我国的语言政策

中国有56个族群,使用的语言有80多种。我国的宪法和其他法令规定,各少数族群都有使用和发展其语言文字的自由。

1956年,国家组织了有700多人参加的7个民族语言调查队,在16个省、自治区对33种族群语言进行了大规模的普查,之后又根据各族群"自愿自择"和有利于本族群发展繁荣的方针,在民族语言方面做了以下几项工作:(1)帮助壮、彝、布依、苗、侗、哈尼、傈僳、黎、佤和纳西这10个族群制定了以拉丁字母为基础的文字;(2)帮助傣族在西双版纳、德宏两大方言区傣文的基础上,设计了两种傣文改革方案;(3)帮助景颇族、拉祜族改进了原有的拉丁字母形式的文字;(4)帮助原来使用阿拉伯文字母的维吾尔族和哈萨克族设计了以拉丁字母为基础的新文字(马寅主编,1981:17)。

在语言的实际使用方面,政府有具体规定:(1)族群自治地方的自治机关在执行职务时,把本族群语言作为主要工具之一;(2)各自治地方的人大选举时,使用当地族群语言文字;(3)各族群成员有使用本民族语言进行诉讼的权利,在民族地区用当地通用文字发布判决书、布告和其他文件;(4)有本族群通用文字的民族地区,注意使用当地族群的语言文字进行教学;(5)在有条件的自治地方,建立使用本族群语言文字的新闻、广播、出版事业(马寅主编,1981:17—18)。

20世纪50年代我国少数族群自治地区和聚居区建立了使用当地族群语言教学的"民族学校",建立了从小学至大学的"民族教育体系"。20世纪80年代起在各少数族群地区推动双语教育实验,取得良好的效果。进入21世纪,新疆和藏区进一步加强汉语学习。在双语教育体系中,学习本族语文有利于少数族群学生学习和继承本族传统文化,学习汉语有助于少数族群学生掌握应用性最强的族际共同语,有利于他们学习现代知识、进入中国最好的大学并拥有更宽广的就业与发展空间。语言平等始终是我国的基本政策。

四、从语言使用角度分析族群关系的演变

语言对于任何人类社会的存在都必不可少,对于社会变迁和族群关系研究具有特殊价值。中国各族群间、不同区域之间存在社会、经济发展水平的差别,也存在语言的差别。这些差异影响甚至制约着区域、族群的交流与发展。除了社会制度、经济结构等方面需要进行研究之外,我们也应当对各地区、各族群的语言、词汇的交互使用与演变情况开展调查研究。

(一)语言研究可以帮助我们了解与分析各族群演变史与族际交流史

通过查阅历史典籍,我们可以知道在各族历史上某个时期曾经使用过哪些词语,这些词语反映出当时各族应用过哪些生产技术、加工工具、生活用品,举办过哪些种类的社会活动、文化仪式、贸易活动,这些知识对于我们分析当时这些族群的社会经济发展形态很有帮助。同时,如果我们发现当时其他邻近族群对同样的器物、同样的技术使用同样或相似的词语和发音,这将有助于我们了解这些族群的交流历史,甚至分析他们是否拥有共同起源。古代汉语有不少词语来自西域甚至印度,许多少数族群的语言中有些词语来自古代汉语。历史文献的研究完全可以发展成为族群文化交流史的一个重要研究领域。

(二)语言可以反映各个族群的文化传统和社会—经济发展水平

从对人们使用的语言词汇的分析中,我们可以了解这个社会在科技和生产力方面的水准、社会组织的复杂程度、抽象思维的发展水平以及各类知识的积累内容。例如蒙古语中对不同年龄的牲畜都有专用语,这些词语在牧业生产和草原生活方面的应用远比汉语词汇丰富、准确、便利得多,同时蒙古语缺乏农业词汇,这正是蒙古族传统的游牧生活、牧业文化在语言中的体现。分析和研究蒙古语的词汇及其演变,有助于了解蒙古族社会的经济、文化生活的内容、特色与历史发展进程。

同样,沿海渔业族群对不同的海洋生物和海潮现象也有丰富的词汇来进行描述,农耕族群、狩猎族群、山地族群、沙漠族群等都有与自己生活的自然环境、传统生产活动密切相关的语言词汇体系。调查分析这些语言词汇的内容与应用领域,有助于我们了解、认识这些族群的经济生活、社会组织、科技水平与族际交流。

第十一章 语言使用与族群关系

（三）语言的相互借鉴反映出不同族群在各方面的交流与融合

随着使用不同语言的群体相互接触与交流，这些群体各自的观念与文化也必然通过交流对对方产生影响，所以考察一个社会对其他社会、其他群体语言文字的吸收情况，可以帮助我们了解不同族群、不同文化之间的交流态势与融合程度，这是族群关系研究的一个重要方面。外来语词汇的使用，反映各族群对外来文化的吸收和不同语言的"融汇"现象。

一般来讲，发展相对滞后的族群会较多吸收发达族群的词汇，该族群的知识分子会比较积极地学习发达族群的语言与文化，这是推动本族社会改革与发展的需要，也是他们在生活中接受发达族群物质和精神产品的需要。研究一个族群语言中的外来词汇，调查这个族群成员学习他族语言的情况，是了解分析族群交往态势的重要研究视角。

（四）研究社会流行语言词汇的变化是分析社会变迁、族群关系的一个生动视角

20世纪汉语的语法和词汇经历了从文言到白话的转变，并吸收了大量来自西方工业文明的专业词汇，同时中国各少数族群在政治、经济、文化、教育等方面也受到中央政府和汉族地区的影响，这些部分地反映在族群的语言使用中，研究中国少数族群在语言词汇使用方面的变化，有助于理解各族群的社会、经济、文化变迁。

对一个国家或一个族群而言，国家之间和区域之间的关系、区内族内的社会—政治格局、各种社会流行思潮等交汇在一起，从不同角度影响着社会中语言词汇的使用与创新。要研究中国现代史，特别是研究各少数族群的社会变迁，不能忽视这一研究视角和生活中丰富的研究素材。

五、近年来我国族群语言使用情况的调查

近年来我国学者在族群语言使用方面组织了一些调查研究，如20世纪90年代北京大学社会学人类学研究所在内蒙古、西藏等地组织的社会调查就涉及语言使用情况。

（一）内蒙古农牧区居民的语言能力调查

表11-3是1985年赤峰农牧区户主语言能力的调查结果。在农区，96.3%

的蒙古族户主会讲流利的汉语,有34%的蒙古族户主已完全不会蒙古语。牧区有47.2%的汉族户主至少可以讲一些蒙古语,其中26.8%蒙古语讲得很好,同时精通汉语的蒙古族户主比例也达到73.2%。由此可见,在农业地区汉语是通用的语言,汉族基本上无人学蒙古语,蒙古族普遍学汉语,蒙古语仅在不到一半的少数蒙古族居民中使用;而在牧业社区的蒙古族内部,蒙古语依然是主要语言,但是蒙汉居民进行交流时,汉语和蒙古语并用,所以存在汉族学蒙古语、蒙古族学汉语的现象。无论农区还是牧区,蒙古族被访者几乎一致表示希望自己的孩子将来在语言上能够蒙汉兼通。

表11-3 内蒙古赤峰农牧区被调查户主的语言能力(1985年)　　　　单位:%

		农区		牧区	
		汉族	蒙古族	汉族	蒙古族
汉语	完全不会	0.0	0.0	0.4	6.8
	会一些	0.2	3.7	0.7	20.0
	很好	99.8	96.3	98.9	73.2
	总计	100.0	100.0	100.0	100.0
蒙古语	完全不会	89.1	34.0	52.8	2.1
	会一些	8.3	22.5	20.4	3.8
	很好	2.6	43.5	26.8	93.8
	总计	100.0	100.0	100.0	100.0

资料来源:马戎、潘乃谷,1988:80。

(二)西藏城乡居民语言能力与使用情况调查

1988年对西藏自治区1 300多户居民进行问卷调查发现,拉萨老城区被访户主中藏族占到98%。被访户主中藏文很好的仅占14.1%,没有受过学校教育因而完全不会藏文的占到66.9%。拉萨城区居民接触汉族和汉语汉文的机会比农村居民多,10.2%的户主汉语很好,20.3%能讲一些汉语,但汉文很好的仅有2.7%。这与我国其他少数民族自治区首府城市的情况差别很大,拉萨市城关区汉族人口只占28%,而其他自治区首府城市居民中汉族都占大多数,而且拉萨市还存在着一定程度的族群居住隔离,影响了汉藏居民之间的日常往来。

表 11-4　西藏自治区被访城乡居民户主的语言能力(1988 年)

		拉萨	各乡	总计	
		%	%	户数	%
藏语	完全不会	0.0	0.1	1	0.1
	会一些	1.1	0.8	12	0.9
	很好	98.9	99.1	1 299	99.0
	合计	100.0	100.0	1 312	100.0
藏文	完全不会	66.9	78.5	955	72.8
	会一些	19.0	14.0	216	16.5
	很好	14.1	7.5	141	10.7
	合计	100.0	100.0	1 312	100.0
汉语	完全不会	69.5	90.4	1 051	80.1
	会一些	20.3	9.1	192	14.6
	很好	10.2	0.5	69	5.3
	合计	100.0	100.0	1 312	100.0
汉文	完全不会	90.2	97.5	1 232	93.9
	会一些	7.1	2.0	59	4.5
	很好	2.7	0.5	21	1.6
	合计	100.0	100.0	1 312	100.0
公共场所使用主要语言	藏语	100.0	99.7	1 310	99.8
	汉语	0.0	0.3	2	0.2
家庭使用主要语言	藏语	100.0	100.0	1 312	100.0
	汉语	0.0	0.0	0	0.0

资料来源:马戎,1996:369。

相比之下,1988 年调查的西藏各乡农牧民户主(661 户藏族,7 户汉族)中只有 1 户汉族不会讲藏语,有 78.5%完全看不懂藏文,藏文很好的占 7.5%,完全不懂汉语的占 90.4%,汉文很好的仅占 0.5%。

在被调查的拉萨老城区居民中,与汉族经常交往的占比高达 73.8%,感到需要学习汉语文的占 79.2%,认为西藏的发展需要提倡学习汉语文的占 79%,希望自己的孩子能够兼通汉藏语文的占 93.8%(见表 11-5),这说明老城区居民大多数对学习汉语文是积极的,这是今后发展汉语文教学的群众基础。虽然各乡居民中的大多数(73.2%)平时与汉族很少接触,但他们中感到需要学习汉语文的比例(85.9%)甚至高于拉萨。

表 11-5 西藏自治区被访户主关于汉语、藏语学习方面的看法(1988年)

		拉萨		各乡		总计	
		户数	%	户数	%	户数	%
平时是否经常与汉族交往	经常交往	288	73.8	52	26.8	340	58.2
	不常交往	102	26.2	142	73.2	244	41.8
	合计*	390	100.0	194	100.0	584	100.0
是否感到需要学习汉语文	需要	403	79.2	488	85.9	891	82.7
	不需要	106	20.8	80	14.1	186	17.3
	合计	509	100.0	568	100.0	1 077	100.0
西藏发展是否需要提倡学习汉语文	需要	381	79.0	547	94.3	928	87.4
	不需要	101	21.0	33	5.7	134	12.6
	合计	482	100.0	580	100.0	1 062	100.0
对目前中小学藏语文教学水平的评价	很好	149	36.3	179	32.2	328	33.9
	中等	206	50.1	300	54.0	506	52.3
	及格	43	10.5	58	10.4	101	10.4
	很差	13	3.1	19	3.4	32	3.4
	合计	411	100.0	556	100.0	967	100.0
对目前中小学汉语文教学水平的评价	很好	125	30.4	158	30.0	283	30.1
	中等	177	43.1	281	53.3	458	48.8
	及格	89	21.6	49	9.3	138	14.7
	很差	20	4.9	39	7.4	59	6.4
	合计	411	100.0	527	100.0	938	100.0
对自己孩子在语言学习方面的希望	藏语为主	8	1.6	67	12.5	75	7.1
	汉语为主	24	4.6	23	4.3	47	4.5
	藏汉兼通	487	93.8	446	83.2	933	88.4
	合计	519	100.0	536	100.0	1 055	100.0

*由于部分被访户主对一些问题未回答,所以各项问题回答者的合计总数不完全相同。
资料来源:马戎,1996:372。

第十一章 语言使用与族群关系

六、族群语言与少数族群教育

（一）我国的少数族群语言

中华人民共和国成立后，政府为了落实民族平等政策，为一些原来没有文字的族群创造了新文字，这一做法的政治意义和心理作用十分显著。可是从应用性来看，这些新创造的文字"既没有历史，也没有未来"，没有任何以前的文本资料和出版物可供阅读，以这种新文字书写印刷的材料今后也没有几个人能够看得懂。

一些少数民族语言文字虽然有一定使用历史，但如果这些族群人口规模太小，无法形成学校教育和实际应用的规模，这些语言文字最后也只能逐渐退出历史舞台。语言既可能增强一个族群的凝聚力，有时也可能会阻碍和束缚这个族群各方面的发展。针对这个问题，应从两方面来看：一方面，对仍在使用的少数族群语言文字，应当从立法和使用的角度来确保其合法性，对于少数族群民众希望发展本族语言教育的要求，政府应给予全力支持；另一方面，在语言教育中需要考虑到语言的实际应用性和学生未来的发展，在儿童入学时应允许家长和学生本人选择学习语种，不应作出强制性行政规定要求少数族群学童必须进入使用本族语言教学的学校。

对人口规模较小、语言应用范围小的族群，学习汉语的积极意义比较明显；而对于一些人口规模大、族群文化历史悠久的大族群，在今后相当长的一个历史时期内，族群语言在广大民众中仍然具有广泛应用性，要看到学习本族群语言对该族群发展教育和推动经济增长的积极意义，对于族群语言作为教学语言在学校中的使用，对于族群语言作为交流工具在社会生活中的使用，都必须给予相应的重视。

（二）少数族群在语言学习方面的不同情况

表11-6分析了我国少数族群语言在实际应用方面的几种情况。

（1）从来没有独立文字、人口很少的族群。政府为这些族群创造的"新文字"实际上不发挥任何学习、交流的功能，仅仅是"民族平等"的某种政治象征，没有任何实质的应用性价值，在这种情况下也就不可能存在实质意义上的"双语教学"。但在小学教育期间,当地族群语言可以作为教学辅助语言。同时应在研究机构和大学语言学系设立相应专业,使研究人员可以学习和研究这些正在消失的语言和文字。

表 11-6 少数族群语言文字的交流与学习功能分析

族群分类	本族语言			本族文字			
	本地基层社区交流功能	本地城镇社会交流功能	其他族群地区交流功能	双语教学辅助语言	双语教学主要语言	基本阅读学习功能	前沿专业阅读学习功能
有语言无文字小族群	V	×	×	V	×	×	×
有文字且人口有一定规模,无本族语言完整教育体系	V	V-×	×	V	×	V	×
人口百万以上,有本族语言完整教育体系	V	V-×	V	V	V-×	V-×	×

族群分类	国内族际共同语(汉语)			国际通用语(英语)			
	本地基层社区交流功能	本地城镇社会交流功能	国内其他地区交流功能	国内城镇日常交流	国内城镇业务阅读学习	出国日常交流	出国专业学习工作
有语言无文字小族群	×-V	V-×	V	×	V-×	V	V
有文字且人口有一定规模,无本族语言完整教育体系	×-V	V-×	V	×	V-×	V	V
人口百万以上,有本族语言完整教育体系	×	V-×	V	×	V-×	V	V

V:表示具有较强功能; ×:表示基本上没有功能。
V-×:表示部分较强功能; ×-V:表示部分较弱功能。

(2) 有独立文字但人口规模大小不等的各族群。这又可以进一步分为以下两类。

① 对于有独立文字、人口有一定规模,但没有形成以本族语言文字为教学语言的完整教育体系的族群,其文字出版物内容与数量不能满足在校学生的学

第十一章　语言使用与族群关系

习要求,也无法满足本族知识分子学习与阅读的基本需要,由于这样的文字不可能成为当地社会通用文字,似乎不应成为大多数学童的教学文字。但如果该族有部分民众要求以本族文字为学校教学语言,则应当根据民众愿望编制教材,并在部分专设学校为那些愿意学习本族文字的学生提供必要的学习条件。

② 对于一些已经形成以本族语言文字为教学语言的完整教育体系的人口较多族群,其文字出版物可以满足本族青少年学习知识的基本需求,但是其信息量与前沿性仍然有限,这些族群的知识分子仍需阅读汉文或外文出版物。对于这些族群的学生在学校里使用哪种语言学习,政府应当提供多种选择机会。对于学生是进入少数族群学校、双语学校还是普通学校就读,应完全尊重学生和家长的自愿选择。

(三) 学校中的教学语言

尽管人们都能够认识到语言的两重性和不同语言有各自的应用价值,但是基于不同的指导思路,在不同的社会制度和族群政策下,语言的学习和使用也会出现不同的模式。

在中国的社会制度与民族政策的环境下,近些年来由于政府一直面临西方国家对中国政府"对少数族群实行同化政策"的舆论批评和外交压力,所以极力强调民族语言的平等地位和作为学校教学语言的重要性。

根据我国法律,只要本族群有要求,政府就应当以其文字为工具开展双语教学,以该语言为主要教学语言,编印该文字的课本教材,这是宪法保障的公民权利。但是在实际教学中,应当允许学童及其家长自愿从以下多种教学语言体系中任选一种:(1)以本族语言文字为主要教学语言,同时开设汉语文课;(2)以汉语文为主要教学语言,同时开设本族语文课程;(3)把课程分为两类,人文类(历史、地理、母语文、政治思想等)用母语授课,科技类(数学、物理、化学、生物、计算机等)用汉语授课,加授外语。在这几种教育体系中,本族语言都可作为教学辅助语言,这种辅助的正面效果对小学低年级学生尤为明显。由于办学校必须具有一定规模,倘若学生数量太少,政府教育部门不得不采取集中办学或并校等措施,少数族群家长需要予以谅解和配合。

(四) 中国语言使用的基本格局

中国的语言使用是一个"多元一体"的格局,各族群有权保存与发展自己的语言,这是基础层面上的"多元",同时为了各族群的交流,为了在全国范围内推动经济、科学、技术、文化各方面事业的发展,扩展国内物资和劳动力市场,需要一种语言作为全国通用的"族际共同语"。从人口的规模、语言使用的历史发展和现实使用的情况来看,"族际共同语"只能是汉语普通话。汉语各方言区的学生也需要掌握普通话。

(五)我国少数族群学校的培养目标

兴办少数族群教育事业的目的是培养少数族群高级人才,这里包括两个主要部分,一个是各级党政干部,另一个是学者和科技、管理人才(包括教师、科学家、医生、工程师、企业家、作家、艺术家等)。从我国开办民族院校的历史传统来看,最初办学的主要目的是培养党政干部。中华人民共和国成立前后,西部广大少数族群地区迅速得到解放,迫切需要在很短时间内培养出大批少数族群干部充实基层政权和推动民主改革,于是各种培训活动和专门培养少数族群干部的民族院校应运而生。当年成立专门的民族院校是历史的需要。

中华人民共和国成立近七十年,培养少数族群党政干部的任务依然存在,但是随着时间的推移和社会的发展,总体形势已经发生很大变化。首先,对于培养少数族群知识分子、科技人才和管理人才而言,在数量和质量两方面的要求都提高了;其次,现代化进程对政府官员和管理干部的要求也有新的变化,需要具有相关领域知识、管理能力和高等教育背景的专业人员。所以,相较于对传统型党政干部的培养,今后少数族群知识分子和新型管理干部的培养任务会更重,培养的内容也会从民族政策教育转向社会发展和现代化所需的通用知识。

(六)保证高等院校少数族群学生的学习质量

保证少数族群大学生、研究生的学习质量,要把好两道关:一是入学关,二是毕业关。目前对少数族群学生普遍采取降分录取的优待政策,不具历史可持续性。为了真正做到保证少数族群学生入学的成绩质量,高等学校可以为少数族群高中考生组织专门的补习"预科班"或专门的"预科学校",选择高考成绩较好但仍然达不到录取水平的少数族群考生,为他们提供一至两年的补习机会,补习之后再次参加全国高考,以真正合格的成绩和学习能力进入大学,提高少数族群大学生的入学起点。

第十一章 语言使用与族群关系

在大学学习期间,学生各门课程的考试成绩是检验学生学习效果和毕业水平的标志,只有统一考试的成绩,才具有可比性。为了保证少数族群大学生的学习质量和促进各族群学生的交流互助,少数族群大学生主体或大多数应进入一般性大学而不是民族院校。同时,民族院校可以保持"以文科为主,以民族学科为特色"的传统,成为专门讲授少数族群语言、历史、宗教等学科及进行相关研究的教学机构。如果有部分少数族群学生在大学的正常学习期间成绩不够理想,可建立特殊的灵活学制,适当延长这部分学生的学习周期,使他们在毕业时各项业务成绩达到合格标准,以自身真正实力进入全国性就业市场。

第十二章

族群居住格局与族群关系

研究族群关系可在三个层面进行。在宏观层面,把每个族群视为一个整体,这个族群通过代表人物(如议会议员、政府官员)或主要政党与其他族群进行竞争与协商,有时组织群体性活动显示力量。在这个过程中各族群彼此划分利益分配格局并确定相互关系的基本框架。在微观层面上,每个族群的成员都被看作单独的个体,在这些个体的彼此交往中,在社会基础生活层面上形成族群交往的具体生动的实际内容,并由此形成族群关系的社会氛围。这两个层面的族群互动行为相互影响,宏观层面所设定的政治格局与权力分配体制确定并制约着微观层面族群个体的交往范围与深度,而微观层面族群关系的氛围也制约着族群领袖人物的决策和其他社会集团的态度,并影响族群的宏观政治格局。

在这两个层面之间还存在着一个中间层面——区域性"社区"。如一个城市里的某族群聚居区(如纽约华人聚居的"唐人街"、北京回民聚居的"牛街"),这些族群社区与全国族群性组织有密切的联系,又由社区具体成员共同组成。这三个层面密切相连,又各有特点。

本章主要分析族群成员在微观层面的相互交往。由于族群居住格局是这一层面最重要的交往条件,比较容易得到量化数据,所以把居住格局及相关影响因素作为分析重点。

第十二章 族群居住格局与族群关系

一、族群居住格局的三个层面

（一）各族群人口在一个国家或地区的地理区域分布

几个族群的居民在同一地区内的分布可能有几种不同的模式。在一个多族群国家或省份，如果各族成员比较均匀地混杂居住在这一地理区域的各部分，可称为"混杂居住模式"；如果各族居住相对分离，本族居住相对集中，从而形成界限清楚的各族聚居区，可称为"隔离居住模式"。我国少数族群自治地方就是根据各族群的传统聚居区设置的。

我国东中部基本上是汉族集中居住区，在这些省份的人口中，少数族群所占比例很小，在西部边疆地区，少数族群人口在当地总人口中比例相对较高。加拿大中西部是英语区，东部的魁北克地区是法裔居民聚居区。斯里兰卡北部是泰米尔人聚居区，南部是僧伽罗人居住区。通过对人口普查或人口统计资料的分析可勾画出一个国家族群地理分布的整体格局。

由于各地区的地理条件、自然生态、资源分布及各项基础设施水平等各不相同，各地区居民的居住条件、经济发展、收入与消费水平等也存在差距。如果各族人口在一定的地理区域内分区居住，他们各自的发展将会受到所在地区各项条件的限制，此时社会经济发展方面的族群差异实际上有一部分体现的是"地区差异"。

（二）各族群人口在一个地区中的城乡分布

每个地区都存在城镇和乡村，城镇和乡村具有不同的经济结构和消费模式、不同的社会与经济发展水平，可能表现为相互分隔对立的"二元结构"。如果在一个地区里两个族群分别居住在城市和农村，那么在这两个族群之间除了可能存在政治、经济、文化差异外，还要加上"城乡差别"，族群之间的矛盾可能包含了"城乡矛盾"。

在西藏自治区，汉族常住人口中城镇人口占 75.9%，藏族的城镇人口仅占 7.1%，存在着较明显的汉藏城乡分野。我国西部其他各省份的汉族人口也相对集中居住于城镇。国外也存在各族群城乡分布不平衡的现象，如美国黑人主要居住在大城市，农场经营者绝大多数是白人。

(三)各族群人口在一个社区内的居住分布格局

居住在同一个城市或村落的各族群,依其人口规模和迁移历史,可能其居住地理分布模式也各不相同。譬如辽宁的一些农村地区,满族以村或乡为单位居住比较集中,而在北京等大城市中满族则分散居住在城市的各街区。我国一些族群在居住格局上存在"大散居,小聚居"的特点,在总体分散居住的宏观格局下以户和街道形成微观层面的相对聚居,由于微观层面聚居的特点容易被忽视,所以我们在调查时对微观层面的居住模式需给予重视。

当我们对一个地区各族群在区域分布、城乡分布方面的整体分布格局有了大致了解后,为了开展更深入的研究,通常需要选择一些具体社区(一个城市或城市某街区,一个农村区域或某个村庄)进行微观层面居住格局的调查。了解社区里各族群居民如何居住,他们是选择与同族人相聚居住,形成与其他族群相对隔绝的单一族群居住集群,还是根据收入、职业、工作地点距离等其他因素而与其他族群成员在各街区混合杂居。通过居住模式调查,我们可以从个体和家庭层面了解和分析各族民众相互间的感情距离和实际交往条件。

二、多族群社区族群交往的几个主要方面

研究族群关系的现状,其中一个重要方面就是考察多族群地区(一个城市、一个村庄)各族成员在日常生活中相互交往的客观条件与交往的实际情况。而要想实现广泛的社会交往,两个族群都必须有相当数量的成员能有机会比较经常地与另一族群的成员进行接触。如果两族成员基本上混杂居住,或者在工作、学习、娱乐等机构组织中呈现混杂分布,他们在日常生活与经济活动中就有与其他族群成员广泛接触、相互了解、进行合作的机会。族群成员在日常生活中的接触和相互交往大致可分为以下七个方面(见表12-1)。

表12-1 研究族群交往情况的几个主要方面

考察方面	交往地点	涉及成员	研究的主要方面	调查层次*	
				1	2
居住格局	生活场所	全体成员	居住区居民的族群构成	街区、居委会	宿舍楼、院落
学校格局	学习场所	在校学生与教员	学校师生的族群构成	学校	班级

续表

考察方面	交往地点	涉及成员	研究的主要方面	调查层次*	
				1	2
工作单位	工作场所	就业人员	工作单位的族群构成	机关单位、工厂	科室、班组
消费格局	消费场所	全体成员	顾客的族群构成	街区	商店、餐馆
娱乐机构	娱乐场所	全体成员	娱乐场所顾客的族群构成	公园、俱乐部	娱乐小组
宗教组织	宗教场所	宗教信徒	各宗教团体的族群构成	教派	寺庙、教堂
社会网络	不限	全体成员	居民交往朋友的族群构成	一般朋友圈	密友、闺蜜

* "层次1"表示在一个较大的社区或社团中比较松散的交往关系；

"层次2"表示在较小的社会组织中比较密切和频繁的交往关系。

（1）居住情况。即各族群成员在居住格局中互为邻里的状况。我们可从分析各居住区域（如街道办事处、居委会）居民的族群构成来考察当地不同族群居民是普遍混杂居住，还是相互隔绝形成各自的居住区。

（2）同校情况。考察各族在校学生互为同学的状况，可从分析各类学校学生的族群构成入手，考察各族学生是否同校和同班读书。对教员的族群构成情况也应注意，教师的观念和师生间的交往会对学生产生十分重要的影响。

（3）工作交往。分析各工作单位职工的族群构成，从而了解就业人口在工作场景与他族成员接触的机会。工作单位的族群构成有可能影响到工会和劳工组织的构成与政治态度。

（4）消费格局。调查商业服务业从业人员和服务对象的族群构成。在一个城市或街区可能形成以某族顾客为主体的消费行业，可调查分析各族行业—职业结构和消费格局。

（5）娱乐活动中的交往。夜晚、周末、节假日人们常独自、全家或结伴前往本地或外地公共娱乐或运动场所，这是他们与邻居、同事、同学之外的人进行接触的机会。由于这些交往带有非正式性和自发性，所以在这种场合进行交往的程度是衡量族群关系的重要标志。

（6）宗教活动中的交往。这种交往有几种情况：①某族群有部分成员在交往中皈依了另一个族群信仰的宗教;②几个族群信仰同一个宗教,但不一定在同一个寺庙礼拜;③有些族群虽信仰同一宗教但分属不同教派,各有各的宗教组织和宗教场所。在这个领域可考察各宗教团体成员的族群构成,考察各宗教机构开展宗教活动时参加者的族群构成,考察各宗教组织之间的关系及其对信徒的影响。

(7) 个人自发的社会交往。居民个人和每个家庭都维持着自己的社交网络,除了家族亲属外,还有过去的同学、邻居、以往的同事和社会活动中结交的朋友。这些朋友有的是偶然结识或他人介绍的,在交往中有的纯属情投意合的友谊,有的则是带有功利考虑的"关系"。

以上七个方面中的前三个是考察族群交往最重要的方面,代表了人们在一生日常生活中花费时间最多的三个场所:居住场所、学习场所和工作场所。由于人们在这三个方面活动(居住、读书、工作)的地点和所属组织比较稳定,所以也比较容易进行调查和统计。

三、族群居住格局研究与"分离指数"

(一) 衡量族群隔离程度的"分离指数"

为了对族群居住格局进行量化分析,需要制定一些有效和客观的衡量指标。"分离指数"就是其中常用而且容易计算的指标之一。

20世纪60年代,针对当时美国大城市的种族居住情况,有些学者提出这样的假设:假如在一个城市总人口中有40%的黑人居民与60%的白人居民,同时城区有100个普查/选举区。如果在理论上假定白人与黑人关系融洽,那么他们在各街区的人口分布会形成与该城市总体人口比例大致相同的结构,即每个街区均由2/5的黑人与3/5的白人组成。如果黑人与白人关系恶劣,居住状况会走向另一极端,即黑人集中在40%的街区,另外60%的街区都是白人居民。

美国学者因此提出一个进行定量计算的衡量指数(index of dissimilarity),可译作"分离指数",表现的是一个居住地区(城市)内各基层居住单元(街区)的两个族群(A、B)的比例与城市整体族群比例之间的偏差量。"分离指数"的数值从0到100,表示在某个居住区(城市、镇、乡)的范围内,为使下属各具体单元(街区、村)的族群比例与整个居住区的族群比例一样,至少有百分之多少的人口(或A族或B族成员)需要在区域单元之间迁移以调整居住地(Wilson and

Taeuber,1978:51—78)。

"分离指数"的计算公式是:ID = $1/2 \sum_{i=1}^{n} |W_i/W - B_i/B|$

公式中的 W_i 和 B_i 是在第 i 个"计算单位"(如美国的街区或中国城市的居委会辖区)中白人和黑人的人数,而大写的 W 和 B 分别是"计算总体"(如城市)中白人和黑人的总人数。各"计算单位"各族人数与"计算总体"各族人数比值之差的绝对值的总和除以2,即是"分离指数"的数值(Taeuber and Taeuber,1965:236)。

在"分离指数"的计算中,选择的基本区域单元不能太大也不能太小。在中国进行调查时,中国城市的"居委会"和农村的"行政村"(非自然村)可选作基本区域单元。

表12-2通过展现10个美国城市的"分离指数"介绍了20世纪40年代到70年代美国城市族群居住隔离情况及其变迁。南部各州和得克萨斯州的种族居住隔离程度显然比北方和西海岸的程度要高,所以在南部和得克萨斯州竞选的政治家如想得到本州的选票,必然要表现出种族主义倾向。中部的芝加哥是黑人居住集中的大城市,居住隔离程度也很高。

表12-2 美国10个主要城市的种族居住"分离指数"(1940—1970年)

城市(州)	白人—黑人	白人—非白人			
	1970	1970	1960	1950	1940
达拉斯(TX)	95.9	92.7	94.6	88.4	80.2
芝加哥(IL)	93.0	88.8	92.6	92.1	95.0
休斯敦(TX)	92.7	90.0	93.7	91.5	84.5
迈阿密(FL)	92.0	89.4	97.9	97.8	97.9
亚特兰大(GA)	91.9	91.5	93.6	91.5	87.4
华盛顿(DC)	78.8	77.7	79.7	80.1	81.0
纽约(NY)	77.3	73.0	79.3	87.3	86.8
普罗维登斯(RI)	76.8	72.0	77.0	85.5	85.8
伯克利(CA)	75.4	62.9	69.4	80.3	81.2
旧金山(CA)	75.0	55.5	69.3	79.8	82.9

资料来源:Simpson and Yinger,1985:260。

(二) 造成美国种族居住隔离的原因

第一类解释认为,黑人普遍的低收入使他们不可能在富裕的白人区购房或租房,社会阶级状况限制了他们与白人居住在同一个街区。但许多城市的调查发现,富裕黑人与富裕白人也不住在一起,在绝大多数情况下,贫穷白人与贫穷黑人也不居住在同一个街区。

第二类解释认为,黑人的居住隔离是由歧视政策造成的,银行和其他金融机构的贷款政策对种族居住隔离有重要影响。即使政府制定禁止种族歧视的法令,但当一个准备购买住房的黑人客户向银行申请贷款时,银行职员会以各种理由拒绝;当一个黑人根据广告来到白人区向白人房主询问能否租房时,房主会告诉他房子已租出;而一个白人购房者与一家房地产公司签订购房合同时,在合同中可能会读到"不能将这处房产转卖或出租给有色人种"的条文。人们发现在无数环节中都可变相实行种族歧视。

第三类解释认为,主要是黑人自己愿意住在黑人区,这种倾向导致种族居住隔离。一些有关黑人居住区的历史研究认为,在20世纪60年代之前,由于种族歧视制度与政府实行的某些政策,许多黑人具有"自我隔离"的倾向,他们情愿在黑人聚居区居住。

(三) 族群隔离程度减弱可能带来的社会影响

除了种族主义者之外,人们都认为消除族群隔离将最终有助于加强族群交流、消除文化误解、促进族群融合。但一些地区的实证研究也表明,当族群在居住和就业中的隔离状态被打破后,各族群成员在就业、住房、福利等方面的直接竞争比原来隔离时期明显加强,而且紧随其后的是族群冲突和以族群为背景的社会运动。

当社会的主导族群与少数族群处于相对隔离状态,"中心区"与"周边区"相对隔离,各族群在各自住所和学校里不接触,各族成员就业于不同行业、不同工作地点,这种情况下各族成员在社会经济活动中没有接触,也想不到进行相互比较。特别是如果这一格局是历史延续而来的,人们甚至不会想到要对这一格局的合法性与公平性提出质疑。

在现代化进程中,随着有关民族平等的理念被政府接受以及经济市场化与

第十二章 族群居住格局与族群关系

网络化的推进,族群隔离的社会格局必然要被冲破。而在冲破后的一段时期内,随着教育普及和媒体宣传,少数族群民众及精英将迅速接受现代政治观念(自由、民族、平等、人权等),从而对历史上存在过的以及现实中仍然存在的"不平等"现象提出质疑,并学会运用新的政治手段(组织政治团体、进行社会动员、组织示威游行等)来为本族群争取应当获得的权利,这时族群在语言、宗教等方面的文化差异便成为各族群进行社会动员的文化基础。所以尽管族群之间的不平等在这个时期已得到显著改善,但是人们以刚刚学到的那些政治标准来衡量时,他们甚至会比以前更不满意。

四、个案分析:拉萨市族群居住格局研究

(一) 拉萨市的行政区划与居住格局

下面我们以1990年在拉萨市开展的社会调查为例来介绍如何在多族群城市进行族群关系研究。1990年拉萨市城关区的常住居民按户籍管理体制划归6个街道办事处和4个乡,分属9个公安派出所。拉萨市城关区的居民区大致可以分为两类:(1)市中心围绕大昭寺的4个派出所管理的6个街道办事处,各下属若干居民委员会和几十个"单位集体户",常住居民的户籍登记都是城镇户口(非农业人口)。在行政体系中是"城关区—街道办事处—单位集体户/居民委员会"体制。(2)其余4个乡,所辖地区一部分在市区,这部分市区的居民是城镇户口,但都属于各单位集体户;所辖另一部分在郊区,居民为农村户口,由下属的行政村具体管理。在行政体系中是"城关区—乡—单位集体户/村"体制。

拉萨市老城区各居委会所属居民户绝大多数是拉萨市区的藏族老住户,另有少数回族及其他族群人口,汉族人口极少。老城区单位集体户的居民是自治区、拉萨市、城关区等各级政府机关和所属企事业单位职工及家属,其中绝大多数是来自内地的汉族职工和从拉萨以外西藏各地、自治区以外各藏区分配来的藏族职工,拉萨本地藏族大中专毕业生和从本市待业青年中招收的职工仅占很小部分。近郊区由各乡管理的农户是本地藏族农民,没有汉族和其他族群成员。表12-3清楚地反映了城关区这三种居民的基本特点(族群构成、迁移特点)和管理体制。

表 12-3　拉萨市城关区居民构成及其组织体制

	基层组织	户口种类	居民族群构成	迁移特点
市中心区街道办事处	居委会	城镇居民	藏族	本地出生
	单位集体户	城镇居民	藏族、汉族	藏族大多为移民
近郊区行政乡	单位集体户	城镇居民	藏族、汉族	汉族都是移民
	行政村	农村居民	藏族	本地出生

资料来源：马戎,1996:407。

拉萨市区单位集体户的人口规模大小不一,小单位只有几十人,如商店和市、区各类办事机构,大单位可达两千人,如政府所属机关、学校、医院、企业、运输车队等。这些单位各自都用围墙圈起一个院子,办公楼和职工宿舍建在院内,大单位建有食堂、商店、卫生所等服务性部门,职工及家属在这个大院里居住和工作。所以拉萨市区的汉族与本地藏族在这种管理体制下,在居住方面处于一定程度的隔绝状态。

由于城关区常住汉族人口的95.5%住在单位,户口属于单位集体户,所以拉萨市区汉族与藏族居民较多的接触和交往主要发生在单位集体户内部。我们对拉萨市汉藏居住格局的分析也集中在单位集体户。

(二) 拉萨市居住格局的研究单元与"分离指数"

在我国研究城市族群居住格局,居委会辖区是理想的区域单元。我们在拉萨计算"分离指数"时,把计算范围规定为各办事处所属的单位集体户部分,并把单位集体户作为计算的基本单元。

1988年我们调查了当时八廓街办事处下属39个单位集体户和娘热路办事处管辖的52个单位集体户的族群构成,计算出的"分离指数"见表12-4。该表还介绍了根据1990年普查资料计算的各个办事处、乡所属的单位集体户的族群构成和"分离指数"。这个表可以说明:(1)以办事处为单位,在集体户干部职工以及包括家属在内的全部人口中,汉藏比例总体来说大致是平衡的,如排除几个全部为藏族的寺庙,汉藏人口比例在1∶1.2到1∶1.3之间;(2)以集体户为单位,集体户中汉藏居民的"分离指数"为43.9和46.2,如果把寺庙排除在外,"分离指数"分别为32.8和35.8,即是说需要让33%—36%的人口调动工作单位,各单位集体户的汉藏人口比例才能达到整体的比例(1:1.2或1:1.3)。

表12-4 拉萨市城关区各办事处、乡所属单位集体户的族群"分离指数"

办事处（乡）	单位集体户个数	汉藏人口比例（汉族为1）	"分离指数"	汉族为藏族人口2倍或以上单位数	藏族为汉族人口2倍或以上单位数	其中:人口全部为藏族的单位数	汉藏职工比例（汉族为1）	汉藏职工"分离指数"
八廓(1988)	39	1:1.70	43.9	5	19	5	1:2.07	45.1
娘热乡(1988)	52	1:1.22	46.2	5	24	1	—	—
吉日(1990)	61	1:1.79	34.1	9	29	3	—	—
吉崩岗(1990)	59	1:1.11	39.6	12	24	6	—	—
冲赛康(1990)	11	1:3.82	40.6	1	9	2	—	—
贡德林(1990)	136	1:0.96	42.8	48	30	3	—	—
八廓(1990)	44	1:1.03	57.2	14	19	3	—	—
扎细(1990)	14	1:2.41	35.8	—	7	0	—	—
夺底乡(1990)	72	1:1.10	40.1	23	19	2	—	—
纳金乡(1990)	17	1:1.29	48.1	1	9	0	—	—
蔡公堂乡(1990)	26	1:3.90	53.1	5	14	7	—	—
娘热乡(1990)	64	1:1.75	38.7	9	33	7	—	—

资料来源:马戎,1996:412。

所以拉萨城关区各单位集体户在汉藏人口比例上存在一定程度的不平衡。但对各单位进行的具体分析说明,这种不平衡与各单位的工作内容和工作对象有关,与权力分配没有明显关系,没有哪一个族群在政府机构中受到明显排斥。在西藏自治区各级党政机关中,藏族干部比例普遍很高,越到基层组织,藏族干部的比例越大。

从我们对西藏拉萨市居住情况的调查结果来看:(1)老城区基本上是本地藏族居民;(2)郊区各乡基本上是本地藏族农民;(3)汉族常住居民和藏族外来移民主要是政府安排工作调动的国家职工,他们集中居住在城区和近郊的"单位集体户"里;(4)在"单位集体户"里,汉族职工与藏族职工又根据工作性质与工作对象,出现了一定程度的相对分离,即一部分单位(如电力局、医院、运输队)以汉族为主,一部分单位(如藏医院、藏族中学、大昭寺)以藏族为主。上述居住格局在客观上使拉萨的汉族与藏族呈现出相当程度的隔离状态,这种居住地点的隔离,造成了工作地点、学校汉藏人员交往的条件限制。

五、中国其他地区城乡族群居住模式研究

北京大学社会学人类学研究所组织了在多个城市的族群居住格局调查。

(一) 四个自治区首府城市族群居住格局调查

(1) 呼和浩特(内蒙古自治区首府城市)。王俊敏对该市进行族群关系调查,系统分析了这座城市满、回、蒙古、汉四个族群在人口规模和居住模式方面的历史演变。历史上以蒙古族为主体建立的归化城和以满族八旗驻军为主体建立的绥远城在近代逐渐吸收了经商的回族和汉族,两城最后连成一体成为新的呼和浩特,在呼和浩特被确定为内蒙古自治区首府后,蒙古族和汉族人口明显增加,最后形成今天呼和浩特市的四族居住格局:蒙古族相对集中居住在新城区和郊区,回族集中居住在回民区(老城区),满族集中居住在新城区,汉族分散居住在各个城区(王俊敏,2001:11—54)。

(2) 银川(宁夏回族自治区首府城市)。马宗保根据在银川市的实地调查,系统地分析了该城市族群居住模式的演变及影响因素。历史上银川分为新、老两个城区,回族人口在老城区和郊区比较集中,新城区则由回、汉、满三族混杂居住。20世纪50年代后,随着城市迅速发展,汉族人口不断增加。回族居民改变过去"环寺而居"的传统,随着住宅区不断扩建而分散到市区各部分。回汉混杂居住的高比例是银川族群居住模式的主要特点(马宗保,1998)。

(3) 南宁(广西壮族自治区首府城市)。梁茂春详细调查和分析了南宁市中心五城区的族群居住情况,汉族占城区居民总人口的73.4%,壮族占24.2%,其他族群仅占2.4%。以派出所为分析单位,他对25个派出所管辖区的族群居住状况进行分析,计算得到的"分离指数"在8.79到16.46之间,说明南宁市城区汉壮两族混杂居住程度很高。南宁郊区15个乡镇下辖129个村委会,以行政村为计算单位,壮汉两族农村人口居住"分离指数"在9.2和63.2之间,所以与城区相比,郊区村落存在较明显的族群分隔居住的情况(梁茂春,2001)。

(4) 乌鲁木齐(新疆维吾尔自治区首府城市)。王建基分析了1949—1996

年乌鲁木齐市各族群人口的变化,在乌鲁木齐市六城区中,少数族群人口相对集中居住在天山区和头屯河区,目前在老城区的维回两族居民仍然按传统模式集中居住在某些街巷里,原来单一族群居住的街区正在向族群混居转变,但总体来说,乌鲁木齐各族群居民仍然处于相对"隔离"状态(王建基,2000)。

(二) 对其他地区城乡族群居住情况的调查

北京大学社会学人类学研究所先后在一些多族群地区调查了各地农村和牧区的族群居住模式。1985年在内蒙古翁牛特旗26个自然村的调查发现,以自然村为基本统计单元,计算得到的蒙汉居民居住"分离指数"为54.8。由于这种居住模式与当地历史上的移民情况和各村的经济活动类型密切相关,在牧区和农区又分别呈现出不同的族群居住模式与不同的族群交往模式(见表12-5)。

表12-5　内蒙古赤峰地区被调查户主的蒙汉混居、交友情况(1985年)　　单位:%

	族群比例	农区居民		牧区居民	
		汉族	蒙古族	汉族	蒙古族
四周邻居中	蒙古族为多数	8.9	45.0	32.0	89.2
	蒙汉各半	8.3	19.4	9.3	4.0
	汉族为多数	82.8	35.6	58.7	6.8
	总计	100	100	100	100
亲密朋友中	蒙古族为多数	6.9	43.5	34.6	85.4
	蒙汉各半	13.0	25.1	17.5	8.7
	汉族为多数	80.1	31.4	48.0	5.9
	总计	100	100	100	100

资料来源:马戎、潘乃谷,1989:185—186。

1997年夏天我们在南疆喀什市及下属4个县进行了族群居住模式的调查(见表12-6)。喀什市和各县可以进一步分出四类基层行政区划组织:(1)市或县镇城关区,是全市或全县的政治、经济、文化、教育、商贸、医疗、交通通信中心,1990年喀什市4个城区街道办事处所辖人口中,汉族占29.2%,其他四县城镇区总人口中,汉族在17%到37%之间。

表 12-6　喀什地区一市四县乡镇、单位族群构成（1982—1990 年）

	行政单位		维吾尔族(%)		汉族(%)		1982—1990 汉族占比变化
		1982	1990	1982	1990	1982	1990
喀什市	城区办事处	4	4	65.5	69.0	32.8	29.2	-
	公社/乡	7	3	99.7	96.1	0.2	3.3	+
	农牧林场	2	2	93.8	69.5	6.0	29.4	+
疏附县	县城镇区	1	1	77.5	76.0	21.7	23.3	+
	公社/乡	10	17	99.0	98.4	0.6	1.1	+
	农牧林场	5	5	56.5	66.1	41.8	32.7	-
疏勒县	镇区	1	1	50.7	61.9	47.6	36.8	-
	公社/乡镇	12	14	99.7	99.5	0.1	0.3	+
	农牧林场	3	8	61.6	58.6	37.7	40.6	+
	兵团	1	1	6.7	7.1	92.1	91.7	-
英吉沙县	县城镇区	1	1	79.2	82.4	20.2	17.0	-
	公社/乡	12	13	99.3	99.4	0.2	0.2	-
	农牧林场	2	7	61.6	89.2	36.2	9.3	-
泽普县	县城镇区	1	1	67.7	67.9	31.0	30.9	-
	公社/乡镇	9	11	91.5	88.2	5.2	8.5	+
	农牧林场	4	4	81.2	84.9	17.5	14.3	-
	石油基地	1	1	22.7	31.9	75.8	66.4	-

资料来源：新疆维吾尔自治区 1982 年、1990 年人口普查资料汇编。

（2）乡或县镇以外的其他建制镇，是各县基层农业社区和占各县人口 85% 以上的农民居住的地方。汉族人口仅占 0.3% 到 2%。在南疆基层农村，不同族群在行政建制上保持族群的相对独立是普遍情况。

（3）国有农牧场、种畜场、园艺场等基层组织，直接由县里部门领导，汉族人口比例一般在 10%—40%。凡带有较高技术要求的工作，汉族比例就比较高。

（4）自治区、中央部门直接管辖的石油基地、建设兵团等机构，许多职工从内地调来，有的属定期轮换。这类机构也从当地招收部分少数族群职工，但总的来说汉族比例较高。

自 20 世纪 80 年代以来,我国有些学者在城乡族群居住格局方面也开展了一些实地调查研究,如纳日碧力戈对呼和浩特市的调查和陈长平对北京市马甸、牛街两个居委会的调查(纳日碧力戈,1985;陈长平,1982,1997)。

近些年我国有两亿多流动人口迁入城镇居住和就业,许多人来自西部少数民族聚居区,这为中国的族群交往交流提供了新的条件和历史契机。城市管理部门要对他们持积极欢迎的态度,帮助他们解决居住、就业、就医和子女入学等方面遇到的困难,推动建立相互嵌入式的社会结构和社区环境,让少数民族群众更好地融入城市。

六、学校中的族群格局

在西方国家的种族隔离研究中,各族群的"居住隔离"与"学校隔离"是两个同等重要的研究专题。由于人们普遍愿意送孩子就近入学(特别是小学与中学),所以居住格局与学校隔离之间有密切关联。学校是孩子们学习知识的主要场所,也是他们认识社会、建立价值观、产生与加强族群意识的重要场所,所以研究者对学校的族群交往需要给予特殊关注。

(一)美国学校中的族群构成

美国曾长期实行种族隔离制度,"民权运动"后美国政府废除种族隔离制度,其中采取的一个重要措施就是废除公立学校的种族隔离。

当时美国各地特别是南方各州学校中的种族隔离现象比较严重。1965 年美国有 80% 的白人学生在学生总数 90%—100% 都是白人的学校读书,65% 的黑人学生在学生总数 90% 都是黑人的学校读书。废除种族隔离的政策和法令在一定程度上改变了美国过去按种族分校学习、分区居住等不利于改善种族关系的格局。美国民众对学校种族隔离的态度也发生了转变。调查结果表明,在 1942 年的白人被访者中,只有 32% 赞成白人与黑人同校学习,到 1995 年这一比例上升到 96%。同样的态度变化也出现在对就业竞争问题的回答中,在 1944 年的白人被访者中,只有 45% 主张黑人应当具有同样的机会竞争任何工作职位,到 1972 年这一比例上升到 97%(Schuman,1997:104)。

（二）我国西藏拉萨市学校内族群交往的条件

1988年在西藏调查时，我们询问了各学校学生和教师的族群构成（见表12-7）。在全自治区高中教师中汉族占81.2%，在初中教师中汉族占61.8%。中学的数理化特别是高中的数理化课程主要由汉族老师讲授，基层地区的初中汉文课都由藏族老师来教。

表12-7　西藏自治区中学教师情况（1988年）

授课科目		政治	藏文	汉文	数学	物理	化学	生物	地理	历史	英语	音乐	体育	美术	总计
初中	汉族	49	0	214	183	91	83	27	29	30	48	14	19	8	795
	藏族	17	97	114	132	36	16	1	7	13	5	9	38	6	491
高中	汉族	25	0	61	60	45	45	22	18	28	27	0	19	0	350
	藏族	4	32	9	8	6	2	1	5	2	0	0	12	0	81
合计	汉族	74	0	275	243	136	128	49	47	58	75	14	38	8	1145
	藏族	21	129	123	140	42	18	2	12	15	5	9	50	6	572

资料来源：西藏自治区民族教育科学研究所，1989:295。

1988年拉萨市城关区下属的17所小学中仅有两所属汉藏同校，其余15所都是汉藏分校，可见拉萨市小学的汉藏隔离十分明显。而在仅有的两所汉藏同校的小学中，我们发现了汉藏分班的现象，即在班级层面上出现族群隔离（见表12-8）。

表12-8　拉萨城关区两所汉藏同校小学的分班情况（1988年）

	实验小学						市第二小学					
	藏文班			汉文班			藏文班			汉文班		
	班数	藏族	汉族	班数	藏族	汉族	班数	藏族	汉族	班数	藏族	汉族
一年级	2	81	0	1	0	64	3	155	0	1	11	42
二年级	1	51	0	2	0	84	2	122	0	0	0	0
三年级	0	0	0	3	68	83	1	65	0	2	38	46
四年级	0	0	0	2	43	52	2	85	0	2	35	39
五年级	0	0	0	4	96	90	2	72	0	2	36	36
教员数	—	16				37		24				25

资料来源：马戎，1996:422。

第十二章 族群居住格局与族群关系

从表中可以看出,由于当时西藏自治区政府着重强调藏族学生必须实行藏语授课,1987年以后汉藏分校、分班的情况得到进一步加强而且被制度化。实验小学自1987年开始增设藏文授课班,实行汉藏分班,藏族学生不准就读汉文授课班。市第二小学1987年没招汉文班,1988年只招了一个汉文班,但在家长的强烈要求下,允许少数藏族学生就读汉文班(占该年级藏族学生总数的6.6%),同期增加藏文授课班数量。

从我们在拉萨市调查的情况来看,如果坚持推行汉藏分班,也应当允许家长做选择,学校不宜做硬性规定,教育部门不应搞"一刀切",把汉藏分班作为硬性的"落实民族政策"的评价指标。汉族学生上藏语班和藏族学生上汉语班,都应当允许。同时根据国内外的研究结果,学校中的族群隔离现象(无论是学校层面,还是班级层面)对于加强族群之间的交往、改善族群关系都必然会带来负面影响。2014年中央民族工作会议明确提出:"要积极推进民汉合校、混合编班,形成共学共进的氛围和条件。"新疆、西藏等地区的学校以及"内地西藏班""内地新疆班"等已开始逐步进行相应调整。

居住格局是社会学分析族群交往基本条件的重要专题之一,国内外学者在这一领域的研究成果特别是研究分析方法,值得我们借鉴,同时这些研究成果也为我们理解族群互动模式和族群关系的未来发展趋势提供了重要信息。

第十三章

族际通婚

族际通婚是族群关系研究的一个重要专题。如果两个族群关系紧张、彼此仇视,其成员的相互接触会受到许多限制。当双方成员在与对方接触时存在隔阂与障碍,通常很难恋爱结婚,即使出现个别情况,结局也只能是罗密欧与朱丽叶那样的悲剧。只有当两个族群之间的关系整体上比较融洽和谐时,才有可能出现一定数量的族际通婚。

西方社会学界对族群关系和族际通婚已经有多年研究,积累了不少经典研究案例和统计数据,本章对美国和苏联的族际通婚情况及所开展的研究做粗略介绍之后,将讨论我国传统族群通婚观念,回顾20世纪50年代少数民族社会历史调查资料中有关通婚的信息,再根据1990年、2000年和2010年人口普查资料分析全国族际通婚的概貌及近20年的变迁趋势,最后介绍内蒙古赤峰地区蒙汉通婚研究案例。

一、婚姻与族际通婚

婚姻通常由两个异性个体结合组成,结婚双方及其血缘亲属共同组成家庭。因为家庭是人类社会的基本组成单元,是研究社会变迁的重要切入点,所以婚姻与家庭的研究是社会学的重要研究领域。族际通婚涉及的不仅是两个异性个体之间的关系,而且隐含着两人各自代表的族群文化和社会背景。影响人们择偶与婚姻的因素很多,与一般的婚姻相比,族际通婚除了共性之外还有一些特性。

图 13-1 对同族婚姻家庭所属群体基本特征与个人基本特征进行了区分:每

个人出生成长于某个特定的家庭,这个家庭在社会政治地位、经济地位和地缘网络等方面处于一定位置,这对个人成长及个人特征(宗教信仰、政治态度、所受教育、职位、收入和财产等)的形成具有重大影响。当一个人考虑婚姻对象时,对方家庭与自己家庭在各方面的共性与差异,自己与被选择者在个人特征方面的共性与差异,当事人对这些都会予以充分考虑。

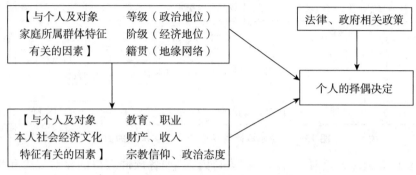

图 13-1　影响同族通婚中个人择偶决定的因素

法律和政府政策对人们的婚姻有很大影响。除婚姻法在结婚年龄等方面的规定外,我国"城市户口"和"农村户口"的区分及在就业、社会福利、医疗、子女入学等方面的区别对待,对于城乡居民之间的通婚也有消极影响。继承法对财产继承中配偶权利的规定、我国各族传统的习惯法和宗教差异,也在一定程度上影响个人对通婚对象的选择和所属群体成员的态度。

族群间存在一定的政治、经济、文化差异。我国满族与汉族的差异相对较小,在语言、宗教、生活习俗等方面几乎没有差别,普遍杂居。维吾尔族与汉族的差异相对较大,有各自不同的语言、宗教信仰和生活习俗。为了讨论族际通婚的影响因素,图 13-2 在群体层次上提出 3 组变量:(1)族群基本特征;(2)历史关系特征;(3)两族共处特征。

"族群基本特征"可分为政治、经济、文化三大类。在两族共处时,各自"基本特征"的差异程度和"族群分层"的距离,都直接影响族群"边界"的清晰程度及交往的平等程度。"边界"模糊、相互平等的两个族群,其成员的交往深度和广度也会达到较高水平,整体关系比较和谐。

"历史关系特征"表示两族历史上关系的融洽程度。"两族共处特征"可有两部分内容:(1)有关族群关系的国家法律;(2)自觉或不自觉形成的族群居住格局。各族群是混杂居住还是彼此隔离,这会影响族群交往的深度与广度,影响族群对族际通婚的态度。

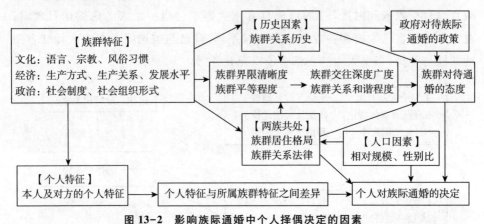

图 13-2　影响族际通婚中个人择偶决定的因素

在研究族际通婚时,不能忽视"人口因素"如各族群人口的相对规模和性别比。人口相对规模影响族群的居住格局,也影响族际交往和通婚机会,性别比会限制择偶范围。除族群整体性的各类特征外,个体的社会经济特征(家庭背景、宗教信仰、受教育程度、职业、收入等)也不可忽视。

通过对一个地区族际通婚实际情况的调查,对与异族结婚人员的家庭背景、个人经历与社会经济状况的分析,并把族际通婚人员与族内婚人员进行比较,我们可以归纳出影响族际通婚的各种因素,并预测该地区今后族际通婚的前景。

二、族群关系与族际通婚

族际通婚反映了族群关系的深层状况。族群间的基本差异深植于人们的群体认同观念之中,使人们把周围的人分为"同族"与"异族"两类。一个人只有对另一个人在感情和心理上都"可以接受"时,才会考虑与他(她)结婚。在族际通婚中,这意味着把一个"异族"成员吸收进"本族"群体。所以族际通婚行为通常不被本族群认为仅是通婚者个人的私事,父母、亲友、家族、族群社区会对子女和族人的跨族群通婚行为进行干预,表示赞同或反对。两族成员的通婚愿望是否得到本族群体的支持,这是体现两族关系总体水平的重要标志。

除个别案例外,只有当两族大多数成员存在广泛的社会交往,在政治、经济、文化、语言、宗教和风俗习惯等方面彼此比较相近或高度和谐时,两族才可能出

第十三章 族际通婚

现较多数量的通婚,一般需要以下条件:(1)两族文化同化已达较高程度,族群间无语言障碍,宗教上互不冲突或至少彼此容忍;(2)两族成员有很多社会交往机会;(3)两族彼此无整体性偏见与歧视;(4)个人所在家庭与族群社区对族际通婚不反对甚至态度比较积极。当两个族群的通婚率达到10%以上时,可以说两族整体关系比较好。

在人类社会发展历史上,族际通婚的历史几乎与人类历史同样悠久。在研究族际通婚案例时必须注意时间、地点、对象三个要素。

(1)历史年代。不同时期族群的相互态度可能不同。种族主义是社会发展过程中出现的一种历史思潮。在中世纪的地中海地区,白人对非洲黑人普遍评价较高并愿与黑人交友和通婚。刚进入中原时,清朝统治者一度严禁满汉通婚,以后为了团结汉人又允许满汉通婚。在不同的历史时期统治集团对族际通婚所采取的不同政策,反映了各时期的社会场景和族群关系的不同态势。

(2)具体地点。由于各地人口的族群构成、族群文化差距和交往历史,同属一个族群但生活在不同地区的成员会有不同的族际通婚率。本族人口是与其他族群混杂居住还是相对集中聚居,在不同的条件下各族成员在族际通婚方面所采取的行动是不同的。例如在与汉族通婚方面,北京回族与甘肃临夏回族在态度上可能就不同。

(3)对象范围。有的族群在通婚时对配偶的族群背景有选择。例如美国的德国人后裔有许多愿与英格兰人后裔通婚,但很少与黑人通婚。

常用于研究族际通婚的信息包括:(1)人口普查数据资料,可统计或推算全国或分省(自治区、直辖市)的族际通婚率;(2)城乡民政部门的婚姻登记资料,可获得社区层面的族际通婚统计资料;(3)研究人员开展的族际通婚实地调查。研究者通过对族际通婚人员的家庭背景、个人经历与社会经济状况的调查,把通婚人员与族内婚人员进行比较,可从个体层面来分析影响族际通婚的各种因素。通过全国、社区、个人这三个层面的综合性分析,我们可以对族际通婚状况有全面认识,并根据影响因素及其变化来预测今后族际通婚的前景。

三、国外的族际通婚研究

(一)美国的族际通婚

表13-1介绍了1970年和1980年美国人口普查数据所反映的种族通婚情况。

表 13-1　美国种族通婚情况（1970 年和 1980 年）

婚姻类型	绝对数量		百分比(%)			
	1970	1980	1970		1980	
美国已婚夫妇总数	44 597 000	48 765 000	100.00		100.00	
族际通婚夫妇总数	310 000	613 000	0.70	100.0	1.26	100.0
黑人—白人夫妇	65 000	166 000	0.15	21.0	0.34	27.1
黑人丈夫—白人妻子	41 000	120 000		13.2		19.6
白人丈夫—黑人妻子	24 000	46 000		7.8		7.5
其他族际通婚夫妇	245 000	447 000	0.55	79.0	0.92	72.9
黑人丈夫—其他族妻子	8 000	18 000		2.6		2.9
其他族丈夫—黑人妻子	4 000	14 000		1.3		2.3
白人丈夫—其他族妻子	139 000	254 000		44.8		41.4
其他族丈夫—白人妻子	94 000	161 000		30.3		26.3

资料来源：Simpson and Yinger, 1985：298。

1790 年只有 2% 的白人带有黑人血统，1970 年这一比例增至 29%，同时 80.5% 的黑人带有非黑人血统。1967 年美国联邦最高法院废除了各州禁止种族通婚的有关法律，使跨种族通婚数量迅速增加。1960 年美国仅有 50 000 对黑白通婚夫妇，1977 年增加到 125 000 对，是黑人已婚夫妇总数的 3.6% 和白人已婚夫妇总数的 0.3%（Simpson and Yinger，1985：299），2002 年增至 400 000 对。美国的族际通婚研究关注的变量或因素有：

（1）通婚的种族、族群选择。人们在考虑配偶的选择范围时，在对方"族群背景"方面存在着某种"排序"，即优先考虑哪个族群和排斥拒绝哪个族群。21 世纪初期，除本族成员为首选外，美国出生的亚裔中有半数与白人通婚，三分之一的西班牙语裔与非西班牙语裔的白人通婚，同时这两个族群与黑人通婚的比例小到可忽略不计，这反映出这些族群在通婚中具有明显的种族选择倾向。

（2）通婚夫妇的性别比例。在 1980 年黑人的族际通婚总数中，涉及黑人男性的族际通婚有 138 000 对，而涉及黑人女性的族际通婚只有 60 000 对，黑人男性比黑人女性更倾向于族际通婚。美国种族通婚中数量最多的一类是"黑人丈夫—白人妻子"，占黑人男性种族通婚总数的 87%。

(3) 族际通婚的地区差异。美国南方和北方存在明显差异。1960年美国黑人—白人通婚总数为51 409对,其中60.3%发生在北部和西部,39.7%发生在南部。1970年与1960年相比,北方和西部的黑人—白人通婚数字增加了66%,而在南部却减少了34.6%。南方有较强种族主义传统,地区差异是理解美国种族关系不可忽视的因素。

(4) 族际通婚中的代际差异。美国的第一代日本移民中,族际通婚的比例为2%,第三代的族际通婚比例则根据不同城市上升到了30%—60%。代际差异也出现在欧洲移民中。1970年的调查显示,自认是意大利后裔的被访者中有84%的父母属于意大利血统,但是其中只有44%的人与意大利血统者结婚(Feagin and Feagin,1996:151)。

(5) 族群人口相对规模对通婚的影响。如果一个村落或城市社区中某族人口较少,加上性别、年龄因素的限制,在本族范围内寻找配偶时可供选择的对象很少,这种情况下小族群就会出现较高族际通婚率,大族群中则会出现较低的族际通婚率。

(6) 影响族际通婚子女族群认同的因素。混血子女认同哪个族群,可从许多方面反映一个社会中族群关系的基本格局。如果民众观念中存在"优势族群"和"劣势族群"的明显分野,在进行研究时可调查混血儿对父母两方族群的认同倾向,分析影响其父母或自身对族属身份进行选择的因素。

(7) 公众对族际通婚的态度。公众态度不仅反映出被访者自身的观点,对于亲友和其他人也会产生影响。在1990年针对美国白人开展的关于是否反对种族通婚的一次调查中,67%的白人被访者明确反对自己近亲与黑人结婚,28%的白人表示中立,只有5%给予正面答复。在1994年进行的另一次全美调查中,仍有15%的白人被访者明确赞成立法禁止白人与黑人通婚,同时有15%—35%的白人主张合法的种族隔离。

(二) 苏联时期的族际通婚

在苏联各加盟共和国中,族际通婚主要发生在俄罗斯人与当地土著族群之间(见表13-2),各加盟共和国人口中俄罗斯人所占比重是不可忽视的因素。

通婚特点:(1)各共和国的通婚比例相差很大,与俄罗斯人接近的族群(如白俄罗斯人、乌克兰人)通婚率较高,受宗教因素影响,俄罗斯人与各穆斯林族群的通婚率较低;(2)城市族际通婚比例明显高于乡村;(3)在1959年至1970年这11年间,大多数地区城市的通婚比例都有所上升,乡村则普遍上升。20世纪90年代在波罗的海沿岸国家和哈萨克,异族通婚家庭占总户数的16%—20%,在俄罗斯和乌克兰则高达30%—40%(高峥,1995:207)。

表13-2　苏联各加盟共和国族际通婚在婚姻总数中的比例(%)(1959年和1970年)

各加盟共和国	1959		1970	
	城市	乡村	城市	乡村
俄罗斯联邦	10.8	5.6	12.5	7.7
乌克兰	26.3	5.8	29.6	7.8
白俄罗斯	23.7	5.6	29.2	7.3
立陶宛	10.4	3.0	14.9	4.6
拉脱维亚	21.3	9.2	25.4	13.9
爱沙尼亚	14.2	5.1	17.0	7.2
摩尔达维亚	25.0	9.4	4.4	10.0
格鲁吉亚	16.4	3.7	15.9	4.3
亚美尼亚	5.0	1.4	4.5	2.6
阿塞拜疆	11.8	2.0	12.8	2.0
哈萨克	17.5	11.9	23.7	17.0
乌兹别克	14.7	4.7	18.4	5.7
土库曼	14.9	2.5	20.0	3.4
塔吉克	16.9	5.5	22.3	6.5
吉尔吉斯	18.1	9.1	20.9	11.9
苏联	15.1	5.8	17.5	7.9

资料来源:陈长平,1982。

苏联族际通婚的人数在1925年占结婚总人数的25%,1970年则降为13.5%。同时大多数族际通婚发生在"同源民族"之间,如斯拉夫人与斯拉夫人通婚、穆斯林与穆斯林通婚。20世纪20年代是前沙皇俄国解体、新生苏维埃政权建立的时期,如果以上数据可靠,族际通婚的比例在沙皇时代反而比在苏维埃政权下还高,说明苏联建国后的民族理论和相关制度导致各族的民族意识加强和区隔加深,苏联政府自称"在民族问题上取得巨大成绩"只是表面宣传。

在二战后的建设时期,苏联族际通婚比例曾有所增加,可能是经济建设中各族间交往加强的结果。但是如果20世纪50年代的族际通婚比例低于20年代,其原因需进一步研究。苏联在30年代开展"民族识别",推行公民"民族成份"的制度化,创建了加盟共和国和自治共和国制度,将其看作实现"民族平等"的措施,导致各民族"边界"清晰化和固定化,民众的"民族意识"在这种制度建构和政治宣传的气氛中普遍加强。从一般逻辑分析,族群意识强化和族群边界清晰化显然不利于族际通婚和族群融合。苏联采用强化族群意识的办法来促进族群平等与融合,选择这样一个方向引导本国族群关系发展,在这条道路上走了70年而最终解体,其中有许多理论和实践方面的经验与教训值得总结与思考。

四、我国传统的族际通婚观

在中国,几千年社会发展与族群演变的过程,也是各族交流交往交融的过程。费孝通教授指出:"在看到汉族在形成和发展过程中大量吸收了其他各民族的成分时,不应忽视汉族也不断给其他民族输出新的血液。从生物基础,或所谓'血统'上讲,可以说中华民族这个一体中经常在发生混合、交杂的作用,没有哪一个民族在血统上可以说是'纯种'。"(费孝通,1989:11)

民众中的族际通婚在各朝代都十分普遍。中原文化逐渐发展出一种以"天下观"为基础的"族群观",中原文化淡化汉人与边缘族群之间的体质差异,强调"有教无类",这种宽容态度和汉人在文化技术方面的优越吸引了许多原来居住在边缘地带的少数族群,他们逐渐融合进汉人群体。而居住在边缘地带的汉人也经常通过婚姻而融入当地族群。从古至今,我国的大多数族群特别是汉人并不歧视和反对族际通婚。

不同朝代的政府对于族际通婚的态度和采取的政策也有差别,一个朝代的政策在不同时期也有变化,这在少数族群入主中原的朝代尤为明显。例如,"清初,满族婚娶重视民族高下,禁止满、汉通婚。……如果满人娶汉女为妻,就要取消他享有的满人特权,如不能上档(上册)和领红赏,也不能再领钱粮"。后来民间满汉不婚的禁忌逐步被打破,顺治戊子二月,清世祖下谕礼部"方今天下一家,满、汉官民皆朕赤子,欲其各相亲睦,莫如缔结婚姻,自后满、汉官民有欲联姻者,听之"。光绪季年,曾降旨"令满、汉通婚"(杨英杰,1987:50)。无论是哪个族群建立的政权,一旦进入中原或成为统一中国的正统王朝,为了得到各族民众的支持,或早或迟都会鼓励族际通婚。

在鸦片战争之后近百年反抗帝国主义侵略和社会动乱的岁月中,我国各族群跨地域迁徙的人口规模都大大超过历史上任何朝代,极大促进了族群的相互交往和混杂居住,随着生产方式和生活方式、语言文化等方面逐步趋同,族际通婚也逐渐成为普遍现象。

五、中华人民共和国成立初期少数族群调查所了解到的族际通婚情况

20世纪50年代政府组织了大规模少数民族社会历史调查,考察了当时各少数族群的婚姻、家庭和族际通婚情况。我们把《中国少数民族社会历史调查资料丛刊》中有关族际通婚的资料按各个族群进行了初步汇集(见表13-3)。

表13-3 中国20世纪50年代社会调查反映的族际通婚状况

族际通婚状况分类		族群(共计43个)
(一)很少与外族通婚		珞巴、佤、彝、苗、黎、鄂伦春(6)
(二)在一定程度上与外族通婚	1.无特殊选择	藏、土、柯尔克孜、仫佬(4)
	2.有族属选择	傣、哈尼、白、拉祜、德昂、布依、阿昌、布朗、独龙、傈僳、景颇、普米、壮、仡佬、侗、水、门巴(17)
	3.有宗教选择	维吾尔、回、哈萨克、塔吉克、撒拉、东乡、保安(7)
	4.有性别选择	瑶、布依、赫哲(3)
(三)与外族通婚较多		满、纳西、怒、京、畲、达斡尔、蒙古(7)

由于此前的实地调查数量较少而且不系统,这次调查成为研究我国少数族群社会、经济、文化发展历史的重要资料来源。下面介绍表中各类情况。

(一)"很少通婚"的族群

有6个族群(珞巴、佤、彝、苗、黎、鄂伦春)很少与外族通婚。但具体情况各有不同:(1)四川、广西和贵州的苗族一般不与外族通婚,云南和贵州个别县报告苗族有少数通婚的情况并存在性别选择;(2)彝族是等级制严格的奴隶社会,大量奴隶掠自邻近其他族群,彝族的"不与外族通婚"指的仅是上层黑彝;(3)云南三县佤族调查中,除沧源县报告与汉人移民通婚外,其他调查均称无通婚现象;(4)黎族并无通婚限制,但因无接触条件,"事实上通婚者极少";(5)鄂伦春族通婚的具体材料很少。

第十三章 族际通婚

(二)"一定程度上通婚"的族群

可进一步分为四组。第一组是通婚中"没有特殊选择"的族群,调查认为这些族群没有通婚限制,与相邻族群存在通婚现象。

第二组是"有族属选择"的族群,反映族群中的"等级"和歧视,即处于当地社会"高层"的族群之间通婚,"高层"族群与"低层"族群之间不通婚。

第三组在通婚中"有宗教选择",均为信仰伊斯兰教的族群,由于宗教和生活习惯(饮食禁忌等)方面的差异,主要在信仰伊斯兰教的各族间通婚。

第四组有"性别选择"。散布在桂、粤、滇、湘各省份的瑶族各支系情况不同:(1)广西金秀、南丹、兴安、凌云、巴马、恭城、西林、都安等县和云南金平县的瑶族极少与外族通婚;(2)广西环江、贺县、全州、灌阳、龙胜、上林等县的则分别与壮、汉、侗、黎族通婚;(3)广西荔浦、田林、上思以及广东连南、湖南江华等县的在通婚中"只进不出",即外族女子嫁到瑶家或外族男子到瑶家入赘,将其称为"性别选择"并不确切。

布依族调查发现云南镇宁、安龙两县布依族在通婚中主要娶进外族女子,本族妇女不嫁外族男子。

(三)"与外族通婚较多"的族群

7个族群族际通婚较多。各省份的满族普遍与汉族等通婚。纳西族的"阿注"婚姻范围包括许多他族成员。云南怒族普遍与邻近各族通婚。广西防城县京族与汉族通婚达到三分之一。广东、江西的畲族与汉族通婚普遍,浙江、福建、安徽的畲族通婚较少并有地区差异。

六、我国人口普查结果中反映出来的族际通婚

(一)1990年人口普查数据中的族际通婚

1990年以前历次全国人口普查资料中没有族群通婚的统计数字。1990年第四次全国人口普查公布的资料中统计了省、自治区、直辖市一级的纯汉族户、纯少数民族户和汉族—少数族群混合户这三类的户数和人口数。若"混合户"与"少数族群户"的比例数值较高,则说明该地区少数族群的族际通婚水平较高。

在1990年通婚程度较高的4个族群中,满族和畲族在20世纪50年代的调查中就已明显表现出普遍与他族通婚的特点,壮族普遍与汉族通婚。回族大量与汉族通婚,这说明50年代后回族的通婚观念有重大变化。

各省份"混合户"与"少数族群户"的比例数值可分为四组:(1)"混合户与少数族群户比例"在0.66及以上的,有安徽、陕西(以回族为主)、河北(满族为主)、吉林(朝鲜族为主)、内蒙古(蒙古族为主),以及湖北(土家族为主),说明朝鲜、蒙古和土家三族在与汉族通婚方面程度较高;(2)"比例"在0.33至0.66之间,有天津、河南、山东(以回族为主)、湖南(土家族为主),以及四川(彝族为人数最多的族群,但只占该省少数族群人口总数的36.5%);(3)"比例"在0.1至0.33之间的,有贵州(苗族为主)、广西(壮族为主)、云南(彝族为主)、海南(黎族为主)、青海(藏族为主)和甘肃(回族为主);(4)"比例"在0.1以下的,有宁夏(回族为主)、新疆(维吾尔族为主)和西藏(藏族为主)。

1990年人口普查提供了2族群混合户、3族群混合户、4个及以上族群混合户的数字。由于4个及以上族群户的数量非常少,可合并到3族群户中,并把汉族—少数族群混合户的数字引入以进行对比。在这些比较中可归纳出:(1)"2族群户"是族群混合户的主体,其所占比例在97%以上,其中22个省份在99%以上。(2)凡是"2族群户"与"汉族—少数族群混合户"比例差别较大的,说明该省份少数族群之间的通婚在两族群户中有一定规模。(3)在少数族群彼此通婚较多的省份,"3个及以上族群户"所占比例也相对大一点,这样的户可能包括汉族;这些省份的主要少数族群为苗、彝、土家、藏、壮5个族群,50年代调查时这些族群不属于"与外族通婚较多"一类,这表明过去的三十多年这些族群的通婚情况已有所变化。(4)在甘肃和新疆,"2族群户"与"汉族—少数族群混合户"比例差别较大,而"3个及以上族群户"在族群混合户整体中比例则很低,这反映甘肃回族和新疆维吾尔族与当地其他信仰伊斯兰教的族群通婚普遍,与汉族通婚很少。

(二) 1990年与2000年人口普查族际通婚数据的比较

表13-4把1990年和2000年两次人口普查提供的"族群混合户"分省份数据进行比较,可在"单一族群户"和"族际通婚户"这两大类家庭户的比例数值方面进行跨省份和10年变化的比较。

第十三章　族际通婚

表 13-4　中国各省、自治区、直辖市族群混合户情况（1990 年和 2000 年）

地区	单一族群户			2 族群户		3 族群或以上混合户		总户数	
	1990(%)	2000(%)	变化	1990(%)	2000(%)	1990(%)	2000(%)	%	2000(户数)
北京	96.7	95.9	−0.8	3.28	4.13	0.02	0.02	100.0	4 096 844
天津	98.9	98.3	−0.6	1.07	1.67	0.00	0.02	100.0	2 976 741
河北	97.8	97.6	−0.2	2.24	2.41	0.01	0.02	100.0	17 934 977
山西	99.8	99.7	−0.1	0.21	0.33	0.00	0.00	100.0	8 650 261
内蒙古	90.1	88.2	−1.9	9.84	11.70	0.09	0.12	100.0	6 784 470
辽宁	89.7	89.4	−0.3	10.19	10.49	0.07	0.08	100.0	12 866 262
吉林	93.8	94.5	+0.7	6.19	5.50	0.02	0.02	100.0	7 848 446
黑龙江	95.5	96.0	+0.5	4.49	4.00	0.02	0.02	100.0	10 955 750
上海	99.5	99.3	−0.2	0.45	0.66	0.00	0.00	100.0	5 299 068
江苏	99.7	99.4	−0.3	0.31	0.57	0.00	0.00	100.0	21 375 726
浙江	99.6	99.3	−0.3	0.44	0.73	0.00	0.01	100.0	14 136 916
安徽	99.6	99.4	−0.2	0.38	0.60	0.00	0.00	100.0	16 313 885
福建	98.3	98.3	0.0	1.72	1.74	0.00	0.01	100.0	8 743 252
江西	99.5	99.4	−0.1	0.48	0.62	0.00	0.00	100.0	10 168 639
山东	99.8	99.6	−0.2	0.19	0.38	0.00	0.00	100.0	26 709 328
河南	99.5	99.4	−0.1	0.49	0.65	0.00	0.00	100.0	24 247 377
湖北	97.5	97.8	+0.3	2.51	2.21	0.03	0.03	100.0	15 613 793
湖南	96.3	96.0	−0.3	3.63	3.94	0.06	0.09	100.0	17 662 105
广东	99.2	99.2	0.0	0.76	0.84	0.00	0.01	100.0	18 762 127
广西	89.8	89.9	+0.1	10.09	10.01	0.12	0.14	100.0	11 309 236
海南	96.9	95.8	−0.7	3.11	4.19	0.02	0.03	100.0	1 750 710
重庆	—	96.9	—	—	3.04	—	0.08	100.0	9 141 558
四川	98.7	99.2	—	1.31	0.84	0.02	0.08	100.0	23 638 429
贵州	88.7	86.9	−1.8	11.02	12.70	0.30	0.41	100.0	9 239 409
云南	91.6	90.1	−1.5	8.21	9.71	0.19	0.23	100.0	10 853 172
西藏	99.1	98.6	−0.5	0.91	1.36	0.01	0.02	100.0	531 571
陕西	99.7	99.7	0.0	0.26	0.27	0.00	0.00	100.0	9 429 484
甘肃	98.9	98.4	−0.5	1.11	1.51	0.01	0.02	100.0	6 086 988
青海	95.3	93.9	−1.4	4.66	6.04	0.08	0.11	100.0	1 173 977

续表

地区	单一族群户			2族群户		3族群或以上混合户			总户数
	1990(%)	2000(%)	变化	1990(%)	2000(%)	1990(%)	2000(%)	%	2000(户数)
宁夏	98.5	98.0	-0.5	1.54	2.01	0.01	0.01	100.0	1 396 870
新疆	98.4	98.3	-0.1	1.62	1.73	0.01	0.01	100.0	4 793 826
总计	97.3	97.0	-0.3	2.64	2.92	0.03	0.04	100.0	340 491 197

资料来源：国务院人口普查办公室、国家统计局人口和社会科技统计司编，2002a：645。

1990年各省份的"单一族群户"的比例中，贵州最低(88.7%)，其后依次是辽宁(89.7%)、广西(89.8%)和内蒙古(90.1%)，这说明这几个省份的苗族、满族、蒙古族的通婚比例较高。比例最高的是少数族群人口少的沿海省份，在另外三个少数族群自治区(西藏、新疆、宁夏)里，这一比例在98%以上，可见族际通婚很少。对比这10年间族际通婚的变化，除了吉林、黑龙江、湖北、广西、福建、广东、陕西外，其他各省份的"单一族群户"在总户数中的比例都有所下降，下降幅度最大的是内蒙古(1.9个百分点)、贵州(1.8个百分点)、云南(1.5个百分点)和青海(1.4个百分点)。从全国来说，在这10年里"单一族群户"比例下降了0.3个百分点。

1990—2000年，"2族群户"比例下降的只有吉林、黑龙江、湖北和广西这4个"单一族群户"比例上升的省份，其他省份的"2族群户"比例均有幅度不同的上升。从全国来说，在这10年里"2族群户"占全国总户数的比例增加了0.28个百分点，从7 306 793户增加到9 940 293户，大致纯增264万户，反映了全国各地的族群融合进程。

"3族群或以上混合户"的绝对数虽然不大，仍为一个考察族际通婚的指标。1990—2000年，"3族群或以上混合户"比例在全国15个省份有所增加，在另外14个省份保持不变，从全国来看，从87 766户增加到145 881户，这表明中国各族的融合态势在发展之中。

总体来看，1990年我国的"族际通婚家庭"(族群混合户)在所有家庭户(包括单身户)中的比例为2.7%，同年少数族群人口在总人口中的比例为8.1%。2000年我国的族群混合户在总家庭户中的比例为3.0%，同年少数族群人口在总人口中的比例为8.4%。与之相比较，1970年苏联"异族通婚家庭"的比率为13.5%，非俄罗斯族群人口为46.6%。美国1980年不同种族通婚夫妇占所有已婚夫妇总数的 1.26%，在美国总人口中"非白人"占 15.4%；2002 年族际通婚占婚姻总数的 2.6%，"非白人"约占 19.8%。

（三）2000 年与 2010 年人口普查族际通婚数据的比较

2000 年全国有 2.96% 的家庭户（1 008.6 万户）属于族际通婚户，而 2010 年全国有 2.74% 的家庭户（1 102.0 万户）是族际通婚户（见表 13-5）。由此可见，2000—2010 年虽然族际通婚实际户数增加，但所占比例有所下降。

表 13-5　中国家庭户民族构成类别及所占比例（2000 年和 2010 年）

	家庭户 万户	单一民族户		二个民族户		三个民族户		四个及以上	
		万户	%	万户	%	万户	%	万户	%
2000	34 049.12	33 040.50	97.04	994.03	2.92	14.29	0.04	0.30	—
2010	40 193.42	39 091.46	97.26	1 081.40	2.69	20.15	0.05	0.41	—

资料来源：国务院人口普查办公室、国家统计局人口和社会科技统计司编，2002a：645；国务院人口普查办公室、国家统计局人口和就业统计司编，2012a：375。

菅志翔在《社会学研究》2016 年第 1 期发表的文章系统分析了 2000—2010 年中国族际通婚态势。选了 1990 年人口规模超过百万的 18 个少数族群，共占全国少数民族总人口的 93.67%，可代表我国少数民族人口的总体概况。

在将 2000 年通婚情况与 2010 年情况比较时，表 13-6 列出了各族户主人数，以此为 100，把该族与其他族的通婚人数计算为百分比。在"配偶族群"中，除了本族配偶（"族内婚"）外，表中只提供通婚比例较大的前 10 个族群，按通婚比例数的大小进行排序。

从表 13-6 中可归纳出 2000—2010 年我国族际通婚的几个特点：

（1）满、苗、土家、侗、布依、朝鲜 6 个少数族群以本族为户主的"完整夫妻户"（有户主和配偶）总户数有所下降。这 6 个民族中除土家族 10 年间人口增长 4.06% 之外，其他 5 个族群总人口均有所减少。除这一因素外，"完整夫妻户"户数减少与大批年轻人晚婚以及单身人口增加有关。相比之下，维吾尔族户主的"完整夫妻户"数量这 10 年增加 22.8%，藏族增 17.1%，汉族增 13.3%，回族增 12.7%，蒙古族增 11.0%，彝族增 5.9%，壮族增 5.5%。"完整夫妻户"户数显著增加表明这些族群更倾向于维持完整家庭，且年轻人的结婚年龄相对较早。特别

表 13-6 2000 年、2010 年人口普查族际通婚数据比较

单位：万人、%

户主族群	年份	户主人数	户主(%)	配偶族群 (%)										
汉	2000	23 179.52	100.000	汉 98.322	满 0.421	蒙古 0.228	壮 0.207	土家 0.133	彝 0.121	苗 0.116	回 0.096	布依 0.042	瑶 0.041	侗 0.038
汉	2010	26 263.22	100.000	汉 98.512	满 0.341	壮 0.190	蒙古 0.185	苗 0.166	土家 0.118	彝 0.118	回 0.089	布依 0.040	瑶 0.039	侗 0.036
壮	2000	297.40	100.000	壮 87.974	汉 9.972	瑶 0.929	苗 0.213	彝 0.162	仫佬 0.153	毛南 0.118	回 0.034	傣 0.026	黎 0.025	
壮	2010	313.66	100.000	壮 86.758	汉 11.037	瑶 0.974	苗 0.255	仫佬 0.191	彝 0.169	毛南 0.119	回 0.024	黎 0.023	傣 0.022	
满	2000	253.62	100.000	满 54.751	汉 43.312	蒙古 1.319	锡伯 0.212	朝鲜 0.120	回 0.109	壮 0.033	苗 0.018	彝 0.018	土家 0.014	
满	2010	243.30	100.000	满 52.947	汉 44.795	蒙古 1.551	锡伯 0.216	满 0.177	回 0.142	朝鲜 0.118	壮 0.041	苗 0.036	达斡尔 0.032	彝 0.019
回	2000	195.51	100.000	回 86.200	汉 12.211	东乡 0.516	满 0.168	朝鲜 0.118	蒙古 0.090	彝 0.091	藏 0.080	撒拉 0.078	彝 0.056	苗 0.018
回	2010	220.42	100.000	回 86.244	汉 12.071	东乡 0.617	满 0.177	侗 0.142	彝 0.092	蒙古 0.094	苗 0.041	藏 0.068	维吾尔 0.066	苗 0.054
苗	2000	168.52	100.000	苗 77.752	汉 12.592	土家 4.789	侗 1.962	仫佬 0.847	布依 0.737	仫佬 0.614	壮 0.247	彝 0.186	瑶 0.121	白 0.089
苗	2010	166.28	100.000	苗 77.966	汉 13.430	土家 4.025	侗 1.821	布依 0.722	仫佬 0.614	壮 0.296	水 0.234	彝 0.196	瑶 0.138	白 0.116
维吾尔	2000	153.75	100.000	维吾尔 99.104	汉 0.561	回 0.078	哈萨克 0.077	乌孜别克 0.032	土家 0.025	柯尔克孜 0.019	蒙古 0.019	蒙古 0.016	藏 0.013	蒙古 0.013
维吾尔	2010	188.77	100.000	维吾尔 99.556	汉 0.204	哈萨克 0.091	回 0.055	乌孜别克 0.024	柯尔克孜 0.021	蒙古 0.005	土家 0.002	壮 0.014	藏 0.001	苗 0.001

续表

户主族群	年份	户主人数	户主(%)	配偶族群(%)										
彝	2000	145.28	100.000	彝 82.789	汉 14.066	哈尼 0.648	白 0.414	苗 0.395	傈僳 0.316	壮 0.280	拉祜 0.235	布依 0.127	傈僳 0.124	回 0.110
	2010	153.88	100.000	彝 81.351	汉 15.241	哈尼 0.767	苗 0.418	白 0.402	傈僳 0.360	壮 0.291	拉祜 0.249	傈僳 0.146	布依 0.120	回 0.117
土家	2000	162.68	100.000	土家 75.264	汉 18.469	苗 4.644	白 0.625	苗 0.370	白 0.359	回 0.054	蒙古 0.042	瑶 0.039	维吾尔 0.021	布依 0.020
	2010	157.05	100.000	土家 74.042	汉 20.271	苗 4.092	侗 0.575	白 0.326	仡佬 0.315	回 0.057	布依 0.048	瑶 0.045	蒙古 0.037	彝 0.021
蒙古	2000	113.97	100.000	蒙古 62.788	汉 33.537	满 2.688	回 0.151	达斡尔 0.130	藏 0.115	土家 0.072	鄂温克 0.064	苗 0.063	鄂温克 0.052	锡伯 0.048
	2010	126.48	100.000	蒙古 61.863	汉 34.497	满 2.746	回 0.138	达斡尔 0.125	藏 0.122	土家 0.061	鄂温克 0.056	彝 0.050	锡伯 0.047	苗 0.046
藏	2000	71.56	100.000	藏 93.540	汉 5.298	土 0.236	羌 0.164	蒙古 0.154	回 0.147	纳西 0.105	维吾尔 0.037	彝 0.041	壮 0.037	苗 0.032
	2010	83.80	100.000	藏 93.775	汉 5.074	土 0.245	羌 0.180	蒙古 0.145	回 0.128	纳西 0.113	彝 0.048	满 0.046	傈僳 0.045	哈萨克 0.041
侗	2000	57.47	100.000	侗 74.989	汉 14.873	苗 6.293	土家 1.820	壮 0.575	瑶 0.237	仡佬 0.545	布依 0.172	回 0.051	蒙古 0.046
	2010	53.65	100.000	侗 72.839	汉 16.869	苗 6.312	土家 1.666	壮 0.734	仡佬 0.495	瑶 0.260	布依 0.240	彝 0.208	回 0.080	彝 0.059
布依	2000	54.59	100.000	布依 81.753	汉 12.555	苗 2.586	水 1.007	壮 0.470	彝 0.323	毛南 0.125	侗 0.106	仡佬 0.096	黎 0.088
	2010	50.06	100.000	布依 78.788	汉 15.248	苗 2.666	水 0.967	壮 0.464	彝 0.367	黎 0.200	侗 0.190	毛南 0.134	仡佬 0.125	回 0.103

续表

户主族群	年份	户主人数	户主(%)	配偶族群(%)									
瑶	2000	46.58	100.000	瑶 74.281	汉 18.818	壮 5.251	苗 0.539	侗 0.319	彝 0.104	仫佬 0.080	布依 0.079	水 0.061	毛南 0.051
瑶	2010	47.95	100.000	瑶 71.458	汉 21.124	壮 5.650	苗 0.573	侗 0.305	彝 0.136	仫佬 0.088	布依 0.079	水 0.050	毛南 0.044
朝鲜	2000	43.60	100.000	朝鲜 92.686	汉 6.564	满 0.482	蒙古 0.071	土家 0.067	哈尼 0.020	侗 0.012	壮 0.011	苗 0.009	锡伯 0.005
朝鲜	2010	36.81	100.000	朝鲜 90.130	汉 8.815	满 0.742	蒙古 0.124	回 0.049	壮 0.017	苗 0.015	锡伯 0.010	达斡尔 0.008	彝 0.008
白	2000	35.78	100.000	白 73.920	汉 18.476	彝 2.358	土家 1.646	傈僳 0.759	苗 0.516	未识别 0.446	回 0.202	哈尼 0.192	傈 0.166
白	2010	37.10	100.000	白 72.248	汉 20.002	彝 2.311	土家 1.405	傈僳 0.892	纳西 0.556	未识别 0.307	回 0.286	哈尼 0.223	傈 0.212
哈尼	2000	26.05	100.000	哈尼 88.405	汉 6.808	彝 2.984	傈 0.640	拉祜 0.479	回 0.073	布朗 0.066	苗 0.065	布朗 0.058	瑶 0.049
哈尼	2010	29.32	100.000	哈尼 86.449	汉 8.228	彝 3.194	傈 0.728	拉祜 0.600	佤 0.103	布朗 0.090	瑶 0.087	回 0.084	苗 0.071
哈萨克	2000	20.78	100.000	哈萨克 97.700	维吾尔 1.245	回 0.336	柯尔克孜 0.194	塔塔尔 0.132	乌孜别克 0.099	满族 0.036	彝 0.030	侗 0.023	蒙古 0.017
哈萨克	2010	28.28	100.000	哈萨克 95.960	汉 2.338	回 0.745	藏 0.161	维吾尔 0.126	柯尔克孜 0.099	塔塔尔 0.052	乌孜别克 0.048	壮 0.041	蒙古 0.030
黎	2000	19.65	100.000	黎 90.670	汉 8.032	苗 0.381	布依 0.297	壮 0.287	苗 0.055	瑶 0.036	土家 0.034	仡佬 0.020	侗 0.017
黎	2010	24.55	100.000	黎 84.696	汉 12.864	布依 0.592	苗 0.565	壮 0.287	彝 0.065	回 0.041	仡佬 0.092	土家 0.051	瑶 0.046
傈	2000	21.35	100.000	傈 81.262	汉 12.791	彝 2.570	哈尼 1.026	拉祜 0.545	白 0.280	佤 0.222	阿昌 0.142	苗 0.075	瑶 0.045
傈	2010	22.85	100.000	傈 78.089	汉 14.831	彝 2.966	哈尼 1.296	拉祜 0.586	白 0.296	佤 0.281	景颇 0.180	傈僳 0.174	阿昌 0.163

资料来源：国家统计局人口和社会科技统计司、国家民族事务委员会经济发展司编，2003：302—341；国家统计局人口和就业统计司、国家民族事务委员会经济发展司编，2013：503—622。

是维吾尔族"完整夫妻户"大幅增长,反映维吾尔族因高生育率带来人口快速增长,大量年轻人进入婚龄期组建新家庭,10年内新增户数超过五分之一。

(2)除汉族外,2010年"族内婚"比例最高的依次是维吾尔族(99.56%)、哈萨克族(95.96%)、藏族(93.78%)和朝鲜族(90.13%)。其余14个少数族群中12个的"族内婚"比例均下降,显示我国族际通婚呈整体增长趋势。

(3)除汉族外,2010年18个主要少数族群居于第一位的族外通婚对象都是汉族。汉族人口占总人口的91.5%,由于"相对规模"这一重要因素,汉族成为其他族通婚主要对象十分自然。如果以少数民族户主中与汉族通婚者所占比例为指标,这一比例从高到低前13位依次为满族(44.8%)、蒙古族(34.5%)、瑶族(21.1%)、土家族(20.3%)、白族(20.0%)、侗族(16.9%)、布依族(15.2%)、彝族(15.2%)、傣族(14.8%)、苗族(13.4%)、黎族(12.9%)、回族(12.1%)和壮族(11.0%)。当一个族群与另一个族群通婚率超过10%时,通常认为存在比较融洽的互动关系,上述13个群体与汉族的通婚率都超过10%。

相比之下,与汉族通婚率最低的依次是维吾尔族(0.20%)、哈萨克族(2.34%)和藏族(5.07%),分别高度聚居在本族自治地方(青藏高原、北疆牧区和南疆),当地汉族人口很少,同时这3个族群与汉族在语言、宗教信仰、生活习俗等方面存在较大差异。但哈萨克族的通婚模式近10年的变化值得关注。2000年占哈萨克族与外族通婚第一位的是维吾尔族,有2 587户,与汉族通婚户仅261户;2010年哈萨克族与维吾尔族通婚户减少到2 106户,与汉族通婚户增加到6 612户。这一变化反映出哈萨克青年族际互动的新趋势。

(4)2010年,满族户主中与汉族通婚者占比高达44.8%。满族人口普遍与汉族混居,两族并不存在语言、宗教、习俗方面的重大差异,通婚比例高是两族良性互动的必然结果。蒙古族与汉族通婚比例较高有历史原因。农区蒙古族自清末"放垦"开始与迁来的汉族混居,许多农区蒙古族已通用汉语,所以蒙古族户主中高达34.5%与汉族通婚。此外,与汉族通婚比例超过20%的有瑶、土家和白3个族群,其后超过10%的有侗、布依、彝、傣、苗、黎、回和壮等8个族群。以上这13个族群与汉族的高通婚率标志着相互之间的血缘融合已经达到一定程度。如果不考虑各族精英群体的"民族意识",这些族群大多数普通民众对"中华民族共同体"已建立较高认同。

(5)在西北地区,宗教信仰是影响族际通婚的重要因素。维吾尔族是"族内婚"倾向最强的族群，2010年除与汉族通婚（0.2%）外，维吾尔族的其他通婚族群依次是哈萨克、回、乌孜别克，但比例都小于0.1%，显示其具有高度封闭性。回族除与汉族通婚（12.1%）外，其余的通婚群体是东乡族（0.62%）和满族（0.18%），东乡族在宗教信仰与生活习俗方面与当地回族非常相近。东乡族、撒拉族与回族的高通婚率主要反映甘青地区穆斯林社会通婚模式。新疆回族为98.3万人，占全国回族总人口的9.3%，维吾尔族户主与回族通婚的只有1 029人，仅占维吾尔族户主总数的0.055%。伊斯兰教共同信仰似乎并没有使这两个族群拉近情感距离，两族通婚率低于各自与汉族的通婚率。

（6）藏族除与汉族通婚外，其他通婚群体依次为土族、羌族和蒙古族等，这些族群居住在藏区周边。青海土族有相当部分以藏语为母语并信奉藏传佛教，历史上即与藏族有悠久的通婚传统。四川阿坝的羌族与当地藏族混居，青海的蒙古族与藏族混居，这三个群体与藏族通婚较多是历史延续的地方传统。

（7）西南各省生活着几十个少数族群，明清以来各族混居现象比较普遍，壮、苗、彝、土家、侗、布依、瑶、白、哈尼、黎、傣等族群的主要通婚对象是本地其他族群，通婚对象群体排序在2000—2010年无显著变化。排序主要反映当地各族的不同混居模式。清廷虽然在蒙、满、回（回疆）、藏等地区实行"多元化"行政体制，禁止汉人进入，但在云、桂、黔、川等省继承元朝和明朝传统，大力推行汉字、儒学教育和科举制度，五百多年的儒学灌输拉近了西南各族与中原文化的关系，这是西南各省当前融洽的族群关系和广泛族际通婚的历史基础。

若我们使用"相对通婚率"（族际通婚户在所有户中比例除以少数族群人口在总人口中比例）来比较（参见表13-7），大致说来，中国族际通婚的整体水平高于20世纪70年代的苏联，也高于21世纪初的美国。这多少说明中国族群关系总体比苏联时代族群关系和美国种族关系更为融洽。但是在2000—2010年中国"相对通婚率"有所下降，甚至低于1990年的水平，需要关注，而同期美国族际通婚显著上升。

表13-7 "相对族际通婚率"的国际比较

	1970	1980	1990	2000	2010
美国	0.055	0.082	0.112	0.131	0.220
苏联	0.290	—	—	—	—
中国	—	—	0.333	0.357	0.323

七、个案分析：赤峰农村蒙汉通婚研究

1985年我们在内蒙古赤峰地区开展了专题调查，通过座谈会和户访问卷的方式调查了41个自然村的2 089户蒙古族和汉族居民。依照其户主及配偶的性别、族群及男方的社会经济情况可分成几组来介绍当地族际通婚和族内婚夫妇的基本情况（见表13-8）。

表13-8　内蒙古赤峰地区被调查已婚户户主的婚姻情况（1985年）

丈夫的人口特征、社会经济状况	婚姻类型（夫一妻）					
	汉—汉（%）	汉—蒙（%）	合计（%）	蒙—汉（%）	蒙—蒙（%）	合计（%）
年龄：>30	86.0	14.0	100.0	25.2	74.8	100.0
30—39	88.1	11.9	100.0	18.6	81.4	100.0
40—49	88.5	11.5	100.0	11.2	88.8	100.0
50—59	85.7	14.3	100.0	8.4	91.6	100.0
60+	84.3	15.7	100.0	8.9	91.1	100.0
受教育水平：文盲	86.6	13.4	100.0	10.2	9.8	100.0
小学	87.6	12.4	100.0	16.4	83.6	100.0
初中	88.1	11.9	100.0	18.2	81.8	100.0
高中以上	81.1	18.9	100.0	20.3	79.7	100.0
职业：农民	87.3	12.7	100.0	15.5	84.5	100.0
退休干部、退休工人	83.3	16.7	100.0	20.0	80.0	100.0
手艺人、技工	93.9	6.1	100.0	5.0	95.0	100.0
教师	85.7	14.3	100.0	15.4	84.6	100.0
国营或集体企业职工	80.0	20.0	100.0	21.7	78.3	100.0
干部	65.4	34.6	100.0	9.9	90.1	100.0
生产活动：农业户口	89.4	10.6	100.0	38.0	62.0	100.0
牧业户口	77.5	22.5	100.0	8.3	91.7	100.0
年人均收入（元）：全体	385	398		386	446	
农业地区	387	317		355	290	
牧业地区	382	534		431	479	
迁移情况：本地出生	84.6	15.4	100.0	13.4	86.6	100.0
移民	88.1	11.9	100.0	17.4	82.6	100.0
总计：调查户数	1 071	163	1 234	122	683	805
%	86.8	13.2	100.0	15.2	84.8	100.0

资料来源：马戎、潘乃谷，1988：78。

在 2 089 个被调查户中除 50 户未婚户主外,有 14% 的户主与其他族群通婚。汉族男性户主中有 13.2% 娶了蒙古族妇女为妻,蒙古族男性有 15.2% 娶了汉族妇女。

（一）影响赤峰族际通婚的因素

研究文献和赤峰调查显示九个因素对族群通婚有影响。

（1）年龄。不同年龄组的通婚比例和类型变化可反映不同时期社会经济发展的整体情况、政府民族政策、族群关系变迁以及各族对通婚态度的变化。该表显示各年龄组汉族的通婚比例变化不大,蒙古族变化较明显,越年轻的蒙古族男性与汉族女性结婚的比例越高。

（2）受教育水平。受教育程度接近的人往往有较多共同语言和更多接触机会,能增加恋爱通婚的可能性。赤峰调查数据显示,受教育水平与通婚之间的关系对汉族来说不明显,而蒙古族随着上学年数增加,与汉族妇女结婚比例呈线性增长。

（3）职业。在职业分组中,"干部"职业的蒙汉对比反映出通婚率的显著差别。汉族干部有三分之一以上娶蒙古族妻子,而蒙古族干部娶汉族妻子的比例不到 10%。民族自治地方各级政府的领导干部是蒙古族,本地汉族干部为了给自己创造良好的工作环境和发展机会,有可能倾向于与蒙古族结婚。蒙古族干部没有这层考虑,同时由于族群意识相对较强,会有意识地倾向于族内婚。

（4）户口登记状况。当地户籍登记分为"农业户口""牧业户口""城镇户口"三类。汉族熟悉土地耕作和栽培技术,蒙古族在畜牧业生产中具有优势,农区蒙古族男户主有 38% 娶了汉族妻子,大大高于牧区蒙汉通婚比例（8.3%）,牧区汉族男户主与蒙古族结婚的比例是农区的两倍多（22.5∶10.6）。

（5）收入。农区家庭中汉族夫妇较富裕,娶汉妻的蒙古族男子其家庭收入明显高于蒙古族夫妇的,收入最低的是蒙古族夫妇。牧区汉族夫妇收入最低,蒙古族夫妇收入高。人均收入最高的是汉—蒙通婚家庭,往往汉族丈夫有特殊技能（如拖拉机手、电工等）,可获得高收入。

（6）迁移情况。本地出生的汉族男子娶蒙古族妇女的比例高于移民的。从外地迁来的蒙古族男子一般较贫穷,与汉族通婚的比例通常高于本地出生蒙古族。

（7）语言。农区有96.3%的蒙古族会讲流利汉语,34%的蒙古族完全不会讲蒙古语。牧区有47.2%的汉族户主会讲一些蒙古语或蒙古语很好,精通汉语的蒙古族户主比例达73.2%。在农区汉语是通用语言,蒙古语已很少使用;牧区蒙古族内部仍使用蒙古语,蒙汉之间交流多用汉语。

（8）族群混居和互交朋友的情况。农区汉族在人数上和经济活动中处于优势,35.6%的蒙古族居民的邻居主要是汉族,31.4%的人宣称自己的朋友中汉族比蒙古族多。这与农区蒙古族男性娶汉族妇女比例高直接关联。牧区汉族居民有较多蒙古族邻居和蒙古族朋友,自称朋友中蒙汉各半和蒙古族为多的人占到52.1%。

（9）社区结构特征与族际通婚。自然村是基层社区单位。这次调查包括17个农业村和24个牧业村。我们通过6个变量分析社区特征与社区内户主族际通婚比例之间的关系:①蒙古族户主与汉族结婚的百分比;②汉族户主与蒙古族结婚的百分比;③全村户主平均上学年数;④生产类型(农业=1,牧业=2);⑤全村总户数中蒙古族的百分比;⑥全村总户数中汉族的百分比。

表13-9是这6个变量的相关系数表。从中可以看出,蒙古族在户数中的比例对蒙汉通婚具有决定性意义,相关系数为(-0.802)。即村里蒙古族人数越少,与汉族结婚比例越高。有三个村子都只有一户或两户蒙古族居民,户主全部娶汉族妻子。对于汉族而言,"相对数量"对族际通婚的影响明显小于蒙古族,相关系数为(-0.289)。

由于蒙古族多居住在牧区,牧区蒙古族与汉族结婚的较少(-0.573),而牧区汉族与蒙古族结婚的要多于农区汉族(0.210)。受教育因素对汉族户主与蒙古族结婚有积极影响(0.271),但对蒙古族娶汉族妻子基本上没有影响(0.004)。

表13-9 内蒙古赤峰地区41村与族际通婚有关变量的相关系数(1985年)

	蒙古族户主与汉族通婚百分比	总户数中蒙古族百分比	汉族户主与蒙古族通婚百分比	总户数中汉族百分比	全村户主平均上学年数
总户数中蒙古族百分比	-0.802	—			
总户数中汉族百分比	—	—	-0.289		
全村户主平均上学年数	0.004	0.004	0.271	-0.004	—
生产类型	-0.573	0.769	0.210	-0.769	0.111

内蒙古赤峰地区在我国中西部少数族群地区有一定的代表性,但是影响族群关系的各种因素在不同地区的表现形式和程度各不相同。

(二) 族际通婚中的"上嫁"现象

在美国关于黑人、白人通婚的研究中,有些学者总结出"上嫁"(marrying up)模式来表示黑人—白人通婚中数量最多的一种类型:社会地位高、收入高的黑人男子娶出身于社会地位低和收入较低家庭的白人女子。白人女子通过婚姻实现了自己社会地位的"上升",而黑人丈夫则可通过娶白人女子显示自己的"成功"。我们借用这个思路来分析内蒙古的蒙汉通婚,发现由于其熟悉当地的主要生产技能,牧区的蒙古族和农区的汉族的社会经济地位稍高一些,因此农区的汉族和牧区的蒙古族在各自传统居住地区"上嫁"中处于有利地位,这与白人整体在美国社会具有垄断性优越地位的情况不同(参见图13-3a和图13-3b)。

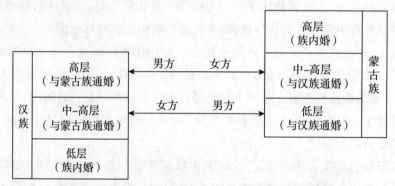

图13-3a 内蒙古赤峰牧业区蒙汉通婚中的"上嫁"模型

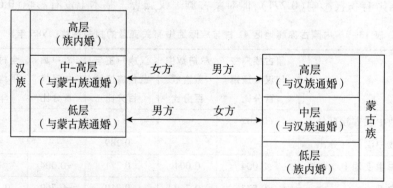

图13-3b 内蒙古赤峰农业区蒙汉通婚中的"上嫁"模型

第十三章 族际通婚

我国其他学者自 20 世纪 80 年代以来也在不同地区开展族际通婚的实地调查工作，如纳日碧力戈对呼和浩特市蒙汉通婚的研究、陈长平对北京市马甸和牛街两个居委会进行的族际通婚研究、马戎对拉萨市藏汉通婚的调查、王俊敏对呼和浩特市族际通婚的研究、李晓霞对新疆维汉通婚的研究等。以上这些调查研究提供了很有价值的第一手调查资料，有助于我们了解我国各地区城乡的族际通婚情况以及影响因素。

第十四章

影响族群关系变迁的因素分析

本章试图对影响族群关系的各种因素进行系统分析。前面各章主要涉及的是族群关系研究的若干领域,对影响族群关系演变和发展的各种内外因素并没有进行系统讨论。本章将结合前面各章内容,对影响族群关系的各种因素进行系统梳理和归纳,对于这些因素的认识将有助于我们理解和判定族群关系发生变化的条件与演变趋势,有助于分析族群关系的变化规律,也有助于我们在族群关系研究方面进行课题设计和分析调查结果。

一、分析族群关系变迁时需要注意的研究视角

在系统分析影响族群关系的具体因素之前,先讨论一下梳理这些因素时需要在研究视角方面注意什么,大致有四个方面需要予以关注。

第一,要想深入认识和理解一个地区族群关系的现状并预测它的未来,就必须从历史发展长河的角度来观察和分析,不能忽略和割裂这个地区的社会发展与族群交往史。今天各族的相互关系是经历漫长历史发展演变而来的,无论个人、集体还是族群对历史上发生过的事情都有"记忆"。

第二,族群的相互关系是动态发展演变的,不是固定僵化不变的。各族群作为有不同发展历史和不同文化传统的群体,在互动过程中的不同发展阶段,可能会有不同的权益追求,在不同层面可能出现不同形式的利益组合。

第三,族群关系的变化受到内部与外部多种因素的影响,并不是某个因素可以单独起决定性作用的。在这些因素中,有的直接发生作用,很容易观察到,有

的则是间接产生影响,隐藏在其他因素背后,容易被人们忽视。

第四,各地区人类社会、族群之间存在巨大差别——从社会制度到人群的体质、语言,但是必须看到各族群仍然存在许多共性,人类社会发展有许多共同规律。不同人种可以交配繁衍后代,说明人种存在体质共性;不同语言能够互相翻译,表明这些语言存在文化内涵共性,只是表达符号系统存在差异;尽管组织的规模名称各不相同,但各地区不同族群的社会组织在基本结构与功能方面存在许多相似之处;即使是不同的宗教和意识形态,也存在许多共同的伦理观念与相似的思想逻辑。

综上所述,历史的观点、动态的视角、多元影响和比较分析的观点是我们分析影响族群关系因素时需要予以注意的四个重要视角。

二、显示族群关系状况的连续统

族群关系可大致分为三种形态:一是相互完全隔绝的状态;二是相互交往、相互影响的状态;三是完全融合、彼此不存在实质性差异的状态。如果把这三种形态放在一个系统中考虑,应怎样来分析三者之间的关系?又应怎样来分析族群的互动过程与互动结果?

美国学者辛普森(George Eaton Simpson)在 1968 年提出"把群体的互动结果视为连续体,完全隔离与完全同化可视为处于连续体的两端"的观点,他还指出,"在这两端之间存在着下列情况:程度不同的非完全隔离状态;美国、加拿大、瑞士诸国随处可见的多种文化共存现象,表面提倡机会均等,但实际上不同族群之间仍存在文化与社会结构差别的虚假整合、部分同化、个体同化和群体同化"(Simpson,1968:438)。在分析族群关系时,我们可以把族群关系可能出现的各种状况抽象地看作分布在一个连续统(continuum)上的许多点,连续统的一端是两族群完全融合,另一端是两族群完全隔绝与对立,在这两个端点之间分布着程度不同的族群互动状态。

族群关系的多样性正是族群关系动态变化的结果。每个具体族群关系状态不仅可被放置在连续统两端之间的某一点上,而且这个"点"会随着时间变化在连续统上或左或右移动。在每个具体个案中,我们可以提出下列问题:这个标志族群互动结果的"点"是在向连续统的哪一端移动?又有哪些因素沿着什么方向和以多大力度推动或阻碍族群关系在连续统上移动?这些因素是单独发生作用还是相互交织成"合力"影响族群关系的变化方向?

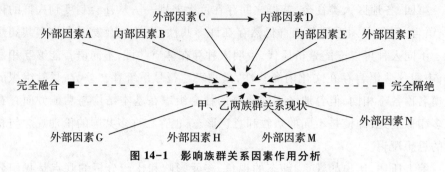

图 14-1 影响族群关系因素作用分析

图 14-1 以一种直观方式来显示这些作用,长虚线是族群关系"连续统",它是一个可双向移动的轨道,左端表示"完全融合"状态,右端表示"完全隔绝"状态。长虚线中间的圆点表示甲族群和乙族群关系的现状,这个点可能向左移,也可能会向右移,虚线上下的多条带箭头的线表示各个方向的影响因素,长短表示影响力的强弱。

如果两族群交往互动的最后结果是"完全融合",也就是圆点移动到"连续统"的左端。这样的"完全融合"还可进一步区分为两种情况:(1)单向同化,指一个族群完全放弃自己的信仰、文化和行为方式而接受另一个族群的文化;(2)相互融合,指两个或更多的族群在文化互动交融的基础上最后形成一个全新的文化和全新的群体(Vander Zanden,1963:269)。

我们可以把这两种"完全融合"的理想类型以图 14-2 中的两个子图来表示,在左面的图里,A、B 两族群彼此相互接近,两者间的距离从 d1 缩短为 d2,最后减少为零;在右面的图里,B 族群并没有向 A 接近,A 族群则主动向 B 族群靠拢,同样使两者之间的距离从 d1 缩短为 d2,最后减少为零。

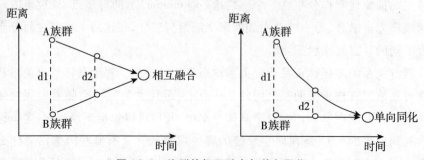

图 14-2 族群的相互融合与单向同化

第十四章 影响族群关系变迁的因素分析

在现实社会中,"单向同化"表示某族群在语言、文化等方面大幅度向另一个族群靠拢,最后自己的文化传统可能所剩无几。但在实际族群交流过程中,主流族群也不可避免地或多或少吸收弱势族群的文化。如美国白人是主体族群,黑人在语言、宗教、习俗等许多方面向白人趋同,但是白人在音乐、舞蹈等方面也吸收了黑人传统文化。在中国历史上,汉唐两代是当时东亚大陆上的"强势群体",但这两个朝代也从其他地区如西域和印度吸收了不少文化素养。所以,我们不能机械僵化地看待族群的"同化过程"。

三、英格尔提出的影响族群成员身份认同的变量体系

由于世界各国在社会发展历史和具体国情方面存在很多不同之处,各国的族群关系也因此各具特点,同一个变量在不同国家所产生的作用以及效度也各不相同,但这并不妨碍学术界对影响族群关系变量体系的探索。

(一)英格尔1986年提出的14个变量

英格尔(J. Milton Yinger)在1986年提出影响美国种族或族群成员身份认同的14个自变量(见表14-1)。这个体系涉及的因变量是族群成员身份认同,它在其他因素的影响下或者强化或者弱化,这些因素对族群相互融合发挥负面或正面作用。

表14-1 影响族群成员身份认同的变量

使族群成员身份认同强化	使族群成员身份认同弱化	变量概括
1. 人口规模很大(在总人口中的比重)	1. 人口相对规模很小	人口规模
2. 在地区和基层社区中集中居住	2. 在地区和基层社区中分散居住	居住格局
3. 居住时间短(新移民比例大)	3. 居住时间长(新移民比例小)	移民比例
4. 回访母国既方便又频繁	4. 回访母国非常困难,因而很少回访	母国联系
5. 与本地其他族群的语言不同	5. 与本地其他族群的语言相同	语言差别
6. 信仰与本地主要族群不同的宗教	6. 信仰与本地主要族群相同的宗教	宗教差异
7. 属于不同的种族(明显的体质差异)	7. 属于同一个种族(没有明显的体质差异)	种族差异
8. 通过外界强力或征服行为进入这一社会	8. 自愿进入这一社会	迁移方式

续表

使族群成员身份认同强化	使族群成员身份认同弱化	变量概括
9. 来自具有不同文化传统的其他社会	9. 来自具有相似文化传统的其他社会	文化差异
10. 母国的政治与经济发展对其具有吸引力	10. 被母国的政治和经济发展驱逐出来	母国情感
11. 在阶级和职业方面的同质性	11. 在阶级和职业方面的多样性	阶级构成
12. 平均受教育水平比较低	12. 平均受教育水平比较高	教育水平
13. 经历了许多族群歧视	13. 没有经历过什么族群歧视	歧视经历
14. 所生活的社会没有社会流动	14. 所生活社会的社会阶层是开放的	社会流动

资料来源：参见 Yinger，1986：31。

这14个变量大致可归纳为六类：（1）人口因素（相对规模、移民比例、迁移方式）；（2）体质差异（种族因素）；（3）文化差异（文化、语言、宗教等方面的族群差异）；（4）社会总体特征（阶级构成、社会流动、教育水平）；（5）社会的族群关系与政策（族群歧视、居住格局）；（6）与母国关系（对母国的情感及与母国的各种具体联系）。

英格尔提出的这14个变量还可根据所涉及的分析层面进行分组：除了居住时间、迁移方式这两个因素属于个体层面因素外，其他12个因素大致上算是群体层面的影响因素。当然，不排除有些人员的个体情况（如语言能力、受歧视经历、对母国回访）、局部社区的情况（如居住格局）可能与群体绝大部分成员、整体社区有些差别，但是基础性的情况应当大致相似。所以我们可根据整体或平均情况来衡量两个族群间的文化和心理距离，分析彼此认同的障碍，同时也可以在分析这些群体数据的同时，增加个体层面的信息，把它们结合起来，分析个体成员在与另一族群认同时彼此的距离及其变化。

由于不同国家有不同的移民史与族群关系史，各变量的作用程度也不一样。即使在同一个国家，不同历史时期也可能有不同的社会制度和处理族群关系的不同政策。我们在研究族群关系时，必须根据不同时间、地点和具体对象来思考这14个变量。

（二）族群凝聚力或族群力量的源泉

英格尔分析了族群凝聚力的源泉。他首先总结了"原发基础型"和"利益驱

第十四章 影响族群关系变迁的因素分析

动型"两类凝聚因素。前者代表"纯粹的文化",它使族群作为具有共同祖先的"文化集合体"而凝聚,人们出于对本族文化的深厚感情生发出保存和发展自身文化传统的愿望而凝聚,成为"文化抗争"的力量;后者代表"社会分层现象",当一个族群在社会分层中整体处于劣势时,共同社会地位与对共同利益的追求使他们作为"政治抗争"或"经济抗争"集团而凝聚。

英格尔画出了一个三维坐标的立体图,把这三个因素即基本归属感(primordial attachments)、共同利益(shared interests)及对政府产生的"疏离感"(alienation from state)作为衡量城市社会族群力量的三个维度(Yinger,1986:28—29)。处于图中的 A 点时,所有三个因素在三个坐标轴上得到最大值;位于 B 点时,所有三个因素在三个坐标轴上的数值均为零,它们之和为最小值。这三个因素可以看作族群凝聚力的三个源泉。前两个是英格尔最早提出的"文化因素"和"利益因素",第三个是族群与政府之间的距离,这是该族群与在主流社会和政府中占据主导地位的族群长期互动的结果。

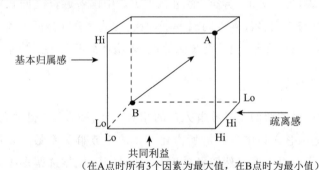

(在A点时所有3个因素为最大值,在B点时为最小值)

图 14-3 英格尔衡量城市社会族群力量的三个维度

资料来源:Yinger,1986:29。

借鉴这个思路时需注意:(1)英格尔从城市场景提出的这个思路也可应用于农村,但这三个维度的表现形式在农村可能有所不同;(2)所考虑的对象是少数族群而不是占优势地位主导政府的族群,所以才存在其成员与政府"疏离"的问题;(3)族群传统文化的"强化"现象可能存在各种诱因,有时政府或社区为了开发旅游业会鼓励"寻根"和复制某族群传统文化,但在这种情况下该族群的认同意识未必得到真正的增强和内在支撑;(4)经济利益或政治权益之争不仅存在于族群之间,更常出现于社会阶级、阶层甚至区域之间,并以跨族群的政治团体为其代言人。所以这三个因素可以影响族群关系,但它们并不是反映族群认同意识的全部因素或变量,在族群关系变化中可能隐含其他非族群因素的影响,需要鉴别和区分。

四、影响民族关系的各种因素

在对研究文献提及的影响民族关系的各种因素进行分类概括和综合比较之后,我们可以把主要影响因素划分为15类。

(一)体质因素

人们在体质外观上的差异很容易分辨,也容易给对方留下深刻印象。在相互接触中,人们在态度上是否愿意接受对方、在感情上是否认同对方、在心理上与对方保持多大距离等,都受到双方体征差异程度的影响。人们会十分自然地考虑:对方是不是"异类"?体质差异越大,带来的距离感也就越强。族群之间体质差别越小,对另一方的"异类"感也就越少。中国各族群之间长期存在比较和谐的关系,这与绝大多数族群同属一个种族(蒙古人种)有很大关系。美国白人与黑人虽共处三百多年,但彼此界限分明,表明体质差别的影响不可否认。

(二)人口因素

人口因素中最重要的是各族群人口的相对比例,即人口"相对规模"。在一个国家、一个地区总人口中各族群所占比例是决定族群关系最重要的因素。无论是历史上凭靠武力夺取自然资源的时代,还是今天凭靠选票多少来决定权力分配的时代,人口相对规模始终是影响族群关系总体态势的重要因素。

人口迁移对族群关系的影响不仅是导致人口相对规模的变化,也影响族群间的感情。在传统居住地上,本地族群很可能视外来移民为"闯入者"而产生排外心理。而族际通婚的规模与增减速度,则是衡量族际关系的重要指标。

(三)社会制度差异

一国内部各地社会发展存在不平衡,国家对基层社区的渗透与政治整合力度在不同地区也存在差异。各地区的不同族群在历史上或今天可能经历不同的政治制度、社会组织、财产所有制甚至不同的婚姻家庭制度,因此人们在日常生活中沿袭下来的很可能是不同的价值观念和行为规范。当这些族群相遇或因迁

第十四章 影响族群关系变迁的因素分析

移而共同居住在一个社区时,族群成员在相互交往中可能因遵循不同社会行为规范而发生冲突。一旦中央政府试图对这些地区和族群实行政治整合并推广国家主导的社会制度、组织形式和所有制,各族群历史遗留的社会制度与组织形式差异会成为影响族群关系的关键因素。

(四) 经济结构因素

随着人类社会的发展出现了社会分工,各族群成员也参与到社会分工的发展进程中。这种社会分工可能体现为不同国家、不同地区的行业分工,也可能体现为同一个国家、同一个地区甚至同一座城市内的行业或职业分工。某些族群的形成,即与某个特殊行业相关。历史上沿袭下来的不同族群在经济活动方面的传统,对于我们理解今天社会分工体系中的"族群分工"现象有重要启示。

(五) 社会结构因素

一个国家的政治制度、所有制体系、经济利益分配制度决定了社会的基本结构、运行机制和社会分层系统。如果制度设计使不同种族—族群具有不同社会地位,或者事实上使这些群体相对集中于不同社会阶层,那么社会分层与族群分层的重合程度将决定族群关系的基本性质。在社会分层显著而且社会流动性较高的社会,某族群的一些成员有可能把其他族群成员视为获取资源和利益的竞争对手。

(六) 文化因素

影响族群关系的"文化因素"主要表现为各族群在语言、传统文化、风俗习惯等方面的差异。有些族群在生活习俗如饮食方面有严格的禁忌,这些习俗限制了这些族群与他族的交往。在服装色彩方面,西方社会新娘结婚礼服是白色,中国人传统结婚穿大红色,亲人去世戴孝穿白色;在礼仪方面,欧美人见面后拥抱接吻,这种见面礼仪也不符合中国、非洲和其他亚洲国家的文化传统;在婚姻方面,阿拉伯人中的多妻制、喜马拉雅山部分地区的一妻多夫制等不同婚姻习俗同样可能造成族群交往中的文化距离。

(七) 宗教因素

宗教是各族群传统文化中的重要组成部分,在信奉宗教的历史比较悠久、宗教势力比较强大的国家,宗教不仅渗透到广大民众的思想观念和日常行为中,甚至渗透到国家或社区的组织系统中,渗透到政府的政策法规中。欧洲人彼此认同的背后存在很深的文化和宗教渊源,无论信奉的是罗马天主教、新教还是东正教,脉出一源,这使欧洲人与具有不同宗教及文化传统(伊斯兰教、佛教、儒学等)的其他族群存在深刻的文化差距。在许多情况下,宗教因素在族群认同、族群融合方面所起的作用甚至超出语言因素。

(八) 心理因素

族群在体质、语言、宗教、习俗方面的差异及历史上发生过的族群冲突都会给各族成员造成心理上的距离感,使人们把其他族群看作"异类"。目前某些国家国内不断地爆发族群冲突,跨境族群的归属时常导致国家之间出现外交紧张甚至爆发局部战争,在这些因素影响下,人们会产生族群偏见和排外心理。

(九) 人文生态因素

人文生态因素指各族群的地理分布、居住格局和经济模式特点。自然地理生态有时会影响人文生态。在草原上游牧的蒙古族牧民居住非常分散,蒙古人因这样的居住特点而形成好客、爽朗的性格。居住在城市里的犹太人由于经常从事与人打交道的职业(如商业、金融、法律等),给人们留下言辞谨慎、斤斤计较的印象。我们在一个地区开展族群关系调查时,需要关注当地的自然生态、各族群的地理分布、交通条件、自然社区族群构成和封闭程度。

(十) 历史因素

各族群在历史上是关系融洽还是长期相互冲突,关系到它们现在是否相互信任、是否愿意交往,因此历史上族群关系的好坏仍然对今天的族群交往产生影响。以色列建国后,阿拉伯人与以色列进行了三次中东战争,长期战争与相互对峙的历史使阿拉伯人与以色列犹太人之间敌意很深。"克什米尔归属问题"和印巴之间爆发的几次战争,不仅影响了印度与巴基斯坦的邦交,也影响了印度国内穆斯林与印度教徒的关系。日本在侵华战争中犯下的罪行及战后毫无歉疚的态度,使得许多中国人对日本右翼分子的愤恨一直保留到 21 世纪。美国白人在历史上对土著印第安人多次背信弃义的屠杀,在印第安人后裔心中留下不可磨

第十四章 影响族群关系变迁的因素分析

灭的印记。历史记忆无疑会影响族群间的情感距离与社会交往。

(十一)政策因素

国家法律和政府制定的政策对族群关系具有重要影响。这些法律和政策可分为两大类:一类明确以种族、族群为对象,直接影响族群关系。其中最重要的是立法,例如我国的《中华人民共和国宪法》和《中华人民共和国民族区域自治法》,1882年至1943年美国实行的《排华法案》,1964年美国国会通过的废除种族隔离制度的《民权法案》等。这些立法涉及各族群成员的法律地位和基本公民权利。另一类是在基本法律基础上制定的法规政策,这些法规政策是为具体推行或保障基本立法条款而制定的,包括行政官员任免政策、经济政策、教育政策、婚姻政策,以及涉及族群关系的一些具体政策(如新加坡政府对于居住区族群比例的限制政策、美国对不同国家实行的移民配额制度)。

(十二)传媒因素

各种新闻传媒每天以各种手段在社会上发布海量信息,影响着人们的观念和行为,其中有些是客观公正的,有些是歪曲和具有煽动性的。在报道社会新闻、暴力事件、犯罪活动时,对具体情节的大肆渲染和族群背景的过分强调有可能引发族群间的仇视与冲突。媒体对种族和睦、民族团结的正面报道也会在各族民众中产生积极效果。传媒的运行与发展必然受到社会和政治的影响。在政府严格控制媒体的社会,传媒发挥政府宣传机器的作用;在商业运作的社会,媒体反映主流社会的立场与观念。通过媒体节目内容和创造的族群人物形象,我们可从侧面分析出政府、民众在族群问题方面的立场与倾向。

(十三)外部势力的影响

当今世界各国间的外交活动、人员交流、非法越境和间谍活动非常频繁,国家之间存在着各种利益之争。由于利益之争及意识形态之争,一些国家认为削弱其他可能成为"潜在敌手"的国家的竞争力"符合本国的利益"(例如"修昔底德陷阱")。为了达到这种目的,一些国家的政府会动用政治影响、外交压力、宣传机器、财政支持甚至武装干涉直接或间接、公开或暗中支持其他国家的族群冲突,从而破坏该国社会稳定和干扰正常经济发展,鼓动该国少数族群发起"民族自决"运动,用内乱和内战来削弱对手国家,利用这些矛盾使该国政府在谈判中让步,从而获取本国经济利益和政治利益。外部势力如果介入本国政治、经济和族群关系,有可能给本国造成严重困扰。

(十四)主流族群对待其他族群的宽容度

"主流族群"是指在一个多族群国家或地区内,在政治权力、经济领域、人口规模上占据主导地位的族群,其在政策制定、媒体管控以及本国"族群分层"发展导向等方面通常掌握主动权。所以主流族群的传统族群观和对待他族的宽容程度对该国或地区的族群关系有重要影响。

在中国历史上虽然有些朝代不是汉族执政,历朝族群政策也有所不同,但中国历史中的主流文化是儒家思想,具有较大宽容性,奉行"中庸"之道,主张"和而不同"。美国作为移民国家,美国白人对待其他族群较欧洲白人具有更大宽容度,这是"熔炉"理论和"文化多元主义"的社会基础。奠定这一宽容度的文化基础体现在主流族群的哲学、宗教和文学作品中,反映这一宽容度的具体尺度则在政府制定的各项政策中折射出来。

(十五)偶发事件

带有偶然性的个别事件(如族群领袖遇刺、宗教圣地被毁)有时会强烈刺激民族感情,激化民族矛盾。表面看来是带有偶然性的历史事件,实质上或多或少也有某种必然性,它的发生是当时各种力量、各种因素共同作用的结果。我们在分析偶发事件对族群关系的影响时,一要注意分析事件发生的社会背景和历史条件,从偶发事件中探寻社会变化的规律;二要注意这些事件造成的影响和对民众的感情冲击,分析其可能发挥的"导火索"作用,以及这些事件给民众留下的具有象征意义的"历史记忆"和长远影响。

五、族群之间社会距离的排序

(一)影响族群关系因素的比较分析

我们在分析族群关系的各类影响因素时,一个方法是反推比较法,即从调查族群之间关系的亲疏程度入手,在确定了族群关系现时客观状况后,再来分析这

第十四章 影响族群关系变迁的因素分析

些族群的各类差异如何组合,分析哪些因素对该国、该地区族群关系的好坏起决定性作用,哪些因素起相对次要的作用,哪些因素基本上不起作用。

我们设计了一个表来说明这个研究思路,表14-2中最左边的一栏表示进行分析的特定族群比较,"A—B"表示A族群与B族群的比较,之后的7栏表示进行比较的具体项目,最右边一栏是调查后所得出的族群关系的评价结果。为了便于理解,我们以美国为例,假设A族群代表作为美国社会主体的盎格鲁-撒克逊白种人;B族群代表来自其他西欧国家的白人移民;C族群代表黑人;D族群代表亚裔移民(华人等);E代表与美国敌对的国家(如苏联)。我们从调查中明确得知盎格鲁-撒克逊白种人(A)和来自西欧的后期白人移民(B)关系"很亲密"、相互融合很快,在因素分析时我们看到这两个族群体质上同种族、语言相近、宗教基本相同、价值规范相同、历史上联系密切,掌握政权的盎格鲁-撒克逊白人对欧洲白人移民完全没有偏见和歧视,他们曾共同与苏联(E)对峙。

表14-2 影响族群关系各个因素的比较分析

族群	体质	语言	宗教	价值规范	历史联系	是否歧视	与E国关系	族群关系
A—B	同种	相近	相同	相同	密切	无歧视	A与E敌对	很亲密
A—C	异种	相同	相同	相近	仇恨	严重歧视	C与E疏远	很疏远
A—D	异种	不同	不同	不同	疏远	歧视	D与E友好	疏远
B—C	异种	相同	相同	相近	疏远	歧视	B与E敌对	疏远
B—D	异种	不同	不同	不同	疏远	歧视	—	疏远
C—D	异种	不同	不同	不同	疏远	歧视	—	疏远

举例:A(盎格鲁-撒克逊白人);B(西欧白人);C(黑人);D(亚裔);E(敌对国家)。

盎格鲁-撒克逊白种人(A)与黑人(C)体质差异最大,历史上黑人是作为奴隶被强迫运送到美国来做苦工的,虽然与白人经过几百年共处,在语言和宗教上黑人与白人相同,也不受苏联的影响,但是历史上的记忆、政府长期实行的种族隔离与种族歧视使得白人与黑人之间的关系最为疏远。

以华人为代表的亚洲移民(D)在体质上不同于白人与黑人,在语言、宗教、价值规范方面与白人差别很大,历史上与白人接触较少,没有土著印第安人与白人的战争史,也没有黑人那样给白人当奴隶的经历。美国的许多政策对黄种人是歧视或半歧视的。

后期欧洲白人移民与黑人和黄种人之间存在体质差异,历史上也接触不多,但受美国白人影响,对黑人和黄种人多少有些歧视,总体上比较疏远。黑人与黄种人体质差别明显,语言、宗教和价值规范差别很大,虽没有历史恩怨,但有些黑人嫉妒和歧视黄种人。

(二)族群之间社会距离的调查

通过社会统计、普查资料、政策文本、历史档案等信息可对"族群分层"、族群之间的各种差异、政策的倾斜程度等进行分析,了解族群关系的客观环境与结构差异。我们同时也可通过直接询问各族群被访者来了解他们对其他族群的态度及与其他族群的"社会距离"。关于人们主观态度的调查所获得的信息对分析族群关系现状与发展同样具有重要价值。

表 14-3 显示 1926—1966 年美国人与国内(或国外)其他族群保持社会距离的排序。被调查者根据他自己感情的亲疏程度对提供给他的一张开列有许多族群的名单进行排序,显示自己与这些族群的"社会距离"。每年都有几十万人移民来到美国,许多美国人的邻居或同事当中也有不少移民,这个表的排序不仅反映了大多数美国人对来到美国的各国移民的态度,也体现出他们对待国外族群的态度。

表 14-3 美国人与其他族群的社会距离排序(1926—1966 年)

"目标"族群	1926	1946	1956	1966
英格兰人	1.0	3.0	3.0	2.0
美国白人	2.0	1.0	1.0	1.0
加拿大人	3.5	2.0	2.0	3.0
苏格兰人	3.5	5.0	7.0	9.0
爱尔兰人	5.0	4.0	5.0	5.0
法兰西人	6.0	6.0	4.0	4.0
德国人	7.0	10.0	8.0	10.5
瑞典人	8.0	9.0	6.0	6.0
荷兰人	9.0	8.0	9.0	10.5
挪威人	10.0	7.0	10.0	7.0

续表

"目标"族群	1926	1946	1956	1966
西班牙人	11.0	15.0	14.0	14.0
芬兰人	12.0	11.0	11.0	12.0
俄罗斯人	13.0	13.0	22.0	22.0
意大利人	14.0	16.0	12.0	8.0
波兰人	15.0	14.0	13.0	16.0
亚美尼亚人	16.0	17.5	18.0	19.0
捷克人	17.0	12.0	17.0	17.0
美国印第安人	18.0	20.0	19.0	18.0
犹太人	19.0	19.0	16.0	15.0
希腊人	20.0	17.5	15.0	13.0
墨西哥人	21.0	23.5	26.0	26.5
日本人	22.0	28.0	24.0	23.0
菲律宾人	23.0	22.0	20.0	20.0
黑人	24.0	27.0	25.0	26.5
土耳其人	25.0	23.5	21.0	24.0
华人	26.0	21.0	23.0	21.0
朝鲜人	27.0	25.0	28.0	25.0
印度人	28.0	26.0	27.0	28.0

资料来源：Griessman, 1975: 222。

这张表可以反映出美国在不同年代的外交关系和政府宣传的效果。20世纪20年代的美国人对英格兰人的认同甚至超过对"美国白人"的认同，因为美国白人中有相当比例来自不说英语的国家，所以以英格兰移民为主体的美国人对英格兰新移民甚至比对身边某些"美国公民"还感到亲切。在20世纪20年代的第一次排序当中，大致的顺序是：西欧族群、北欧族群、南欧族群、东欧族群、美国土著、犹太人、南美洲人、亚洲人。而在亚洲5个族群中间穿插着美国黑人，具体排序为：日本人、菲律宾人、黑人、华人、朝鲜人、印度人。除黑人外，以上排序与美国移民的主体人口和移民时间为相关关系：人数越多、来得越早，美国人对他们的认同程度就越高。

第二次世界大战使得40年代的德国人、日本人排序位置下降,华人排序上升。50年代由于"冷战",俄罗斯人的排序从第13位下降到第22位,朝鲜战争使得美国人与朝鲜人的距离拉大,同时美国人对"本国公民"和加拿大人的认同开始超过对英格兰人的认同。

(三) 其他国家或地区的族群结构分析

为了更好地理解我国的族群关系及其变化,需要与其他国家的族群关系进行比较,这是拓展视角、发现问题、梳理思路、归纳类型和找到主要影响因素的一个有效方法。

在世界上的多族群社会与国家中,各国人口的族群构成很不一样。我们可把各国人口的族群构成分成几个类型:(1)有一个主体族群,其人口占全国总人口半数以上(如中国的汉族、俄罗斯的俄罗斯族、美国的白人),并在政府中占主导地位,是国家政策的设计者和执行者,这个族群对待其他族群的态度决定了这个国家族群关系的基本性质与基本模式;(2)国内有两大族群,如塞浦路斯的土耳其族和希腊族,比利时的瓦隆人和弗拉芒人,各自的人口规模、政治势力、经济实力都在这个社会里举足轻重,两个族群之间的关系是理解这个社会族群关系甚至政治格局的主线;(3)一些国家存在三个或更多的有影响力的族群,这些族群各自在一定地域内成为当地人口的主体和地方政府的主要势力,如巴基斯坦的4个省为4个主要族群的居住地域,其中哪个族群都难以完全控制中央政府,这些国家的族群关系呈现出复杂的态势,各族群可能根据不同的因素形成族群联合或者对抗的共同战线,各族群在联合或对抗的组合之中可能有主次之分,构成非常复杂的分层次利益组合。

以上这些不同的族群构成类型与族群内外的复杂关系都使我们对族群关系的分析变得非常困难。当我们分析一个社会中各族群的相互关系时,所研究的主要对象可能涉及两个族群,也可能涉及两个以上,前者相对简单一些,后者则会牵涉到复杂的多元互动关系,也会涉及不同层次的利益认同。如果再考虑到跨境族群和境外势力的作用,族群关系的影响因素和发展态势就会变得更加复杂。

第十五章

族群平等和影响族群关系的政策因素

每个国家都有自己的文化传统和政治传统。在不同历史时期,各国都有自己的主流意识形态和权力机构。权力机构在主流意识形态的影响下制定并实施各种法律政策、管理国家事务和规范民众行为。一个国家的主流意识形态在内外因素的共同作用下可能发生转变,政府体制、行政程序和国家的法律政策也会随之相应变化,或者是根本立场的转变,或者只是策略性的调整。所以我们在研究法律、制度、政策的同时,应重视分析通过正式和非正式渠道流传、延续的文化与政治传统所带来的影响与产生的作用。无论意识形态、政治体制如何转变,各国和各族的政治传统中深层的东西仍会顽强地在新外壳下以各种方式表现出来,文化传统对人们思维和行为的影响更是根深蒂固、潜移默化的。

"政策因素"是影响族群关系的关键因素之一。在传统宗法社会和实行"人治"的权力体制下,族群关系的处理既受到本族传统族群观的影响,又带有执政者个人好恶的随意性。在现代科层制社会,各种制度和政策的制定需要通过一定的法律与行政程序,使得这些制度与政策更加系统、严密和稳定。

现代社会政府制定的涉及族群的制度与政策有几个特点:(1)这些政策不是互不相关,而是共同组合成一个完整体系,在同一个意识形态和基本理念的指导下被系统地制定并实施;(2)为保障这些基本政策切实和连续地实施,国家建立一套相关制度和机构,族群政策被制度化和组织化;(3)族群政策由国家机器强力执行,由行政系统操作,由司法系统支持,从而使这些政策具有权威性和强迫执行的手段;(4)这些政策由相应制度和组织来实施,因此对国内族群关系的影响通常是直接、稳定与持续的,应用范围是全国或区域性的。

对本国族群关系而言，宪法是最根本的影响因素。政府各项具体政策和法规，有些直接针对某些族群，可统称为"族群政策"，还有一些虽直接面对社会组织、经济活动、文化教育等领域，但对族群关系有间接影响。我们可把这两类分别称为"直接作用的族群政策"和"间接影响的族群政策"。

一个国家对族群关系的制度性安排和政府有关政策的内容涉及十分广泛，有些属于基础性国家立法（如《中华人民共和国民族区域自治法》），有些涉及政府人事政策（如少数族群干部培养与任用的制度性安排）、经济政策（如财政补贴、优惠贷款、税收减免等）、文化教育政策（如宗教政策、语言文字政策、教育制度等）、人口政策（如计划生育对于各族群的分别规定、迁移政策）以及为处理某些专题（如宗教节日、饮食禁忌、丧葬习俗等）所制定的具体政策法规等。

中国是有几千年历史的多族群大国，1949年后曾长期实行计划经济体制，现阶段政府制定的族群政策及其实施效果是我们理解与分析我国族群关系最重要的一环。

一、族群关系的政治制度性安排

任何一个多族群政治实体都需要设立一个政治制度框架来规范本国的族群关系。中央政府必然要考虑：各族群在法律上是平等的还是不平等的？在政治、经济、文化、教育等事务中，各族群拥有哪些权利？在设立本国行政区划建制时是否要考虑族群因素？是否需要根据各族群传统居住地域实行区域自治（联邦制、联盟制）制度，在这种框架下协调族群关系？

在历史发展的关键转折时刻，在各种内外力量的推动下，政府和国家领导者很有可能对现行政治制度进行调整和重新设计。

古今中外人类历史上建立的各政治实体都有处理族际关系的制度性安排。这些制度有的明确，有的模糊，有的限定时间强力推行，有的在协调中逐步落实。本章将讨论苏联、南斯拉夫、中华人民共和国这3个案例，这是"社会主义阵营"中采用不同制度处理族群关系的3个具有代表性的国家。

（一）苏联对于族群问题的制度性安排

1922年国内战争结束时，在原沙皇俄国境内与俄罗斯联邦并存的，有乌克兰、白俄罗斯、格鲁吉亚、阿塞拜疆和亚美尼亚5个苏维埃共和国，俄罗斯联邦内

第十五章 族群平等和影响族群关系的政策因素

部有19个自治共和国和自治省。在这种既成事实的形势下,列宁面临如何在原沙皇俄国基础上缔造新苏维埃国家的问题,他坚持把"民族自决权和分离的权利"写进宪法,提出用联邦制来建立统一的苏维埃国家的主张,指出坚持前者是为了取得其他民族的充分信任,而后者是革命与建设事业的客观需要。列宁认为只有坚持前者,才能实现后者。在党组织系统中,列宁坚持建立不带任何民族色彩的统一的苏联共产党,使其成为联结联盟各部分的政治纽带。在苏共领导下,建立了由15个加盟共和国、20个自治共和国、8个自治州、10个自治区和129个边疆区或州组成的苏维埃社会主义共和国联盟。除了俄罗斯联邦外,每个加盟共和国和自治共和国都有自己的宪法、议会和政府。《苏联宪法》规定,联盟是"各拥有平等权利民族的自愿联合","每一个共和国均有自由退出联盟的权利"。

但在各加盟共和国的具体组建过程中存在许多人为因素。在1921年,为了对抗"泛突厥主义"和防止出现一个庞大的中亚突厥国家,苏维埃政府认为"首要的工作是对中亚的'突厥民族'进行'识别',从而肢解现有的突厥斯坦共和国",首先"识别"出三个,后来又增加到五个,"这五个民族和五个共和国的划分方案,是在办公室里构思和决定的"。有些学者认为,"在没有民族国家的广大地区很轻率地人工制造'民族国家',这大概就是当年苏联民族共和国创建的实情",并把苏联解体悲剧的原因归结为"人工组建民族和民族国家"(潘志平主编,1999:20—21,188,186)。

联盟成立后,苏联政府推动了民族(族群)问题的"制度化",通过给每个公民确定"民族身份"的"民族识别"和干部队伍"民族化",不断强化以集体政治权益、经济利益、文化传统为核心的族群意识。"在苏联的国家政治制度里,种族民族主义已经被机制化了,也就是说,国家的领土和所有的人口都已经按照种族逐一安置就绪。……在苏联确立的联邦制为这种种族民族主义的意识形态和心理提供了给养。"(李方仲,2000:21)

苏联长期实行中央集权制和社会主义公有制。在这样的制度环境下原来相对落后的各族群取得很大发展。但事实证明苏联的民族问题没有真正得到解决。20世纪80年代后期苏联的主导意识形态发生转变后,随着社会主义公有制被取消和共产党被禁止在政府和军队开展活动,联盟各部分之间的政治纽带和共有的经济基础被斩断和破坏,一些加盟共和国特别是俄罗斯联邦的分离主义思潮占据上风,使得延续了70年并一度成为世界超级大国的苏联走上解体之路。而《苏联宪法》关于"民族自决权"的条文则为各加盟共和国的分离活动和苏联最终解体提供了法律依据。

(二) 南斯拉夫联邦的制度安排

南斯拉夫领导人的做法与苏联有所不同。"斯大林是以事实上的'集权'处理国家与民族的关系,铁托则是以事实上的'分权'解决民族与国家关系。"(吴楚克,2002:94)

南斯拉夫的具体做法是:(1)确定联邦内有5个"主体民族"(在境外没有建立独立国家的民族)和10多个"非主体民族",在"主体民族"基础上成立法律上独立的共和国。因此南斯拉夫没有一个像中国的汉族或苏联的俄罗斯人那样的全国性主体族群。(2)塞尔维亚人占全国人口的41%,是二战时抗击德军和解放国家的主力,本来有可能成为南联邦的主体族群,但是为了保持各族的相对平衡,身为克罗地亚人的铁托把塞尔维亚人占多数的波黑地区划成一个独立共和国,并在其人口中以宗教为标准划分出一个"波黑穆斯林族",从而使塞尔维亚人不能完全控制波黑共和国;同时在塞尔维亚共和国境内再建两个自治省(科索沃、伏伊伏丁那),并给予它们几乎与独立共和国一样的地位,两省对塞尔维亚共和国的重大决策均有否决权,以此来分割和牵制塞尔维亚。(3)在上述行政建制下,几个独立与平等的共和国自愿组成南斯拉夫联邦共和国。不同于苏联的集权主义模式,南斯拉夫采取了充分放权的做法,除外交与国防外,其他一切权力下放各共和国。(4)与此同时,南斯拉夫共产党组织"事实上早已成为各加盟共和国的'民族党'"(吴楚克,2002:96,94)。南斯拉夫政府在政策制定上具有把少数族群"政治化"的倾向,过分强调各"民族"的政治权利,弱化国家整体权益,无论是在党政领导干部的构成和群众组织、民间团体负责人的产生程序,还是在外交人员派出、军官团组成和高级将领任命等方面,各"民族"无论大小一律"机会均等",实行绝对平均主义,甚至连党和国家的主要领导人都由各共和国和自治省轮流坐庄,这样就使族群的政治性逐步加强,在"族群—民族"的"连续统"上使南斯拉夫各族群在认同意识和政治体制上都走向具有独立色彩的"民族"。

在铁托享有崇高威望的年代,南斯拉夫的这些制度安排能够建立和实施,即使在形式上放权的体制下,以他为首的联邦政府在处理联邦和各共和国事务中也享有很高威信,保持了联邦统一。铁托去世后,各共和国的独立性开始显现,南斯拉夫的经济实际上被分成了 8 块,电力、钢铁、铁路和公路运输也被分成了 8 个系统。塞尔维亚人对这些制度安排的不满很快爆发,并与在这一制度下长期享有高度自治权的其他族群发生矛盾,最终导致冲突不断升级,在外部势力支持下,南斯拉夫联邦最终解体。

(三) 中华人民共和国的"民族区域自治"

中国共产党创建初期曾赞成"联邦制"和"民族自决权",但在发展过程中根据实际国情最后选择了"民族区域自治"作为解决中国民族问题的基本制度。1952 年中央政府通过《中华人民共和国民族区域自治实施纲要》,1954 年这一政策和相关制度性安排正式写入《中华人民共和国宪法》。我国先后成立了 5 个自治区、30 个自治州和 120 个自治县(旗)。1984 年颁布了《中华人民共和国民族区域自治法》。

中国的民族区域自治有几个特点:(1)汉族不设"自治区域";(2)建立自治区域以少数族群聚居地区为基础,少数族群并不需要在当地人口中占多数;(3)建立自治区域时不仅考虑族群人口聚居程度,同时考虑区域经济结构和长远发展,所以一些自治地方包括了大片汉族聚居区;(4)当一些地区有几个少数族群时,设立"联合自治地方"。

通过这样的制度性安排,政府希望达到的目标和社会效果是:(1)采用"区域自治"而不是"联邦制",在法律上排除"民族自决"和政治分裂的可能性;(2)通过"区域自治"制度与一系列政策(干部政策等)使大多数少数族群能够得到"管理本民族内部事务的权利",以保障族群平等,加快少数族群社会经济发展;(3)"自治区域"的设立在地域上充分考虑到各族群杂居状况和区域经济发展,为"自治区域"内的族际交流创造条件。

在思考中国的民族区域自治制度时,有两点必须指出:一是坚持统一和自治相结合,没有国家团结统一,就说不上民族区域自治;二是要坚持民族因素和区域因素相结合,我国所有的民族自治地方都是全国各族人民共同拥有的地方。

到目前为止,虽然在执行与落实各项具体政策时还存在这样或那样的问题,但是这一制度安排总的来说是成功的,各自治地区在社会、经济、文化各方面都得到显著发展,同时各自治区的族群关系总的来说是比较好的。民族区域自治制度是我国的一项基本政治制度,是中国特色解决民族问题的正确道路的重要内容。

二、族群关系框架背后的意识形态因素

一个政府制定什么样的族群政策,既取决于当时国内各种政治力量的对比,也取决于执政党及其政治领袖在族群问题上的意识形态立场,有时也可能受到外国政治和军事压力的影响。

每个政府在制定自己的族群政策时,必然要考虑本身的族群基础和各族群对政府的支持程度,考虑各族群的政治势力与经济实力。一个族群在本国政治舞台上表现出的力量和作用有三个来源:(1)该族群的人口相对规模、族群内部凝聚力和精英人物的活动能量;(2)本国其他族群对其的态度与族际互动(鼓励或限制);(3)境外政治势力的影响与支持。这些力量的来源和支持力度与该族群的国内政治地位和获得资源的能力密切相关。

国内各族群是否应当享有完全平等的机会与权利,不同国家或者同一个国家的不同族群,对这个问题所持有的基本观念和意识形态可能很不相同。一个国家内部在意识形态方面所具有的差别,其本身就是族群矛盾的根源。

美国社会学家戈登把种族问题的意识形态划分为两大类:第一类是主体上坚持种族不平等或种族主义的意识形态;第二类是主体上主张族群平等、非种族主义的意识形态。非种族主义的意识形态还可以区分出三种子类型:(1)同化主义的结构;(2)自由主义的多元主义;(3)团体多元主义(马戎编,2010:121—122)。

(一)种族主义的社会或主张种族(族群)不平等的社会

无论是历史上还是今天,都存在一些公开或暗中实行种族主义政策的国家。二战时期希特勒在德国对犹太人、吉卜赛人采取种族灭绝政策。南非联邦一度实行种族隔离和歧视黑人政策。南北战争前美国长期对黑人实行奴隶制度,对土著印第安人实行种族灭绝政策。

"种族主义"的社会也可能把"民主"与"平等"标榜为社会基本准则,但是这些价值观和基本准则仅仅被局部应用于某个种族。"民主、平等、自由"这些被

第十五章 族群平等和影响族群关系的政策因素

标榜为人类社会普世价值的原则在美国一度只应用于白人群体。

（二）同化主义的社会

"同化主义"主张在平等基础上实现族群在社会结构上的完全融合。"同化主义"认为存在一个在文化传统、社会组织、经济活动、道德伦理、宗教信仰等各方面都堪称楷模的"标准族群"，其他族群应在各方面向这个"标准族群"靠拢，逐步融入这个"标准族群"。在同化过程完成之前，主流社会对属于"非标准族群"的其他群体的文化传统、语言宗教、社会习俗等采取不赞许或排斥、歧视的态度。

对于完成同化后的原"非标准族群"的个体或群体，主流社会的态度存在两种可能性：(1)对原来文化差异不大，特别是体质差异不大的被同化者（如其他欧洲白人移民族群），美国白人采取比较平等的态度；(2)对存在明显体质差异的被同化者如黑人或黄种人，美国白人的排斥态度可能有所减弱，但始终保持某种社会距离与种族偏见，把他们视为"归化者"而不是与白人一样的社会成员。

在族群交往过程中可能出现"自愿同化"和"被迫同化"两种情况。在现代公民社会，后者当然是错误的。同时从社会发展角度看，我们应承认"自愿同化"具有积极意义。例如，与坚守"保留地"的同胞相比，融入美国主流社会的印第安人获得了发展的能力、空间与更多的话语权。

（三）自由主义的多元主义

戈登认为，"自由主义的多元主义"（liberal pluralism）的重要特征是，政府与社会对每个人的族群身份"不进行甚至禁止进行任何法律上的或官方的认定，以便将不同种族、宗教、语言或不同族群起源的群体看作在法律或政府程序中占有一席之地的统一实体，同时它也禁止应用任何形式的族群标准，不管应用这种标准是出于任何类型的族群歧视，还是为了对少数族群特殊照顾。当然，按照这种结构，这些少数族群中的许多成员，也都会受惠于以解决有关问题为目标的立法，如反贫困法案、住房、教育和福利计划等。这里，处于劣势地位的族群成员，是因为他们个人在社会法案中合适的资格而受益，而不是因为他们的族群背景作为群体而受益。……在这样一个社会里，平等主义的规范强调的是机会的平等，对个人的评价也是基于评估其表现的普遍标准"（马戎编，2010：122）。

格莱泽和莫伊尼汉指出,(美国)"1964年的《民权法案》是对'自由主义期望'的具体化。'种族、肤色、宗教、性别、族群血统'等所有这些先赋的范畴都被宣布为非法(outlawed)。这些早期的侵犯性词语不再用于对人进行分类,政府尤其要戒除肤色分别"(马戎编,2010:30)。

这个社会结构的设计思路完全不允许进行族群识别和身份区分,在资源分配与机会竞争中完全不考虑个体的族群背景,强调"机会平等"而不是"结果平等",承认个体能力有差异,肯定个体努力并给予回报,认为这真正体现出人类社会的"平等"理念和"公平"原则。

(四) 团体的多元主义

戈登指出,"团体的多元主义"(corporate pluralism)具有以下特征:"种族和族群通常都被看作具有法律地位的实体,在社会中具有官方的身份。经济和政治的酬赏,无论是公共领域还是私人领域,都按照数量定额分配,定额的标准是人口的相对数量或由政治程序规定的其他方式所决定。这类平等主义强调更多的是结果的平等,而不是机会的平等。"(马戎编,2010:122)

这种方法与我国对待少数族群的优惠政策有相似之处,都以族群整体为政策对象。戈登所说的"结果的平等"指的是,对各族群来说,社会分配结果(如政治权力、资源与利益)应当大致均衡。其核心精神仍是强调平等与公平,不过是群体之间的平等与公平,而不是个体之间的平等与公平。例如,希望各族群都有接受高等教育的机会,便设计一个考试录取政策(如使用不同试卷,或采用不同录取分数线),努力使各族群上大学者在学龄人口中所占比例相同。这样的政策确实可为一些由历史原因导致教育相对落后的族群提供更多机会,加快这些族群的教育发展,有利于族群团结和社会整体性发展,有积极意义。但是这样的政策也可能会使利益受损的多数族群成员对竞争规则的公平性提出质疑。

对于我国实行的族群优惠政策的客观结果,我们可以从个体和整体两个层次来分析其"结果的平等"问题。

第一个层次是个体层次,在不同族群成员中实施优惠政策造成的实际结果是不平等。例如在一些地区,与汉族考生相比,政策规定给少数族群考生的实际高考分数增加10—20分,就个体层面而言这不是平等。对比之下,"自由主义的多元主义"模式则完全根据个人实际成绩决定录取。

第十五章 族群平等和影响族群关系的政策因素

第二个层次是族群整体层次,这些优惠政策的设立可能存在一个预设目标,即通过目前对多数族群考生在高考录取中的不平等,在一段时间后使少数族群人口的大学生比例接近汉族人口的大学生比例,以实现各族群在受教育水准方面的整体上的平等。这个目标与戈登的"团体的多元主义"相同,优惠政策仅是过渡时期的暂时性政策。

积极帮助少数族群在各方面尽快发展,努力使他们与主体族群达到相似的发展水准,这是被普遍承认并接受的目标。但是应当采用什么样的社会结构和机制来达到这个目标,我国经过几十年社会实践后,对比其他国家的经验教训,需要进行反思。

有一种是列宁的思路和做法,即在一个历史时期内对"大族群"实行整体性的不平等,来"补偿"少数族群在历史上曾受到的整体性不平等,用行政手段明确各族群成员的人口边界并对少数族群全体成员实行"整体性"优待,可称之为"通过族群优待以达到族群平等"的思路,即戈登的"团体多元主义"。这种做法可以在一定时期内取得明显成效,但是也可能带来一些没有预料到的问题。长期以来,苏联的民族政策似乎比较成功,但在苏联整体政治结构解体后,族群矛盾却以人们没有预想到的形式和深度爆发出来:一方面,俄罗斯人不愿在资源分配中被"歧视",在经济上继续为其他族群当"奶牛";另一方面,其他族群也不愿在政治上接受俄罗斯官员的"控制"。对少数族群实行优惠政策和推动少数族群地区经济的发展并没有真正解决苏联的民族问题。中华人民共和国成立后,我国政府对少数族群也有一些制度性安排并实行一些优惠政策,少数族群地区得到很大的发展,但在这些政策实行半个多世纪后,我们发现无论是少数族群还是汉族,仍然有许多人存在不满情绪。

另一个思路和做法,就是戈登的"自由主义的多元主义",淡化甚至无视族群背景,单纯依照每个具体人员的客观状况,一视同仁地根据实际需要对个体而不是族群实行帮扶。如进行扶贫补助时,不管是哪个族群的成员,只要收入低于政府规定的贫困线,就一律按同一标准给予补助,这体现了个体之间的"机会平等"和"竞争公平"。如果一些少数族群成员因语言问题(不掌握国家通用语言)和当地学校教育质量差而竞争力较低,在就业市场上无法平等参与竞争,在这种情况下,政府有责任提供必要的语言培训或就业技能培训来切实地帮助他们提高竞争力。

当然，在现实中这一思路的具体实施也存在问题，有语言差异和教学质量差异的少数族群（维吾尔族、藏族等）成员，要想在短期内改变自身竞争力低的现状，即使付出加倍的努力，在与母语即通用语言、学习基础较好的族群（汉族、满族、回族等）成员进行平等竞争时，也很难得到机会，所以完全凭考试分数录取的结果是部分族群青年的发展空间受到制约，这将使缩小族群差距这个社会目标的实现变得遥遥无期。

鉴于以上讨论，在现实社会中需要将这两种做法结合起来运用，要充分考虑到每种做法的利与弊。从族群政治不平等的社会进入到平等社会，如"十月革命"后的苏联和1949年后的中华人民共和国，在一段时间内确实需要采用"团体多元主义"，但是无论在认识上还是在宣传上，都需要说清楚这种政策的利与弊，让人们认识到这仅仅是过渡时期的暂时性政策，要使受益者（少数族群）认清这种安排不可能是永久的，也要使利益受损者（多数族群）理解这只是社会发展调整阶段的暂时牺牲，作为主流群体成员，有责任有义务扶助少数族群加快发展步伐。而当社会发展到一定程度，或者少数族群中已有部分成员（如城市居民、知识分子阶层）能力显著提高后，就需要制定相应措施，根据"实事求是"和"因地制宜"的原则来调整优惠政策的实施范围和力度，逐步走向最终取消优惠政策，目标是转向"自由主义的多元主义"。

在讨论和比较这两种不同的做法时，需要注意四点：(1)每种针对一个特定群体的优惠政策在执行一段时间后都会产生惯性，在社会上形成一种习惯观念和期待，从而使享受优惠的族群成员把优惠政策视作自己当然的权利。一旦政策调整（优惠力度减弱或取消）就会引发新的矛盾。(2)需要对两种政策执行后的短期效果与长期效果进行比较，短期效果好的政策，长期效果不一定好，不能形而上学和僵化地看待这些政策。(3)需要实事求是地开展调查研究，分析与设计应如何从一种政策过渡到另一种政策，如何安排时间表，如何调整具体措施。(4)应当认识到在某一种特定意识形态和社会制度（如计划经济）下，某种政策可能实施效果比较好，但是当主导意识形态和社会体制发生转变（转为市场经济）后，同一种政策的实施效果有可能发生变化。

总的来说，我们应以"自由主义的多元主义"为长远目标，以"团体多元主义"为过渡手段。在理论探讨与公开宣传上要逐步树立"自由主义的多元主义"的理念，要强调各项政策只针对个体的客观需求，在社会流动机制中提倡和鼓励

第十五章 族群平等和影响族群关系的政策因素

个体的努力。但在政府的实际操作层面,在教育、就业、福利等具体工作中仍要考虑到对弱势族群整体的适当扶助。

在社会实践中,长期实行"团体多元主义"政策会出现问题。苏联解体前俄罗斯人普遍的"民族主义"情绪,在一定程度上是对苏联长期实行这一政策的反弹,认为俄罗斯独立会帮助俄罗斯人减轻"负担"和获得"公平"。可见以族群为优惠对象的政策也会导致族群矛盾。

在市场经济和实行法治的社会体制下,个人的合法权益应当得到尊重和保护,那么从维护自己合法权益的角度思考问题的人就会提问:政府在利益和机会分配方面应该具有多大权力?什么是全体公民都应拥有的合法权益?政府哪些行为和政策属于"合法"?参照国家宪法,有关部门制定的族群优惠政策和具体法规具有的合理性和法律基础是什么?哪些是符合社会长远利益和基本原则的基本法规,哪些是着眼于社会短期效果的过渡性措施?这些问题都必须思考和回答。

特别需要注意的是,在讨论"多元主义"的时候,不能忘了在这个"多元"之上,必须有一个强有力的"一体"来把这些"多元"统合在一起。"族群"是一个层面,在其之上的另一个层面是"民族"与"国家"。在族群层面上应当强调"文化多元主义",而在民族和国家的层面上则更应该强调"政治的统一",我们可以把这个思路归纳为"文化多元"与"政治一体"有机结合的完整体系。当然,族群层面的一些利益诉求可能带有政治含义,而民族与国家层面也需要形成一个"共同的文化"(国民意识与认同)。但是应当逐步把族群定位为"文化群体",淡化其政治色彩,在强调族群平等、族群发展的同时,必须以在国家体制下维护"公民权利"的思路来保障少数族群各项权利的平等与发展,切不可把族群的具体利益诉求引导到具有政治含义的追求"独立建国"的方向上去。历史证明,那不仅对于国家整体是灾难,对于追求独立的少数族群而言是更大的灾难。

三、族群平等

现在世界上普遍承认族群平等是人类社会的理想,同时族群平等也是自1949年以来我国政府处理族群问题的基本政策。由于历史上各族群居住地区的自然地理条件和社会经济发展水平等方面的差异,以及历史上族群中存在的压迫剥削等,在多族群国家中各族群存在许多方面的不平等现象。列宁提出的达到族群平等的途径是:首先通过革命建立无产阶级政权,通过国家立法实现各族群在法律上的平等,然后在社会主义制度下通过对少数族群的各项优惠政策逐步实现各族群在事实上的平等(列宁,[1919]1956:102—103)。在讨论族群平等时有几点值得我们注意:

(一)族群平等所涵盖的领域是多方面、多层次的

族群"平等"包括许多内容,其中有政治上的平等权利(宪法赋予的公民权、选举权和被选举权,平等享受社会公共设施和社会福利公益的权利,受教育权,宗教信仰自由等),法律上的平等权利(起诉权、辩护权、上诉权等),也有经济上的平等权利(公平竞争的就业权利、同工同酬权利等)。这些平等权利的条款虽然都提到"族群"(如宪法中的"各民族一律平等"),但是在具体实施时应落实到每个人身上,国家宪法和各项法律规定的这些公民个人权利都受到法律保护。

同时,还有另一类族群平等的观念,那就是以族群作为比较单位,提出各个族群应在职业结构、行政职位分配、经济收入水平等方面"平等"。国外族群社会学对"族群分层"的研究,就是分析族群在教育、行业、职业、收入等方面的"结构性"差异。有些人把族群之间的结构性差异看作是族群间"事实上的不平等",而这种宏观层面的结构性差异确实是各族群整体社会地位和收入水平"不平等"的重要根源。

(二)要在性质上区别法律上的平等与"事实上"的平等

首先,法律上的平等无论是针对某个人还是针对族群所有成员,在执行中都是绝对的,不能打折扣,所有的公民都拥有完全平等的权利、义务和公平竞争的机会,既包括个人在政治生活中和法律面前的平等权利,也包括在资源分配和发展机会方面平等竞争的权利。

其次,对于每个人而言,在具体经济领域中的"事实上"的平等只能是相对的,而个体之间的不平等是绝对的,在各族内部也是如此。由于每人的天赋不同,在学习方面付出的辛劳不同、工作中的努力程度不同、实际做出的成果业绩不同,得到的报酬自然也会不同。如果相同,那么就违反了"同工同酬"这个法律上最基本的公平原则。

族群的整体社会地位、平均收入水平等宏观经济指标是把族群全体成员的

个体情况汇总后计算得出的,所以只有在两个族群全体成员在"社会分层"结构方面完全相似的条件下,族群在经济领域里才有可能实现"事实上"的平等。而且因为每个族群成员的情况在不断变化,整体性指标也在变化,这种族群间"事实上"的平等只能是相对的,不平等是绝对的。同时,如果族群在社会分层(如受教育结构)上存在明显差异,在个人层次上实行的"法律上的平等"(如就业中的公平竞争)必然会导致群体层次上某种程度的"事实上"的不平等。

(三)列宁提出各民族"事实上的平等",其前提是"法律上的平等"

列宁提出革命后要首先实现各族在政治权利和法律地位方面的"法律上的平等",然后通过优惠政策帮助落后族群全面发展,最后达到各族群"事实上的平等"。但是列宁也承认,优惠政策本身就是在资源分配和发展机会方面的"法律上的不平等",所以在教育与经济等领域实行的这种不平等只能是过渡时期的暂时性政策,一旦弱势族群发展到与优势族群同等的水平,就有条件在政治和法律之外的教育、经济等所有领域全面实行"法律上的平等"。同时,由于弱势族群的社会分层结构、劳动力结构已达到了先进族群的水平,所以也实现了各族群"事实上的平等"。

如果在个体层次上实现"法律上的平等"(如公平竞争)而导致群体层次上的"事实上的不平等",那么即使因为优惠政策而达到个体层面"事实上的平等"或"结果上的平等",那也不是列宁所讲的作为共产主义族群关系发展目标的宏观层面的"事实上的平等"。因为马列主义提出的是,在"法律上的平等"(取消群体优惠政策)的基础上进一步实现"事实上的平等",取消群体优惠政策是各族群在宏观层面真正实现"事实上的平等"的前提和基础。

(四)只能从消除"族群分层"的角度来理解族群的"事实上的平等"

若想理解列宁所讲的"事实上的平等"与人们一般从字面上所理解的"事实上的平等"这两者之间的差别,就必须认识到列宁有关论述中的基本逻辑:(1)由于各族群在社会经济发展水平方面存在不平衡,所以就会有比较发达的族群和相对落后的族群;(2)为了实现真正意义上的族群平等,发达族群要帮助落后族群赶上来,所采取的方法是对落后族群实行优惠政策,其实质也是对发达族群的"不平等",特别是体现在微观层面上;(3)当落后族群在整体社会经济水平上赶上先进族群后,就可真正实现族群间"事实上的平等"。

换言之,只有消除了先进族群和落后族群在"社会分层"中的差距,才有可能实现族群的"事实上的平等"。所以消除"族群分层"是实现"事实上的平等"的核心问题。不考虑消除"族群分层"这个问题,只谈弥合族群在平均收入等方面的差距,并认为这就是列宁提到的"事实上的平等",那就完全歪曲了列宁的原意。

如果两个族群劳动力产业结构不同、职业结构不同,那么这两个族群的平均收入水平可能也会不同。例如2010年我国朝鲜族有大专及以上学历的比例为16%,藏族的比例是5.5%,二者必然存在职业和收入结构方面的差距。所以,如果我们忽视那些对导致收入差距的结构性原因(教育水平、行业、职业等)和个体原因(天资、体力和努力程度)所做的系统分析,仅仅由于看到两个族群整体成员存在收入水平、消费水平上的差距就简单地将其归于"民族平等"问题,甚至以此质疑"法律上的平等",那就是把目前已经实现了的"法律上的平等"和要在未来争取实现的"事实上的平等"这两个分属不同历史时期且性质完全不同的问题混淆了。

(五)要区别族群整体性的结构性差异和个人因素引起的个体性差异

我们必须明确认识到,存在于族群中的整体性"社会分层"结构差异与个人因素导致的个体职业和收入差异,分属两个不同的范畴。由于种种个人原因(天资、健康、家庭负担、受教育及个人努力程度等),每个族群中都会有贫穷者和在社会上发展不顺利的人,这与"族群平等"毫不相干。个人之间的平等和族群之间的"结构性"平等,是两个不应混淆的问题。如果对一个族群在教育、就业、分配等方面不存在制度性歧视(族群或种族歧视),就不能说存在法律上的族群不平等。如果现实社会中存在以特定族群为对象的优惠政策,那即是存在以非优惠族群为对象的法律或制度上的不平等。

举两种情况为例。第一种情况,如果一个白人和一个黑人具有同样的资质与能力,他们有机会得到同样的工作并获得同样的薪酬,这就是机会平等,也是"法律上的平等"和"事实上的平等"这二者在个体层面上同时体现。第二种情况是以第一种情况为前提,但观察视角从个体扩展到整体,假如白人中得到高薪职位者占白人就业者总数的50%,而黑人中的比例只有20%,这样计算起来,黑

第十五章　族群平等和影响族群关系的政策因素

人就业者的平均工资水平明显低于白人就业者的平均工资水平,但这很大程度上反映的是白人与黑人在平均受教育水平、职业方面的巨大差距。我们在承认个体层面上存在"法律上的平等"(同样的就业机会)和"事实上的平等"(同样职位同等薪酬)的同时,也从数字中看出确实存在群体层面上的"事实上的不平等"(两个群体平均收入的差距)。

当我们面对上述第二种情况时,应当怎样去做?第一种方法是不管实际职位的性质和应当得到的报酬如何,采用行政手段把白人工资水平降下来或把黑人工资提上去,从而使白人整体平均收入与黑人整体平均收入相等,这显然不公平而且不利于工作的开展。通过这种方法来达到群体间"事实上的平等",显然不是列宁的目标。第二种方法,就是不去指责这种"事实上的不平等",而是调查分析造成这些族群间结构性差异的原因,研究影响其结构形成与演变的因素,以及探讨逐步改变现有结构的各种措施(包括各项具体政策),努力通过教育资助或其他就业培训项目使黑人中有能力获得高薪职位的就业者的比例逐渐上升到与白人相同的水平。很显然,第二种方法才是真正从根本上解决问题的公正、合理的途径。

列宁讲的要达到族群间"事实上的平等",指的是通过社会经济发展逐步使各族群劳动力在受教育程度、产业/职业结构等方面大致接近,从而使与之相关的整体收入结构大致相当,而绝不是不顾这些条件一味简单地要求各族群达到整体收入水平相等。从某种意义上讲,只有到了真正能够实行"各尽所能,按需分配"的共产主义社会,"生活上实际存在的不平等"才会消失。而这无疑是非常遥远的理想世界。马列主义的族群平等理论为我们指出了人类社会的长远奋斗目标,但在目前我们所处的"初级阶段",只能依照实际国情来分析和引导社会的发展。

四、政府处理族群问题中的"制度化"

族群分野是人类社会发展过程中表现出来的一类社会现象,"同族"和"异族"是多族群社会里人们时常面对的群体分类。人们的族群意识是后天获得的,而且处在动态变化之中,社会中的族群也会出现分裂或组合。既然族群意识和族群"边界"是可变的,我们对族群关系发展的设计目标和相应政策就应当使族群意识的演变和族群边界的变化朝着有利于全民族和全体国民的平等、团结和繁荣的方向发展。

（一）个人族群身份的"制度化"

苏联在20世纪30年代开始实行"注明持有人民族类别（相当于我国的'民族成份'）的内部护照制度"，这是把民族类别和公民个人的民族成份"制度化"的重要措施。中国政府1949年以后也采用了公民身份中明确"民族成份"的制度。

苏联解体前有不少苏联学者呼吁取消这一项内容，"作为发展包括所有俄罗斯的民族在内的公民理念的一个重要步骤"。"（苏联解体后）俄罗斯联邦在个人身份证上放弃了苏联在其上标明持有人民族身份的做法。"（丹克斯，2003：56—57）但任何制度一旦建立并实施一个时期后，如想取消它也会带来意外反弹。1997年10月，俄罗斯联邦正式取消身份证中的"民族身份"项目，这一做法在鞑靼斯坦共和国引起骚动，当地鞑靼族民众担心这一举措"会逐渐地导致俄罗斯化、同化和对共和国自治的削弱"（丹克斯，2003：57）。通过一系列制度确立起来的"民族意识"，再想淡化它并不容易。苏联建立的联邦体制也为下属各共和国在一定条件下积极发展区别于联邦的"本国的""独立的"民族意识提供了法律依据。

（二）族群聚居地区"自治权"的制度化

1949年中华人民共和国成立后，政府首先组织进行全国范围的"民族识别"工作，明确各族群的"正式名称"，划清各族群在认同方面的族群意识边界；其次，通过居民户籍登记填写"民族成份"，划清各"民族"彼此之间的人口边界；再次，通过建立"民族自治地方"，进一步划清各族群在行政上"实行自治、当家作主"的地理行政边界；最后，通过制定《中华人民共和国民族区域自治法》以及实施一系列针对少数族群的优惠政策，把少数族群成员作为"特殊公民"，划出了他们与汉族成员在有关法律和管理办法适用范围方面的界限。

以上这些以少数族群整体为对象的制度性安排，一方面兑现了党和中央政府在解放这些少数族群传统居住区时对各族领袖人物所做的政治承诺，有利于族群团结、国家统一和社会稳定；另一方面可以有效保障少数族群成员的各项权利。在一定时期内这些政策都发挥了明显的积极作用。

第十五章　族群平等和影响族群关系的政策因素

但从族群关系长远发展角度来看,这些制度也存在消极方面:(1)族群交往的发展大趋势应是相互融合而不是区隔与分化,族群界限应当趋于"模糊化"而不是"清晰化"。例如满族经过几百年演变,基本上已在平等基础上与汉族融合,中华人民共和国成立后的这些制度安排事实上可能会影响相互融合的历史进程。(2)历史上各族的广泛交流、人口迁移以及近代城市化与市场经济的发展促进了各国族群混居,从制度安排上把"族群"与"地域"挂钩,不考虑各族群人口的具体混居程度而普遍建立族群"自治地方",这种做法有别于全球族群发展的历史大潮流。(3)以族群为对象的特殊优惠政策,实际上体现了族群间的不平等,虽然在一定时期有积极作用,但长远看会产生负面影响。

五、政府制定的以族群为对象的制度

（一）与地域相联系的民族区域自治制度

苏联体制中除了加盟共和国、自治共和国外,自治州和边疆区也有一定自治权。南斯拉夫的塞尔维亚共和国内部有两个自治省。越南独立后也曾建立北越自治区等少数族群自治单位,但在南北统一后撤销。

中华人民共和国成立后一直实行"民族区域自治"制度,我国宪法规定,在各少数民族聚居的地方实行区域自治,设立自治机构,行使自治权。这样"有利于维护国家统一和充分尊重、保障各民族管理自己内部事务的权利,有利于最大限度地发挥各族人民当家作主的积极性"（吴仕民主编,1998:2—3）。在人事任职方面,自治地区的人民代表大会常务委员会主任和自治地方政府的行政首脑必须由实行区域自治的民族的公民担任。

区域自治制度与联邦制有本质的不同,联邦内部的"国"或"州"（state）在法律上有独立分离的权利。在联邦体制下,20世纪90年代初苏联的解体有法律依据。

我国的民族区域自治制度既保证国家统一,又保障各少数族群的自治权,是我国政治制度的重要内容。但是需要指出,中国各族的具体情况不一样,有的族群由于本族人口在其聚居地区占绝大多数（如西藏）,加上历史上与中原地区的关系不如其他已建省的地区与中原地区的关系那样密切,采用区域自治制度符合实际情况;而有的族群长期与汉族混居（如满族）,相互融合已达较高程度,在这种情况下设立自治区域的客观必要性究竟有多大仍可讨论。

族群区域自治制度是国家对内部各地区、各族群进行政治与经济整合的过渡性制度安排,这个过渡时期的长短可以视整合的实际效果和各族群的愿望而定,而且一个国家内部的各族群自治地方存在时间的长短,不必完全同步。在社会发展进程中,当各方面条件成熟后,有些制度可能会随着社会发展与族群融合自然而然地逐步失去其实质意义。

(二) 各族群在政府、议会中的代表制度

《中华人民共和国选举法》规定,"有少数民族聚居的地方,每一聚居的少数民族都应有代表参加当地的人民代表大会",并对代表人数的确定作出具体安排。《中华人民共和国民族区域自治法》则规定,在自治地方的政府部门中由实行区域自治的民族的公民担任行政首脑。这样的制度性安排使当地少数族群民众和知识分子在人民代表大会和政府中能有本族的代表,代表依法享有发言权、表决权和实际行政职权,这让少数族群切实感到真正实现了"当家作主"。

虽然在各级机构中有少数族群代表的位置,但他们如何才能真正发挥作用,还存在一些具体问题。首先是需要不断提高实际工作能力和管理能力,其次是要具有宽广宏大的胸怀和一心为公的工作作风。少数族群干部在思考问题和进行决策时,一方面必须从全国的大局、地区的大局、所管辖的全体人口的大局来考虑,不能只站在本族利益的立场上来考虑问题,这是作为地区行政首脑的责任;同时,作为当地少数族群行使"当家作主"权利的族群代表和族群利益的代言人,他们又必须考虑本族成员的利益,这是自治制度赋予他们的角色和责任。有时以上两方面完全一致,如兴修水利、组织抗旱,本地区各族群众都会支持和受益。但是有时地区整体利益和族群利益可能不完全一致甚至冲突,在这种情况下少数族群干部就面临在两个角色之间如何选择和调和的困惑。

(三) 为少数族群单独设立学校的教育制度

《中华人民共和国民族区域自治法》第36条规定,"民族自治地方的自治机关根据国家的教育方针,依照法律规定,决定本地方的教育规划,各级各类学校的设置、学制、办学方式、教学内容、教学用语和招生办法"。第37条规定,"招收少数民族学生为主的学校(班级)和其他教育机构,有条件的应当采用少数民

第十五章 族群平等和影响族群关系的政策因素

族文字的课本,并用少数民族语言讲课;根据情况从小学低年级或者高年级起开设汉语文课程,推广全国通用的普通话和规范汉字"(宋才发主编,2003:363—364)。

少数族群教育的核心是语言问题,而语言具有双重意义:一是作为本族群传统文化的载体,寄托了族群感情;二是作为进行人际交流和学习知识的应用性工具。下一代不学习本族语言,本族的传统文化就会失传,族群的文化特征就会逐渐消失;而下一代如果不学习一个国家的通用语言(如中国的汉语普通话),就会给他们的族际交流、知识学习和就业带来负面影响,并制约族群的发展。这同样是两难的选择。双语现象是目前各国解决这一文化难题的通常办法,我国目前也在推行双语教学。

为了提高少数族群的受教育水平,我国政府采取了一些以少数族群学生为对象的特殊政策,如:(1)成立专门的少数民族学校或民族班并以本族语言教学;(2)降低少数族群学生中学、大学入学录取分数线;(3)减免少数族群困难学生的学费或发放助学金;(4)对部分少数族群学生实行定向培养等。人才培养是一个族群取得发展和参与现代化的基础,这些政策体现了国家的民族工作方针,培养了大批少数族群的干部、知识分子和技术人员,提高了劳动力的文化素质,推动了各少数族群在教育和其他各项事业上的发展。

但我们同时不应忘记,列宁曾经提出要"铲除民族之间的种种隔膜,使各民族的儿童在共同的学校里打成一片"(列宁,[1913e]1959:304),为少数族群单独设立学校的做法显然妨碍各族儿童"打成一片",并在认同观念上带来负面影响。

有些国家不是通过为少数族群建立专门学校的办法来保障其权益,而是采取强制性安排,以让各族儿童在同一所学校和班级就学的办法加强族群交往和实现族群平等。如美国1954年禁止公立学校的种族隔离制度,在1968年采取强制性政策来达到各种族同校读书的目标,当时所有公立学校必须在6个方面达到最高法院的要求:(1)学生的种族比例;(2)教师的种族比例;(3)办事人员的种族比例;(4)教学设施对各种族开放;(5)为来自其他居住区的另一种族的学生提供上学的校车;(6)使用同样的教学大纲与教材。学校提供所有证据显示它已经达到这些方面的要求之后,才能宣布它没有种族歧视并得到法院认可(Thernstrom and Thernstrom,2002:220)。各校师生的种族比例是根据当地城市总人口的种族比例确定的。对于少数族群的独特文化传统、语言使用的权利等，美国政府通过有关公民权利和文化的法令加以保护。

教育方面的这两种制度性安排出于两种完全不同的思路。第一种思路是努力保持差别（语言、文化等）以实现法律上的平等权利。在激烈竞争的市场化社会，除非能够从制度上规定和自然形成族群绝对分隔的就业市场，否则竞争中出现的问题仍会导致族群矛盾，还是无法真正达到族群和谐和事实上的平等。第二种思路是积极鼓励各族群进入同一个教育体系，以保证各族群得到同样的受教育机会，掌握同样的知识与技能，从而在毕业后能够在劳动力市场上平等竞争。那时就业机会的差别主要是源于个人差别（用功程度、学习成绩），而不是族群差别（语言差别、各族学校的教学质量）。

以上各类制度的设计都带有政治建构的考虑，必须看到有些制度建构（如建立少数族群专门学校）在保障少数族群政治权利的同时，也可能增加族群之间的隔阂与竞争。"通过实施以族群为对象的发展项目或者设立种族配额指标等方法依照族群分野来建构获得政治机会的通道，或者通过接受一些强调族群差异（如制定一些有关双语教学、设置保留地的法律）的政策，一个政治体系可能会导致族群竞争的增强。"（Olzak and Nagel, 1986：8）而这种以族群为分界的政治竞争可能会影响族群关系和社会稳定。

（四）以少数族群为对象的经济优惠制度与政策

这些优惠政策有些由议会（人大）和中央政府制定，有的由地方政府（省、市、县）根据本地具体情况制定。2011年中央政府提供的财政补助占各自治区财政收入的91.7%（西藏）、24.3%（内蒙古）、60%（新疆）、62.8%（广西）和68.8%（宁夏）。除中央政府的各项政策外，地方政府也制定了一些针对少数族群聚居地区或少数族群经济活动的地方性政策。各省政府针对当地少数族群聚居地区的项目贷款、财政补助、税收减免、发展民族教育事业、脱贫项目等制定了许多优惠政策，以帮助当地少数族群发展经济。

六、针对少数族群的优惠政策

（一）制定族群优惠政策的目的与动机

许多国家的政府都制定了某些特殊政策，对一些族群给予优惠或实行歧视。

在讨论政府制定的这些政策时,有三点值得注意:

(1) 政策是刚性的,对政策的应用对象和政策的具体内容通常有十分明确的规定,在使获益族群满意的同时可能使利益受损的族群不满。

(2) 以族群为对象的优待政策实施后带来的影响是多方面的、动态的,而且可能出现交叉和抵消现象,很难对其结果和效度进行客观准确的评估。

(3) 达到政策的具体目标(如使某族成员在入学方面或权力机构中达到一定比例)后,族群关系并不一定会像预期那样得到改善。

(二) 族群优惠政策的对象:多数族群还是少数族群

在族群优惠政策的执行中,有两种情况必须区分开。一种情况是发达的多数族群(如苏联的俄罗斯人和中国的汉族)对不够发达的少数族群实行优惠政策;另一种情况是人数多但不发达的多数族群(如马来西亚的马来人)对相对发达的少数族群(华人)实行歧视,而对自己实行优惠政策。这两种情况的政治关系和利益分配格局全然不同。在前一种情况下,在人口规模和经济发展方面占优势的多数族群对这种少数族群优惠政策的承受能力较大,这种政策的执行结果,对多数族群和社会整体发展的影响较小。而在后一种情况中,被歧视的少数族群受的影响较大,所承受压力也较大。

(三) 界定享受优惠对象的方法

在设计族群优惠政策的各项具体规定时如何准确把握其范围和力度,美国学者霍洛维茨提出了一些需要关注的方面:(1)"涵盖范围很宽的规定使得最不需要优待政策的群体也可能被包括在优待范围内";(2)"采用非族群的界定办法会导致优待政策产生漏洞",如政府以"土著居民"作为优待对象时,那么伪造的"土著证明"会成为黑市上流行的"商品";(3)"范围较广的政策增加了其在执行中的灵活性,以便使相互矛盾的政策目标(如提高生产率、调和政治对立),都能够被考虑";(4)"被优待群体的界定方式决定了优待政策的内涵和外延",在印度,当政府以"落后群体"作为优待对象时,许多群体纷纷宣称自己是"落后的"。简单地说,涵盖范围的确定影响到民族群体内部政治发展的方向(马戎编,2010:352)。

（四）优惠政策的内容

（1）就业机会。有的国家可能仅仅局限于公共部门（政府部门公务员、军队、警察、公立学校教师等）招收人员时对申请人有族群背景的规定，有的国家对本国私人企业和机构的人员就业也有限制性规定（如限定某族人员所占比例）。

（2）受教育机会。接受教育是一个落后族群短期内通过努力赶上发达族群的重要途径。所以政府制定政策和采取措施的目标，一种是努力保持多数族群在受教育水平方面的优势，另一种是积极努力为少数族群创造更多的受教育机会，这是完全不同的立场。

（3）拥有土地的权利。一些国家的宪法或政府法令规定了某些族群不能拥有土地，或者某些族群必须保有一定数量的土地。

（4）从事经济活动的机会。如马来西亚政府制订的计划中，设计了在企业股份持有、营业执照发放、合同签订的合法代表人等方面都有利于马来人的一系列规定，限制华人的经济参与。有的国家对某些族群成员开设的企业或商店实行减免注册税等优惠政策，以鼓励该族群积极参与社会经济活动，提升经济实力和社会地位。

（5）其他方面的优待政策。有的国家还制定其他一些旨在促进族群发展的政策或管理办法。如中国对少数族群在计划生育管理方面实行不同程度的放宽，对有的族群基本上没有生育限制。

七、优惠政策的实际效果

（一）优惠政策的短期效果

美国学者霍洛维茨认为，族群优惠政策的短期效果是"代价高于收益"，马来西亚就是一个生动的案例。

（1）教育中的优惠政策。这样的政策能够在短期内改变公立学校学生的族群比例，但是这将对教育制度和政治制度产生影响，如在马来西亚受歧视的华人学生大量进入私立学校或到国外就学，导致公立学校学习成绩整体下滑。

（2）商业中的优惠政策。实际后果有三个：一是企业请被优待族群成员去

第十五章　族群平等和影响族群关系的政策因素

"挂名"并支付一定的费用;二是官员在审批"挂名"过程中收取贿赂;三是前两笔开支实际上加到企业的成本上,使企业竞争能力下降。马来西亚被歧视的华人采取的就是这样的谋生策略。

(3)就业中的优惠政策。由于被歧视族群在就业市场上很难找到出路而产生愤恨情绪,造成人才外流,社会将为此付出代价。由于被优待族群的合格劳动力因政策规定而求大于供,那么不合格人员将被录用,降低效率,而雇主也许必须另雇合格人员来做实际工作,这将增加成本。

(二)苏联族群优惠政策带来的后果

美国学者康奎斯特认为苏联政府对少数族群实行优惠政策有两个负面后果:第一个后果是,在利益的驱动下,少数族群成员的"民族成份"固定下来,更改身份和通婚子女申报为少数族群等导致少数族群人口增加,出现"逆向民族成份再确定";第二个后果是,部分少数族群民众把优惠政策提供的利益看作"公有资源",通过多生孩子尽可能占用更多"公有资源"。这两个后果当然都不是制定优惠政策的初衷。

(三)优惠政策使一些族群的成员享有特殊的"社会资本"

政府的优惠政策使享受优惠族群的成员在社会流动机会和经济资源分配方面具有特殊"优先权",从而得到实惠,而且这些利益是制度化的并得到政府的保障,这就使得其"族群身份"具有"含金量",同时也是可传递给后代的"社会资本"。

(四)对于优惠政策社会效果的分析

大量事实证明,多数族群对少数族群在教育、就业、税收等方面实行优惠政策,可能对双方都产生负面影响。一方面,被歧视族群成员在求学、就业方面因感到"不公平"而降低学习和工作积极性;另一方面,受优待族群成员因为感受不到竞争压力而缺乏学习和工作动力。

我国族群优惠政策在理论宣传方面有时过于强调以族群而不是以个人为单位的"事实上的平等",同时也没有指出现阶段实行的对少数族群的优惠政策只是过渡时期的暂时性政策,没有指出只有改变族群社会分层的结构性差距才能真正达到列宁提出的族群间"事实上的平等",这就使得目前的理论宣传对各族广大干部和群众思考族群问题的角度有一定误导作用。其造成的后果是汉族和少数族群对政府实施的相应优惠政策都不满意：汉族成员从个人角度考虑，认为自己没有在法律或制度上得到平等竞争机会，从而降低了学习、工作热情和帮助少数族群的积极性；而得到优待的少数族群同样感到不满意，他们从族群整体层面考虑，认为本族群尚未达到"事实上的平等"。当少数族群成员的实际竞争能力较弱而又希望得到某些机会时，强调"事实上的平等"是他们要求政府实施相关优惠政策并享有某些"特权"的理论依据。这种各自从不同层面（少数族群的参照系是族群，汉族的参照系是个体）来考虑"平等"和进行比较的思路只会增加族群间的隔阂和不满。

在一定历史时期内，我国政府目前对少数族群成员和少数族群聚居地区的各项优惠政策还是必要和有积极作用的，但我们对于"民族平等"的宣传需要进行相应调整，对于优惠政策只适用于一个特定历史时期的过渡性质，需要有十分清醒的统一认识。要使全社会认识到，我们的社会要从对少数族群实行优惠政策的历史时期向实际上不再需要并可逐步取消这些优惠政策的一个新的历史时期过渡。少数族群干部群众要把这一点看作自己努力的目标，要从"依赖"心态转变为"自强"心态，而观念的改变是少数族群提高自身实际竞争能力的前提。

第十六章

现代化进程中族群关系的演变

两个多世纪里,随着西方工业化国家在科技、经济与军事力量等方面的发展及其影响在世界其他地区迅速扩大,各国间的政治、经济、文化、人员交流日益加强,逐步形成一个全球性的政治外交舞台和商务贸易市场,亚非拉地区的发展中国家在这种激烈竞争的发展态势下不得不进入"现代化"进程。为了应付国内外政治、经济和军事压力,许多在历史上曾创造了灿烂文化的文明古国在与西方国家打交道的过程中,逐步吸收西方的政治制度和法律观念;为了适应国际市场的要求,它们仿照西方模式和标准重建和发展本国经济结构与产业体系;为了在科学技术方面赶上西方国家,它们引入现代教育体系,派遣学生到西方留学。西方国家的文化观念、价值体系等,也通过电影、印刷品、传媒等各种文化传播渠道对其他国家原有的文化传统造成强烈冲击。在这一过程中,各国都经历了文化价值观念的不断改变、权力和利益分配体制的不断调整,以及社会组织的不断转型等触及社会深层结构的剧烈变革。

在变革过程中,每个多族群国家内的各族群由于各自发展基础和条件的不均衡会出现利益冲突。这使处在"现代化"进程中的各国族群关系与以往相比其性质和内容都有所变化。在现今世界,外国政治势力通过各种渠道对一些国家内部的族群关系施加重大作用。随着现代科技的迅速发展,人们的各种社会理论和伦理观念、政治制度和政策、社会现象与情感都可通过现代通信手段,在最短时间内以音像、文字等各种表现形式迅速传播到全球每个角落,在"信息时代",族群凝聚、族群交往与族群冲突也将以前所未有的形式展现出来。

我国目前正处在体制改革不断深化和对外开放不断拓展的重大历史关头,

"保护人权""保护弱势群体""保护少数族群权益""保护文化多样性"等现代话语已被国内普遍接受,加入世贸组织加快了我国各方面与国际社会接轨的步伐,因此需要结合有关我国现代化进程中一系列涉及体制改革、经济发展战略以及利益分配、人员流动、文化冲突等方面社会变迁的研究成果,调查分析这些变迁对各地区族群关系产生的影响。

一、什么是"现代化"

自20世纪60年代以来,"现代化"是各国十分流行的概念,它与工业化、城市化、高度社会分工、现代教育、发达的服务体系、发达的民主制度和社会福利体系等密切相关。随着工业化与城市化在全世界迅速发展,自20世纪80年代以来,人们开始反思"现代化"给人类社会究竟带来了什么,又造成了哪些负面影响。在这方面引起人们关注的问题有:

(1) 由于市场经济的激烈竞争,人们承受着巨大精神压力,人与人之间变得冷漠无情,激烈竞争和精神压力导致精神病患者人数增加和自杀率上升,现代化使人们的物质生活条件得到改善,但并不快乐。

(2) 竞争中的失败者或缺乏竞争能力的社会群体可能会因为生活贫困走上犯罪道路;一些人不愿遵循合法的致富途径,导致社会犯罪率上升,降低了人们生活中的安全感。

(3) 在经济活动中竞争能力较弱的种族或族群,由于族群背景而在竞争中受到歧视与排斥,导致生存条件恶化和高失业率,发展前景暗淡,激化族群矛盾,不利于社会稳定。

(4) 国家之间经济发展不平衡加剧,富国对穷国在自然资源、优秀劳动力、商品贸易方面的垄断与掠夺使得穷国在各方面严重依赖富国的资金、技术与市场,加剧国际冲突。

(5) 工业化进程与非再生性自然资源大量消耗,导致许多地区出现生态破坏和环境污染,为整个人类今后的生存条件留下严重隐患。

(6) 个别超级大国凭靠经济和军事实力,在国际关系中推行霸权主义,强迫其他国家接受其文化价值、政治理念和社会制度,导致国际关系恶化,国际恐怖主义活动升级。

由于以上问题的出现与恶化,人们开始思考,除了西方国家提供的"现代化模式"之外,是否还可以探索其他发展道路。我们在考察中国少数族群的发展问题时同样需要思考:我们自以为的"现代化"进程,是否也是一些少数族群民众所追求和企盼的东西?

"现代化"在发展生产力水平、改善人们物质生活条件的同时,也使人们失去了许多宝贵的文化遗产,世界各地区各族群原来五彩斑斓的丰富文化在逐步消失,文化的多样性正逐步被"效率"取向的"标准化"所代替,语言、服装、饮食、建筑、教育、艺术、知识体系甚至社会制度和经济制度都在"国际化","国际化"实质上也就是以西方国家为标准的"趋同化"。对于这一"趋同化",有的族群是理解和情愿的,有的族群是不情愿的。市场经济体系中的残酷竞争使得国家之间、族群之间的关系更加紧张,自身传统文化不可避免将消亡的前景也造成一些族群的心理失落。"现代化"确实给近代乃至今天的族群关系打上了它的烙印,也留给我们许多需要思考的问题。

二、现代化发展道路与发展模式

(一)社会发展理论

学者们针对不同历史时期、不同国家的发展道路与特点,提出了一些可供参考的现代化理论与发展模式。

(1)传统"现代化"理论。这种理论认为,西方国家工业化发展的道路是全世界各国必须走的唯一道路,而且只有西方基督教社会的伦理精神和行为规范才能引导现代资本主义社会的发展。

(2)"儒家资本主义"理论。近几十年日本与亚洲其他国家和地区的现代化发展道路与欧美国家的道路明显不同,西方提倡个人主义,东方儒家文化强调集体主义,有的学者认为存在"儒家资本主义"的现代化模式。

(3)"依赖理论"。这种理论认为第三世界国家向发达国家全面开放金融与市场是其发展面临困难的主要原因。由于西方发达资本主义国家形成对第三世界国家的资金、科学技术和商业贸易的垄断,第三世界国家很难产生真正自主的经济实力,从而陷于"低度发展"的依赖局面。

(4)"世界体系"理论。沃勒斯坦认为,在世界经济体系中,由一组很强的"中心国家"和其他较弱的"边陲国家"形成一种政治结构,前者不但在经济上剥削后者,也在政治上支配和影响后者。

（5）"内发型发展"理论。日本学者鹤见和子提出了"内发型发展"理论,认为"内发型发展"的单位是地区,着重于人的发展以及人与自然生态之间的平衡,不以产值和利润作为评价"发展"的首要指标。

（二）地域发展与族群发展

当谈到"发展"时,一般指一个国家或一个地区的社会和经济发展。有时一个族群的聚居地与某个地理行政区域重合,这时这个地区的发展就反映了当地族群的发展。但很多情况属于多族群混杂居住,这就必须对地区发展和族群发展分别进行分析。

在多族群国家里,如果少数族群聚居地区属于多族群混居而且本地族群在资源开发和就业市场上处于劣势,那么该地区的发展并不等于当地族群的发展。其原因是当地很可能存在"族群分层",各族群从本地区经济发展的利益中所获得的份额和发展机会可能不平均,弱势族群成员较少参与各项产业并较少受益。

当以国家为分析单位时,可参考的发展理论有:西方传统现代化理论、"殖民主义"理论、依赖理论、国际体系理论等。当以国家内部不同区域为分析单位时,可参考的有:"扩散模式"与"内部殖民主义"理论、"内发型发展"理论、(地区间)依赖理论、国家经济体系理论、"梯度发展"理论等。

任何国家内部各地区的发展速度和发展水平不可能完全同步。我们所关注的是,一个国家在实现现代化的过程中如何协调各族群的关系与利益,如何努力做到各族群共同繁荣。在《边区开发论著》(北京大学出版社1993年版)一书的"导言"中,我们曾提出两个问题:(1)在经济发展框架中,汉族"核心地区"与少数族群"边远地区"是一种什么关系,是属于"扩散模式"还是属于其他什么模式?(2)"少数族群地区"的发展与"少数族群"的发展之间是一种什么样的关系?

我国政府统计数字所显示的少数族群地区的经济发展(产值、产量、效益等),在一定程度上是由居住在这些地区(通常居住在城镇并从事第二、三产业)的汉族人口而不是当地少数族群贡献的,少数族群民众很大程度上仍在乡村从事传统农业和畜牧业,所以简单根据地区性统计数字来判断当地少数族群的经济发展水平是不准确的,因此,少数族群自治地区的发展不能简单等同于当地少数族群的发展。

(三) 现代化进程中的社会—经济变迁与族群关系

国外学者通过大量调查分析了现代化进程中族群关系所发生的变化以及原因与后果。以民族国家为单位实现的行政管理一体化、经济结构转型和市场化、城市化与大规模人口迁移、普及学校教育及交通通信条件和基础设施的全面改善,都会使各族群间的交往、各族群与国家机构之间的交往大幅度增加,族群之间的相互依赖和相互竞争的程度也同步增加。政治与经济活动的现代化进程有利于大规模群体(不是家族、村庄、部落这样的小团体)提出诉求及争取自身利益,所以容易产生以族群为基础的集体行动(Olzak and Nagel,1986:3)。这是"现代化"在政治层面对少数族群的冲击。

"经济一体化"必然伴随着"政治一体化"。在新的政治格局下,少数族群地区的自然资源、劳动力资源、商品市场会逐步纳入国家甚至国际经济体系中。如果少数族群在政治上处于弱势,如何保护所在地区的资源和市场会成为少数族群需要与主流族群讨论的一个重要议题甚至双方矛盾的焦点。这是"现代化"进程在经济层面对少数族群的冲击。

紧随前两个"一体化"进程的将会是"文化一体化"。"现代化"是一种生产方式、一种生活方式、一种消费方式,它的发展会伴随着一套新的"现代"价值理念,推行一种通用语言文字和流行文化。当主流文化得到政治、经济力量和媒体的支持时,在族际文化交流中少数族群的传统文化通常只能处于弱势地位。少数族群的知识分子常会怀着忧虑的心情不断思考自己族群传统文化的前景,这是"现代化"在文化层面对少数族群的冲击。

直接承受以上三个层面冲击的主要是少数族群领袖人物和知识分子。普通民众虽然也会感受到相关影响,但他们感受到的是渐进型变化。"一体化"进程会促进人员跨地域流动和迁移,少数族群中的每个人都有可能直接感受到主流文化和市场的冲击,在教育、就业、住房、发展机会、社会福利等方面必须与其他族群成员竞争,这使得族群交往与竞争真正进入"个体"层面。

三、在社会与经济发展过程中如何保存与发展族群文化

科学技术的传播和使用是没有国界和地区界限的,跨国科技文化交流和商

贸活动必然呼唤一种国际通用语言。各国和各族群都要学习使用统一的学术符号、计算公式和计算机程序等，商品贸易要求产品的材料、设计、工艺、包装各方面统一规格标准，各种经济和金融活动的管理和服务机构也必须使用统一的指标和规则，因此，少数族群地区将不可避免地受到这些"外来的"社会与经济组织形式、"外来的"生产标准与技术规范的渗透。与此同时，广播电视以及各种印刷出版物也在向少数族群地区民众介绍"现代化社会"的各种思想观念、生活方式、消费文化。那么，我们在现代化进程中应当如何保存和发展少数族群的传统文化？

（一）传统文化

在现代化进程中，少数族群民众会发现本地原有的建筑风貌随着新建房屋的增加逐渐消失，这些新建房屋使用统一"标准"的设计图纸、设计程序、建筑材料和外观风格。人们原来穿戴的具有本地特色的服装鞋帽也逐渐被通行的"标准"服装款式取代，生产中使用的本地传统生产工具也被新式农具和机械替代，传统生产方式（如刀耕火种、游牧）和生活方式（帐篷、竹楼、树皮屋）也随着新生产方式（定居放牧）、生活方式（砖瓦房）的引进而改变，在公共交往中人们越来越多地使用"族际共同语"而不是本族群语言，原来使用的本地手工制品器具（容器、炊具等）也换成了流行款式的金属或塑料制品，同时人们的思想观念（如家庭婚姻观念、消费观念）、人际关系（如家族、社区组织）也在改变……人们不禁会问：现代化之后这些族群的传统文化还能剩下什么？

在夏威夷群岛，随着外来人口迁入与族际通婚，以及城市与港口建设，人们现在只能在博物馆里观看当地土著居民的传统文化遗物。模仿土著居民传统庆典仪式的游行和展现族群风情的"民族园"则带有浓厚商业气息。许多少数族群原来制作和使用的器物，如用当地材料制造的日常用品（如夏威夷人用贝壳制作的装饰物、鄂伦春人用桦树皮制作的用品）逐渐转变成表现当地风情特色的旅游纪念品，被批量加工后出售给游客。可以猜想，各地许多民族传统手工艺可能将通过"土著旅游商品"这种形式得以保存和继承。

毫无疑问，要推进"现代化"必须实行"标准化"和"趋同化"，只有这样才能与世界其他地方"接轨"，才能产生经济生产和日常生活的效率，没有效率就意味着在全球性的激烈竞争中失败和被淘汰。这就使人们面对一个两难困境：是选择追求效率和生存发展,还是选择坚持自己的传统文化与生活方式?在现代科学技术与经济活动面前,我们实际上没有选择。但是当我们的生存和发展在一定程度上得到保障后,在不影响效率、不降低竞争能力的条件下,我们将尽可能地保护和继承我们祖先留下的文化遗产,就像欧洲人和日本人保护和继承他们祖先的文化遗产一样。

同时必须承认,像夏威夷土著、澳大利亚土著那样一些人数很少的族群,在保留自己的传统文化方面将面临很大的困难,因为外界的"标准化"将不可避免地影响到本族群绝大多数人,而本族群的传统文化对外界的影响微乎其微,这种"信息规模不对称"的文化交流必将导致单向倾斜。在族群交往的历史长河中,世界上有无数小族群就是这样逐渐融入大族群的。在强调族群平等和"文化多元"的今天,许多有识之士会呼唤社会关注小族群,并敦促政府尽可能采取措施保护它们的传统文化,使得这些族群在逐步实现现代化的同时,仍能以一定的方式把自己传统文化中的精华部分传承下去。在21世纪的现代社会要想"原汁原味"地保留传统文化,客观上是不可能的,也不会得到现代人的欣赏,因此在保护和弘扬各民族传统文化的过程中,要去粗取精、推陈出新,努力实现创造性转化和创新性发展。

(二) 族群语言

在现代化进程中,不同族群人员之间语言交流的客观需要必然会导致一种应用性较强的"族际语言"在全国范围内普及与流行,这在客观上会给各少数族群语言(也包括各地的方言)的使用和发展带来某种消极影响。

语言是文化的载体。随着族际交流的增强,一些人口规模较大、本族群语言应用较广的族群会逐步"双语化",少数族群语言在一些领域(本族文学、本族历史)仍是必要的语言工具,但在"现代知识"领域(科学、技术、经济、管理、商贸、金融等)中,少数族群语言词汇的使用会越来越少。政府语言政策应当保护双语在各种场合的合法使用。语言使用格局的客观发展趋势是:人们在家庭或朋友圈等"私人场合"使用本族语言,在"公共场合"主要使用"全国性"通用语言。

一些族群因本族语言文字在现实中应用较少,在学校里主要使用汉文教材。这些族群的学生很可能较早就开始普遍实行"双语化"(日常生活中使用本族语言,工作和交流中使用通用语言文字),然后逐步向使用"全国性"语言的阶段过渡，这是不以人的意志为转移的必然发展。有一些小族群有语言无文字，政府应当组织研究机构对这些语言进行录音与保存，为语言学研究保留下这些人类社会的宝贵文化遗产。

（三）传统社会组织

一些少数族群根据其生产活动与生活方式形成具有特色的社会组织形式与运行规则，无论游牧部落、山地部落、渔猎部落、岛屿部落还是农耕社会等，都有一套经济活动模式和相应的社会组织，以承担行政管理、经济利益分配、司法与纠纷仲裁、组织军事活动、组织祭祀仪式、管理教育体系等维持社会运行的各种功能。各种组织都有自己的名称，组织的首脑和执行人员也有自己的称谓和职权。

在与外界族群和社会的交往中，这些传统组织必然会作出相应调整与改造，以适应一些交往活动的需要。少数族群传统的社会组织形式在社会运行中必然受到国家统一的社会制度和组织形式的影响而进行调整。同时，各族群的传统习惯法、宗教法规只要不与国家法律相抵触，不危害国家和全体国民的基本利益，各族群的文化组织、宗教组织仍然可以开展活动，各族的宗教活动、风俗习惯和传统文化庆典活动也会受到国家法律保护，这与现代国家在坚持"政治一体"的同时提倡"文化多元主义"的精神相一致。

四、少数族群地区发展中的自然资源利用

在现代化进程中，如何发展少数族群地区的经济，使少数族群民众参与现代化建设并分享经济发展的利益，这是当代族群关系的一个重要方面。少数族群传统居住区往往位于偏远边疆，在过去的生产力水平条件下，大多属于自然资源匮乏或交通不便的地区，但随着人类科学技术不断发展，有些过去被认为是"不毛之地"或资源缺乏的地区，今天可能发现地下蕴藏着丰富矿藏从而变成极具经济发展潜力的地区。有些具有特殊自然地貌、生态景观、文化遗迹和民族风情的地区，可能具有发展旅游业的广阔前景。

对待这些少数族群聚居地区的自然、人文资源的开发，可以有两种态度和做法。一种是把少数族群赶走，由政府和多数族群强占这些重新显示出价值的土地，如美国政府最早把印第安人迁移到当时认为是"不毛之地"的荒山野谷（"印

第十六章 现代化进程中族群关系的演变

第安人保留地"），后来在这些地区勘探到石油，又强迫印第安人迁往更贫瘠的地区。另一种做法就是，积极努力地吸收当地少数族群民众参与开发活动，努力使他们进入这种新经济结构并逐步实现"人的现代化"，有能力分享资源开发所得到的利益。

这里存在着一个不同层次和不同法律地位的所有权问题。

在第一个层次上，国家对土地、矿藏等资源拥有所有权，国家有权收回这些资源并安排开采，这是宪法明确规定的；但是在第二个层次上，地方社区与居民长期拥有土地资源的实际使用权，居民使用土地资源一直都向国家纳税，因此国家要收回土地资源时，应当对当地居民作出补偿并对其未来生计给予适当安置。过分强调任何一个层次的权利，都无益于政府与民众关系的良性调整和资源开发事业的顺利进行。政府和开发机构对当地社区和民众的补偿与安置必须合情合理，地方社区民众向政府提出的补偿要求也必须合情合理。很多重要资源的开发利用不是当地一个社区的事，而是关系到国家整体经济发展，而国家经济发展也会使当地基层社区获益。例如，为了进行基础设施建设（修建水库、铁路公路、机场等）而征用农民土地，当地居民应认识到设施建好后自己也会受益。在协调国家、具体开发机构与当地民众的合理权益方面，应当依宪依法，在多方合作协商的过程中努力创造"共赢"局面。

对于如何尊重地方社区与居民在当地资源开发中应得到的利益，可以采取多种办法。

（1）开发时如影响到本地居民原有的经济活动和收益，政府和有关开发企业必须对本地社区和居民给予合理和必要的经济补偿。补偿要考虑到这些资源的开发对本地居民长远利益的影响，补偿的水平不能降低本地居民原有的收入与生活水平。例如政府在修建水库时，不仅需要给库区移民提供搬迁和安家的费用，补偿移民的经济损失，还需创造新的就业机会，为移民未来的生计和就业作出安置。

（2）在开发中努力吸收本地劳动力。本地劳动力若想成功参与新的经济活动，就需要知识、技能方面的学习和培训，需要转变就业观念和生活习惯，虽然这对长期从事粗放农业的少数族群农民来说并不容易，但这些转变也是人们从传统迈入现代化所必须经历的阵痛。有些建设项目的经营者往往觉得从沿海发达地区雇来汉族劳动力在工作效率和业绩方面效果好、成本低、容易管理，但是这种想法只计算了账面上的经济成本,忽略了"当地人参与"这个重要问题,没有计算社会成本和政治成本。所以,为了防止企业经营人员出现这种偏差,政府应当作出一些明确规定,根据工作技能的需求和当地劳动力的素质,要求相关建设项目必须招收一定比例的少数族群劳动人员,同时安排资金用于针对当地少数族群劳动力的培训项目。

许多开发项目固然需要一些受过高等教育、有技能、有经验、熟悉现代企业经营的中高级人才,同时也需要许多"非技术人员"和从事简单劳动的人员。受过基础教育的本地少数族群青年农民,对有些工作是胜任的,但是由于语言、生活习俗、劳动习惯等方面的差异,他们需要一个适应过程。对于这一点,政府和开发企业经营者需要有耐心,要考虑企业与本地少数族群社区之间的长远关系,要有"人文关怀"和诚心诚意帮助少数族群参与"现代化"的精神。对于招收较多本地少数族群劳动力的企业公司或建设项目,考虑到企业培训当地人员所需要支付的费用和其他成本,政府可采取减免税收的办法予以鼓励。

五、观念转变是少数族群实现现代化的重要条件

在发展现代社会时不能仅仅强调经济发展指标,如果没有各项社会制度的发展与完善,没有人的素质的提高和观念的转变,经济发展是没有依托和基础的。我们在一些少数族群地区进行社会调查时,有时会注意到当地干部有在资金和物资方面向上级政府"等靠要"的观念,同时他们的知识结构、看问题的视野、工作方法都与现代化的要求有一定距离。有的地方基层干部喝酒风气很盛,影响工作效果,这与当地传统生活方式、生产方式有关。同时也有一些少数族群干部存在自卑情绪,认为本族教育事业落后,没有赶上其他族群的可能性。其实,每个族群都有自己的优势,在自己的传统产业上积累了丰富经验,特别是各族群具有传统文化特点的建筑、服装、饮食、工艺、节庆活动等都可成为发展旅游业的宝贵资源。

在人的观念转变方面有三个因素会起到积极的促进作用:(1)电视节目的普及。民众可以通过观看电视节目认识到丰富生动的"外部世界",这无疑将促使少数族群广大民众特别是青少年转变传统观念。(2)发展现代教育事业。学校不仅能够传授新的科学知识,而且在上学过程中孩子们也可以学习和适应一种集体的社会生活。(3)外出务工人员在其他地区和城市的经历。现在许多边

疆少数族群地区都有一些青年劳动力外出到中部、沿海地区和大城市打工,他们在这些社会环境中的生活工作经历无疑会深刻地改变他们头脑里的传统观念,当他们返回家乡后,他们中的一些人便会努力创办新型企业、发展商品养殖业、推动学校教育和改变旧有习俗,这些人将在边疆地区撒下"现代化"观念的种子。

谈到"现代化",首先是人的"现代化",是人的观念和行为的"现代化",而现代化的观念与行为不是与生俱来的,必须由人们在新的环境中去感受去体验,从而逐步完成从传统观念到现代观念的转变。为了推动现代化进程,政府可以在以上三个方面发挥积极的促进作用:一是推进边疆和偏僻山区的电视转播和互联网设施的建设,使广大少数族群民众都可以收看到电视节目和使用互联网开展电商营销;二是发展和完善各地的小学与中学,使所有的学龄儿童能够及时入学,并提供较好的教学条件和师资,逐步推行12年义务教育;三是鼓励少数族群劳动力外出务工,为他们的就业提供必要的条件,关心他们在城镇生活和就业时遇到的困难及出现的各种问题,同时为回乡创业的外出劳动力在贷款、技术、销售渠道等方面提供便利。只要能持之以恒,将这些工作长久做下去,偏远地区少数族群居民的观念就会逐步转变,他们会投身于当地的社会与经济发展事业,使他们自身和他们的家乡都逐渐"现代化",并在这个过程中不断加强各民族的交往交流交融。

第十七章

族群关系与"民族主义"

在种族与族群关系研究中,各国的关注点各不相同。美国是个历史不长的移民国家,美国学术界主要关注"族群分层"和反映族群关系变化的具体研究专题,如语言使用、身份认同、居住格局、族际通婚等,希望通过这些研究来理解和把握本国种族/族群关系的现状与发展态势,探讨政府和其他社会组织对于缓和种族矛盾、改善族群关系所能采取的政策与措施。而老牌殖民主义国家如英国和其他西欧国家对欧洲近代史和前殖民地社会发展史十分关注,欧洲国家历史悠久,具有人文传统和哲学思辨精神,所以欧洲学者对于各国的"民族主义"(nationalism)、"民族认同"(national identity)和"民族构建"(nation-building)有着浓厚兴趣。近年来东欧和巴尔干地区的"民族主义"运动再次兴起,引起欧洲学者对新形势下民族认同意识演变和"民族主义"思潮的关注。

随着"冷战"时代的结束,由两个超级大国领导各自阵营对峙的世界格局已不复存在,许多国家在原来格局下承受的外部压力骤然减轻,社会内部许多问题便上升为国内政治关注的焦点,国家内部各族在政治权力、经济利益、文化冲突等方面的矛盾随之凸显。在内外因素共同作用下,一些国家的族群矛盾演变为追求政治独立的"民族主义"运动。正是由于族群问题与"民族主义"之间的密切关联,我们在研究族群关系时必须对历史上和今天的"民族主义"问题给予必要的关注。

近百年来面对帝国主义的侵略行为,中国曾经出现多次"民族主义"运动,目前在我国一些边疆地区也出现少数人发起的分离主义活动并受到外国敌对势力的支持,因此我们今天对"民族主义"的探讨具有重要的理论意义和现实意义。

第十七章 族群关系与"民族主义"

一、"民族主义"和"民族国家"

"民族主义"一词是一百多年前由西方介绍到中国来的。鸦片战争后,中国正处在"亡国亡种"的民族危机中,中国知识分子如饥似渴地从西方国家的发展经验中吸取能够为中国借鉴的知识。"民族主义"作为捍卫独立、抵御列强、进行社会动员的旗帜,受到当时的爱国者和知识分子的关注。由于中国具有现代意义的"民族主义"思潮是在西方列强侵略下产生的,中国人的"民族主义"带有守土自卫的色彩。

孙中山先生倡导的"三民主义"之一就是"民族主义",它号召中华民族团结起来反对帝国主义侵略。抗日战争就是在民族主义旗帜下进行的中华民族的全民族战争。从当时的文献看,这个时期的"民族主义"的含义很清楚。但在1949年中华人民共和国成立前后,在某些中文文献里开始出现"大汉族主义""地方民族主义"等提法,导致人们对"民族主义"一词在理解上的混乱,所以在这里有必要对"民族主义"的起源和内涵进行讨论。

(一)"民族主义"是近代工业化过程中出现于欧洲的意识形态

在欧洲工业化的过程中,改变不仅在于从手工作坊和简单机械发展到蒸汽机和大机器生产,更重要的是社会结构与社会组织从内涵到形式的根本性变革,社会分工更为发达,产生了新的经济结构,社会分化为资产阶级和无产阶级,出现了新的政治理念和国家组织形式。在这一过程中,欧洲一些原来的多族群帝国解体了,在新的政治理念和社会基础上诞生了新型国家,工业化完全改变了各国的政治制度和族群关系。

西方学者通常认为,"民族主义"一词在欧洲出现,最早是在1789年,使用者是一个流亡英国的法国教士奥古斯丁·巴洛,用以表示推翻贵族君主制政体的社会运动。当时随着资本主义在欧洲的发展,"第三等级"强烈希望推翻贵族帝王政权,并力求以语言和宗教为基础建立独立的"民族国家"。所以"民族主义"产生的历史并不长久,在此理念下建立的"民族国家"(nation-state)不同于以前的国家形态。

无论是马列主义经典作家还是西方学者,对于"民族主义"产生的时代性均具有相同的观点。斯大林指出,"民族不是普通的历史范畴,而是一定时代即资本主义上升时代的历史范畴"(斯大林,[1913]1953:300)。西方学者认为,在资本主义发展初期的西欧,出现了一批企业家、银行家以及代表他们利益的政治家和思想家,他们出于控制资源和发展市场的需要,与本族上层贵族联合在一起,强调本族的文化特征和传统领地,借助"启蒙运动"的"民主、自由、平等"等口号,把欧洲传统世袭封建王权国家转型为议会共和制的"民族国家"。社会精英推动的"民族主义"思潮,为"民族国家"的创建与社会动员提供了舆论准备。

> 民族主义认为人类自然地分成不同的民族,这些不同的民族是而且必须是政治组织的严格单位。……除非每个民族都有自己的国家,享有独立存在的地位,否则人类不会获得任何美好的处境。各民族是由上帝所安排的相互分离的自然实体,因此最佳的政治安排的获得是当每一个民族形成了独立的国家的时候。(凯杜里,2002:第四版导言7—8,52)

这种不管历史上形成的政治格局属于怎样的具体情况,认为每个"民族"都有权利建立独立国家的意识形态就是"民族自决"原则。民族主义意识形态自法国大革命后得到广泛传播,这种意识形态的最辉煌胜利就是"民族自决权"被奉为国际法的组成原则。

(二) 先有"民族主义",然后才出现"民族"和"民族国家"

英国社会学家安东尼·史密斯(Anthony Smith)认为,由于"民族主义"观念的兴起,人类群体在新的政治基础上统一成为某种新共同体,出现了"nation"("民族")的概念。这个新观念(理性国家)和新共同体(领土民族)首先出现在西方世界(Smith,1991:9)。先有"民族主义"然后才出现"民族"。

在资本主义发展的历史时期,由于需要建立与新的生产力和新的生产关系相适应的新的政治实体形式,便出现了"民族"概念。马克斯·韦伯说,"在显然是模棱两可的'民族'一词的背后,总存在着一个共同的目标,这个目标很清楚地根植于政治的领域里"(Weber,1946:176)。"'民族'这一概念所包含的各种认同感并不是同一的,它们可能有不同的来源:经济与社会结构的差异、内部权力结构的差异以及这些差异对习俗的影响可能扮演一定的角色……我们一再看到,'民族'的概念导向政治权力。……政治权力愈受重视,民族与国家的联

系似乎愈紧密。"(韦伯,1998:124—125)

(三)"民族国家"的发展历程

欧洲资本主义发展最早是在17世纪初叶的尼德兰,革命后建立的荷兰是"第一个资本主义国家",当时荷兰法学家格劳秀斯把独立的"民族国家"视为国际法主体即个别的主权者。法国大革命推翻了路易十六的统治,在抵抗其他君主国军队的武装干涉时,法国"公民"激发出"保卫祖国"的民族主义热情。18世纪美国的独立战争从"天赋人权"的观念引出殖民地人民有权建立独立国家的主张。

19世纪的民族主义运动可分为两个组成部分:一是在欧洲大陆上建立了一系列民族国家,可称为第一类即"原生型"的"民族国家";二是在欧洲思潮的影响下,拉丁美洲原西班牙、葡萄牙殖民地陆续独立后建立了17个新的国家,可称为第二类即"派生型"的"民族国家"。

新兴"民族国家"在竞争中先后演变为殖民主义和帝国主义国家,其后便开始对外积极扩张。周边甚至远在其他大陆的那些尚未实行工业化、处在前资本主义阶段的多族群国家的领袖与民众,在受到帝国主义国家的冲击后,出于对"变法图强"的渴望,被动地接受资本主义的"民族国家"观念。

当殖民主义国家对这些多族群国家施加了武力压迫并试图进行殖民统治时,这些国家中的各族群都面临成为"殖民地"劣等族群的危险,这一共同命运使各族群团结起来共同抗击,从而出现了现代的"民族认同"(national identity)意识,兴起了反抗帝国主义、殖民主义的"民族主义"运动,一些国家保持甚至强化了原来的多族群政治实体,并依照西方模式建立了自己的多族群"民族国家"。殖民主义和帝国主义势力采取分化策略,诱使一些族群脱离原有的多族群政治实体,有些族群在外力的支持下创建独立国家,导致原来的多族群国家解体。

我们可以把这些在外力作用下,在原有政治实体的基础上以新政治理念与形式建立的国家统称为第三类即"诱生型"的"民族国家"。

进入20世纪后,世界先后出现三次民族主义运动浪潮。第一次发生在第一次世界大战后,随着奥斯曼帝国和奥匈帝国解体,东欧和南欧出现一批新的"民族国家"。第二次浪潮发生在20世纪中叶第二次世界大战后,随着世界殖民主义体系的削弱瓦解,各殖民地兴起了"民族主义"浪潮,在原殖民地行政区划的基础上创建一大批新的独立国家,我们可以把它们称为第四类即"解放型"的"民族国家"。

20世纪的第三次"民族主义"浪潮是90年代苏联解体后出现的民族分裂主义运动,使欧洲和中亚在3个原有国家(苏联、南斯拉夫、捷克斯洛伐克)的基础上成立了23个新的独立国家,其中一些国家的民族分裂主义运动(如科索沃和马其顿的阿尔巴尼亚人、格鲁吉亚的南奥塞梯和阿布哈兹)仍在继续。这些国家可称为第五类即"裂变型"的"民族国家"。

在以上"民族国家"的创建中,虽然标榜的是"天赋人权"("民族自决"即源于此),但是在实际过程中掺杂了大量区域政治和国际干预,"民族自决"也没有像人们期待的那样得到彻底落实。例如,许多中东国家是一战后随着奥斯曼帝国的解体而依照"民族自决"原则建立的,但讲同一语言的阿拉伯人被分在许多小国家里,而库尔德人没能建立独立国家。

(四)"族群"与"民族"之间的差别与相互转化

处在纯粹的文化群体和纯粹的政治实体这两个极端之间的是一个"连续统"(continuum)(参见图14-1),在连续统的两端之间存在无数中间过渡阶段。在现实社会中,每个国家内部的各个族群都处于这些过渡阶段的链条之上。随着社会经济发展、政府政策引导和外部势力的推动,这些族群会在这一"连续统"上向某个端点移动,其所具有的"政治实体"的性质或者增强或者减弱。所以一国内部的族群关系是多元和动态的,而不是单一形态和固定不变的,在一定条件下量变可能导致质变。

一个国家内部的族群关系在极其复杂的演变过程中可能出现多种模式:

(1)多族群国家中的某个族群的一部分,在一定内外条件下演变成一个以"民族国家"为形式的独立政治实体。

(2)以某族为基础形成的多个独立政治实体(例如北美印第安人的多个部落国家),在一定条件(被美国军队所征服)下演变成另一个政治实体(美国)内的一个族群。

(3)某个多族群"民族国家"(例如南斯拉夫)中一个族群(例如马其顿族)的主体部分,在一定内外条件下分离出去,成立一个独立的"民族国家"(北马其顿共和国)。

(4)曾经是政治独立的民族实体(例如中亚和西伯利亚各汗国),在一定的条件(沙皇军队武力侵占)下被另一个政治实体(沙皇俄国)吞并而成为其内部的少数族群。

(5)某个在政治上曾建立过独立政权的群体,在近代被邻国(沙皇俄国)吞并而成为其一部分,但在新的内外条件(苏联解体)下再次获得独立成为"民族国家"(如立陶宛)。

在历史发展进程中,各政治实体(不论采取什么政体、内部包容多少部落和族群)总是不断地分分合合,可能出现相互转化和重新组合的多种形式。所以我们不能机械和僵化地认识"族群"和"民族"之间的关系。

(五)"民族主义"并不等同于"自由"和"民主"

"民族主义"是产生于工业化和资本主义发展初期的意识形态,与同期发展起来的其他资本主义意识形态(如"自由、平等、公正"等)并不完全协调。资产阶级革命是与民众的"政治自由"联系在一起的,但在民族主义运动中,民族主义分子对于本族持不同意见者和反对其建国纲领的他族成员都是进行压制甚至迫害的,"民族主义和政治自由也是绝对难以相互协调的……将民族独立与有效的、人道的、公正的政府联系起来纯属谬误"(凯杜里,2002:102-103)。"民族情绪远远超过对自由的热爱,人们都愿意煽动(本族)统治者去粉碎那些非我族类、语言有差异的任何民族的自由和独立。"(Kohn,1962:12)

民族主义者建立的"民族国家"并不一定是能保证全体国民平等、自由和公正待遇的国家,很可能恰恰相反,民族主义者对"民族"的强调必然体现在捍卫"本民族"利益和剥夺、牺牲他族利益之上。对于那些不属于主体民族的其他族群成员来说,在这种"民族国家"里生存甚至比在原来多族群封建帝国的统治下生活还要糟糕。对于由民族主义者建国并掌权的政府来说,因为他们用于号召民众夺取政权的旗帜就是"民族主义",他们的追随者期待他们兑现当初的政治诺言,使本民族能在"自己的国家"里扬眉吐气,在这种状况下其他族群的成员自然难以期待得到平等待遇。

二、语言与"民族国家"的建立

(一)"民族主义"与语言

欧洲民族主义的意识形态认为,"语言是那些将一个民族区别于另一个民族的差异性的外在的和可见的标志;它是一个民族被承认生存和拥有建立自己的国家的权利所依靠的最为重要的标准"(凯杜里,2002:58)。与斯大林"民族"定义的四个标准相比,凯杜里主要强调的是语言的标志性作用,而且明确地把"民族"与"独立国家"联系在一起。

语言是民族独特文化的标志和建立"民族国家"的推动因素,但同时凯杜里也特别指出,有些人提出的"以语言来划定民族国家的疆界"这一观点在实际应用中将面临许多难题,"这种理论实际上是由从未行使过权力和很少理解国家之间交往带有的必要性和职责的文人们所创造的"(凯杜里,2002:64,65)。由于现行的国界并不完全与语言使用的地理范围相吻合,这种理论及其实践通常会带来国家间的冲突及灾难性后果。

当民族主义者要求以语言使用范围来划定"民族国家"的人口与地理边界时,会面临两个棘手的问题:(1)如何对各种语言进行识别,区分开"民族语言"和"方言"。(2)在族群混居和语言使用混杂地区,如何划定人口和地理边界。因为各方都会以同样的理由要求把族群混居地区并入本族的"民族国家"。

(二)语言在"民族国家"建立过程中的作用

语言是民族主义运动中的一个核心影响因素。安德森讨论了罗马尼亚语、俄语、捷克语等多种语言的文法、辞典和印刷品的发展与这些国家的"民族主义"和"民族国家"的形成之间所具有的密切关系(安德森,2003:84-86)。通过这些语言的印刷品,读者在特定地域范围内建立起一种文化和政治上的认同,并在知识分子倡导下发起了建国运动。一旦一个国家巩固下来,这个国家内的主要语言将不可避免地排挤其他语言的使用。印刷术在中国的产生和发展可以追溯到汉朝,在此之前秦始皇推行的"书同文"对巩固大一统的秦王朝起到了积极的作用,在此后两千多年的历史中,汉字印刷品对于中国边缘地区各族群接受中原汉人文化同样起到非常重要的作用。在通过"书同文"的形式来建立和巩固某种文化与政治认同这一点上,古今中外都是一样的。

(三)语言与"民族"之间关系的演变及多种组合形式

位于不同的政治—地理—文化区域,经历着不同的历史发展过程,民族语言对于各个国家的形成可能会发挥不同的作用。

马克斯·韦伯在分析讲德语的阿尔萨斯人时特别指出,对于"民族"(nation)的政治认同有时与对语言的认同不一致,这些居民在政治上甚至"文化"上认同自己是法国人,而不是和他们讲同样语言的德国人。法国大革命对阿尔萨斯居民的政治认同甚至文化认同产生了深刻的影响,使得语言的作用大为减弱,并使他们高度认同于法兰西民族与国家。

盖尔纳(Ernest Gellner)指出,属于边缘文化和语言的人群在进入一个更发达的文化与语言环境后,由于受到歧视而在个人发展方面遇到障碍,这些群体的领袖人物会采取文化上并且最终是政治上的民族主义立场,在这一恶劣环境中坚持原有的语言,抵制自身可能发生的文化同化现象。因此语言问题会成为激发民族主义情绪的重要因素。

盖尔纳提出两种发展的可能性,一个是依环境在文化上接受同化,另一个是坚持民族主义的立场并力争建立自己的"民族国家"。我们认为还存在第三种可能性,即在"自治共和国"或"区域自治"的政治安排下,使少数族群语言成为国家承认并在本地区通用的"教育的、官方的和商业用语",使本族人员在这个环境中得到平等的发展机会,同时这个族群不追求建立自己的"民族国家"。

(四)"民族"的政治与文化含义

韦伯指出,"'民族'(nation)作为一个概念,如果还可以讲清楚的话,那么无论如何不能根据属于这个'民族'的成员所共同拥有的经验性特质(empirical qualities)来加以界定。对于那些在一定的时刻使用这一概念的人来说,这个概念最重要的含义无疑是,这一群体在面对其他群体时会有一种特殊的团结一致的感情,因此这个概念属于价值(value)的范围。但是人们既未能对那些群体如何划定界限,也未能就从这一团结一致当中会产生什么样的共同体行为,达成一致的意见"(Weber,1978b:922)。

换言之,韦伯认为"民族"的认同和归属感实际上来自一个群体与其他群体的互动,在互动中彼此利益可能发生冲突,如何划定彼此的界限以及如何开展互动,实际上是一个与"价值"判断相关的问题。除了各种可以客观判断的外在因素(包括语言)外,人们主观的感情归属对于"民族"的形成同样非常重要。人们的群体认同体系中存在多个层次,"民族"认同是在群体互动中凸显出来的一种认同层次。这个层次一方面与群体利益和政治权力密切相关,另一方面是民众在多个认同层面中选出来注入自己最重要情感的核心认同。

(五)"民族国家"与"民族文化"

印度学者巴赫拉(Behera)根据本国"民族国家"的发展历程指出,为了使多个族群共同凝聚成为一个民族国家,非常需要从历史发展和文化传统中提炼出一个各族共享的"共同文化",其基础是历史上各族长期共享的社会伦理、生活方式和彼此的文化认同,它能够把讲不同语言、信仰不同宗教的各族聚拢到同一个政治实体之中。各族中出现的少数具有分裂主义倾向的团体或个人不过是无碍大局的支流(Behera,1995:18)。他指出印度国家的建立与英国殖民政府二百多年的统治分不开,许多印度上层人士在英国接受教育,他们推动的"民族主义"具有英国殖民文化的特点。巴赫拉断言,凡是在历史上没有形成族群的"共同文化",凡是近代没有发展出以这种"共同文化"为基础的"民族主义"的"多族群的民族国家"就有可能解体,苏联即是一个例子(Behera,1995:18)。

这位在苏联生活多年的印度学者断言,在苏联并没有真正发展出"苏维埃民族主义"(Soviet nationalism),而且相反,在这一时期各个族群在各自发展"微观层面的民族主义"(micro-nationalism)以及本族的文化与政治认同,具有寻求建立独立"民族国家"的潜在愿望(Behera,1995:18)。并入苏联时间不长的波罗的海三国和摩尔达维亚的这种倾向尤为明显。苏联政府在波罗的海三国大量投资以促进其经济增长的做法,未能有效地建立起当地民族对"苏联"的认同意识。一旦有适当的国际环境与国内政治气候相配合,当地的民族主义思潮就会再次兴起并要求建立独立国家。

三、西方政治家在"民族主义"问题上的双重标准

(一)帝国主义侵略的对象有"民族自决权"吗?

欧洲学者在讨论民族国家的建立和民族自决权的实施时,分析的主要是近代欧洲的政治运动,对于同期欧洲人在亚非拉大陆的殖民和帝国主义侵略活动绝少涉及,特别是从来没有把这些不发达地区被侵略民族的"民族自决权"当作一个问题提出来。

欧洲人一方面反对本国社会的等级制、封建制,另一方面为了掠夺资源和经济利益,毫不犹豫地扮演起海盗的角色,甚至对其他种族成员进行猎捕贩卖并把他们充为奴隶强迫劳动。采用这种双重标准的根源在于深深根植于白人意识中的种族主义。欧洲人自认是"文明"的代表,各地土著群体原有的政权形式都不符合"文明"的政治规则,需要向欧洲人学习如何组成自己的社会。"社会达尔文主义开始冲击非西方世界时,它代表了启蒙理性阴暗的一面……它正是在启蒙文明的名义下,把人类划分为'先进'与'落后'的种族,并为帝国主义掠夺提供名正言顺的理由。"(杜赞奇,2003:6—7)

在西欧民族主义运动中,西方学者曾以"民族自决"和建立"民族国家"的原则来谈论欧洲政体变革。直到20世纪20年代第一次世界大战后,"民族自决"原则才被应用于东欧、巴尔干、中东和拉丁美洲。40年代第二次世界大战结束后,"民族自决"原则才被应用于南亚、东南亚和非洲。西方学者在涉及"民族自决权"时是非常实用主义的。

(二)对本国、盟国、"敌国"民族分裂主义活动的不同态度

巴尔干地区是一个拥有众多族群而且族群关系从历史上就十分复杂的地区,长期存在民族分裂主义运动。以美国为首的西方国家"在国内反对'巴尔干化'并在国外矛盾地共享'巴尔干化'……在美国国内……多元文化主义被看成是对美国的威胁"(坎贝尔,2003:235—236)。

20世纪60年代,美国政府对本国黑人要求建立"一个黑人的国家"的行动进行武装镇压,严厉禁止成立任何带有政治独立倾向的族群组织,绝不允许任何可能危及美国国家统一的族群活动发生。但是,美国在境外却采用实用主义的

态度和立场来分别对待其他国家的"民族主义"分裂活动。对于盟国(如英国)内部的民族分裂主义运动,美国一贯支持这些盟国政府维护统一,包括使用武力镇压。同时,美国对自己的"战略对手"(如苏联/俄罗斯联邦、中国、南斯拉夫等)国内的民族分裂主义活动,则使用"人权""民族自决"等口号予以公开或暗中的支持。

各国的民族分裂主义活动是否能够得到美国政府的支持,与该族群的语言文化特性、历史等基本上没有什么关联,而主要取决于该国政府与美国政府的关系是合作还是对立。支持盟国政府镇压本国民族分裂主义运动,支持"战略对手"国内的民族分裂主义运动,美国政府的立场始终非常鲜明。"人权"和"民族自决权"只不过是随意摆弄的舆论工具。

四、"民族分裂主义运动"在当代的破坏性作用

(一) 民族主义在不同时代具有不同的作用

"民族主义"在其萌发的初期有利于打破当时多族群封建帝国的统治及其对生产力发展的束缚。在多族群帝国和殖民统治时代,亚非拉各国反对帝国主义、殖民主义侵略的"民族主义"运动具有进步意义。但随着殖民地独立运动的结束和世界范围内主权国家的普遍建立,分裂现有主权国家的"民族主义"运动的性质已经完全转变。现在联合国已有近200个成员国,这些国家的主权和领土完整得到国际社会的公认。今天在一些多族群国家仍然可以发现"民族主义"思潮,一些族群要求建立独立国家,这种要求破坏了这些国家的族群团结和社会稳定,这是当今世界上一些国家发生族群冲突和爆发内战的主要原因。一些外部势力则从自己的战略或经济利益考虑推波助澜,起到了促进作用。

由于看到"民族主义"在今天对世界政治秩序产生的破坏作用,联合国等世界组织一再强调要尊重现有主权国家的政治统一与领土完整,1993年维也纳世界人权大会通过的《维也纳宣言和行动纲领》重申,"实现民族自决权不得被解释为授权或鼓励采取任何行动去全面或局部地解散或侵犯主权和独立国家的领土完整和政治统一"(参见王联主编,2002:261)。

事实上,人们希望通过这些民族国家的建立而能够解决的民族问题不仅未获解决,相反,却变得更加严重了……"民族主义的目标既不

是自由也不是繁荣，它使二者全部牺牲在将民族作为国家的模式和衡量标准的迫切事业中了。此过程的特征是物质和道德的毁灭，以使一种新的创造能够胜过上帝的作用和人类的利益。"（凯杜里，2002：132-133）

今天民族主义思潮不仅导致各国的分裂主义运动此起彼伏，使得世界各地的政治形势动荡不安，而且民族主义者以"民族国家"为基础来重新塑造现有世界政治格局的理想，实际上是完全不可能实现的，是违反历史发展潮流的。

首先，族群与国家的边界事实上极难完全重合。每个族群都会有一些成员居住在其他民族的国家中，在每个民族国家里也都不可避免地居住有其他民族的成员。"地球上存在着大量潜在的民族。……无论如何不可能使所有的民族主义同时得到满足。……在这种情况下，一个政治领土单位只有采取杀戮、驱逐或者同化所有的异族，才能在族裔构成上统一。"（盖尔纳，2002：3）其次，如果把语言作为衡量（民族）文化的试金石和标准，世界上大约有8000种语言，而目前世界上只有大约200个独立的主权国家。

英国学者霍布斯鲍姆认为20世纪后期的民族主义和族群冲突，"'功能'上不同于19世纪和20世纪早期历史上的'民族主义'和'民族'，它不再是历史发展的一个主要动力"（Hobsbawm，1990：163）。从近些年世界各地的"民族主义分裂运动"对所在国的社会稳定、经济发展和族群和睦等所造成的巨大破坏来看，在大多数情况下，现在世界上的"民族主义"运动和分裂活动所产生的消极作用远大于积极影响。

（二）外部势力对各国内部"民族主义"思潮的利用与鼓励

在殖民主义时期，西方各国在争夺殖民地、扩展政治势力范围的过程中存在激烈竞争。为了削弱竞争对手，巩固和加强自己的战略地位，挑动对方国内少数族群的民族分裂主义运动是被经常使用和十分有效的手法。

在第一次世界大战期间，欧洲各国纷纷策划敌对国家所属殖民地的民族主义运动，以牵制敌国兵力和物资供应。德国支持北非德马格里布民族主义者开展武装斗争反对法国殖民主义政权，法国和英国也积极煽动叙利亚、伊拉克和阿拉伯半岛的阿拉伯民族主义来反对与德国和奥匈帝国结盟的奥斯曼帝国。在第二次世界大战中，德国的希特勒尽可能地利用苏联境内一些少数民族，鼓励他们组建军队反对苏联红军。在侵华战争中,日本侵略军也极力挑动满族和蒙古族民族主义分子,努力建立日军扶持的民族傀儡政权,分化中国各族人民的抗日斗争。

在"冷战"期间,美国选择鼓励苏联各地民族主义思潮和分裂主义运动,作为打击苏联的重点,从波罗的海三国到高加索地区,从克里米亚到中亚地区,从公开的外交支持、每天24小时的电台俄语广播到中央情报局的暗中支持,形形色色的民族主义集团都得到了美国的资助和庇护。当苏联最高领导层放松了对意识形态和民族主义的控制时,这些势力就公然走到前台,推波助澜,导致了苏联的解体。

(三)民族"非政治化"

正因为"民族主义"是政治层面的意识形态,与创建一个新的政治实体(民族国家)的目标密切相关,为了消除"民族主义"对人类社会的消极作用,学者们换了一个思路,开始探讨如何使"民族"(nation)逐步实现"非政治化"这样一个问题。

> 为了人类更大范围或者全人类的利益,(他们)都试图通过把民族变成一个剥离了所有政治意义的、单纯的文化或民俗现象,削弱它的政治色彩,使之无害。
>
> 要想达到非政治化的目的,一个办法是把民族的文化层面从国家的政治层面中分离出来,或者更好的办法是(把民族)从国家的区域性经济联系中分离出来。只有后者才具有发展的世界秩序的"真正"社会与政治重要性,因为"民族国家"不能够继续在其版图内包含国内市场和大规模的公共文化。丧失了这两个公共功能以后,民族(nation)就降到了"族裔"(ethnicity)、"文化"(culture)或者"民俗"(folklore)的层次——一种纯粹的对过去的浪漫的依恋,它与某些学者式的浪漫的文化表现是相呼应的。它以往所有的政治方面都不存在了。(史密斯,2002:12—13)

在讨论中,学者们提出了使"民族""非政治化"的三种办法。第一种就是上述的把"民族"从国家机器的政治层面和区域性建设的经济层面中分离出来;第二种办法是使"民族""非军事化";第三种办法是使"民族""正常化"(normalized)

和使"民族主义""仪式化"(ritualized)。所讨论的"非政治化"的对象是已经建立了或可能建立国家的"民族"(nation),包括现在的"民族国家"。这些学者认为在未来的时代,随着"全球化"的不断发展,"民族国家"的政治作用也将逐步淡化。

(四)"民族主义"产生和发展的条件

世界各国的族群构成与发展历史各不相同,各国政府和主流社会在族群问题上采取的态度和政策也各不相同,这些因素对"民族主义"运动的产生与发展发挥着重要的作用。表17-1尝试把人类社会发展中的基本模式进行归纳,以帮助我们更好地理解"民族主义"的产生条件。

表17-1 产生"民族主义"运动的社会条件和政策条件

国家的基本性质	政府在族群问题上的基本政策	少数族群是否出现"民族主义"
传统多族群国家	族群不平等。少数族群聚居于一定地域,曾经有过独立政治单元(奥匈帝国)	很强的民族主义,要求独立建国
	族群平等。保留各族群作为相对独立政治单元和地域自治(苏联)	保留甚至加强民族主义,在中央控制放松时就要求完全独立
	族群平等。少数族群主要作为"文化群体",少数族群相对聚居(英国)	没有很强的民族主义,但有争取本族群权利、利益的"族群诉求"
前多族群殖民地	族群平等。少数族群主要作为"文化群体"(巴西)	没有很强的民族主义,但有争取本族群权利、利益的"族群诉求"
	族群不平等。少数族群主要作为"文化群体",但少数族群聚居于一定地域(斯里兰卡)	很强的民族主义,要求"区域自治"甚至独立建国
	族群不平等。少数族群主要作为"文化群体",少数族群散居全国各地(马来西亚)	不会形成很强的民族主义,但有争取本族群权利、利益的"族群诉求"

续表

国家的基本性质	政府在族群问题上的基本政策	少数族群是否出现"民族主义"
以移民为主的多族群国家	族群平等。少数族群主要作为"文化群体",少数族群散居全国各地(美国)	没有民族主义,但有争取本族群权利、利益的"族群诉求"
以移民为少数的多族群国家	族群不平等。移民族群掌权,移民和土著族群分别聚居于一定地域(从前的南非)	土著族群有很强的民族主义,要求建立以土著族群为主导的政权

"族群平等"政策并不能保证少数族群没有"民族主义"情绪。但是,如果能够在平等的大框架下努力使少数族群演变为国内的"亚文化群体",其成员对个人基本权利的追求可通过"公民权"得到保障,其群体对本族发展机会的争取和特有文化习俗的保持只停留在"族群诉求"的层面,这样就不会形成"民族主义"分裂运动。可是,如果在"族群平等"的框架下这些族群得到自治的行政区域,获得相对独立的政治身份,并且其有关各种权利、机会的诉求都由国家通过制度化的安排予以考虑和解决,那么族群就会长期保持作为某种"政治群体"的意识与形式。在中央政权强大、社会经济各方面发展与政策的实施效果令人满意时,这些少数族群不会提出"民族自决"的要求,但是当中央政权失去权威性、社会经济发展出现重大挫折时,这些少数族群就会以本族的"自治区域"为基础提出建立独立国家的诉求。

第十八章

族群关系发展前景的展望

自苏联解体后,世界政治地图发生根本变化,进入 21 世纪,宗教与族群冲突似乎正在上升为影响国际关系和各国社会稳定的重要因素。在新的世界政治与文明格局中,人们非常关注世界各地的族群关系今后将会沿着一个什么样的方向发展。

面对现在世界各国之间、各国内部族群之间的矛盾与冲突,人们会不断提出质疑:这些矛盾从本质上看是"种族"(族群)冲突,是"文化"(语言与宗教)冲突,或是"政治"(政治权力与相关的经济利益)冲突?还是表面上采用"文化"冲突的形式而实质上仍为政治冲突?这些因素之间究竟是什么关系?

一、族群—文明之间的冲突

(一)亨廷顿的《文明的冲突与世界秩序的重建》

亨廷顿(Samuel P. Huntington)在这本书中承认世界是多极和多文化的,认为冷战后的政治和军事冲突将不再是因意识形态不同而爆发,冲突也不再是在国家之间展开,而将在以宗教和文明为基础的各种族和民族之间展开,特别是在各国内部将会以宗教和族群为分界线发生文明之间的"断层线战争"。

亨廷顿援引了沃勒斯坦的"文明"定义,指出文明是"世界观、习俗、结构和文化(物质文化和高层文化)的特殊连结",强调"人类群体之间的关键差别是他们的价值、信仰、体制和社会结构,而不是他们的体形、头形和肤色"。因此种族体质差异是不重要的。但论及各种"文明"时,他并没有采取"价值中立"的学术立场,而是明显偏好西方基督教文明,对伊斯兰教采取明确的批评态度,他声称"穆斯林的边界是血腥的,其内部也是如此",并且认为"伊斯兰的推动力,是造成许多相对较小的断层线战争的原因",同时危言耸听地宣称"中国的崛起则是核心国家大规模文明间战争的潜在根源"(亨廷顿,1998:25—26,290,230)。

(二)当今世界上的主要矛盾

现在世界上的主要矛盾可大致划归为三个层面:

(1)多族群"民族国家"内部的族群矛盾,主要表现为因政治待遇不平等、发展水平不平衡、发展中利益分配不满意等而产生的族群矛盾,以及某些族群与中央政府之间的权益分配矛盾。

(2)以"民族国家"为单位,爆发各个国家之间的战略与经济利益的冲突。这种冲突可导致国家间关系紧张甚至发生局部战争。

(3)国家"集团"之间出现的矛盾。至今仍有一些国家互相结盟,"集团"的形成过程中既可能含有意识形态色彩,也可能含有经济利益、地缘政治的因素。

这三个层面的矛盾既可能以意识形态为旗帜进行社会动员,也可能以捍卫国家主权为旗帜进行动员,还可能以族群的传统文化或宗教为旗帜进行社会动员,三个层面的矛盾可能同时发生并相互交织。外部势力为了达到削弱某国的战略目的,会有意识地挑起这个国家内部的族群矛盾,以造成其政治不稳定甚至国家的分裂。

这三个层面的矛盾可能存在不同的"文明"和宗教背景,各种"文明"和宗教的排外程度也不相同。在矛盾发展的实际进程中,文化、宗教、意识形态、族群/民族意识、国家利益等因素时常交织在一起,使得这些矛盾的积累、建构、表现的形式与内容十分复杂,仅仅以"文明"和宗教为基线来勾画未来世界的政治地图和战争图景显然过于简单化。

二、族群问题的"政治化"与"文化化"

(一)族群的"政治化"倾向

与"民族"概念相比较,"族群"主要体现出的是文化群体的性质。在当前"全球化"的进程中,无论是国际还是各个国家内部都出现了把族群问题"政治

第十八章 族群关系发展前景的展望

化"的倾向。美国学者罗斯柴尔德(Joseph Rothschild)认为:

> 与传统国家不同,在现代国家和转型国家中,政治化的族群问题(politicized ethnicity)已经成为体制、国家、统治集团和政府取得或丧失其政治合法性的一个决定性的原则问题。与此同时,它也已经成为在对于权力、身份和财富的社会竞争中得到世俗利益的一个有效工具。(Rothschild,1981:2)

在现代化进程中必然出现的体制变迁和各种权力、利益的重新调整,使得各族群积极去捍卫和争取本族的权力和利益,不管是处于有利地位还是处于不利地位的族群,都会努力推动族群的"政治化",以此动员追随者并以族群为单位建立争取政治权力的集团基础。

在现代化进程中,学者和政治家都十分强调人的解放,提倡"民主、自由、人权"等,要求尊重社会的多元化,要求一定的社会自治,但这些理念和有关做法却在客观上令族群问题凸显,使之成为一个社会利益与权力斗争的政治载体,使族群越来越带有"政治组织"的色彩。

发展与变迁所带来的任何社会矛盾,如果被政治化而演变成集体性且不妥协的政治诉求,都有可能导致灾难性的群众暴力。这样的暴力会破坏现有的社会秩序、制度规范、经济活动及人际关系。即使在经济发达、军事强大的美国,处在社会底层的一些少数族群(黑人、土著印第安人)及其组织依然存在希望"民族自治"并建立独立国家的倾向,这种倾向当然会受到美国政府的严密监控与全力压制。

(二)政治层面与文化层面上的"族群"

在主要作为文化群体而存在的"族群"和主要作为政治实体而存在的"民族"二者之间,并没有一道不可逾越的鸿沟。各族群及其领袖人物会积极在政治层面上争取自己的地位和权力,争取使现有的"族群"发展成为"民族"。一些国家的政府也给予本国的少数族群一定的政治空间。在一定的内外条件下,族群和民族之间可以相互转换。

沃勒斯坦举了一个很生动的例子,在北非的摩洛哥境内有撒赫拉维人(Sahrawi),他们有自己的民族解放运动组织(Polisario),坚称撒赫拉维是一个"民族"(nation)而且这个民族已有1000年的历史,但摩洛哥人完全否认撒赫拉维"民族"的存在,认为撒赫拉维人只是摩洛哥"民族"的组成部分。沃勒斯坦认为从理论上无法解决两者的分歧。但如果在几十年后,撒赫拉维人的民族主义运动组织在内战中赢得胜利并独立建国,那么撒赫拉维"民族""就曾经存在过",如果他们失败了,这个"民族"就从未出现过,"2100 年的历史学家将认为这问题已解决,更有可能认为这是个不成问题的问题"(沃勒斯坦,2004:116)。有些国家的少数族群为了使自己的分裂主义运动具有合法性,也努力"证明"本族群曾经是一个政治相对独立的"民族"而且有悠久的历史。这些"历史"并不为政府和其他族群所承认。但是一旦由于某种机缘,这个族群确实争取到了独立,那么这一套"民族历史"也就成了新国家历史的正式官方文本。

(三)"族群"关系的制度化

由政府正式确认每个公民的"族群"身份,这一做法就是把"族群"和"族群边界"制度化,使之成为一个正式制度,任何跨越这个身份的行为(一个公民更改"族群身份")都必须得到政府的认可和经过官方审批手续。这种安排给不同族群成员的相互交往与族群融合制造了制度性障碍。族群边界的"清晰化"和个体"族群身份"的固定化,使得族群边界成为一个社会问题。而当族群身份与某些优惠政策或歧视政策相关联时,族群边界就进一步成为政治问题。

族群关系的制度化可能会出现"正"和"负"两种作用,对弱势族群的优惠政策有可能改善族群分层结构的状况,而歧视弱势族群的政策则可能会强化族群分层。尽管"制度化"政策强化了族群意识,但在一定的历史阶段和一定的条件下,优待政策可以缓解由此而来的族群隔阂与利益矛盾。但是优待政策并不会淡化族群意识,也不可能从根本上化解与平衡因制度化而形成的族群意识的加强,所以优待政策带来的会是族群合作,但无法真正推进族群融合。苏联把族群问题"政治化"和族群关系"制度化",实施了大量优待少数族群的政策,明显改善了族群分层状况,缩小了各族群在社会经济发展方面的差距,一度形成了族群合作的局面,但是族群意识并没有弱化,而且在"制度化"的基础上通过"区域自治"而实际上强化了。一旦国内外形势发生大的变化,这种强化了的族群政治意识就会转变为"民族主义"运动并追求独立建国。

(四)文化的多层面

哈贝马斯曾强调指出,"只有当国民转变成为一个由公民组成的民族,并把

第十八章 族群关系发展前景的展望

政治命运掌握在自己手里的时候,才会有一种民主的自决权。但是,对'臣民'的政治动员要求混杂在一起的人民在文化上实现一体化。这一点是必不可少的,有了它,民族观念也就付诸了实现;而借助于民族观念,国家成员超越了对于村落和家庭、地域和王朝的天生的忠诚,建立起了一种新型的集体认同"(哈贝马斯,2002:76)。

正如我们可以把"政治结构"划分为不同层面一样,我们也可以把"文化结构"划分为不同层面。哈贝马斯提醒我们需要在国家层面建立具有共同性的"文化"。所以应把一个国家内部的"文化"也看作一个有着多层面的结构,至少是具有"民族"(国家)和"族群"这两个重要的层面。

在"民族"(国家)的层面上,至少需要一种或几种"族际共同语"作为各族群共享和一致认同的文化交流工具,需要各族群在基本价值观念上彼此认同,以及对各族群在"族群"层面上所保持的特殊"文化"需持有一种"承认、平等相待甚至欣赏"的态度。而在"族群"层面上,各族群保持的特殊文化应具有平等的法律和社会地位,每个族群对于其他族群的文化应采取宽容的态度并相互承认,而不是相互排斥(如宗教极端分子鼓吹的"圣战")。"民族"(国家)和"族群"两个层面之间存在密切和彼此依存的关系。如果没有民族国家层面上的共同文化与观念,族群层面上的不同文化就难免彼此冲突,无法和谐相处。因此在国家层面单靠政治制度和行政约束是不够的,需要建立某种统一和共享的文化认同。

(五)"民族构建"与"民族认同"的基础

一位长期研究苏联的印度学者,把苏联与印度在"民族构建"上的思路进行比较后指出,在所推翻的沙皇俄国的地理版图上建立的苏联,在创建"民族认同"时强调的是共产主义的意识形态(Behera,1995:31)。这一做法带有很大危险性。因为这将把这些族群联系起来的政治纽带单一化为共产主义意识形态,一旦这一政治纽带出现断裂,国家的统一也随即失去政治基础。

在汉人头脑里,"中国人""中国公民"的身份意识是自然而然的,是他们群体意识体系中处于核心层面的认同。但我国其他族群是否同样具有对"中华民族"的认同意识呢?在这些族群的民众中,在"中国人"和自己所属族群这两个层面的认同意识方面,哪个层面的认同更核心和更重要呢?我们只有进行大量调查研究才能回答这个问题。

在建立和巩固以"民族国家"为单元的"国民认同"的过程中,有可能出现两种偏差。

第一种偏差是强调意识形态的重要性,并以此为基础建立各族群共同的"国民认同",忽视本国各族在历史发展中形成的共同文化方面的认同基础。这样,在意识形态出现变化、政治结构出现松动时,各族群原有的以本族文化(语言、宗教等)为基础的"族群认同"就会发展成为以建立独立"民族国家"为目标的"民族主义运动"。这是苏联在民族问题上的教训之一,也是中华人民共和国成立后把建立"阶级认同"作为维系各族的主要政治纽带,而在放弃"阶级"话语后即面对政治与文化认同问题的主要原因。

第二种偏差是想当然地把"国民认同"视为已经存在并且"牢不可破"的共同基础,为了协调和改善各族群之间的关系而片面强调发扬(少数)"族群"的传统文化,强调保护(少数)"族群"的政治与经济权益,强调维护(少数)"族群"的边界和传统居住地,把"族群"问题政治化和制度化,但同时忽视了在少数族群民众与官员中发展与巩固"国民认同"。这是苏联在民族问题上的教训之二。

以"民族国家"为单元建立的"共同文化"究竟是什么?它很可能是一个包含了各族多元成分的"复合文化"。首先,它不是简单地与意识形态挂钩的"政治文化",因为具有现代政治性的意识形态的历史一般比较短暂,缺乏历史延续性和持久性;其次,它也不是简单地以政治实体地理边界为基础的"国家认同",因为在近代历史进程中,政治实体的地理边界往往发生过多次变化,是不稳定和容易引起争议的;最后,它也不完全是以语言或宗教这样的文化传统为基础的"文化认同",因为一个"民族国家"内的各族群很可能使用不同语言、信仰不同宗教。所以,在某种意义上,以"民族国家"为单元建立的"共同文化"应当是以上各种认同的综合体,以上各种认同都应当是"国民认同"的有机组成部分。假如上述认同机制在国民政治和文化体系中出现缺失,那么国家的统一必然面临挑战。面对严峻的国际形势和国内一些地区出现的族群矛盾,在21世纪努力构建一个真正为56个民族所共享的"中华民族文化体系",进而在此基础上构建"中华民族共同体",这是全体中国人共同的历史使命。

三、族群与国家

从历史发展进程来看,许多族群可以共同组成一个帝国或现代国家,同时在

第十八章 族群关系发展前景的展望

一定条件下,一个族群也可能通过"自决"而建立自己的"民族国家"。那么,族群与国家之间的关系具有哪些特点?在对国家发展历程的考察中,我们又可以得到哪些有助于我们理解族群问题的启示?

(一) 公民国家和部族国家

如果我们借用西方学者常用的"国家—社会"对应的概念,国家被大致分为两大类:公民国家(civil state)和部族国家(tribal state)。

> 公民国家建立在政治纽带之上,并且诉诸政治纽带,其核心制度是公民权;部族国家把政治认同与种族起源和种族身份联系在一起。在一个现代多元国家,政治联系及认同与种族纽带及认同之间被明确地分开。……公民权制度在不分种族或血统的情况下,保证国家所有成员平等的或相对平等的权利。公民权是现代民主的公民国家的一项基本制度。……它提供了一种将种族上的亲族认同(文化民族)与和国家相联系的政治认同(国家民族)相分离的方法,一种把政治认同从亲族关系转向政治地域关系的途径。……(而)民族主义部族国家是一个与现代社会基本人权和政治权利持久冲突的政治信念和制度。(格罗斯,2003:26,32,37)

我们的中华人民共和国既不是宗教国家,更不是单一族群的部族国家,而是建立在公民权制度基础上的多族群的"公民国家"。

> 公民权是罗马共和国和后来罗马帝国的一项高度发达的制度。公元212年,公民权扩大到帝国境内所有的居民。不分其族裔和宗教,授公民权给所有人。……这种实践在后来继续发扬光大,直到几个世纪后它变成世界性的帝国。……在公民国家里,只要族群行为不危害法律统治,族群认同便是私人事务。与此同时,族裔的亚文化特征仍然存在。(格罗斯,2003:184)

这与中国历史上对待少数族群的基本态度相似,凡是接受中央王朝统治的族群,都被认为是"天朝子民",虽然没有如同罗马帝国那样明确的"公民权",但在王朝心目中,所有的"天朝子民"与皇帝的政府之间是相互有责任和义务的,皇帝和朝廷在灾荒期间有责任赈灾,外敌入侵时有责任派兵保护,和平时期有责任维护社会治安、提供救济和福利,而"天朝子民"也必须纳税服役、效忠国家。

"公民国家当然是多元文化的,但是一个运转良好的国家也需要统一、互相尊重与合作,拥有共同的价值和准则。"(格罗斯,2003:235)换言之,只是保障各族群及其传统文化的"多元"还不够,还需要维护国家的统一,需要保持"一体"的整体结构,同时在文化层面上还需要"拥有共同的价值和准则"即形成某种"共同的文化",这才是一个有文化基础的、完整的、可持续的政治实体。

与多族群公民国家的观念相反,部族民族主义则要求:

> 建立一个单一民族的国家,一个由单一种族构成的国家。所有少数民族都应该通过人口交换而迁移出去,必要的情况下,也可以通过武力强制手段。……今天,人们对把民族混居或种族混杂的社会变成一个单一民族的国家所采取的途径,已经知道得非常清楚:这就是对少数民族进行的大规模驱逐、各种各样的歧视、种族屠杀和最后解决。(格罗斯,2003:122—123)

这种建立单一民族国家的愿望,往往与历史上多次出现的种族清洗、种族屠杀联系在一起。希特勒领导下的纳粹德国就是在建立一个日耳曼人国家的目标指导下,杀害了600万犹太人和其他族群的成员。南斯拉夫内战期间,曾发生大规模种族清洗事件。民族主义的国家观念是人类暴行的重要起源之一。

民族主义的建国愿望通常是在"民族自决"的旗号下实施的。"民族自决权是以大多数人的'普遍意志'的合法性为其理论基础的,并且也包含着这个概念的危险性,它也可以使多数人对少数人的专政合法化。"(格罗斯,2003:112)所以,看似维护本族成员"人权"的"民族自决权",在具体实施中很可能会损害其他族群成员的"人权"。

(二) 少数族群的"政治化"与民族自治共和国

按照西方学者的观点,即使是以前以独立政治实体形式存在过或者曾经具有很强的政治与领土意义的"民族",如果今天它已经是一个国家的组成部分,从人类社会的利益或自身利益出发,它也应当步入"非政治化"的进程,更何况那些从未独立过或不曾有过很强政治意义的族群。但一些社会主义国家,建国后走的是一条相反的"政治化"道路。

第十八章 族群关系发展前景的展望

正如有些学者指出的:"(1923年斯大林)在没有民族国家的广大地区很轻率地人工制造'民族国家'。……不仅用人工方法'组织'、'成立'、'建立'民族,而且还用人工方法'组织'、'成立'、'建立'民族国家。这样做付出的代价是在苏联成立的同时也为苏联掘下了毁灭的坟墓。……苏联把各共和国的民族培养成成熟的民族,唤起了他们的民族意识,促使地方民族主义逐渐高涨,一旦条件具备,半文明的小民族必然要甩掉自己的老师。"(潘志平主编,1999:188—189)

"民族"(nation)和"民族国家"只是各种组织形式之一,也只是人们追求自身利益的工具之一。而最基本的利益单元和最基本的利益追求都与个体联系在一起,淡化人们的族群意识和族群身份,强化人们的个体需求和公民意识,这是化解族群矛盾、解决文化差异问题的有效途径。把族群关系"政治化"和"制度化"的做法与此背道而驰。

四、族群与地域

(一)族群都具有传统居住地理区域

各族群自开始形成起就逐渐有了各自的传统居住地域。随着时间的推移,各个部落对自己的传统"领地"生出深厚的感情,"领地"被视为族群兴亡的象征并产生了相关传说,这种感情一代一代积累起来,在族群成员的心里打下了深深的烙印。

当人类生产力水平比较低下时,世界各地人口密度较低,各族群"领土"的边界比较模糊。当西欧出现资本主义生产和"民族国家"并开始对世界其他国家进行侵略和兼并之后,少数族群居住的边缘地带或者在侵略下转变为西方国家殖民地,或者被原来的宗主国加强控制而成为直属领土。族群与地域之间的关系在帝国主义、殖民主义时期发生了深刻的本质性变化。伴随着各地现代国家的建立,"领土"及其边界更加清晰化,并且以条约的形式取得国际法和邻国的认可。

(二)族群区域自治制度

人类族群首先居住在其发源的地域。随着自然资源条件的变化、交通工具的发展和族群之间不断的征战,各族群都经历了不同程度的跨地域迁移。随着经济全球化的发展,人的地理流动性将不可避免地加强。人们和一个固定地域的联系会随着交通和市场的发展而逐步淡化,这是发展的大趋势。

在这种大趋势下,把某个族群和一个地域的关系固定化或强化是一种倒退。在一定历史条件下,出于政治考虑,实行"民族区域自治"政策是有积极意义的。少数族群的各项权利需要一系列制度的保证,而这些制度和机构往往是与地域单位联系起来的,所以从理论上讲,"区域自治"是落实族群政策和保障少数族群合法权益的"操作"形式,但"区域自治"绝不能在观念上被理解为该族群对部分国土的"所有权"或"控制权"。

随着社会和经济不断发展、各地族群交流和人口迁移不断增加,族群与地域之间的关系也应当逐步淡化。各部分公民(包括少数族群成员)权利的保障机制将逐步从地方性行政机构的运作向全国性法制体制的运作过渡。

当社会整体的法制、教育、经济、社会组织发展到一定程度之后,"民族区域自治"政策的积极作用会逐步减少,消极作用会增加,有可能阻碍国家各地区在经济、文化、政治等方面的进一步整合。在区域间利益分配的调整方面出现难度时,容易助长地方保护主义倾向,阻碍资金、物资、人口、经济组织的跨地域流动与合作。当"区域自治"固定化之后,在外部势力的影响和国内一定的政治、社会条件下,甚至可能出现割据或独立的倾向。

"民族区域自治"是我国长期实行的基本政策之一,对于巩固我国的族群团结、稳定边疆一度发挥了重要作用,今天仍然行之有效。但从学术研究的角度来看族群和地域之间的关系及今后的发展趋势,还有不少问题可进一步探讨。社会在发展,随着历史条件的变化,许多政策也需要在"实事求是"精神的指导下不断进行研究分析和调整。

(三)族群与地域的关系

在族群与地域的关系中存在两个方面:一是一个国家内部族群与地域之间的关系;二是由于历史原因而涉及跨越国境的某些地域。

苏联在处理族群问题上采用了联邦制和联盟制,为大大小小上百个族群建立了加盟共和国、自治共和国、自治州等行政区划,这样的领土格局在沙皇俄国时代并不存在。一些西方学者指出,这些从苏联独立出去的国家在历史上并没有鲜明和强大的独立建国运动。在沙皇俄国统治时期,各族群在许多地区混杂居住,并不存在以族群为行政边界的领土分割,反而是由于苏联政府在民族问题上采取的政策与制度,"自动创造出一条条裂缝,日后共产党所建立的多民族国家(苏联),就是沿着这些裂缝崩解开来。这种情形就像是后殖民国家的国界,完全是沿袭自帝国主义在1880年到1950年所划定的殖民疆界一般。在苏联这个例子中,我们可以进一步指出:悉心致力于在那些从未组成过'民族行政单位'(亦即现代意义的'民族')的地方,或从不曾考虑要组成'民族行政单位'的民族(例如中亚伊斯兰教民族和白俄罗斯人)当中,依据族裔语言的分布创造出一个个'民族行政单位'的,正是共产党政权本身"(霍布斯鲍姆,2000:199)。

同一种制度,在不同的历史条件下,在民众具有不同的思想观念时,在不同的国际国内环境下,可能会带来完全不同的社会后果。所以,对于苏联在民族问题上的理论和制度实践,既不能像20世纪50年代和60年代那样推崇与完全肯定,也不能像苏联解体后出现的某些观点那样简单地完全否定。任何一个在历史上存在过的制度都有其产生和得以延续的客观条件和内在逻辑,不能采取形而上学和机械的思维方法去下结论。

一个制度建立时也许不尽合理,但是一旦确立,就会演变成为一种象征,这个制度的发展也会带有历史的惯性。再想去取消它、改变它,就不像当初设计和创立它时那么简单,很可能会引发社会上的某种反弹,需要特别慎重。

(四)现代社会中如何处理国家之间的领土争端

在不同的历史时期,各族群在政治上和军事上控制的地域范围变化很大,每个族群都曾有过自己的辉煌时期,在此之后所控制的地域可能已发生很大变动。今天世界各国的国界都是在一定的历史条件下,由各种因素共同作用形成的。所以,这些国界不一定也不可能按照各族群的传统居住区域和历史上曾经占领过的地域来划分。

一个国家的国界,可能由当时的力量对比和战争结果所决定(割让领土的不平等条约),可能外界力量是决定性的因素(如非洲许多国家的边界是由欧洲殖民主义国家划定的),也可能由几个族群相互协商而决定(结成联邦国家)。目前除了部分国家的少数地段仍存在争议外,世界上绝大多数国家的边界已被确定并得到国际社会承认。如果一个国家以某种理由(如历史上本国族群曾经居住过或占领过)要求改变现有国界,那么世界上几乎没有一条国界是没有争议的。当两个民族根据历史上不同时期对自己最有利的边界对同一块领土提出要求时,这种争议是难以通过任何国际组织进行裁决的,通常是经由战争来武力争夺。

为了避免战争,最为明智的办法就是不管当年边界确定时是否"合理",各国都承认和接受已经确定下来的现有边界。对于目前仍有争议的边界,应加快谈判使之尽快明确下来并得到国际承认。在此之后,不管有什么理由,任何国家也不应试图通过任何手段(外交、军事、颠覆现有政权)来改变现有主权国家的正式边界。

（五）关于"跨境民族"的提法

一些人提出"跨境民族"概念,指的是某个群体其成员居住在国境线的两侧,在国际法上分属两个不同的民族国家。这一概念是与现代"民族"概念相冲突的。在近代各民族国家形成与划定国界的过程中,一些具有共同祖先血缘、语言文化传统的群体其成员被划在国界的两侧。在现代"民族"(nation)的定义中,"民族"首先是政治性的,因此也曾经一度被译成汉文的"国族"。孙中山在《三民主义》中指出:"中国人的民族主义就是国族主义。"所以,人们提到的"跨境民族"概念,在现代社会学和政治学的用语中,应当称为"跨境族群"。

如果我们采用这样的学术概念,蒙古国的蒙古人和哈萨克斯坦的哈萨克人是蒙古民族和哈萨克民族,而我国内蒙古的蒙古人和新疆的哈萨克人则是中华民族内部的蒙古族群和哈萨克族群(ethnic groups),在汉语中简称为蒙古族和哈萨克族。否则,就有可能出现国境两侧同属一个"民族"(nation)的两部分人群争取"民族统一"的民族主义运动。在当今世界各国,有共同血缘、语言、宗教传统而分居两国甚至多个国家的现象非常普遍,但一般都以"族群"予以定位并作为国内事务来处理,以避免引发国家分裂。

汉文中出现的"跨境民族"概念,追本溯源,还是与我国在正式话语中把少数族群都称作"民族"有关。"跨境民族"一词的讨论也从一个侧面表明,中国的"民族"术语亟待进行研究和调整。

五、族群交往的发展前景

（一）族群交往的发展趋势

在一个多族群国家中,各族群相互交往存在两种发展趋势:第一个可能性,是在族群基本平等的条件下,在社会发展的大环境中,各族群在政治、经济、文化、科技方面的联系逐步增多,各族群在这种联系、交流、合作的过程中相互融合,族群意识逐渐淡化,偶有冲突也是局部的,可以理性处理并最终得到化解,这是一个自然的、和平的渐变过程。借用费孝通教授的理论概念,这是"多元一体"格局的发展演变过程,在这个过程中,起点是"多元",之后在"多元"的基础上逐步形成"一体"的框架,然后在发展过程中"多元"逐步淡化而"一体"逐步加强,最终出现完全的融合和政治一体化,各族群仅保留各自的文化习俗特点。

第二个可能性,是族群之间的体质、文化差异和利益差异被外部力量所利用,在外部政治、宗教势力的刺激下,内部的族群意识被再度唤起、重塑和强化,涌现族群的政治领袖人物和政治组织,把各类有关或无关的利益纠纷和社会问题都纳入"民族矛盾"的框架,并有组织地把普通民众引导到族群冲突的轨道上。这是一个非自然的、受外部力量影响的过程。

这种外部力量刺激下生发的族群意识,一是具有很强的意识形态色彩(强调本族的政治利益与权力)。二是带有很强的感情色彩,在民众方面会激起非理性的情绪,在领导者方面则可能有个人利益的考虑。三是族群问题被高度"政治化"。民众在争取"民族自决"、建立"民族国家"的旗帜和目标下,被内外势力共同引导到族群暴力冲突和内战的道路上。在这种氛围中,国家可能走向分裂。

现在我国的族群研究,在一定程度上停留在对族群文化与族群关系的各种现象(表现形式)的研究。而目前需要的是,对族群意识的产生、继承、发展的过程,对族群意识在外力作用下诱发、转化的过程,以及对影响这些过程和发展方向的深层次因素进行研究与分析,尤其需要做关于中国、西方国家、亚非拉国家的族群意识、族群关系等方面的比较研究。如果能深刻理解中国族群关系的历史和传统,理解其他国家族群发展的历史和处理各类族群关系的做法,今后在协调国内族群关系、处理与欧美国家的关系方面,我们就可以有效借鉴其他国家的成功经验和失败教训。

从世界和人类社会发展的大趋势来看,社会、经济、文化交流的深度和广度必然会不断发展,族群最终是会相互融合的。一个进步的社会,它的各个方面(包括族群关系)的发展应当与人类社会发展总趋势相一致。

(二) 21世纪各国内部的"民族主义"运动

今天的"民族主义"运动实质上就是在"民族自决"旗帜下的分裂运动。在今天经济全球化的发展过程中,"民族国家"的客观基础被削弱,现有主权国家内部一些族群通过"民族自决"而建立独立国家的可行性有所降低,即使出现内战或国际冲突,"尊重现有国家的主权和领土完整"成为国际舆论的主流,因为这个"潘多拉盒子"放出来的幽灵可以把整个世界搅得动荡不安。但是在国际外交较量中,利用"人权""民族自决"等口号支持对手国内的"民族分裂主义运动"以削弱对方的实力与谈判地位,这种做法的有效性并没有消失。一些高举"民主、自由"旗帜的西方国家,一方面压制本国的"种族/民族分裂主义运动",另一方面却支持对手国内的"民族分裂主义运动",这就是西方国家在"民族主义"问题上实用主义的双重标准。

民族主义并没有随着现代化和世界市场的发展而消失,反而在"冷战"结束后,随着两个敌对阵营的对峙均势解体,许多国家兴起了新的民族主义思潮。针对一些国家在国民教育中极力美化本国对外侵略历史的现象,有的西方学者指出,"对于那些在历史教学中不诚实地自我开脱罪责或自我美化的国家,应当公开加以批判及实行制裁",并号召各国"要诚实地进行民族历史的教育,因为虚假和沙文主义的历史教育是传播狂热民族主义(hypernationalism)的主要载体"(Farnen,1994:24)。日本政治领袖对战争罪犯的顶礼膜拜,日本文部省对于中小学教科书中有关侵略事实的肆意删改,表现出日本没有真正悔改过去的战争罪行,这些民族主义的新动向应引起亚洲和世界各国人民的警惕。

(三) 西方国家在民族/族群问题上的双重标准

今天西欧和美国仍然是以"双重标准"来处理它们与其他族群、国家的关系的。在"冷战"时期,苏联集团与"北约"集团相对峙。现在苏联集团已经解体,在对待东欧国家、南美洲国家、亚洲国家(包括中东地区)时,西方国家这种双重标准的"传统"故态复萌。西方国家尊重彼此的"主权"和"边界",但对其他作为联合国成员的主权国家则是"宣战"也不屑,这些做法与老殖民主义和鸦片战争时期帝国主义的做法完全一样。也正因为如此,西方国家"被指责为伪善、实行双重标准和'例外'原则"(亨廷顿,1998:200)。

有些西方学者指出,人们的社会生活由"民族国家"这样的政治单位来分割的传统,正在被社会关系、网络以及文化影响的"全球化"所取代。但是我们也注意到,这个尚未完成的过程所造成的一系列冲击,反而促使人们对传统认同意识的回归。也许我们应当从这个角度来认识近年来各地"民族主义"意识的加强以及宗教"原教旨主义"运动的兴起(Rex,1995:22)。这是当代"反全球化"运动的一个组成部分。

西方国家的意识形态、经济势力、组织机构正在通过各种方式渗透和侵入广大发展中国家,在唤起民众的对抗意识方面,民族主义无疑是很有号召力的一面旗帜。我们必须认识到,民族主义是一把双刃剑,既有维护本民族利益和主权的积极一面,也可能会有分裂国家的消极一面。同时,极端的"原教旨主义"思潮明显与世界发展的大潮流相违背,带有封闭和倒退的倾向,很容易引起所在地区各族群之间的冲突,不利于当地社会经济的发展。

六、中国需要发展社会学的族群研究

(一) 社会学的族群研究

种族、民族、族群这些社会现象是随着人类社会的发展而出现的,在不同的历史时期和不同的地区,不同的族群会发展出不同的社会与政治建构条件,出现非常不同的族群意识、认同观念和群体边界,各地的族群关系也因此会呈现出各自非常不同的特点。有的族群意识具有很强的文化和宗教色彩,有的则具有很强的政治与领土色彩,而族群、民族之间的交流与融合则使得各地的族群关系更加复杂多变。为了对历史上和现时居住在不同地区的族群、不同类型的族群关系及其演变进行深入、系统的分析研究,需要多学科和各种不同知识体系之间的配合协作,所以种族、族群问题应当说是一个宽广复杂的研究领域,而不是一个学科所独有的研究对象,族群研究当中的许多研究专题都应当属于交叉学科的研究专题。

有的学者曾经为社会人类学这个学科的族群关系研究划定一个范围,提出了四个研究标准:(1)注重社会生活的比较研究,探讨人类的文化与社会多样性当中的同源与共性;(2)注重在文化差异地区开展民族志研究与长期田野调查;(3)倾向于在数据分析中考察族群集团和系统研究它们之间的关系;(4)注重研究族群的社会融合过程,同时不能忽视对冲突的分析(Jenkins,1986:171)。以上四个方面除了民族志和长期田野调查这一项之外,与社会学的族群关系研究基本上并没有太大的区别,而且数据分析和宏观群体关系研究还是社会学的强项。

社会学比人类学更为重视对族群冲突的研究,但这并不意味着社会学忽视族群融合的研究,如居住、通婚、语言等族群社会学的核心研究专题就是从不同的角度来分析族群的融合程度。

(二) 中国社会学发展族群关系研究的意义

假如我们能借助人口学、社会学、人类学、政治学、历史学等学科的知识、理论、方法,建立中国的"族群关系的社会学研究"这样一个专业方向,它具有几个方面的意义。

1. 拓展西方族群社会学现有的研究地域和理论体系

现在西方国家的族群社会学研究范围不包括中国,也不包括中国历史上形成的群体认同理论与实践,只是很肤浅地论及苏联及东欧、亚非拉国家在族群关系方面的理论与实践。其理论探讨主要局限于资本主义社会制度下的族群交往与融合,很少把马克思主义的族群理论看作一个有影响的理论,对中国、印度这些文明古国的族群理论则鲜有涉及。实际上马克思主义的族群理论(如斯大林民族理论)对苏联和中国社会的实践有很大影响。另外,中国族群观念有其特点,特别是对中华文明传统的族群观和汉族演变过程的研究可以引出很多值得深思和探讨的研究专题。

在中国建立族群社会学,它的理论知识应当主要来源于四个方面:(1)欧美族群关系的社会学研究的理论与方法;(2)在马克思主义这一意识形态的影响下,苏联、东欧和中国等研究和处理族群问题的理论和方法,及其族群关系的演变;(3)中国儒家和历朝历代的族群观及其处理族群关系的具体办法;(4)其他亚非拉国家(印度、巴西、中东等)的族群认同意识的演变与国家构建中处理族群关系的理论与方法。

2. 方法论上的融会贯通

在研究族群关系时,需要把各学科的基本方法都汇集并结合在一起,摈弃各自的门户之见,对一切可用、有用的理论和方法兼容并包。如进行定量分析(相关系数、多元回归、路径分析等),其解释力比一般的定性研究要高。虽然在客观过程中存在很多影响族群关系的因素,但把它们量化后,它们如何影响族群关系完全可以用数学来计量,再配之以社区和户访调查所获得的感性材料,可以加深我们的认识。而对于历史上族群关系的演变过程以及影响这些演变的各种因素,利用"口述史"(oral-history methods)和"事件史"(event-history methods)研究方法也可以获得许多有价值的研究材料。

3. 族群关系研究的"物质"层面和"非物质"层面

目前的族群研究在很大程度上受到西方学术传统特别是美国实用主义学术倾向的影响。虽然这些研究确实体现出一种科学理性的研究思维,重视社会结构和分层的分析,但是注重的是变化的结果,而不是推动变化的力量,因为"结果"是实实在在的没有人可以否认的事实,变化的过程也可以看作一个"量变"的过程,而"量变"是可以测度的。但是推动这一变化的各种力量却难以把握:其中各种力量之间的界限如何划定?各种力量的作用力度与方向如何测量?各种力量自身的稳定性如何分析?在实际操作中,这些因素是非常复杂和难以确定的。但是我们在进行思考与研究时,不应忽视这些难以计量的"非物质"层面(文化因素、心理因素、宗教因素等)。

总之,对于研究族群现象和民族问题,社会学在理论上和方法上都有自己的特点和长处。与族群关系和族群发展密切相关的社会学研究专题,如族群与地域的关系、族群迁移、族际通婚、族群语言的应用、族群教育、族群政策的社会效果等,既具有广泛的学术意义,也具有十分现实的应用意义。我们相信,随着我国社会学整体学科的进一步发展,有关族群问题的社会学研究将会迅速发展起来。

附录1 "族群与社会"(民族社会学)课程大纲

(Ethnicity and Society)

本科生通选课

主讲教师: 马戎　北京大学社会学系　　　(联系电话:010-62751933)
讲授时间: _____　　　E-mail:marong@pku.edu.cn

课程简介

本课程主要从社会学视角介绍世界与中国的种族、族群研究概况,讨论"民族""族群"等概念的形成以及这些概念内涵在世界不同文化中的差异,使学生对世界和中国民族问题的基本理论有一个系统性的认识。本课程将对多族群国家内部族群集团之间的关系进行系统的分析与研究,并结合中国各族聚居区域的社会、经济发展和国家整体现代化等理论与实际应用问题进行分析。课程将系统介绍各国族群政策和处理本国族群关系的目标,介绍衡量一个地区族群关系的指标体系以及与族群问题相关的社会学研究专题。本课程以马列主义民族理论为指导,同时系统介绍西方族群社会学的理论与研究方法,并结合现代化进程来讨论族群关系在今天世界上的演变。

课程主要内容

一、民族、族群与族群关系理论

二、中国作为多族群国家其形成的历史过程

三、处理族群关系的社会目标

四、衡量族群关系的变量

五、族群之间的结构性差异和族群分层

六、族群关系研究的几个重要领域和专题

七、影响族群关系的因素

八、现代化进程中族群关系的演变

九、中国的民族政策和民族发展

授课方式

本课程是以本科生为对象的全校通选课,形式为教师讲课与学生发言讨论相结合。要求学生在上课前阅读预先指定的文献,以便在课堂上结合授课专题进行讨论。本课程安排在18周内完成讲授,每周一次,共36学时。教师授课时间每次为80分钟,提问和讨论为20分钟。授课期间要求学生课下阅读时间每周至少保证3小时。课程成绩根据学生在提问和课堂讨论(25%)以及教师安排的课程论文(75%)方面所表现的水平等综合给出。本课程使用多媒体教学,讲义主要内容可在北大社会学系网页"讲义下载"部分下载。

核心教材:

马戎编著,2019,《民族社会学导论(第二版)》,北京:北京大学出版社。

主要阅读著作:

马戎编著,2004,《民族社会学——社会学的族群关系研究》,北京:北京大学出版社。

马戎,2001,《民族与社会发展》,北京:民族出版社。

马戎编,2010,《西方民族社会学经典读本》,北京:北京大学出版社。

马戎,2012,《族群、民族和国家构建》,北京:社会科学文献出版社。

马戎,2012,《中国民族史和中华共同文化》,北京:社会科学文献出版社。

马戎,2012,《中国少数民族地区社会发展与族际交往》,北京:社会科学文献出版社。

马戎,2014,《中国民族关系现状与前景》,北京:社会科学文献出版社。

马戎,2016,《社会转型过程中的族群关系》,北京:社会科学文献出版社。

马戎,2019,《历史演进中的中国民族话语》,北京:社会科学文献出版社。

课程内容安排与每次授课的预先阅读文献

1. 课程介绍

马戎编著,2019,《民族社会学导论(第二版)》,第一章。

费孝通,1997,《简述我的民族研究经历与思考》,《北京大学学报(哲学社会科学版)》1997年第2期。

潘光旦,1995,《潘光旦民族研究文集》,北京:民族出版社,第95—105页,第146—159页。

马戎,2010,《民族研究的创新需要坚持实事求是、解放思想》,《族群、民族和国家构建》,第1—11页。

思考题:在以族群为研究对象的各学科中,社会学在理论、方法和研究视角等方面有什么特点和不可替代性?为什么在21世纪的中国有必要发展民族社会学?

2. 族群、民族的定义与族群认同

马戎编著,2019,《民族社会学导论(第二版)》,第二章。

马戎编,2010,《西方民族社会学经典读本》,第 23—42 页。

马戎,2001,《关于"民族"定义》,《民族与社会发展》,第 103—129 页。

宁骚,1995,《民族与国家》,北京:北京大学出版社,第 3—26 页。

思考题:什么是"民族"?"族群""国家""民族国家""民族主义"这些词的含义和来源是什么?应当如何结合我国目前的国情来理解这些词?

3. 族群意识、"民族"认同与"民族"的形成

马戎编著,2019,《民族社会学导论(第二版)》,第三章。

费孝通,1988,《关于我国民族的识别问题》,《费孝通民族研究文集》,北京:民族出版社,第 158—187 页。

马戎,2010,《如何认识"民族"和"中华民族"》,《中国民族史和中华共同文化》,第 84—108 页。

马戎,2012,《中国的民族问题与 20 世纪 50 年代的"民族识别"》,《中国民族史和中华共同文化》,第 122—144 页。

埃里克·霍布斯鲍姆,2000,《民族与民族主义》,李金梅译,上海:上海人民出版社,第 1—96 页。

本尼迪克特·安德森,2003,《想象的共同体》,吴叡人译,上海:上海人民出版社。

菅志翔,2017,《族群归属的自我认同与社会定义——关于保安族的一项专题研究》,北京:社会科学文献出版社。

思考题:什么是"民族意识"和"族群认同"?它们如何产生以及如何传递?中国和其他国家(如美国)民众中的"族群意识"存在什么差别?

4. 近代中国多族群国家的形成

马戎编著,2019,《民族社会学导论(第二版)》,第四章。

费孝通,1989,《中华民族的多元一体格局》,《北京大学学报(哲学社会科学版)》1989 年第 4 期。

马戎,2001,《民族与社会发展》,第 72—102 页。

马戎,2012,《读王桐龄〈中国民族史〉》,《中国民族史和中华共同文化》,第 1—34 页。

马戎,2008,《"中华民族"的凝聚核心与"中华民族"的共同历史》,《中国民族史和中华共同文化》,第 64—73 页。

王柯,2001,《民族与国家——中国多民族统一国家思想的系谱》,北京:中国社会科学出版社。

思考题：中国这个多"民族"国家是如何形成的？中国各族群通过长期历史发展形成了一种什么样的关系？中国的族群关系有哪些主要特点？

5. 族群关系的社会目标

马戎编著，2019，《民族社会学导论（第二版）》，第五章、第六章。

斯大林，1913，《马克思主义和民族问题》，《斯大林全集》第 2 卷，北京：人民出版社 1953 年版，第 289—358 页。

马戎编，2010，《西方民族社会学经典读本》，第 43—62 页。

马戎，2014，《21 世纪中国民族关系的发展战略》，《中国民族关系现状与前景》，第 35—61 页。

马戎，2014，《关于中华民族文化建构的几个问题》，《中国民族关系现状与前景》，第 82—99 页。

思考题：作为政治实体，一个国家在考虑制定关于种族、族群关系的国家发展目标时，有哪些参考指标？受哪些因素的影响？中国族群发展史可以给我们提供什么启示？苏联以共产主义意识形态为基础而形成的民族理论和民族政策具有什么特点？西方国家在引导种族/族群关系发展方面有什么思路可供我们借鉴？

6. 衡量族群关系的变量

马戎编著，2019，《民族社会学导论（第二版）》，第七章。

马戎，2001，《民族与社会发展》，第 55—65 页。

马戎编，2010，《西方民族社会学经典读本》，第 107—125 页。

思考题：在一个多族群国家或地区，应如何建立一个可测度的指标体系来及时和比较可靠地反映族群关系的现状与发展趋势？

7. 族群的社会、经济分层

马戎编著，2019，《民族社会学导论（第二版）》，第八章。

马戎编，2010，《西方民族社会学经典读本》，第 126—206 页。

马戎，2001，《民族与社会发展》，第 291—328 页。

马戎，1996，《西藏的人口与社会》，北京：同心出版社，第 229—292 页。

马戎，2014，《我国部分民族就业人口的职业结构变迁与跨地域流动》，《中国民族关系现状与前景》，第 100—129 页。

思考题："族群分层"的研究在哪些方面可以借鉴社会学"社会分层与流动"的理论与方法？"族群分层"应当通过哪几个主要指标来测度？

8. 各族群集团在人口方面的差异

马戎编著，2019，《民族社会学导论（第二版）》，第九章。

马戎编,2010,《西方民族社会学经典读本》,第 207—238 页。

马戎,1996,《西藏的人口与社会》,第 49—158 页。

思考题: 从人口学角度分析,两个族群可能存在哪些差异?这些差异对族群关系会产生哪些影响?

9. 人口迁移与族群关系

马戎编著,2019,《民族社会学导论(第二版)》,第十章。

马戎编,2010,《西方民族社会学经典读本》,第 239—268 页。

马戎,1996,《西藏的人口与社会》,第 49—158 页。

马戎,2014,《中国人口跨地域流动及其对族际交往的影响》,《中国民族关系现状与前景》,第 130—149 页。

马戎,2016,《中国城镇化进程中的民族关系演变》,《社会转型过程中的族群关系》,第 83—110 页。

思考题: 在地域之间发生的不同类型和不同规模的人口迁移,对族群关系可能会造成哪些影响?

10. 民族语言使用与族群关系

马戎编著,2019,《民族社会学导论(第二版)》,第十一章。

马戎,2001,《民族与社会发展》,第 225—265 页。

本尼迪克特·安德森,2003,《想象的共同体》,吴叡人译,上海:上海人民出版社。

马戎,2016,《族群分层、文化区隔与语言应用模式》,《社会转型过程中的族群关系》,第 111—129 页。

马戎,2014,《少数族群的现代化发展与双语教育》,《中国民族史和中华共同文化》,第 266—292 页。

思考题: 语言与族群的关系是什么?语言对于国家(Nation)的形成起了什么样的作用?各国政府在少数族群语言使用方面有哪些法律和政策?这些政策的效果如何?

11. 族群居住格局与族群关系

马戎编著,2019,《民族社会学导论(第二版)》,第十二章。

马戎编,2010,《西方民族社会学经典读本》,第 269—314 页。

马戎,1996,《西藏的人口与社会》,第 396—432 页。

马戎、潘乃谷,1989,《居住形式、社会交往与蒙汉民族关系》,《中国社会科学》1989 年第 3 期。

马戎、潘乃谷,1993,《内蒙古半农半牧区的社会、经济发展:府村调查》,潘乃谷、马戎主编,《边区开发论著》,北京:北京大学出版社,第 82—139 页。

马戎,1996,《关于分离指数的计算方法》,《民族社会学研究通讯》1996年总第5期。

思考题:居住格局的不同模式与族群关系状况之间存在什么样的联系?两者在哪些方面相互影响?

12. 族际通婚

马戎编著,2019,《民族社会学导论(第二版)》,第十三章。

马戎编,2010,《西方民族社会学经典读本》,第315—336页。

马戎,2001,《民族与社会发展》,第161—224页。

马戎、潘乃谷,1988,《赤峰农村牧区蒙汉通婚的研究》,《北京大学学报(哲学社会科学版)》1988年第3期。

马戎,1996,《西藏的人口与社会》,第293—331页。

菅志翔,2016,《中国族际通婚的发展趋势初探——对人口普查数据的分析与讨论》,《社会学研究》2016年第1期。

思考题:有哪些因素促进或制约族际通婚?对族际通婚的研究可以从哪些方面帮助我们认识和分析一个地区的族群关系?

13. 影响族群关系的因素

马戎编著,2019,《民族社会学导论(第二版)》,第十四章。

马戎,2003,《族群关系变迁影响因素分析》,《西北民族研究》2003年第4期。

马戎,2016,《他山之石:美国种族关系困境症结与启示》,《社会转型过程中的族群关系》,第204—245页。

思考题:在现实社会中,存在哪些方面的因素直接或间接地影响当地的族群关系?如何测度与分析这些因素与它们对族群关系的影响?

14. 族群平等和影响族群关系的政策因素

马戎编著,2019,《民族社会学导论(第二版)》,第十五章。

马戎编,2010,《西方民族社会学经典读本》,第349—371页。

宁骚,1995,《民族与国家》,第251—317页。

韦伯,1997,《民族国家与经济政策》,甘阳译,北京:生活·读书·新知三联书店,第75—108页。

马戎,2012,《理解民族关系的新思路》,《族群、民族和国家构建》,第1—34页。

马戎,2016,《民族平等与群体优惠政策》,《社会转型过程中的族群关系》,第245—278页。

思考题:政府能够制定哪些政策来直接或间接影响族群关系?从一些国家的实践效果来看,这些政策对这些国家的族群认同和族群关系产生了什么样的影响?

15. 少数族群的发展与现代化

马戎编著,2019,《民族社会学导论(第二版)》,第十六章。

费孝通,1981,《民族与社会》,北京:人民出版社,第28—63页。

F. 格罗斯,2003,《公民与国家——民族、部落和族属身份》,王建娥、魏强译,北京:新华出版社,第19—131页。

J. 哈贝马斯,2002,《后民族结构》,曹卫东译,上海:上海人民出版社。

马戎,2012,《"汉化"还是现代化》,《族群、民族和国家构建》,第254—263页。

思考题:在人类社会发展的不同历史时期,各国的族群关系的特点是否也不相同?21世纪的族群关系与前几个世纪相比有哪些重要的特点?

16. "民族国家"与"民族主义"

马戎编著,2019,《民族社会学导论(第二版)》,第十七章。

厄内斯特·盖尔纳,2002,《民族与民族主义》,韩红译,北京:中央编译出版社。

安东尼·史密斯,2002,《全球化时代的民族与民族主义》,龚维斌、良警宇译,北京:中央编译出版社。

埃里·凯杜里,2002,《民族主义》,张明明译,北京:中央编译出版社。

潘志平主编,1999,《民族自决还是民族分裂》,乌鲁木齐:新疆人民出版社,第87—133页。

埃里克·霍布斯鲍姆,2000,《民族与民族主义》,李金梅译,上海:上海人民出版社,第196—229页。

安东尼·吉登斯,1998,《民族-国家与暴力》,胡宗泽等译,北京:生活·读书·新知三联书店,第305—344页。

S. 亨廷顿,1998,《文明的冲突与世界秩序的重建》,周琪等译,北京:新华出版社。

思考题:如何分析"民族国家"这个观念的产生与实践?如何看待今天世界上对于"民族自决"的要求和"民族主义运动"?

17. 族群关系研究实例(可从下列研究报告中选取,也可安排为相关专题讲座)

(1) 马戎,2015,《人口迁移与族际交往:内蒙古赤峰调查》,北京:社会科学文献出版社。

(2) 马戎,2015,《人口迁移与社区变迁:内蒙古赤峰调查(续篇)》,北京:社会科学文献出版社。

(3) 马戎,1996,《西藏的人口与社会》,北京:同心出版社。

(4) 马戎,2012,《拉萨市流动人口调查报告》,《中国少数民族地区社会发展与族际交往》,第347—411页。

(5) 马戎,2012,《南疆维吾尔族农民工走向沿海城市》,《中国少数民族地区社会发展与族际交往》,第 412—440 页。

(6) 马戎,2012,《外出务工对内蒙古民族混居农村的影响》,《中国少数民族地区社会发展与族际交往》,第 441—466 页。

思考题:当确定了一个有关族群关系的研究项目后,应如何根据选定专题设计项目的理论框架、具体专题和调查方法?之后如何实施调查?获得调查资料后如何分析与进行理论提高?

18. 课程总结:族群关系发展前景的展望

(1) 马戎编著,2019,《民族社会学导论(第二版)》,第十八章。

(2) 马戎,2012,《当前中国民族问题的症结与出路》,《族群、民族和国家构建》,第 35—49 页。

(3) 马戎,2012,《当前中国民族问题研究的选题与思路》,《族群、民族和国家构建》,第 51—98 页。

(4) 马戎,2014,《关于当前中国民族问题研究的 100 道思考题》,《中国民族关系现状与前景》,第 1—34 页。

(5) 马戎,2016,《旗帜不变,稳住阵脚,调整思路,务实改革——对中央民族工作会议的解读》,《社会转型过程中的族群关系》,第 1—23 页。

附录2 中国各族人口规模变迁数据

附录表 中国各族人口规模变迁

	1953	1964	1982	1990	2000	2010
汉族	542 824 056	651 296 368	936 674 944	1 039 187 548	1 137 386 112	1 220 844 520
壮族	6 864 585	8 386 140	13 383 086	15 555 820	16 178 811	16 926 381
满族	2 399 228	2 695 675	4 304 981	9 846 776	10 682 262	10 387 958
回族	3 530 498	4 473 147	7 228 398	8 612 001	9 816 805	10 586 087
苗族	2 490 874	2 782 088	5 021 175	7 383 622	8 940 116	9 426 007
维吾尔族	3 610 462	3 996 311	5 963 491	7 207 024	8 399 393	10 069 346
彝族	3 227 750	3 380 960	5 453 564	6 578 524	7 762 272	8 714 393
土家族	—	525 755	2 836 814	5 725 049	8 028 133	8 353 912
蒙古族	1 451 035	1 965 766	3 411 367	4 802 407	5 813 947	5 981 840
藏族	2 753 081	2 501 174	3 847 875	4 593 072	5 416 021	6 282 187
侗族	712 802	836 123	1 426 400	2 508 624	2 960 293	2 879 974
布依族	1 247 883	1 348 055	2 098 852	2 545 059	2 971 460	2 870 034
瑶族	665 933	857 265	1 411 967	2 137 033	2 637 421	2 796 003
朝鲜族	1 111 275	1 339 569	1 765 204	1 923 361	1 923 842	1 830 929
白族	567 119	706 623	1 132 224	1 598 052	1 858 063	1 933 510
哈尼族	481 220	628 727	1 058 806	1 254 800	1 439 673	1 660 932
哈萨克族	509 375	491 637	907 546	1 110 758	1 250 458	1 462 588
黎族	360 950	438 813	887 107	1 112 498	1 247 814	1 463 064
傣族	478 966	535 389	839 496	1 025 402	1 158 989	1 261 311
畲族	—	234 167	371 965	634 700	709 592	708 651
傈僳族	317 465	270 628	481 884	574 589	634 912	702 839
仡佬族	—	26 852	54 164	438 192	579 357	550 746

续表

	1953	1964	1982	1990	2000	2010
东乡族	155 761	147 443	279 523	373 669	513 805	621 500
拉祜族	139 060	191 241	304 256	411 545	453 705	485 966
水族	133 566	156 099	286 908	347 116	406 902	411 847
佤族	286 158	200 272	298 611	351 980	396 610	429 709
纳西族	143 453	156 796	251 592	277 750	308 839	326 295
羌族	35 660	49 105	102 815	198 303	306 072	309 576
土族	53 277	77 349	159 632	192 568	241 198	289 565
仫佬族	—	52 819	90 357	160 648	207 352	216 257
锡伯族	19 022	33 438	83 683	172 932	188 824	190 481
柯尔克孜族	70 944	70 151	113 386	143 537	160 823	186 708
达斡尔族	—	63 394	94 126	121 463	132 394	131 992
景颇族	101 852	57 762	92 976	119 276	132 143	147 828
毛南族	—	22 382	38 159	72 370	107 166	101 192
撒拉族	30 658	34 664	69 135	87 546	104 503	130 607
布朗族	—	39 411	58 473	82 398	91 882	119 639
塔吉克族	14 462	16 236	26 600	22 223	41 028	51 069
阿昌族	—	12 032	20 433	27 718	33 936	39 555
普米族	—	14 298	24 238	29 721	33 600	42 861
鄂温克族	4 957	9 681	19 398	26 379	30 505	30 875
怒族	—	15 047	22 896	27 190	28 759	37 523
京族	—	4 293	13 108	18 749	22 517	28 199
基诺族	—	—	11 962	18 022	20 899	23 143
德昂族	—	7 261	12 297	15 461	17 935	20 556
保安族	4 957	5 125	9 017	11 683	16 505	20 074
俄罗斯族	22 656	1 326	2 917	13 500	15 609	15 393
裕固族	3 861	5 717	10 568	12 293	13 719	14 378
乌孜别克族	13 626	7 717	12 213	14 763	12 370	10 569
门巴族	—	3 809	1 140	7 498	8 923	10 561

附录2　中国各族人口规模变迁数据

续表

	1953	1964	1982	1990	2000	2010
鄂伦春族	2 262	2 709	4 103	7 004	8 196	8 659
独龙族	—	3 090	4 633	5 825	7 426	6 930
塔塔尔族	6 929	2 294	4 122	5 064	4 890	3 556
赫哲族	—	718	1489	4 254	4 640	5 354
高山族	329	366	1 650	2 877	4 461	4 009
珞巴族	—	—	1 066	2 322	2 965	3 682
未识别	1 017 299	32 411	799 705	752 347	734 438	640 101
外国人入籍	1 004	7 416	4 937	3 498	941	1 448
全国	577 856 141	691 220 104	1 003 913 927	1 130 510 638	1 242 612 226	1 332 810 869
少数族群%	5.89%	5.77%	6.62%	8.01%	8.46%	8.49%

"—"：普查时该族群尚未正式识别出来。

资料来源：郝文明主编,2001:761-762；国务院人口普查办公室、国家统计局人口和社会科技统计司编,2002a:18-46；国务院人口普查办公室、国家统计局人口和就业统计司编,2012a:35-54。

参考文献

中文部分(按作者姓氏拼音顺序排列):

B. 安德森,2003,《想象的共同体》,吴叡人译,上海:上海人民出版社。

D. 波普诺,1999,《社会学》,李强等译,北京:中国人民大学出版社。

陈长平,1982,《民族人口演变与异族通婚研究》,中央民族学院硕士学位论文。

陈长平,1997,《北京牛街异族通婚研究——以1990年人口普查资料为基础》,王庆仁等主编,《吴文藻纪念文集》,北京:中央民族大学出版社。

C. 丹克斯,2003,《转型中的俄罗斯政治与社会》,欧阳景根译,北京:华夏出版社。

杜赞奇,2003,《从民族国家拯救历史:民族主义话语与中国现代史研究》,王宪明等译,北京:社会科学文献出版社。

费孝通,1988,《费孝通民族研究文集》,北京:民族出版社。

费孝通,1989,《中华民族的多元一体格局》,《北京大学学报(哲学社会科学版)》1989年第4期,第1—19页。

费孝通,1997,《简述我的民族研究经历和思考》,《北京大学学报(哲学社会科学版)》1997年第2期,第4—12页。

E. 盖尔纳,2002,《民族与民族主义》,韩红译,北京:中央编译出版社。

高峥,1995,《苏联解体与中国新疆西藏民族问题》,邵宗海等编,《族群问题与族群关系》,台北:幼狮文化事业公司,第205—213页。

F. 格罗斯,2003,《公民与国家——民族、部落和族属身份》,王建娥、魏强译,北京:新华出版社。

广西壮族自治区编辑组,1987,《广西壮族社会历史调查》(第七册),南宁:广西民族出版社。

国家统计局人口和就业统计司、国家民族事务委员会经济发展司编,2013,《中国2010年人口普查分民族人口资料》(上),北京:民族出版社。

国家统计局人口和社会科技统计司、国家民族事务委员会经济发展司编,2003,《2000年人口普查中国民族人口资料》(上),北京:民族出版社。

国务院人口普查办公室、国家统计局人口统计司编,1985a,1985c,《中国 1982 年人口普查资料》(第一卷)(第三卷),北京:中国统计出版社。

国务院人口普查办公室、国家统计局人口统计司编,1993a,1993c,《中国 1990 年人口普查资料》(第一卷)(第三卷),北京:中国统计出版社。

国务院人口普查办公室、国家统计局人口和社会科技统计司编,2002a,2002b,《中国 2000 年人口普查资料》(上)(中),北京:中国统计出版社。

国务院人口普查办公室、国家统计局人口和就业统计司编,2012a,2012b,《中国 2010 年人口普查资料》(上)(中),北京:中国统计出版社。

国务院人口普查办公室、国家统计局人口和就业统计司编,2014,《发展中的中国人口》,北京:中国统计出版社。

J. 哈贝马斯,2002,《后民族结构》,曹卫东译,上海:上海人民出版社。

哈经雄、滕星主编,2001,《民族教育学通论》,北京:教育科学出版社。

韩锦春、李毅夫编,1985,《汉文"民族"一词考源资料》,中国社会科学院民族研究所民族理论研究室印。

郝文明主编,2001,《中国民族》,北京:中央民族大学出版社。

S. 亨廷顿,1998,《文明的冲突与世界秩序的重建》,周琪等译,北京:新华出版社。

黄有志,1995,《民族主义与族群认同》,邵宗海等编,《族群问题与族群关系》,台北:幼狮文化事业公司,第 81—94 页。

E. 霍布斯鲍姆,2000,《民族与民族主义》,李金梅译,上海:上海人民出版社。

A. 吉登斯,1998,《民族-国家与暴力》,胡宗泽等译,北京:生活·读书·新知三联书店。

D. 吉尔伯特、J. 卡尔,1992,《美国阶级结构》,彭华民、齐善鸿等译,北京:中国社会科学出版社。

吉野耕作,2004,《文化民族主义的社会学——现代日本自我认同意识的走向》,刘克申译,北京:商务印书馆。

菅志翔,2006,《族群归属的自我认同与社会定义》,北京:民族出版社。

菅志翔,2016,《中国族际通婚的发展趋势初探——对人口普查数据的分析与讨论》,《社会学研究》2016 年第 1 期,第 123—146 页。

E. 凯杜里,2002,《民族主义》,张明明译,北京:中央编译出版社。

D. 坎贝尔,2003,《暴力职能:认同、主权、责任》,Y. 拉彼德、F. 克拉托赫维尔主编,《文化和认同:国际关系回归理论》,金烨译,杭州:浙江人民出版社,第 225—248 页。

R. 康奎斯特主编,1993,《最后的帝国——民族问题与苏联的前途》,刘婧北、刘振前译,上海:华东师范大学出版社。

李方仲,2000,《苏联解体的悲剧会不会重演——普京政权面临的问题》,北京:新华出版社。

李维汉,1951,《有关民族政策的若干问题》,《建国以来重要文献选编》(第二册),北京:中央文献出版社 1992 年版,第 523—538 页。

梁茂春,2001,《南宁市区汉壮民族的居住格局》,《广西民族学院学报(哲学社会科学版)》2001 年第 5 期,第 9—15 页。

梁启超,1922,《中国历史上民族之研究》,《梁任公近著第一辑》下卷,上海:商务印书馆 1923 年版,第 43—45 页。

列宁,1913a,《民族问题提纲》,《列宁全集》第 19 卷,北京:人民出版社 1959 年版,第 236—244 页。

列宁,1913b,《给斯·格·邵武勉的信》,《列宁全集》第 19 卷,北京:人民出版社 1959 年版,第 500—503 页。

列宁,1913c,《自由派和民主派对语言问题的态度》,《列宁全集》第 19 卷,北京:人民出版社 1959 年版,第 353—356 页。

列宁,1913d,《关于民族问题的批评意见》,《列宁全集》第 20 卷,北京:人民出版社 1958 年版,第 1—35 页。

列宁,1913e,《犹太学校民族化》,《列宁全集》第 19 卷,北京:人民出版社 1959 年版,第 303—304 页。

列宁,1914a,《卡尔·马克思》,《列宁全集》第 21 卷,北京:人民出版社 1959 年版,第 25—72 页。

列宁,1914b,《论民族自决权》,《列宁全集》第 20 卷,北京:人民出版社 1958 年版,第 395—457 页。

列宁,1916,《社会主义革命和民族自决权(提纲)》,《列宁全集》第 22 卷,北京:人民出版社 1958 年版,第 137—150 页。

列宁,1917a,《修改党纲的材料》,《列宁全集》第 24 卷,北京:人民出版社 1957 年版,第 424—444 页。

列宁,1917b,《告乌克兰人民书并向乌克兰拉达提出最后要求》,《列宁全集》第 26 卷,北京:人民出版社 1959 年版,第 338—340 页。

列宁,1919,《俄共(布)党纲草案》(节选),《列宁全集》第 29 卷,北京:人民出版社 1956 年版,第 102—103 页。

列宁,1920,《民族和殖民地问题提纲初稿》,《列宁全集》第 31 卷,北京:人民出版社 1958 年版,第 124—130 页。

列宁,1922,《关于民族或"自治化"问题》,《列宁全集》第 36 卷,北京:人民出版社 1959 年版,第 628—634 页。

林惠祥,1993a,1993b,《中国民族史》(上册)(下册),北京:商务印书馆(商务印书馆1939年版影印本)。

刘瑞编,1989,《中国人口·西藏分册》,北京:中国财经出版社。

B. 罗贝,1988,《美国人民——从人口学角度看美国社会》,董天民、韩宝成译,北京:国际文化出版公司。

罗志田,1998,《民族主义与近代中国思想》,台北:东大图书有限公司。

马戎,1996,《西藏的人口与社会》,北京:同心出版社。

马戎,2001a,《北京大学民族社区调查户访问卷综合分析》,马戎、潘乃谷、周星主编,《中国民族社区发展研究》,北京:北京大学出版社,第497—549页。

马戎,2001b,《民族与社会发展》,北京:民族出版社。

马戎,2012a,《中国民族史和中华共同文化》,北京:社会科学文献出版社。

马戎,2012b,《中国少数民族地区社会发展与族际交往》,北京:社会科学文献出版社。

马戎,2012c,《族群、民族和国家构建》,北京:社会科学文献出版社。

马戎,2014,《中国民族关系现状与前景》,北京:社会科学文献出版社。

马戎,2016,《社会转型过程中的族群关系》,北京:社会科学文献出版社。

马戎编,2010,《西方民族社会学经典读本》,北京:北京大学出版社。

马戎编著,2004,《民族社会学——社会学的族群关系研究》,北京:北京大学出版社。

马戎、潘乃谷,1988,《赤峰农村牧区蒙汉通婚的研究》,《北京大学学报(哲学社会科学版)》1988年第3期,第76—87页。

马戎、潘乃谷,1989,《居住形式、社会交往与蒙汉民族关系》,《中国社会科学》1989年第3期,第179—192页。

马戎主编,2012,《西部开发中的人口流动与族际交往研究》,北京:经济科学出版社。

马寅,1995,《马寅民族工作文集》,北京:民族出版社。

马寅主编,1981,《中国少数民族》,北京:人民出版社。

马宗保,1998,《银川市区回汉民族居住格局变迁及其对民族间社会交往的影响》,《民族社会学研究通讯》1998年总第14期。

M. 麦格,2007,《族群社会学(第6版)》,祖力亚提·司马义译,北京:华夏出版社。

毛泽东,1938,《论新阶段(摘录)》,《民族问题文献汇编》,北京:中共中央党校出版社1991年版。

纳日碧力戈,1985,《呼和浩特市蒙汉通婚问题》,中央民族学院硕士学位论文。

内蒙古自治区统计局编,1999,《内蒙古统计年鉴(1999)》,北京:中国统计出版社。

内蒙古自治区统计局编,2001,《内蒙古统计年鉴(2001)》,北京:中国统计出版社。

内蒙古自治区统计局编,2017,《内蒙古统计年鉴(2017)》,北京:中国统计出版社。

宁骚,1995,《民族与国家》,北京:北京大学出版社。

V. 帕里罗等,2002,《当代社会问题(第4版)》,周兵等译,北京:华夏出版社。

潘乃谷,2008,《费先生讲"武陵行"的研究思路》,《民族社会学研究通讯》2008年总第49期。

潘志平主编,1999,《民族自决还是民族分裂》,乌鲁木齐:新疆人民出版社。

阮西湖编译,1981,《苏联民族人口问题》,北京:中国社会科学院民族研究所。

阮西湖等,1979,《苏联民族问题的历史与现状》,北京:生活·读书·新知三联书店。

A. 史密斯,2002,《全球化时代的民族与民族主义》,龚维斌、良警宇译,北京:中央编译出版社。

斯大林,1913,《马克思主义和民族问题》,《斯大林全集》第2卷,北京:人民出版社1953年版,第289—358页。

斯大林,1929,《民族问题和列宁主义》,《斯大林全集》第11卷,北京:人民出版社1955年版,第286—305页。

斯大林,1950,《马克思主义和语言学问题》,《斯大林文选》,北京:人民出版社1962年版,第520—559页。

宋才发主编,2003,《民族区域自治法通论》,北京:民族出版社。

宋迺工主编,1987,《中国人口·内蒙古分册》,北京:中国财经出版社。

孙隆基,2004,《历史学家的经线》,桂林:广西师范大学出版社。

孙中山,1904,《中国问题的真解决》,《孙中山选集》,北京:人民出版社1981年版,第63—67页。

孙中山,1912,《临时大总统宣言书》,《孙中山全集》第二卷,北京:中华书局1982年版,第2页。

孙中山,1924,《国民党一大宣言》,《孙中山全集》第九卷,北京:中华书局1986年版。

孙中山,1924,《民族主义第一讲》,《三民主义》,长沙:岳麓书社2000年版。

王建基,2000,《乌鲁木齐市民族居住格局与民族关系》,《西北民族研究》2000年第1期,第41—56页。

王俊敏,2001,《青城民族:一个边疆城市民族关系的历史演变》,天津:天津人民出版社。

王丽萍,2000,《联邦制与世界秩序》,北京:北京大学出版社。

王联主编,2002,《世界民族主义论》,北京:北京大学出版社。

王桐龄,1934,《中国民族史》,北京:文化学社(参见20世纪90年代上海书店编印《民国丛书》第一编第80卷)。

M. 韦伯,1998,《经济、诸社会领域及权力》,李强译,北京:生活·读书·新知三联书店 & 牛津大学出版社。

I. 沃勒斯坦,2004,《族群身份的建构——种族主义、国族主义、族裔身份》,黄燕堃译,许宝强、罗永生选编,《解殖与民族主义》,北京:中央编译出版社,第 121—164 页。
吴楚克,2002,《民族主义幽灵与苏联裂变》,北京:中国人民大学出版社。
吴仕民主编,1998,《中国民族政策读本》,北京:中央民族大学出版社。
西藏自治区第六次全国人口普查领导小组办公室、西藏自治区统计局、国家统计局西藏调查
　　总队编,2012,《西藏自治区 2010 年人口普查资料》,北京:中国统计出版社。
西藏自治区民族教育科学研究所,1989,《关于西藏建立以藏语授课为主的教学体系初探》,
　　耿金声、王锡宏主编,《西藏教育研究》,北京:中央民族学院出版社,第 290—306 页。
西藏自治区统计局编,1993,《西藏统计年鉴(1993)》,北京:中国统计出版社。
西藏自治区统计局编,1995,《西藏统计年鉴(1995)》,北京:中国统计出版社。
西藏自治区统计局编,2003,《西藏统计年鉴(2003)》,北京:中国统计出版社。
新疆维吾尔自治区统计局编,2003,《新疆统计年鉴(2003)》,北京:中国统计出版社。
新疆维吾尔自治区统计局编,2017,《新疆统计年鉴(2017)》,北京:中国统计出版社。
牙含章,1982,《论民族》,《民族研究》1982 年第 5 期,第 1—6 页。
杨英杰,1987,《满族婚姻习俗源流述略》,《民族研究》1987 年第 5 期,第 46—53 页。
张磊、孔庆榕主编,1999,《中华民族凝聚力学》,北京:中国社会科学出版社。
张天路、黄荣清主编,1993,《中国民族人口的演进》,北京:海洋出版社。
周崇经主编,1990,《中国人口·新疆分册》,北京:中国财经出版社。

英文部分(按作者姓氏字母顺序排列):

Aguirre, Adalberto Jr. and Jonathan H. Turner, 1995, *American Ethnicity: The Dynamics and Consequences of Discrimination*, New York: McGraw-Hill, Inc.

Anderson, Barbara A. and Brian D. Silver, 1992, "Equality, Efficiency, and Politics in Soviet Bilingual Education Policy, 1934–1980", Rachel Denber, ed., *The Soviet Nationality Reader: The Disintegration in Context*, Boulder: Westview Press, pp. 353–386.

Bean, F. D. and J. P. Marcum, 1978, "Differential Fertility and the Minority Group Status Hypothesis: An Assessment and Review", F. D. Bean and W. P. Frisbie, eds., *The Demography of Racial and Ethnic Groups*, New York: Academic Press, pp. 189–211.

Behera, Subhakanta, 1995, *Nation-State: Problems and Perspectives*, New Delhi: Sanchar Publishing House.

Berry, Brewton, 1965, *Race and Ethnic Relations* (3rd edition), Boston: Houghton Mifflin Co.

Connor, W., 1984, *The National Question in Marxist-Leninist Theory and Strategy*, Princeton: Princeton University Press.

Eriksen, Thomas Hylland, 1993, *Ethnicity and Nationalism: Anthropological Perspectives*, London:

Pluto Press.

Farnen, Russell F., ed., 1994, *Nationalism, Ethnicity, and Identity*, New Brunswick: Transaction Publishers.

Feagin, Joe R. and Clairece B. Feagin, 1996, *Racial and Ethnic Relations* (Fifth edition), New Jersey: Prentice Hall.

Frisbie, W. P., Frank D. Bean, and Issac W. Eberstein, 1978, "Patterns of Marital Instability among Mexican Americans, Blacks and Anglos", F. D. Bean and W. P. Frisbie, eds., *The Demography of Racial and Ethnic Groups*, New York: Academic Press.

Frisbie, W. Parker and Frank D. Bean, 1978, "Some Issues in the Demographic Study of Racial and Ethnic Populations", F. D. Bean and W. P. Frisbie, eds., *The Demography of Racial and Ethnic Groups*, New York: Academic Press, pp. 1–14.

Gellner, Ernest, 1983, *Nations and Nationalism*, Ithaca: Cornell University Press.

Gladney, Dru C., 1996, "Relational Alterity", *History and Anthropology*, Vol. 9 (No. 4): 445–477.

Glazer, Nathan and Daniel P. Moynihan, eds., 1975, *Ethnicity: Theory and Experience*, Cambridge: Harvard University Press.

Gordon, Milton M., 1964, *Assimilation in American Life*, Oxford: Oxford University Press.

Gordon, Milton M., 1975, "Towards a General Theory of Racial and Ethnic Group Relations", N. Glazer and D. P. Moynihan, eds., *Ethnicity: Theory and Experience*, Cambridge: Harvard University Press, pp. 84–110.

Gordon, Milton M., 1981, "Models of Pluralism: the New American Dilemma", *The Annals of the American Academy of Political and Social Science*, Vol. 454 (March): 178–188.

Griessman, B. Eugene, 1975, *Minorities: A Text with Readings in Inter-group Relations*, Hinsdale, Illinois: The Dryden Press.

Hechter, M., 1975, *Internal Colonialism*, Berkeley: University of California Press.

Hobsbawm, Eric J., 1990, *Nations and Nationalism Since 1780*, Cambridge: Cambridge University Press.

Horowitz, Donald L., 1975, "Ethnic Identity", N. Glazer and D. P. Moynihan, eds., *Ethnicity: Theory and Experience*, Cambridge: Harvard University Press, pp. 111–140.

Horowitz, Donald L., 1985, *Ethnic Groups in Conflicts*, Berkeley: University of California Press.

Jenkins, Richard, 1986, "Social Anthropological Models of Inter-ethnic Relations", J. Rex and D. Mason, eds., *Theories of Race and Ethnic Relations*, New York: Cambridge University Press, pp. 170–186.

Jensen, Leif, 2001, "The Demographic Diversity of Immigrants and Their Children", Rubén G.

Rumbaut and Alejandro Portes, eds., *Ethnicities: Children of Immigrants in America*, Berkeley: University of California Press, pp. 21-56.

Kohn, Hans, 1962, *The Age of Nationalism: the First Era of Global History*, New York: Harper & Brothers.

Olzak, Susan and Joane Nagel, eds., 1986, *Competitive Ethnic Relations*, New York: The Academic Press.

Parsons, Talcott, 1975, "Some Theoretical Considerations on the Nature and Trends of Change of Ethnicity", N. Glazer and D. P. Moynihan, eds., *Ethnicity: Theory and Experience*, Cambridge: Harvard University Press, pp. 53-83.

Portes, Alejandro and Rubén G. Rumbaut, 2001, *Legacies: The Story of the Immigrant Second Generation*, Berkeley: University of California Press.

Rex, John, 1986, "The Role of Class Analysis in the Study of Race Relations–a Weberian Perspective", John Rex and David Mason, eds., *Theories of Race and Ethnic Relations*, Cambridge: Cambridge University Press, pp. 64-83.

Rex, John, 1995, "Ethnic Identity and the Nation State: The Political Sociology of Multi-Cultural Societies", *Social Identities*, Vol. 1 (No. 1): 21-34.

Rothschild, Joseph, 1981, *Ethnopolitics: A Conceptual Framework*, New York: Columbia University Press.

Schuman, Howard et al., eds., 1997, *Racial Attitudes in America: Trends and Interpretations* (revised edition), Cambridge: Harvard University Press.

Simpson, George E. and J. Milton Yinger, 1985, *Racial and Cultural Minorities: An Analysis of Prejudice and Discrimination* (fifth edition), New York: Plenum Press.

Simpson, George E., 1968, "Assimilation", *The International Encyclopedia of the Social Sciences*, New York: Macmillan and Free Press, pp. 438-444.

Smith, Anthony D., 1991, *National Identity*, Reno: University of Nevada Press.

Sullivan, T. A., 1978, "Racial-ethnic Differences in Labor Force Participation", F. Bean and W. Frisbie, eds., *The Demography of Racial and Ethnic Groups*, New York: Academic Press, pp. 165-188.

Sutton, G. F., 1978, "Mortality Differences by Race and Sex: Consequences for Families", F. D. Bean and W. P. Frisbie, eds., *The Demography of Racial and Ethnic Groups*, New York: Academic Press, pp. 301-314.

Sweet, James A., 1978, "Indicators of Family and Household Structure of Racial and Ethnic Minorities in the United States", F. D. Bean and W. P. Frisbie, eds., *The Demography of Racial and Ethnic Groups*, New York: Academic Press, pp. 221-259.

Taeuber, K. E. and A. F. Taeuber, 1965, *Negroes in Cities*, Chicago: Aldine Publishing Company.

Thernstrom, Abigail and Stephan Thernstrom, eds., 2002, *Beyond the Color Line: New Perspectives on Race and Ethnicity in America*, Stanford: Hoover Institution Press.

Tischler, Henry L. and Brewton Berry, 1978, *Race and Ethnic Relations* (Fourth edition), Boston: Houghton Mifflin.

Vander Zanden, J. W., 1983, *American Minority Relations* (Fourth Edition), New York: Alfred A. Knopf.

Weber, Max, 1946, *From Max Weber: Essays in Sociology* (Translated and edited by H. H. Gerth and C. W. Mills), Oxford: Oxford University Press.

Weber, Max, 1978a, 1978b, *Economy and Society*, Vol. 1 and 2 (edited by G. Roth and C. Wittich), Berkeley: University of California Press.

Wilson, F. D. and K. E. Taeuber, 1978, "Residential and School Segregation: Some Tests of Their Association", F. D. Bean and W. P. Frisbie, eds., *The Demography of Racial and Ethnic Groups*, New York: Academic Press, pp. 51-78.

Yinger, J. Milton, 1986, "Intersecting Strands in the Theorisation of Race and Ethnic Relations", John Rex and David Mason, eds., *Theories of Race and Ethnic Relations*, New York: Cambridge University Press, pp. 20-41.

教师反馈及教辅申请表

北京大学出版社本着"教材优先、学术为本"的出版宗旨,竭诚为广大高等院校师生服务。

本书配有教学课件,获取方法:

第一步,扫描右侧二维码,或直接微信搜索公众号"北大出版社社科图书",进行关注;

第二步,点击菜单栏"教辅资源"—"在线申请",填写相关信息后点击提交。

如果您不使用微信,请填写完整以下表格后拍照发到 ss@pup.cn。我们会在 1—2 个工作日内将相关资料发送到您的邮箱。

书名		书号	978-7-301-	作者	
您的姓名				职称、职务	
学校及院系					
您所讲授的课程名称					
授课学生类型(可多选)	☐ 本科一、二年级 ☐ 高职、高专 ☐ 其他_____			☐ 本科三、四年级 ☐ 研究生	
每学期学生人数	_____人			学时	
手机号码(必填)				QQ	
电子信箱(必填)					
您对本书的建议:					

我们的联系方式:

北京大学出版社社会科学编辑室

通信地址:北京市海淀区成府路 205 号,100871

电子邮箱:ss@pup.cn

电话:010-62753121 / 62765016

微信公众号:北大出版社社科图书(ss_book)

新浪微博:@未名社科-北大图书

网址:http://www.pup.cn